创新促进竞争力提升

——冶金工业规划研究院建院四十五周年纪念

(1972～2017)

■ 冶金工业规划研究院　编 ■

北　京
冶　金　工　业　出　版　社
2018

内 容 简 介

本书是冶金工业规划研究院在建院45周年之际，以广泛征文的形式，回忆和记录中国钢铁行业的光辉历史，总结冶金规划院的工作，以探索行业未来如何通过创新提高竞争力，进行高质量发展。本书从征文中精选出55篇文章，其中有行业内有名望的老领导、著名专家对行业发展进行的高屋建瓴的战略思考，也有一些冶金规划院的兄弟单位和客户企业代表专门发来的企业发展经验与祝愿文章，还有冶金规划院的部门，以及一些干部和职工对本院发展历史，特别是近十年跨越式发展的总结与思考，全面展示了冶金规划院近十年来日新月异的发展历程。

本书可供冶金企事业单位领导及从事规划、咨询、金融等经营管理人员和科研技术人员参考，也可供高等院校冶金相关专业师生参阅。

图书在版编目(CIP)数据

创新促进竞争力提升：冶金工业规划研究院建院四十五周年纪念：1972~2017/冶金工业规划研究院编.—北京：冶金工业出版社，2018.6

ISBN 978-7-5024-7817-9

Ⅰ.①创… Ⅱ.①冶… Ⅲ.①钢铁工业—工业经济—中国—文集 Ⅳ.①F426.31-53

中国版本图书馆CIP数据核字(2018)第130680号

出 版 人 谭学余
地 址 北京市东城区嵩祝院北巷39号 邮编 100009 电话 (010)64027926
网 址 www.cnmip.com.cn 电子信箱 yjcbs@cnmip.com.cn
责任编辑 于昕蕾 美术编辑 吕欣童 版式设计 孙跃红
责任校对 卿文春 责任印制 李玉山
ISBN 978-7-5024-7817-9
冶金工业出版社出版发行；各地新华书店经销；固安华明印业有限公司印刷
2018年6月第1版，2018年6月第1次印刷
169mm×239mm；23.75印张；12彩页；410千字；370页
88.00元

冶金工业出版社 投稿电话 (010)64027932 投稿信箱 tougao@cnmip.com.cn
冶金工业出版社营销中心 电话 (010)64044283 传真 (010)64027893
冶金书店 地址 北京市东四西大街46号(100010) 电话 (010)65289081(兼传真)
冶金工业出版社天猫旗舰店 yjgycbs.tmall.com

(本书如有印装质量问题，本社营销中心负责退换)

冶金工业规划研究院领导班子（2017 年）

党委书记、院　长　李新创（左四）

党委委员、副院长　范铁军（左三）

党委委员、副院长　肖邦国（左二）

院长助理　姜晓东（左一）

党委副书记、纪委书记、副院长　马　军（左五）

党委委员、副院长　张龙强（左六）

党委委员、院长助理　邹若敏（左七）

院长助理　赵　峰（左八）

徐匡迪老领导莅临冶金规划院举办的中国钢铁技术经济高端论坛

徐匡迪：第十届全国政协副主席、中国工程院主席团名誉主席、中国工程院院士

李新创院长向袁宝华老领导（左一）汇报工作

袁宝华：原中顾委委员、原国家经贸委主任、中国企业联合会名誉会长

王万宾（左一）、蒲海清（左二）、石启荣（左三）等老领导
莅临冶金规划院举办的会议

王万宾：第十一届全国人大常委会常务副秘书长、机关党组书记，原国家冶金工业局局长

蒲海清：第十一届全国人大常委、环境与资源保护委员会副主任委员，原国家冶金工业局局长

石启荣：原国家计委专职委员，中国国际工程咨询公司原党组书记、总经理

张国宝老领导莅临冶金规划院指导工作

张国宝：国家发展改革委原副主任，国家能源局原局长，
十一届全国政协常委、经济委员会副主任

李德水老领导莅临冶金规划院指导工作

李德水：国家统计局原局长、十一届全国政协经济委员会副主任

李新创院长向徐大铨老领导（右一）汇报工作

徐大铨：原冶金工业部副部长

殷瑞钰老领导莅临冶金规划院做学术报告

殷瑞钰：中国工程院院士、原冶金工业部副部长、钢铁研究总院名誉院长

吴溪淳老领导（左一）莅临冶金规划院指导工作

吴溪淳：原冶金工业部副部长

翁宇庆老领导（左一）莅临冶金规划院做技术报告

翁宇庆：中国工程院院士、原冶金工业部副部长

赵喜子老领导莅临冶金规划院主办的中国钢铁规划论坛做报告

赵喜子：原国家冶金工业局副局长、原国有重点大中型企业监事会主席、全联冶金商会原名誉会长

中央财经领导小组办公室副主任、国家发展改革委原秘书长杨伟民
莅临冶金规划院指导工作

工业和信息化部副部长辛国斌（右一）莅临冶金规划院指导工作

中国钢铁工业协会党委书记、秘书长刘振江莅临冶金规划院指导工作

中国钢铁工业协会常务副会长顾建国莅临冶金规划院指导工作

中国钢铁工业协会副会长屈秀丽莅临冶金规划院主办的中国钢铁技术经济高端论坛

中国金属学会理事长、中国工程院原副院长干勇院士在冶金规划院主办的钢铁电子商务研究中心成立大会上做报告

中国金属学会常务副理事长赵沛在冶金规划院和中国金属学会联合主办的中国钢铁技术经济高端论坛上做报告

中国金属学会秘书长王新江在冶金规划院和中国金属学会联合主办的中国钢铁技术经济高端论坛上致辞

国家发展改革委夏农巡视员在冶金规划院主办的中国钢铁发展论坛上做报告

国家发展改革委副巡视员李忠娟（左二）莅临冶金规划院指导工作

工业和信息化部节能司司长高云虎莅临冶金规划院主办的中国钢铁节能减排论坛

李新创院长向工业和信息化部巡视员辛仁周（右一）汇报工作

工业和信息化部巡视员骆铁军在冶金规划院主办的中国钢铁发展论坛上做报告

李新创院长向环保部大气环境管理司司长刘炳江（左一）汇报工作

国土资源部矿产资源储量司鞠建华司长在冶金规划院主办的铁矿石发展高端论坛上做报告

冶金规划院专家参加钢铁工业“十三五”规划研讨会

国家发展改革委《平稳实施钢铁产能存量调整对策研究》课题论证会在冶金规划院举行

中国工程院工程管理学部主办、冶金规划院承办的“我国钢铁工业与炼焦煤资源依存关系及国外资源利用本底调查研究”专题研讨会在京召开

钢铁绿色发展研究中心成立

李新创院长在中国节能协会冶金工业节能专业委员会成立大会上致辞

中日钢铁节能技术交流会在京召开

冶金规划院与荣程钢铁共同举办“互联网 + 智能制造”示范项目研讨会

冶金规划院与德龙钢铁签署智能制造战略合作协议

冶金环保产业、冶金资源综合利用、冶金能源基础与管理、冶金环境管理四个标准化工作组成立大会

山东省经信委与冶金规划院合作推进钢铁企业兼并重组工作洽谈会

连云港市钢铁产业发展规划编制签约仪式

李新创院长带队赴中信泰富特钢集团开展交流

河钢集团－冶金规划院“协同创新研究中心”成立揭牌仪式

冶金规划院专家赴新疆有色金属工业（集团）有限责任公司交流合作

李新创院长带队赴首钢迁钢交流并参观首钢迁钢生产线

李新创院长与蒂森克虏伯钢铁欧洲股份公司首席技术官Heribert R. Fischer 签署战略合作框架协议

浦项（中国）投资有限公司董事长兼总经理郑昌和一行莅临冶金规划院开展交流

李新创院长赴澳大利亚珀斯出席第20届全球铁矿石和钢铁预测大会

2017(第八届)中国钢铁发展论坛在京盛大召开

2018中国和全球钢铁需求预测研究成果、钢铁企业竞争力评级发布会

李新创院长出席第八届中国国际钢铁大会

李新创院长参加《中国大百科全书（矿冶卷）》（第三版）矿冶工程学科编委会全体会议，学科主编、副主编为分支主编、副主编代表颁发聘书

李新创院长参加中央电视台财经频道《央视财经评论》栏目

李新创院长参加中央电视台财经频道《对话》栏目

冶金规划院党委开展红色教育活动

冶金规划院党委组织开展主题党日活动

团队建设

TUANDUI JIANSHE

组织冶金规划院年轻职工参观红色教育基地

冶金规划院建院 45 周年暨五四青年演讲比赛

成长的年轻一代

工作环境

冶金规划院全体在职员工合影

序　　言

践行科学价值观
让职工更幸福　为社会做更大贡献

1972年4月29日，经国务院批准，冶金工业部北京冶金规划设计院成立。45年来，在国家政府机构改革的变化历程中，冶金规划院几经更名，见证着国家的发展变化。2002年2月正式更名为冶金工业规划研究院（以下简称“冶金规划院”）至今。冶金规划院现隶属于国务院国有资产管理委员会，是由中国钢铁工业协会代管的事业单位。

在一代又一代冶金规划院人的奋斗努力下，我们不断发展壮大，取得了一项又一项骄人业绩、获得了一批又一批累累硕果，创出了“品牌”，积淀了“底蕴”。回顾冶金规划院的历史，无论是改革开放初期技术引进、新建钢铁基地的建设、单体项目评审，还是国家重大课题项目研究、行业战略规划等，冶金规划院努力践行着“政府的参谋部、行业的引领者、企业的智囊团”。45年来，冶金规划院累计为200多家中央、各级地方政府、行业协会及近500家国内外企业提供咨询服务近5000项，得到了政府部门、行业协会和企业的充分认可，很多规划研究项目已经转化为实际生产能力，很多政策法规建议得到具体采纳，为国家钢铁工业发展做出了巨大贡献。

冶金规划院之所以很好地完成了自己的使命，根本原因在于始终坚持正确的办院方针，确定了正确的发展方向。作为“智库”的冶金规划院，人才是我们最宝贵的资源，在创业和发展的过程中，冶金规划院逐步培育形成了全员共同的价值观和基本理念，并为之共同奋斗。冶金规划院一贯致力于培育具有积极向上、团结拼搏的团队精神，以客户为中心，树立冶金规划院良好服务形象；以职工为中心，打造以人为本的和谐氛围；以单位为中心，展现冶金规划院强大竞争实力。冶金规划院强大的凝聚力、向心力和高效的执行力有力地推动着我院的创新发展。

党的十八大召开后，历史进入新阶段。以习近平为核心的党中央，以新的发展理念推动着经济社会的发展，新旧动能正在转化，中国新型工业化、信息化、城镇化、农业现代化深入推进，中国经济发展进入新常态。站在新的历史起点，作为“智库”的冶金规划院，必须适应宏观经济和行业发展新特点，探索行业可持续发展的战略，并努力开拓创新冶金规划院战略转型、培育与时俱进新的发展动力。

为了纪念建院45周年，我院特组织编辑出版《创新促进竞争力提升》，希望以广泛征集文章的形式回忆中国钢铁行业光辉历史和冶金规划院的工作，探索行业未来高质量发展之路。同时，通过征文，使冶金规划院的职工更好地继承本院优秀传统，激励和鞭策冶金规划院人更加奋发图强、斗志昂扬。本书是从征集的文章中精选整理的，共有55篇文章、随笔等，其中有行业内有名望的老领导、著名的专家对行业发展进行的高屋建瓴的战略思考，也有一些冶金规划院的兄弟单位和客户企业的代表专门发来的企业发展经验与祝愿文章，还有冶金规划院的部门及一些干部和职工对本院发展历史，特别是近十年跨越式发展的总结与思考。文前还收录了大量珍贵照片，包括政府有关部门领导，行业领导、专家等对我院工作的关怀和指导，我院开展的重要项目和课题，我院企业文化与职工风采等，全面展示了我院近十年来日新月异的发展历程。

借此机会，我代表冶金规划院，代表全体在职职工和离退休老同志，向长期以来关心、帮助和支持我们的各级领导、各界朋友，特别是向热情参与本次征文的各位领导、专家和朋友们表示由衷的敬意和衷心的感谢。同时，也要诚挚感谢在本书编写过程中各位同事的鼎力协助。冶金规划院以高度、广度、深度、速度、满意度“五度”思维，努力为政府部门、冶金行业、国内外企业提供有价值的服务；实现冶金规划院的愿景：建成最受人尊敬、最有影响、最具竞争力的顶级智库；践行冶金规划院倡导的科学价值观：让职工更幸福，为社会做更大贡献。我们绝不辜负大家的期望，将继续努力，再续辉煌！

中国钢铁工业协会副会长
冶金工业规划研究院党委书记、院长

2017 年 4 月 28 日

目　录

战略研讨

技术研究

企业经验

院内交流

随 笔

战略研讨

ZHANLÜE YANTAO

把钢铁工业的工作重点转移到走精品钢材之路上来

张国宝

一、钢铁工业是常青产业，从数量增长型发展向结构调整型发展是新发展阶段的转折点

现在说到钢铁，不少人会想到这是“去产能”的一个重点产业；是一个传统产业，甚至是一个夕阳产业；是高能耗和高污染排放产业。但我仍要说钢铁业其实是工业领域的一个长青产业。人类社会在2000多年前开始使用铁器替代青铜器，极大地促进了生产力的发展，成为人类社会从奴隶制社会进入封建社会的一个里程碑。2000多年来钢铁被广泛应用于生产和生活领域，至今长盛不衰。尽管各种新材料不断涌现，尤以“以塑代钢”最为典型，但钢铁作为最重要工业原料的地位仍然无法撼动。我曾在一篇文章中举过粮食对于人类生存重要性的例子，尽管科技革命日新月异，新业态、新产业层出不穷，但粮食仍然是人类赖以生存的最主要的物质，人什么时候还是要吃饭，今后也仍将如此。同样，钢铁对于工业，犹如粮食之于人类，尽管互联网、人工智能、生物医药等新技术、新产业层出不穷，但钢铁支撑着整个工业的骨架，今后也将如此。我这样说并不是认为钢铁工业不需要调整改造升级，恰恰相反，中国成为世界第一的钢铁生产大国后，年产量超过了8亿吨，生产能力超过了11亿吨，比后面第二、第三、第四钢铁生产国的产量总和还要多，也远远超过了世界钢铁发展史上欧洲、美国、苏联、日本等任何一个国家和地区曾经达到过的产量。而我国吨钢的能耗、物耗、排放及产品品种质量，尽管已经达到或接近世界先进水平，但各钢铁企业水平参差不齐，对许多钢铁企业而言，粗放经营的特征仍很明显。而且根据经济发展规律，我们

作者简介：张国宝，国家发展改革委原副主任、国家能源局原局长。

不可能永远保持这样高的产量，需要及时加以调整改造、去落后产能。压缩产能，降低能耗、物耗，减少排放，提高品种质量，走精品钢材发展之路，才能使钢铁工业持续健康发展。如果说从中华人民共和国成立以来，特别是改革开放以来，钢铁工业的主要任务是扩大规模产量，以满足国民经济发展对钢铁持续增长的需求，那么今后钢铁工业的主要任务是走精品钢材之路，不仅是保持第一大钢铁生产大国，还要建设成世界第一的钢铁强国。在今后一二十年间，不管新兴产业如何快速发展，钢铁工业仍将是我国国民经济中的一个重要产业，也是我国参与国际竞争的一个优势产业，是一个重要的出口产业。不管别的国家产业结构如何，以上对钢铁工业的定位是符合我国国情和经济发展规律的。

二、正确的规划和产业政策与市场竞争优势相结合是中国特色的发展优势

钢铁工业的规划工作，在过去几十年的发展中发挥了重要作用，包括三线建设的规划布局和宝钢建设，都是在国家规划下进行的。我不赞同有些人说的，让市场自由去决定发展，否定一切计划规划和产业政策的作用。正确的规划和产业政策与发挥市场竞争的作用同样重要，这是中国特色的发展之路，恰恰是我们的优势所在。今后在钢铁工业的调整中，规划和产业政策仍然要发挥好作用，但工作的着力点会转移到兼并重组、节能降耗、保护环境、走精品钢材之路上来，而不是过去习惯了的发展产能产量。

三、正确评价我国钢铁工业的发展之路，市场需求是8亿吨产量的主要推手，支撑了我国经济持续、快速的增长

如何评价我国钢铁工业走过的发展之路?

钢铁工业曾经是一个国家是否是工业强国的重要标志。有资料显示，1937~1945年这8年中，日本本土的钢铁平均年产量约为500万吨，而中国的钢铁年产量只有大约5000吨（不算当时被日本占领的中国东北和中国台湾地区）。当时，日本钢铁产量约为中国的1000倍，加上日本已经具备的飞机、舰船生产能力，国力的强弱对比已经十分明显。1949年中华人民共和国成立，中国的钢铁产量只有15.8万吨。1950年恢复了部分生产能力，产量只有61万吨。毛主席十分重视钢铁工业，提出“以钢为纲”“鞍钢宪法”等，发动

了以“大炼钢铁”为重要内容的“大跃进”，尽管对经济发展规律认识缺乏经验，走了弯路，造成损失，但是作为中国领导人为实现强国梦的战略意图十分明显。但是在1958年举全国之力，真的到了砸锅卖铁的地步，也没有真正完成年产1070万吨的目标，到1959年的统计数字钢铁产量才达到1100多万吨，而且大多数是质量不合格的小高炉产品，包括砸锅卖铁熔铁的产品。我是过来人，当时的情景历历在目。“大跃进”后进行了“调整、巩固、充实、提高”，各省的中小钢铁厂大多是当时调整后留下的底子，也为我国钢铁工业发展奠定了一定的基础。但是这样形成的钢铁企业大多数位于省会中心城市，现在给大中城市造成了很大环境压力。在以后的大多数年份中，我国钢铁一直不能满足发展的需要，属于紧俏物质，也是净进口物资，特别是高端钢材依赖进口。我参加工作后接触到的高速钢、模具钢、轴承钢、汽车板、石油管都是依靠进口的。到改革开放的1978年钢铁产量才达到3100多万吨。由于钢铁是市场紧俏物资，早期的民营企业和个体户有不少是靠钢铁发了家的，像天津的大邱庄、江苏的华西村等。改革开放后，宝钢建设对钢铁工业发展具有里程碑的意义，使我国钢铁工业现代化上了一个台阶，以后的钢铁厂建设和改造借鉴宝钢的先进工艺和装备，大大缩小了与国际先进水平的差距。1996年我国钢铁产量达到1亿吨，成为世界第一钢铁生产大国。7年后，2003年产量达到2亿吨。从那以后，产量增长加速，几乎每一两年就增加1亿吨产量。钢铁产量是否太多的声音一直不绝于耳，但事实上直到2014年钢铁产量突破8亿吨，市场也并未出现过明显的供大于求的局面，生产的产品基本上市场都消化了，这是因为这一时期我国经济持续发展，铁路、高速公路等基础设施和房地产需要大量钢材。反过来讲，如果没有钢铁工业的快速发展，不可能支撑我国经济这样快的发展速度。同时以1994年为价格基数，虽然有20年的通货膨胀率，能源、原材料都大幅涨价了，钢铁价格不升反降，这是技术进步和竞争的结果。可以说钢铁产量达到创纪录的8亿吨更多是市场需求刺激的结果，而不是政府规划的结果。有相当部分产能是未经政府批准的民营企业生产的。再看这8亿吨钢铁的去向，其中1亿多吨出口，作为机电设备产品和工程承包出口的钢材也超过8000万吨，两者相加，出口约2亿吨钢材。没有钢铁工业支撑，我国机电产品出口和海外工程承包也不可能达到今天的规模。其实钢铁工业从2003年达到2亿吨后，连续几年产量快速增长，是和电力工业完全同步的，从2002年之后，电力装机容量也差不多是每年增加1亿千瓦的装机容量。钢铁工业的快速发展是适应了这一时期的市场需求。

我国出口1亿多吨钢铁也引发了贸易摩擦。我国该不该出口这么多钢铁存在争议。有人认为钢铁是高载能产品，有污染，不应该出口这么多。但这是由中国经济发展阶段决定的，没有能源和矿石的日本、韩国也是钢铁出口大国，钢铁为他们的经济腾飞和就业做了贡献。钢铁是现阶段我国的一个优势产业，在今后也将是一个重要的出口产品，为我国产业“走出去”，特别是基础设施建设“走出去”提供必需的原材料。

四、在沿海建设现代化大型钢铁基地是保持国际竞争力的正确战略选择

2016年，我国铁矿石每年进口已经超过10亿吨，对外依存度达到87.3%，那么中国该不该进口铁矿石，该不该发展钢铁产业？我认为这正是钢铁为我国贸易、税收、就业做出贡献的地方。在钢铁布局上，建设湛江、曹妃甸这样的沿海现代化大钢铁基地是完全必要的，是保持我国钢铁竞争力，使钢铁工业再上新台阶的正确决定。同时，在铁矿石的产地和市场附近合理布局一些钢铁厂也是规划必须考虑的。但必须注意物流成本和环境容量，以矿定产，切不可盲目发展产量。

我认为只有这样辩证地看中国的钢铁工业才符合中国国情和实际。现在没有冶金工业部了，钢铁工业还是得到了大发展，要充分发挥冶金规划院和行业协会的咨询、自律作用，使钢铁工业在“十三五”和今后更长时期的发展更加健康。

我国钢铁工业的发展及几点思考

石启荣

欣闻冶金工业规划研究院建院45周年，可喜可贺！这些年来，作为钢铁行业规划研究和工程咨询单位，冶金规划院完成了大量企业发展规划、政策引领、技术咨询等项目，举办了多场行业性重大会议和论坛，在行业的地位和影响力不断提升，是钢铁行业一支重要的咨询力量，为我国钢铁工业发展作出了积极贡献。特别值得一提的是，我在中国国际工程咨询公司工作期间，主持评估论证的多个钢铁行业重大项目，其规划、可研等都是由冶金规划院编制的，我们的工作得到了冶金规划院的大力支持，借此机会表示衷心感谢。下面谈几点我对钢铁工业发展的思考。

一、要充分肯定我国钢铁工业取得的重大成就

钢铁工业是国民经济的重要基础产业，涉及面广、产业关联度高，在经济建设、社会发展、国防建设等方面发挥着重要作用，是我国工业化、城镇化建设的重要保障。毫无疑问，没有钢铁工业的有力支撑，我国不可能有今天经济总量居世界第二位的发展水平。

中华人民共和国成立后，我国钢铁工业逐步恢复和发展，建设强大的钢铁工业是一个重要的强国梦。“以钢为纲”“钢铁元帅升帐”“鞍钢宪法”等方针路线充分体现了钢铁工业在国民经济中的重要地位。通过艰苦努力，逐步建设形成了“三大五中十八小”的产业格局。改革开放后，我国钢铁工业迎来了大发展的良好机遇，宝钢建设带动了中国钢铁工业现代化发展，使我国钢铁业在世界占有了一席之地。

近年来，尤其是20世纪90年代以后，我国钢铁工业取得了长足的发展，粗钢产量占全球的半壁江山，湛江、曹妃甸、鲅鱼圈等沿海钢铁基地陆续建

作者简介：石启荣，原国家计委专职委员，中国国际工程咨询公司原党组书记、总经理。

成投产，汽车用板、取向硅钢等高端产品实现了国产化，建设了5000立方米级高炉、5米宽厚板轧机等具有当代国际先进水平的现代化装备，干熄焦、烧结烟气脱硫等节能环保技术得到了普遍应用，企业“走出去”步伐加快，我国钢铁工业已开始跻身世界先进行列。

二、产能过剩本质上还是结构问题

经过20年的高速发展，我国虽然成为世界产钢第一大国，但还不是第一钢铁强国。除宝钢等少数企业外，与国际先进水平相比，国内企业在品种档次、产品质量、管理水平、盈利能力等方面普遍存在较大差距；低水平能力过大，技术创新能力薄弱，国际化水平不高，综合竞争力较低。这些问题制约着我国钢铁工业的进一步发展，特别是中低档、甚至粗制滥造产能严重过剩，已到了非解决不可的地步。

产能过剩，本质上还是结构问题。我国虽然是钢铁大国，但结构不尽合理，低端产品大量过剩，产品质量整体不高，消费档次偏低，“地条钢”、200系不锈钢等违法伪劣产品充斥市场。与此同时，高技术含量和高附加值产品仍在大量进口，每年进口1000多万吨，进口钢材均价超过出口均价的一倍以上。尽管近年来化解产能过剩工作取得了一定的成果，但钢铁产能利用率仅为70%左右。产能过剩的问题，以前也多次出现过。但像这一轮范围如此之广、数量如此之大、影响如此之深前所未有。如不及时采取措施加以化解，势必加剧市场竞争，造成行业亏损面扩大、企业职工失业、银行不良资产增加、能源资源约束趋紧、生态环境恶化等问题，直接危及产业持续健康发展，影响所及难以估计。因此，化解产能严重过剩矛盾是当前乃至今后一个时期一项取得共识、步调一致的重要任务。

三、化解产能过剩需关注的要点和难点

去产能是我国经济发展新常态下，供给侧结构性改革的首要任务，党中央、国务院高度重视钢铁行业化解产能过剩工作。2013年以来，国家陆续下发了多个文件，相关部门配套了实施措施，包括设立化解过剩产能奖补资金、打击“地条钢”等。这些实实在在的措施，确保去产能工作得以推进。可以看到，2016年下半年以来，钢材价格逐步恢复，企业效益大幅提升，退出产能地区社会总体稳定。尽管如此，随着化解产能过剩工作的持续深入，钢铁

去产能已进入“深水区”，很多困难和问题逐渐显现，如不及时加以协调和引导，有可能引发一系列矛盾。我认为仍需重点关注以下几点：

一是职工安置难度大。国务院及人社部文件中都突出要求做好职工安置工作，但实际操作过程中，由于奖补资金额度标准偏低，加之各地受财政所限，地方配套资金并不充裕。以河北省为例，2016 年，折合每吨钢（铁）的奖补资金仅为 25 元，人均安置费用约 1 万元，妥善安置人员资金明显不足。钢铁行业每下岗 1 名工人，将直接和间接影响 4～5 人的生活。由于河北等地经济转型缓慢，职工再就业困难，钢企压减产能，动辄成千上万人下岗，维稳压力较大。我认为，去产能工作应将人员安置作为重中之重，仅靠有限的安置资金难以全面解决人员安置问题，最终还应实现下岗人员的再就业。再就业的出路在于当地产业转型乃至第三产业发展。

二是资产债务问题制约去产能工作有效推进。目前钢铁企业平均资产负债率约为 70%，去产能拆除设备厂房等，首先涉及的就是资产损失问题，牵涉着国有资产、银行债务、私人财产、所有者权益等方面错综复杂的关系，现有财政、金融政策中行之有效的处理手段并不多。特别是民营钢铁企业资产构成复杂，独资、合资也有集资，有国资、民资也有外资，有银行贷款、股东集资也有民间借贷，有的企业还在中国香港上市。部分企业的装备涉及债权债务纠纷，有的设备已经抵押或质押给银行，还有的与当地村民利益直接相关。一旦强行淘汰和实施破产，对广大的中小债权人影响较大，有可能造成矛盾激化，并由企业转向政府。为完成去产能任务，对这些资产债务纠纷的装备只能暂时断电停产，“去而不除”的现象普遍存在，最终难以实现真正的市场出清。因此，必须加快完善资产处置、债务重组等法律法规，妥善处置资产债务，去产能工作才能真正落到实处。对于产能退出后的工业用地，地方政府应将收取的土地出让收入优先用于债务处置。

三是地方政府缺乏积极主动性。在现行财税分配体制和干部考核体系下，一些地方政府过于追求发展速度，热衷于建设投资拉动大、工业增加值和税收就业贡献高的项目，这也是钢铁行业产能过剩的一个重要推手。钢铁企业由于体量大，往往是地方的支柱产业，有的企业甚至占到当地一半以上的财政收入。由于地方经济结构单一，去产能将加大地方政府的职工安置压力，严重影响财政收入和经济发展，地方政府积极性不高，企业多生产一天是一天。此外，由于去产能奖补资金只能用于职工分流安置，不能也远远不够用于补偿地方经济和财政收入损失，让地方和企业主动拆掉自己的资产却得不到经济补偿，难度很大。需要研究市场的作用、政府的关切，以及财税、金融等方面支持政策；同时，强化供给侧改革，推进大众创业、万众创新，注重科学、可持续发展。实际上，依托环保、节能等法律手段推进去产能工作是行之有效的办法。一些地区和城市由于环境污染严重（如位列全国空气质量末尾等）的压力，已经在权衡是要经济税收还是要蓝天碧水的问题。

四、大力推进创新是钢铁工业未来的发展出路

提高自主创新、加快产业结构调整是钢铁工业实现产业升级的着眼点。据统计，我国钢铁企业研发投入占主营收入的比重仅为1%左右，远低于发达国家2.5%以上的水平，创新引领能力不强。钢铁行业要突破困境，彻底解决长期快速发展积累的深层次矛盾和问题，在着力加强去产能工作的同时，应不断加大改革创新力度，通过创新，有效改善和优化钢铁产业的供给结构，提高供给质量和效率，扩大钢材需求。未来一段时期内，钢铁行业创新发展应主攻以下几个方向：

一是强化理念和模式创新，引领行业发展方式的转变。强化全产业链布局理念，推动供给服务创新，促进钢铁企业由生产商向服务商转变；加强研发体系创新，注重消化吸收再创新。二是加大关键品种创新，满足高端装备制造需求。市场潜力大、国内保障程度低、需求迫切的高速铁路、核电、汽车、船舶与海洋工程等高端装备制造用钢铁关键材料仍需大量进口，亟需加快创新开发。三是推进管理机制创新，激发企业创新活力。加快推进国有企业混合所有制改革，不断完善现代企业制度，积极探索钢铁行业兼并重组新路子。

五、迫切需要立法解决新、老“地条钢”问题

20世纪90年代，中频炉（包括工频炉）被一些中小企业简单、粗放地用于炼钢生产，不做或只进行简单的造渣和合金化，钢水采用地模浇铸或无冒口锭浇铸，生产出来的条形钢坯形象化称为“地条钢”，轧制的钢材主要应用在建筑领域。“地条钢”属违法伪劣产品，质量差，应用在建筑上会造成严重的安全隐患，是“豆腐渣”工程的主要祸根之一。经过20年的发展，该工艺发生了较大变化，中频炉容量不断扩大，企业大多数配套了连铸机，实现

了连铸连轧。由于中频炉炼钢和“地条钢”一直捆绑在一起，行业内对工艺改进后生产的钢材仍习惯称之为“地条钢”。

由于该工艺投资少、见效快，可以利用夜间错峰低电价，生产成本远低于常规生产工艺流程。近年来，“地条钢”生产呈爆发式增长，据了解，全国“地条钢”产能超过1亿吨。由于产品质量和环保不达标，偷漏税严重，低价冲击市场，形成了劣币驱逐良币现象，严重干扰了钢铁行业正常生产经营和公平竞争的市场秩序，影响之大始料未及，危害之大难以估计，关键是因质量差对人民生命财产安全造成重大威胁。当前形势下，相关部门不仅要继续加大“地条钢”打击力度，还应将打击“地条钢”上升到法律法规层面，明确“地条钢”的定义和打击范围，做到有法可依、违法必究，彻底清除“地条钢”。

战略反思与钢铁业产业升级

殷瑞钰

一、战略反思的意义

我国钢铁工业的发展为国民经济和社会发展提供了强大的支撑力，例如各类建筑业、汽车工业、机械工业、家电业和交通运输系统等的快速成长和蓬勃发展以及人民生活水平的明显提高。

与此同时，一段时期以来积累起来的无序的产能规模扩张，导致了钢铁工业产品价格下跌，原、燃料价格的畸变，市场供需关系失衡，并引发了环境恶化和生态变化，这是我国在钢铁工业发展过程中始料不及或是明知而忽视的事实。在当前的情况，有必要进行战略反思，通过战略反思谋求产业转型升级。

这些无序扩张现象在决策、投资、设计、建设、生产运行等过程中，经常出现，值得反思。反思不是否定前人，而是为了更好地发展和进步。这是哲学上所谓的“否定之否定”，“否定”不是否定一切，而是辩证地认识在已有现实中的成功、进步和存在的问题、矛盾，进而寻求新的出发点，明确未来的方向、目标和路径。

战略性反思需要战略思维。战略思维应包括：

（1）全局性和影响全面性的思维；

（2）前瞻性和方向调整性思维；

（3）路线性和路径性的思维等。

这些都需要有宽阔的战略眼光，提出问题的勇气和持续解决问题的毅力。

战略思维是理论联系实际的思维，对钢铁工业而言，将具体涉及与产业（企业）相关的市场方向、资源保障、资金和投向、环境/生态意识、科学、

作者简介：殷瑞钰，中国工程院院士，原冶金工业部副部长，钢铁研究总院名誉院长。

技术与工程集成，人员素质与培养等方面的思考与谋划。

二、要克服惯性思维，推动战略反思

中国钢铁工业对国民经济发展起到了重要的基础性支持作用。在当前情况下，要克服供小于求状况下的习惯性思维的局限，也就是要寻求在客观条件变换下的创新性思维；而不是口号式的“做大做强”、盲目追求500强、笼统模糊的“精品钢厂”……

“十二五”期间，我国粗钢产量累计38.1亿吨，占中华人民共和国成立以来我国粗钢总产量95.7亿吨的39.8%。然而，从2011年四季度开始，我国粗钢产能利用率出现明显下降，近年持续处于合理水平线以下，特别是2015年我国粗钢产能利用率仅约71.5%，我国钢铁产业已处于产能全面过剩状态。与此同时，2015年钢铁行业销售利润率为-2.23%，在主要工业行业中为最低。

事实已经证明，在供小于求的市场环境下，一般而言“做大”是有利因素较多的，但是在市场供大于求、产能过剩的条件下，“做大”很可能做僵、做散，即对投资者来说上不去、下不来，进不得、退也难；对市场而言，造成价格失常、物流紊乱、资金迟滞、市场疲软、方向不明。

对中国这样的大国而言，“精品”这个概念也需要研究。时下对“精品”的概念往往被狭隘地理解为取向硅钢片、高强度管线钢、高强度汽车板、不锈钢等所谓“高端产品”，因而造成了不少企业一哄而上、家家都想生产，貌似兴旺的局面；其结果是导致“精品”也是供大于求、价格暴跌（以30Q120取向硅钢为例，2008年7月时达到最高价47500元/吨，而后开始不断下降，到2016年3月仅为13500元/吨），而投资者则债务沉重、现金流紧张。

可见，这种所谓“高端品种”为目标的“精品战略”只应是少数企业的战略目标，不是众多钢铁企业的普适性战略目标。如果对精品换一种评价标准，把“精品”理解为质量品牌，即产品质量的稳定性、可靠性和适用性以及产品的美誉度，则“精品”的战略概念就具有普适性。可见，不能将普适性的质量品牌问题与解决一部分高端品种问题混为一谈，更不应将品种问题看成是个别品种的“攻关”问题。实际上量大面广的产品也可以形成具有品牌效应的“精品”。

需要强调的是，质量问题，不能只看成是合格率问题，也不是质量指标的平均值问题，这是表面的、肤浅的、简单的表示指标。质量问题必须看到的是稳定性、可靠性和适用性问题：

(1) 质量稳定性不同于合格率指标，质量稳定性是产品的性能、功能的分布域和分布概率的优化、集中问题。

(2) 质量可靠性是在规定的服役期内能始终保持产品应有的功能，具有时空性。

(3) 质量适用性是满足用户在加工过程和使用的过程中，产品的各项参数都能满足用户的要求。更进一步讲，实际上就是产品品牌问题。

质量问题中，有工艺技术问题、装备问题，也有管理问题和企业文化、员工素质、产业文化问题，这是综合集成问题，是确立企业产品的品牌信誉问题，不能简单看成技术问题和科学问题。

在当前产能过剩、效益低下的情况下，占全球产量50%左右的中国钢铁业，应该进行反思，明确未来的发展战略，下决心推动结构调整，解决好各类产品的质量问题，提高美誉度，形成中国品牌形象。同时，要压缩产能，降低实际钢产量，淘汰落后产能，淘汰落后产品，实现产业转型、升级。

三、结构调整、产业升级

(一) 面对三大约束，明确发展方向

时下钢铁工业面临着严峻的挑战和产业升级的机遇，业界应该思考的战略性命题正在发生着深刻的变化，发展的命题已不是“做大做强”、“精品”战略、进入“500强”等口号式的命题，新的战略命题也不是简单地满足市场需求（因为绝大部分产品已经供过于求），而是面临着客观环境制约：

(1) 资源-能源约束（进口铁矿石价格上涨等）；

(2) 环境-生态约束（废弃物污染、温室气体排放等）；

(3) 市场-债务-盈亏约束（产品价格不断下跌，2015年钢材价格约为1994年钢价的六七成，企业债务沉重，2015年全行业亏损。2016年下半年钢价回升，但仍低于1994年的价格，2016年全年平均钢价为1994年的75.41%。与此同时，国际市场反倾销事件频发等）。

为此，要通过供给侧结构性改革，解决更为高远的，迈向绿色化、智能化等高层次命题。

（二）关于绿色化转型发展

钢铁工业的绿色化命题包括了节能减排、清洁生产、生产过程低碳化、产品低碳化、循环经济、绿色设计、绿色经营等诸多方面，内容广泛。这将涉及企业模式优化，制造流程的结构优化、功能拓展（三大功能：钢铁产品制造功能、能源高效转换功能、大宗社会废弃物消纳和处理功能）和效率提高（资源效率提高、能源效率提高、资金效率提高、劳动效率提高等）等问题。新钢种、新产品的开发只是绿色化命题下的一个部分，对于解决钢铁企业的结构、功能、效率优化问题距离较远。现在需要的是找准解决企业综合竞争力和可持续发展问题的根本手段和途径。

绿色化的根本着眼点是调整企业结构，优化制造流程，提高能源/资源使用效率，节能减排、环境治理、清洁生产、循环经济……为此除了优化钢厂铁素物质流的运行结构和运行过程以外，还必须重视能量流的行为合理化和能量流网络结构的合理化，并以生态位、生态链的概念构筑。超越钢铁企业的能量流网络，充分利用能源，提高其使用效率和价值，即构建起以工业生态园区为载体的区域循环经济体系，这将有利于钢铁企业多种经营、转型升级。

由此可见，开发并实现新一代钢铁制造流程的三大功能，正是钢铁企业绿色化转型的有力抓手。

（三）关于智能化钢厂的讨论

由于企业生产方式和产品类型的不同，智能制造会有不同的模式。初步看来可分为：离散型智能制造、流程型智能制造、网络协同型智能制造、大规模个性化定制、远程运维服务。智能化产品未必一定来自智能化制造过程，智能化制造过程未必生产智能化产品；行业不同，企业类型不同，智能化的体现方式不尽相同。

根据流程制造业的特征，其智能制造的含义应该是以企业生产经营全过程和企业发展全局的智能化、绿色化、产品质量品牌化为核心目标研发出来的生产经营全过程的数字物理融合系统。其关键技术是生产工艺/装置技术优化、工艺/装置之间的“界面”技术优化和制造全过程的整合-协同优化，以此为基础嵌入数字信息技术，从而构成体现智能特色的数字物理融合系统——CPS。

钢铁厂是典型的流程制造业，其竞争力、可持续发展力的根本性来源是整个制造流程运行、管理的智能化。开发智能化钢厂的内容应该包括智能化的工厂设计，智能化工厂的生产运行，智能化管理，智能化供应链，智能化服务体系等高层次、全局性智能化问题。

智能化钢厂的建设，需要深刻理解制造流程动态运行过程的物理本质，构建起植根于流程运行要素及其优化的运行网络、运行程序的物理模型，进而构建全流程网络化、层次化信息流模型。钢厂智能化不只是数字信息系统，不能仅从数字化一侧来推动钢厂智能化，而是必须高度重视物理系统的研究，必须是有物理输入/输出的物质流网络、能量流网络和信息流网络“三网协同”的信息物理系统。钢厂智能化既要重视数字化信息网络系统的研发，更要重视制造流程（物理系统）中物质流网络、能量流网络的结构优化和运行程序优化，通过以制造流程物理系统结构优化和数字化信息系统相互融合来实现钢厂智能化。

钢厂智能化的体现形式应包括市场订单分析与制造计划生成，生产运营调度智能化，能源智能化分配和合理转换，厂内外物流智能化调度，环境生态监控、预警，企业资金流调控、预测以及用户信息、服务等方面构成统一的平台。这些不仅是数字化问题。

总之，智能化是钢铁工业的重要发展方向之一，要高度重视，不能错失时机，但也不会在短时内一蹴而就，要经历一个探索、研发、积累、集成、创新的过程；钢厂智能化要与数字化物理融合系统的概念相对接，突出“流”“流程网络”和“运行程序”等物理-数字概念，特别是优化的物质流网络、能量流网络和信息流网络之间的协同运行，实现全厂性动态运行、管理、服务等过程的自感知、自决策、自执行、自适应；制造流程物理系统优化是钢厂智能化的重要基础性前提，要充分认识制造流程的运行特点，不可盲目搬用离散型制造的某些概念和方法；要防止一知半解、一哄而起、以偏概全、盲目搬用离散型制造智能化的方法来搞钢厂智能化。

四、结语

中国钢铁工业应在战略反思的基础上，清醒地认识到面临的三大约束（资源-能源约束，环境-生态约束，市场-债务-盈亏约束），以供给侧结构性改革的战略目标作为指引，适应新常态，正视困难、保持定力，调整发展思路，找准方向、途径，中国钢铁工业正面临着：

（1）减量化发展；

（2）质量品牌化发展；

（3）绿色化发展；

（4）智能化发展等重大方向性转折。

要通过创新、改革，循序渐进，走向光明的未来。

钢铁梦

赵喜子

把中国建设成为钢铁大国、钢铁强国。

这是中国人的钢铁梦。

中华人民共和国成立之初，国家恢复经济建设，处处需要钢铁，但当时钢产量很低，1950 年只有 61 万吨，“一五”期间加起来也只有约 900 万吨，满足不了需求，于是第一代钢铁人提出要“超英赶美”，钢产量要达到 1000 万吨。为了实现这个目标，全国“大炼钢铁”，最终达到 1070 万吨，但其中有 200 多万吨只是铁，甚至连铁都不是，于是后来又调整到 800 万吨。

从 20 世纪 50 年代到 60 年代中期，中国钢产量一直在 1000 万吨左右徘徊。为发展钢铁，从第三个五年计划开始，中央提出“工业以钢为纲”，着手布局 40 多个钢铁生产基地，为以后钢产量上台阶打下了基础。“四五”期间具备了 2600 万吨的产能条件，但由于天灾人祸，从 1974 年到 1976 年，连续三年达不到 2600 万吨，业内人士戏称“三打两千六”。直到 1978 年，钢产量才突破 3000 万吨。

从 20 世纪 50 年代初到 70 年代末，我们艰苦奋斗了 28 年，钢产量从 61 万吨发展到 3178 万吨，增长了 50 多倍。“超英赶美”的计划，“超英”实现了，没有赶上美国，但满足了我国国民经济恢复建设的需要，因此第一代钢铁人的钢铁梦圆了。

一个国家的钢铁发展，与该国的产业发展直接相关。中华人民共和国成立之初至改革开放前的 1978 年，主要是恢复建设时期，还谈不上真正的产业发展。我国真正的产业发展一般划分为三个阶段：第一个阶段是

作者简介：赵喜子，原国家冶金工业局副局长，国有重点大型企业监事会原主席，全联冶金商会原名誉会长。

1979~1999年，这20年是轻工业和纺织工业大发展时期；第二个阶段是2000~2012年，重化工业和装备制造业大发展时期；第三个阶段是2012年以后，信息产业、现代服务业、高端制造业、智能制造业，是创新发展时期。

第二代钢铁人在3000万吨的基础上，改革开放，瞄准国际先进水平，引进国外先进技术和工艺装备，建设以宝钢为代表的一批现代化钢铁基地，不仅在产量上做文章，更在品种质量上下工夫。通过“七五”和“八五”两个五年计划，钢产量大幅提升，“八五”末的1994年突破9000万吨，1996年突破1亿吨。生产工艺、装备，品种结构开始逐步改善。

进入21世纪，全球经济开始步入快速发展阶段，我国加入世贸组织，国民经济发展提速，2001~2008年，7年钢产量从1.2亿吨猛增到5亿吨，平均每年增长5000万吨，复合增长率21%，我国每年钢产量增量占全球的70%。钢产量占全球比重从17.8%提高到近50%。企业效益大幅上升，重点大中型企业利润从2001年的164亿元上升到2007年的1479亿元，吨钢利润达到300多元。

第二代钢铁人经历了产业发展第一、第二阶段的全过程，满足了国家轻工业、纺织业的大发展，以及重化工和装备制造业的大发展。因此第二代钢铁人的钢铁梦也实现了。

第三代钢铁人的钢铁梦是创新发展，建设钢铁强国。

然而正值这个时期，全球经济陷入深度危机，需求严重萎缩，受此影响，我国经济下行，钢铁市场严重下滑；受滞后性影响，钢产量逆势增长，2013年达到7.8亿吨，进入峰值弧顶区，2014年达到8.2亿吨，达到峰值。

与此同时，产能开始过剩，2013年设备利用率降到73%，2014年以后降到70%。钢材价格大幅下滑，价格指数下降到100点以下，2016年初降到历史最低点56.7点。钢铁企业销售收入利润率从2007年以前的6%左右，下滑到2012年的0.04%，2015年全行业亏损。

这是第三代钢铁人所面临的形势。

十八大以后，中央对钢铁行业面临形势作出准确判断，要求钢铁工业化解产能过剩，淘汰落后产能，结构调整，绿色发展。

十九大以后，国家加大取缔“地条钢”、处置僵尸企业、淘汰落后产能的力度，加强供给侧结构性改革。2016 年、2017 年两年化解过剩产能 1.2 亿吨，“地条钢”退出了市场，市场得到净化，企业效益大幅增长，2017 年底，钢材价格指数达到 121 点，2017 年钢协统计的会员企业平均销售利润率恢复到 4.7%。供给侧结构性改革取得重大进展。

钢铁企业转型升级取得明显进展，钢铁品种和品质不断提升，下游用户及航天、国防、军工需求满足度进一步提高。

我国钢铁由净进口变为进出口的态势已连续多年，表明中国钢铁企业产品国际竞争力明显提升。

节能减排年年有成效，2017 年钢协会员企业的吨钢钢铁综合能耗同比下降 2.16%。大多数重点企业污染治理已达到现行国家标准，少数企业达到特别排放标准。

一大批企业已经实践高质量发展，在装备水平、产品档次、创新能力、兼并重组、绿色发展、智能制造、盈利能力、企业文化等方面各具特色。

下一步，中国钢铁将从高速发展转入高质量发展。

十九大指出，我国社会主要矛盾已经转化为人民日益增长的美好生活需要和不平衡不充分的发展之间的矛盾。钢铁也一样，而且这种矛盾表现得更为突出。因此钢铁工业今后的发展必须从高速转为高质量。从高速发展转为高质量发展，核心为三点。

一是要始终坚持化解产能过剩，坚决取缔落后产能和僵尸企业，始终保持打击“地条钢”的高压态势。我国目前产能超过 10 亿吨，粗钢产量 8.3 亿吨，设备利用率接近合理区间。但今后钢产量预计将逐年减少，新的产能过剩可能阶段性发生，目前还有部分产能扩张的迹象，“地条钢”也有死灰复燃的可能。化解产能过剩是供给侧结构性改革的重要组成部分，甚至是前提条件，因此必须常抓不懈。

二是要统筹考虑区域市场需求和资源、环境、交通支撑能力，分区、分类施策，推动优化布局。

三是要坚持绿色发展。加大环保治理投入，抓好环保关键共性技术的普遍推广和全覆盖，狠抓环保达标，坚决淘汰环保不达标企业，鼓励短流程工艺，充分发挥钢铁制造、能源转化、资源消纳功能，加强二次资源利用，建立绿色产业链，实现钢铁企业清洁生产。

四是钢铁企业要转型升级，充分发挥信息技术作用，实现智能制造。以两化融合为基础，不断提升数字化、网络化、智能化水平。企业应制定好自身的发展战略，确定需要重点提升的能力，高度重视产品质量。

在习近平中国特色社会主义思想的指引下，钢铁行业在发展观念上已经形成了必须走高质量发展道路的共识。再经过“十三五”和“十四五”的努力，到2030年左右，第三代钢铁人的钢铁梦，建设钢铁强国的梦，就一定能实现。

坚决打好化解钢铁产能过剩这场攻坚战

辛仁周

2017 年是去产能的攻坚之年，也是供给侧结构性改革的深化之年。刚刚闭幕的十二届全国人大五次会议提出，要扎实有效去产能，2017 年要再压减钢铁产能 5000 万吨左右。这是在 2016 年退出钢铁产能超过 6500 万吨的基础上提出的新任务。按照国务院的部署，“十三五”期间要压减粗钢产能 1 亿~1.5 亿吨。完成国家提出的化解钢铁产能过剩任务，关系到钢铁行业供给侧结构性改革，关系到钢铁行业的持续健康发展，关系到我国由钢铁大国向钢铁强国的转变。实践证明，这需要处理好多方面的关系，解决诸多复杂的矛盾和难题，尤其是在当前钢铁价格回升的情况下，任务十分艰巨，不少方面都是难啃的“硬骨头”，需要攻坚克难，攻城拔寨，是一场实实在在的硬仗。总结近年来我国钢铁行业化解产能过剩的成功经验，借鉴国外化解钢铁产能过剩的有益做法，打好钢铁行业化解产能过剩这场硬仗，需要重点抓好以下几个方面的工作。

第一，把坚持市场化、法治化手段作为治本之策。社会主义市场经济也是法治经济，化解产能过剩必须发挥市场配置资源的决定性作用，把坚持市场化和法治化手段作为治本之策。要深化改革，完善政策，破除地方保护和市场分割，建立健全开放透明、公平竞争、优胜劣汰的市场机制，发挥企业市场主体作用，强化企业责任意识，使优势钢铁企业更好地发展壮大，使劣势企业及时淘汰、退出市场。要强化法律法规约束，加强节能监察、环保执法、质量监督和安全生产监管等执法检查。强化强制性标准执行，对能耗、环保、安全生产达不到标准和生产不合格产品或淘汰类产能，依法依规关停退出。要把不符合钢铁行业规范条件的企业清理出去，

作者简介：辛仁周，工业和信息化部产业政策司巡视员。

并把这些企业作为执法重点，坚决取缔“地条钢”，杜绝劣币驱逐良币。政府的各项工作都要依法依规推进，要充分尊重企业的意愿和主体作用，把工作重点放到制定政策、完善社会保障、促进就业再就业等营造良好环境和统筹协调上来。

第二，把处置“僵尸企业”作为牛鼻子。化解钢铁行业产能过剩的工作目标不仅是要去掉一定数量产能，而且要实现产业结构优化，资源利用效率明显提高，产能利用率趋于合理，产品质量和高端产品供给能力显著提升，企业经济效益好转，市场预期明显向好。“僵尸企业”已经停产半停产、连年亏损、资不抵债、靠政府补贴和银行续贷存在，这些企业白白占用了国家财政资金和银行信贷资金，浪费了土地、矿产、能源等资源，降低了全社会资源配置效率，影响了市场预期和行业经济效益的好转。因此，处置“僵尸企业”对实现钢铁行业化解产能过剩工作目标具有“牵一发而动全身”的作用，必须把它作为化解产能过剩工作的“牛鼻子”。要坚持市场化处置办法，果断地停止对“僵尸企业”的补贴和各种形式的保护。要坚持统筹规划，分类指导，选择合适的处置方式、出清途径稳妥推进，尽量多兼并重组、少破产清算。要周密制定处置方案，切实保障企业、职工、债权人以及债务人的合法权益，确保稳妥有序地推进。

第三，把推进企业兼并重组作为重要突破口。我国钢铁行业产能过剩的一个重要原因，是产业集中度低，长期没有能够形成优势企业占主导地位的格局。2016 年排名前十家钢铁企业钢产量仅占全国的 35.87%（宝钢武钢按一家企业计算）。“十二五”期间产业集中度不升反降，前十家钢铁企业产业集中度由 2010 年的 49%降至 2015 年的 34%，距离“十二五”规划“60%”的目标有较大差距。解决这一问题必须大力推进企业兼并重组，要进一步深化混合所有制改革，深化国有企业改革，推动行业龙头企业实施跨行业、跨地区、跨所有制兼并重组，形成若干家世界级一流超大型钢铁企业集团；推进专业化重组，在不锈钢、特殊钢、汽车板、硅钢片、无缝钢管等领域形成若干家世界级专业化骨干企业，避免高端产品同质化恶性竞争。要鼓励钢铁企业与其上下游产业之间的兼并重组。支持河北、山东等产钢大省的优势企业以资产为纽带，推进区域内钢铁企业兼并重组，形成若干家特大型钢铁企业集团，改变“小散乱”局面，压减低效无效产能。要落实相关优惠政策，加大并购贷款支持力度，降低并购融资成本。

第四，把职工安置作为各项工作的重中之重。据有关机构测算，完成钢铁行业去产能任务，涉及数十万职工的就业和再就业，不少职工年龄偏大，就业技能单一，实现转岗和再就业难度很大。就业乃民生之本。妥善安置好职工就业，关系到改善民生，关系到落实共享发展的新发展观，必须把解决职工的就业和再就业放到去产能工作更加突出的位置。要认真落实《关于做好经济结构调整中职工安置工作促进社会和谐稳定的通知》和《关于在化解钢铁煤炭行业过剩产能实现脱困发展过程中做好职工安置工作的意见》，指导企业落实主体责任，依法妥善处理劳动关系，制定好职工安置方案和风险处置预案。落实促进自主创业、鼓励企业吸纳就业和帮扶困难人员就业等各项政策，做好社保关系接续和转移，按规定落实好社会保障待遇。加强职业介绍和技能培训，增强失业人员的再就业能力。要采取支持企业内部分流、促进转岗就业创业、实行内部退养、运用公益岗位托底帮扶等多种方式安置职工。中央财政专项奖补资金要及时拨付，地方和企业要落实相关资金与措施，确保分流职工就业有出路、生活有保障。

第五，把强化协调配合作为完善工作机制的关键环节。完成化解钢铁行业产能过剩任务，涉及面广、需要协调解决的问题多。这不仅需要国务院各相关部门相互配合、共同努力，而且需要地方政府与国务院相关部门及时沟通与协作，还要发挥行业协会等中介组织的重要作用。这都要求进一步完善以协调配合为主要内容的化解钢铁产能过剩工作机制。相关部门要加强综合协调，搞好综合平衡，制定实施细则和相关政策，督促任务落实，统筹推进各项工作。各有关省级人民政府、国务院国资委要分别对本地区、有关中央企业化解钢铁过剩产能工作负总责，研究提出产能退出总规模、分企业退出规模及时间表，制订实施方案及配套政策。通过落实部门联动和地方责任，构建多标准、多部门、多渠道协同推进工作格局，将化解过剩产能任务落实到位。

第六，把强化监督和问责作为重要保障。钢铁行业产能过剩产生的原因是多方面的。个别企业顶风违法违纪、未批先建的有之，一些地方政府贯彻国家产业政策和监督查处不力的有之，等等。常言道：“动员千遍不如问责一次”。完成化解钢铁行业产能过剩任务，要在加强引导和表彰先进典型的同时，加大监督和问责力度。2016 年年末，国务院对江苏华达钢铁有限公司和河北安丰钢铁有限公司违法违规行为进行了严肃查处，对违法违纪行为发挥了很大的震慑作用。正如李克强总理今年 3 月 8 日上午在十二届全国人大五次会议广西代表团所强调的那样，“市场最渴望公平竞争环境，政府转变职能就要把更多精力转向监管。宏观部门不仅要会审批，更要学会监管。去年查了个‘地条钢’，比你批个钢铁项目震动可大多了。”在今后的化解钢铁行业产能过剩工作中，要继续对一些地方政府存在的严重失察、贯彻执行国家政策不力、未按规定上报、行政效率低下等问题，进行严肃查处和问责，而且要举一反三、引以为戒，发挥负面典型警示教育作用，切实严肃党纪国法，确保中央政令畅通、令行禁止，确保化解钢铁行业产能过剩工作顺利推进。

努力做好“三去一降一补”的结构性改革

刘振江

冶金工业规划研究院与行业同舟共济已经走过了45年的历程。在这45年中，中国钢铁工业风生水起，波澜壮阔，与祖国一起强大，几代钢铁人充分展现了钢铁报国的初心。中国钢铁工业伴随新中国成长壮大，度过了不同的发展历史时期，每个时期的进步和成绩，困难和问题，都与那个时期的特点和历史条件直接相关，我们就应该历史客观地看待和评价中国钢铁工业，充分肯定她的过去和现在，中国钢铁工业已经超预期地完成了历史必要的发展阶段，值得自豪。

现在，中国钢铁工业以“三去一降一补”为抓手的供给侧结构性改革已经全面展开。从行业和企业在发展中存在和需要解决的突出问题看，“去产能”和“去杠杆”是我们当前的两大攻坚战。打好了这两大攻坚战，“补短板”也就有了好基础。在两大攻坚战中，2016年的“去产能”取得了突破性进展，难能可贵，2017年要乘胜追击。“去杠杆”是进行企业资本结构和资金结构的根本性优化，对企业的重要性和战略性关系重大，这项工作不可坐等，要主动上手，不宣而战。

一、正确把握钢铁工业发展的大趋势

钢铁工业的问题必须放到国民经济大形势下考虑和解决，企业的问题必须放到国家和行业大形势下分析研究，先要把握好大势，离开国家大形势，就难有“四个意识”，甚至会犯错误。

党的十八大确定的中国发展战略是实现两个一百年奋斗目标，进行“五位一体”总布局，加强“四个全面建设”。党中央抓“四个全面建设”的落实是掷地有声的，“四个全面建设”的推进情况已经开始普遍显露。比如在党

作者简介：刘振江，中国钢铁工业协会党委书记、秘书长。

建方面，大家对全面加强党的建设已经深有体会，都明白了搞中国特色社会主义共产党必须强，党强才会国强，把党建设好是治党理国的第一要务。其他方面也都突出了“全面”两个字，“全面”已成为十八大以来的重要标志。

党中央对国民经济的基本判断是中国经济进入新常态。过去抓住机遇快速发展是必要的，现在进入新常态是必须的，是国内外各种客观因素决定的。中央对国民经济战略性调整的部署是在适度增加消费的同时，大力推进供给侧结构性改革，着力“三去一降一补”，转变发展方式和增长动力，整体跨上新台阶，跨越中等收入陷阱，总体把握是稳中求进，在国际布局中是“一带一路”战略。

在国民经济总体框架下，钢铁工业自然是供给侧结构性改革的先行者，因为它对传统工业和实体经济转型升级具有代表性，而且体量大，影响力大，大国经济的重化工都很强。钢铁工业结构性改革是以化解过剩产能为突破口，这个决策完全正确，从执行情况看，效果好，普遍拥护，是党中央、国务院下了大决心。

从 2016 年开始，钢铁行业供给侧结构性改革步入了健康发展的轨道。行业发展的大趋势已经基本确定，一切工作都要适应和顺应这个大趋势，我们必须再接再厉地努力，我们完全有理由、有能力、有信心实现中国钢铁工业战略性结构调整和转型升级，实现既大又强的目标。

二、深化钢铁工业去产能

2016 年是钢铁行业以化解过剩产能为突破口的供给侧结构性改革取得重大突破的一年，是扭转 2015 年行业严重亏损局面，扭亏为盈，取得较好效益的一年。这一年绝非寻常，保持和发挥 2016 年的良好势头，不单是钢铁行业的事情，还关系到国家供给侧结构性改革战略部署的顺利推进和成果显现，关系到国家稳增长方针的扎实推进。应该说 2016 年钢铁行业供给侧结构性改革取得了突破性进展，全行业积极响应党中央号召，积极适应市场变化，采取有效措施，全年利润总额超过 300 亿元，与 2015 年亏损近 800 亿元相比是 1100 亿元的进步，这有力地提振了行业士气和进行结构性改革的信心。2016 年钢铁工业化解过剩产能已积累了不少经验。至少有三条值得充分肯定：一是大方向把握得正确。坚决先淘汰落后产能，清除违法违规产能，清除“地条钢”为重点，先进行大扫除，清垃圾，把“家底”打扫干净，而不是把指标分摊，保护落后，这就为行业转型升级打下了很好的根基。中国钢铁企业构成中过去的突出问题是良莠不齐、龙虾混杂，优质企业很多，劣质企业数量也不少，不优胜劣汰，不打扫干净“家底”，拖泥带水地转型升级是很难的。二是党中央、国务院高度重视。部级联席会执行坚决，抓得紧，措施有力，检查、督查、问责，一抓到底。三是实现了政府和行业的紧密结合。中国钢铁工业协会深度参与了去产能工作，从情况提供，方案制定，八个配套文件出台，到实施操作，进行检查验收，全程参加。钢铁企业主动作为，带头减产能，分流人员，形成了上下联动。这次明显地改变了过去那种文件很多但很难落地的状况。

世界上钢铁工业结构调整还没有完全适用于中国的系统经验。全球性大规模结构调整是从 20 世纪 70 年代开始的，美国钢铁工业的调整受当时“钢铁工业是夕阳工业”思想的影响，钢产量由 70 年代的 1.3 亿多吨调整到 80 年代的 8000 万吨左右，与现在产量差不多。现在是三分之一依靠进口，在供不应求的情况下，2015 年美国钢厂的效益也不算好，靠贸易保护主义和国家保护喊着叫着过日子。日本钢铁工业的调整是以提高竞争力为中心的，他们化解产能只在前两年合并住友有所动作，日本现在的钢产量与 20 世纪 70 年代基本相当，他们没有化解多少产能，40%多出口的可复制性很小，可持续性受到挑战。欧洲钢铁工业第一轮调整是政府指令强行推动，这在当时是经验，现在再这样做就是错误，因为留给企业的问题太多；欧盟第二轮调整是政府不管，完全市场化，企业自主。在政府作用上两个极端的做法后果是欧盟钢铁积重难返。

回顾全球半个世纪的结构调整，经验与教训并存，中国经济的战略性调整要靠中国人自己结合国情通过改革创新探索解决。中国经济的战略性调整和钢铁工业结构调整要创造中国特色社会主义经验，我们要按照党的十八大精神，积极贯彻五大发展理念，按照国家产业政策，结合《中国制造 2025》，认真进行“中国钢铁工业转型升级战略和途径”的研究。我们不会放弃大国钢铁的战略，中国钢铁工业既大又强的战略格局从已有实力和内需上已经锁定，什么时间大到什么程度，强到什么程度会动态变化。

化解产能的突破口是必须先彻底淘汰落后产能和依法关停违规、违法和“地条钢”等产能。2017 年是化解产能攻坚年。不仅 5000 万吨的任务量高于 2016 年，而且几十万人的安置落地问题，涉及的几千亿资产的减值处理和相关债务处理问题，应依法关停的真正做到彻底关停问题，对不符合规范条件的企业和规模以下企业重点化解问题，进一步深化解决。2018 年重点打好去产能的攻坚战和保卫战，严禁“地条钢”死灰复燃，严禁新增产能，在这两个严禁上严格督察，并继续化解 3000 万吨产能，加大环保力度。去产能的突破口选择正确，攻击有力，突破后扩大战果迅速，企业效益普遍好转，行业运行进入稳中向好状态。

三、积极稳妥推进“去杠杆”工作

“去杠杆”是党中央、国务院的重大部署。这项工作无论对企业还是对银行都很重要，“高杠杆”双方都有风险，“去杠杆”双方责无旁贷，只有通力合作才能完成这项工作。国际金融危机以来，钢铁企业债务规模增长较快，债务负担不断加重。2016 年，钢铁行业平均负债率是 69.6%，比规模以上工业企业平均资产负债率高 13.8 个百分点。中国钢铁工业协会会员企业中，2016 年资产负债率超过 90%的有 11 家，钢产量占比 3.7%；负债率 80%～90%的有 14 家，产量占比 12.07%。与国外同等规模企业相比：2016 年，安赛乐米塔尔公司资产负债率为 56.98%，浦项 42.53%，新日铁住金 52.57%，日本 JFE 55.79%，美国纽柯 45.78%；我国特大企业最低的是宝武集团 52.28%，其他 5 家 2000 万吨以上企业平均负债率为 73.46%。不少企业资产负债率高与资金紧张两种情况并存，从企业效益看，效益好的企业普遍“杠杆率”不高，而亏损企业普遍债务负担较重，在资本结构中，债务、资金的制约突显，已成为企业资本结构调整的重点。因此，“去杠杆”势在必行。

各企业要根据自己的债务情况选择适合自己的“去杠杆”主攻方向和切入点。债转股最好，但自己未必符合国家对债转股对象所规定的条件，不可能所有企业都能进行债转股，应该选择适用自己而且力度比较大的“去杠杆”方案：

一是做好化解过剩产能中的债务处理工作。去产能的债务处理是件大事，债务问题不解决，资产减值了，债务还在，“杠杆率”反而高了，包袱就更重了。企业要用好相关政策和解决方案，把化解产能中的债务处理作为“去杠杆”的重要内容，千方百计做好债务处理工作。在对原资产进行抵债处置、债务重组、减免债务和利息、重订还款方式、把不良资产打包处置等方面积极协调相关方妥善解决，向银行申请核销呆坏账我们也应该争取。

二是具备债转股条件的企业要努力争取债转股政策。债转股是企业减负、“去杠杆”最直接最有效的办法，钢铁行业还是有一批符合债转股条件的企业，这些企业能否争取到债转股政策，取决于符合条件企业自己的努力。基本具备债转股条件的企业要把争取债转股政策当大事研究，坐等就坐失良机，相关准备要充分，要积极主动地沟通多方，认真向政府、金融机构汇报争取，不要搞“明股实债”。

三是“高杠杆”企业要在减少存量债务上加强工作。加大债务清欠力度，减少无效占用，加快资金周转，规模较大、应收账款较多的企业，可以开展应收账款融资和保理业务，改善财务状况，有金融板块的企业可以利用金融业务发行可转债替换存量债务，利用债券市场提高直接融资比重，企业财务公司加强内部资金融通和管理。

通过股权融资也是“去杠杆”的好办法。上市公司和股份公司尽量进行股权融资，独资企业要结合国家深化改革相关政策，积极推进混合所有制改革、增资扩股、员工持股，用资本多元化扩大资金来源。积极进行资产证券化和资本运作。按照“真实出售、破产隔离”的原则，通过“融资租赁、保理租赁、应收账款以及信托受益权”等财产权利和基础设施、商业物业等不动产为基础资产的资产证券化的方式，实现优质资产的迭代，创造更多收益。同时，利用资本市场的力量，借助会计事务所、券商等中介力量，开展多层次资本运作，通过吸收风险资本、主板上市融资、配股或增发、分拆上市、新三板挂牌融资、发行优先股、在区域性股权市场挂牌交易等方式，增加企业现金流，降低企业杠杆率，企业要在保证现金流和增强造血功能方面千方百计。在减息、免息、停息、减债、免债方面加强与债权人协商。基本面较好但存在短期财务困境的企业，要积极争取地方政府的支持，与主要债权银行加强沟通协商，进行贷款重组，调整贷款结构，合理确定贷款期限，按照国家有关规定减免利息，把大量短贷调整为长贷并减免部分利息。

缓解资金困难，盘活存量资产。做好闲置存量资产尽职调查、资产清查和财产评估工作，清退无效资产，采取多种方式盘活闲置资产，对土地、厂房、设备等闲置的重资产，采取出售、转让、租赁、回租、招商合作等多种形式盘活，实现有效利用。要把存量资产整合与企业业务结构重组相结合，在做强主业，向多元化发展中，加大对内部资源的整合力度，对那些低收益甚至亏损、发展前途无望的业务，通过出售转让、委托管理、甚至破产清算等措施回收资金、减少债务和支出，优化企业布局。

四是效益好时主动还债是去杠杆直接有效的办法，近两年许多企业这样做都成效明显。供给侧结构性改革重在调结构，路径是深化改革。我们要通过“去产能”解决产能结构的严重过剩和企业构成的参差不齐问题；要通过“去杠杆”优化企业资本结构和债务结构；要通过企业改革和联合重组优化企业内部结构和产业布局，提升产业集中度；要通过科技创新实现由劳动密集型向技术技能密集型转变。按照高质量发展的要求，我们的补短板工作要逐步提上议程，阶段性地推进解决，科技进步和自主创新问题，质量和效益统一问题，绿色发展问题等，企业要有高质量发展的具体规划，通过“三去一降一补”的结构性改革，中国钢铁工业转型升级的目标一定能够实现，我们一要充满信心，二要在“三去一降一补”上继续深入推进。

为我国钢铁工业转型发展再做新贡献

顾建国

冶金工业规划研究院自成立以来，始终以努力促进钢铁行业健康发展为己任，积极服务企业，特别是近年来在助力企业转型发展方面做了大量扎实有效的工作，为我国钢铁工业发展做出了积极贡献。值此冶金规划院建院45周年之际，谨向全院干部职工表示热烈的祝贺！向为我国钢铁工业规划事业做出重要贡献的老领导、老专家表示崇高的敬意！

一、我国钢铁工业取得了举世瞩目的成就

改革开放以来，特别是21世纪以来，我国钢铁工业取得了长足的发展，在积极满足国内市场需求，有力支撑国民经济快速发展的同时，积极开拓国际市场，国际竞争力也明显增强。

近年来钢铁工业生产装备、工艺技术改造和创新进一步加快，实现了生产装备现代化，企业生产自动化，品种、结构不断优化，产品档次和质量明显提升。用于高铁、核电、大型桥梁等一大批高科技含量、高附加值产品研发成功，满足了国家重点领域和重大工程需求，有力地支撑了下游行业转型升级和战略性新兴产业发展，有力地支撑了我国高端装备制造业用材的国产化。与此同时，产业布局也进一步优化，鞍钢鲅鱼圈、首钢曹妃甸、宝武湛江等沿海基地建成投产；宝钢和武钢合并组建中国宝武钢铁集团，为加快钢铁行业兼并重组起到积极示范作用。企业积极参与“一带一路”建设，国际产能合作取得新进展。坚持绿色发展理念，努力促进钢铁工业与社会的融合发展，企业节能、环保投入不断加大，吨钢综合能耗不断下降，主要污染物排放指标明显改善，建设生态钢厂、绿色钢厂已经成为引领钢铁工业未来发展的新趋势。

作者简介：顾建国，中国钢铁工业协会常务副会长。

但钢铁工业在长期发展中也积累了一些问题，钢铁产能过剩问题突出，企业数量多，产业集中度低，资源和环境制约问题日益突出，行业盈利水平依然很低等，解决这些问题仍然需要全行业共同努力。

二、提高对供给侧结构性改革的认识

推进供给侧结构性改革，是以习近平同志为核心的党中央深刻把握我国经济发展大势做出的重大战略部署，是适应和引领经济发展新常态的重大创新，积极推进以“去产能”为突破口的钢铁工业供给侧结构性改革，是根本解决我国钢铁工业存在的深层次矛盾，实现转型升级，由大变强的重大机遇，意义十分重大。

全行业应进一步提高对供给侧结构性改革的认识，深刻认识到党中央、国务院以去钢铁过剩产能作为供给侧结构性改革的重要突破口，给中国钢铁工业实现转型升级创造极好的条件，全行业必须紧紧抓住难得的重大历史机遇，积极作为。深刻认识到整个行业过去出现的深度亏损和产能严重过剩、杠杆率过高是正相关的，必须从供给侧结构性改革入手，才能解决钢铁工业的突出矛盾和问题，有力促进形成优胜劣汰，公平、公正的市场环境。深刻认识贯彻落实供给侧结构性改革是促进行业今后长期保持平稳运行和健康发展的前提，同时，为推动钢铁上下游产业链的均衡发展，形成稳定共赢的关系创造条件。

三、做好三项重点工作，为钢铁行业转型升级奠定坚实基础

一是坚定不移“去产能”。2016 年，全行业按照党中央、国务院决策部署，在部际联席会和地方政府的大力推动下，紧紧围绕“去产能”这一中心任务，齐心协力，克服困难，认真完成了工作要求，化解过剩产能工作取得初步成效。全年化解过剩产能 6500 万吨，提前超额完成了年初确定的 4500 万吨目标，全行业实现了扭亏为盈，提振了信心。

2017 年是化解过剩产能的攻坚年，李克强总理在《政府工作报告》中，明确提出 2017 年要再压减钢铁产能 5000 万吨左右的目标。完成这一任务仍需要全行业的共同努力，特别随着市场形势好转，化解过剩产能工作推进的难度加大，全行业要对困难有充分的认识，继续贯彻落实供给侧结构性改革总体部署，坚定不移地化解过剩产能，坚决支持打击“地条钢”等违法违规

产能，继续淘汰落后产能，加快处置“僵尸企业”，防止已退出产能死灰复燃。

二是积极主动“去杠杆”。2016 年经过全行业的共同努力，会员钢铁企业的资产负债率有所改善，但仍达 69.6%，全年财务费用 890 亿元，远高于利润总额。债务负担重、财务成本高已经成为钢铁行业面临的突出问题。2017 年，全行业要深入贯彻落实党中央、国务院关于“去杠杆”的有关要求，积极稳妥降低钢铁企业杠杆率，防范“高杠杆”带来的债务风险，打好“去杠杆”攻坚战。中国钢铁工业协会将认真开展调研，搭建相关平台，积极向有关部门反映“去杠杆”过程中的各种问题和企业诉求。企业要从实际出发，根据自身情况制定“去杠杆”工作方案，积极主动与相关金融机构密切沟通，妥善处置相关债务，既要从账面上降低杠杆率，改善企业融资环境，又要从实际效果上降低资金成本，减轻财务负担；同时要抓住全国去产能历史机遇，深化内部改革，加强企业管理，提高自身盈利能力。

三是促进行业平稳运行。钢铁行业是多工序连续作业的大工业，不管是原燃料成分的波动，还是价格的波动，抑或职工队伍情绪的波动都将深刻影响钢铁行业运行。“稳”字当先在钢铁行业永不过时。特别是钢材价格及原燃料价格的大幅波动，对钢铁行业伤害很大。长期以来，原燃料价格与钢材价格存在着涨快跌慢的关系，钢材价格的上涨很快被原燃料价格上涨吞噬。由于我国钢材市场供大于求的基本面没有改变，钢材价格的走高原因之一是去产能的预期，并非全都是市场需求的支撑，当前要特别警惕市场炒作，短期内价格大幅上涨通常会伴随着大幅下跌，损害钢铁企业利益。全行业要加强行业自律，规范市场秩序，避免恶性竞争。要积极地与原燃料行业构建合作共赢供应链关系。要密切关注市场需求，严格遵守“没有合同不生产，不给钱不发货”的行业自律公约。既要防止出现供不应求，又要防止盲目生产导致供大于求，共同维护市场稳定。

四、处理好三种关系，着力提高市场竞争力

当前企业的竞争是综合实力的竞争。综合实力来自企业能否正确处理企业外部及内部的各种关系。从外部看，企业的发展既离不开社会经济环境，也离不开山川河流空气等自然环境，既要适应经济发展需要，也要与自然环境和谐共融。从内部看，企业要有合理的规模，要有优势品种，要充分发挥

优质资产的作用，要能够创造效益，而在实际操作过程中往往不能兼得，这最考验企业决策者的智慧。

一是正确处理企业规模和产品档次的关系。过去钢铁企业主要通过投资新的产线来丰富和完善自己的产品结构。今后要立足于技术创新，实现品种结构优化和产品档次提升，立足现有装备加大产品开发和应用推广力度，巩固并强化基于品种细分的市场优势细分，突出本企业的品种特色和品种优势，更加贴近市场和用户，增强用户黏度。

二是正确处理利润和财务资产质量的关系。钢铁行业是重资产行业，庞大的产线投资并未给企业带来可观的利润，反而带来了沉重的财务负担。2016 年末，会员企业资产负债率超过 90%的有 11 家，钢产量占比 3.7%；负债率 80%~90%的有 14 家，产量占比 12.07%。资产负债率高的企业往往盈利能力较弱，“去杠杆”成为十分迫切的任务。钢铁企业要重新审视自身资产，充分发挥优质资产的优势，及早处置不良资产，提高企业盈利能力。

三是正确处理企业和社会共赢发展的关系。钢铁行业已经出现了与城市、与社会共融发展的典型企业。先进企业的经验告诉我们钢铁企业完全可以与城市、与社会实现共赢。钢铁企业要主动承担起应有的社会责任，高度重视自身发展与环境保护的关系，坚持绿色发展，在企业发展的同时为社会创造更大的价值，为国民经济建设贡献更大力量。

衷心希望冶金规划院作为专业的咨询机构继续在服务行业发展大计，促进企业转型升级方面多做工作，为推动钢铁行业在供给侧结构性改革中实现转型升级，早日实现钢铁强国梦再立新功。

（本文选自《钢铁规划研究》（2017 年第 04 期）纪念冶金工业规划研究院建院 45 周年特刊）

技术研究

JISHU YANJIU

我国大型高炉生产现状分析及展望

张寿荣　姜曦

4000立方米以上大型高炉是高炉炼铁先进技术的集中体现，大型高炉相对于容积小的高炉，单位炉容投资经济、能耗低、环境负荷低、劳动生产率高。2000年以来，随着钢铁需求的迅猛增加，一批4000立方米以上大型高炉在我国相继投入运行。通过炼铁工作者的不懈努力，近年来，我国在大型高炉的生产管理和操控技术等方面取得了突出的成绩和效果。本文通过对我国4000立方米以上大型高炉的装备水平、原燃料指标、技术经济指标等方面进行分析，对存在的问题提出了一些改进建议，并对炼铁的发展进行了一些展望，希望对我国高炉炼铁的发展有一定的借鉴意义。

一、我国大型高炉生产现状

（一）装备水平

2000年以来，以首钢京唐5500立方米高炉为代表的一批大型高炉在国内相继投入运行。截至2016年底，4000立方米级以上大型高炉达到22座，高炉的大型化和自主创新成为这一阶段高炉炼铁发展最主要的特点。随着高炉操作、管理理念的不断改进，装备水平也取得了突飞猛进的发展，炉顶料面监控、水温差在线检测、炉缸侵蚀模型、风口监控、煤气在线检测等先进技术不断得到推广应用，传统意义上的高炉“黑匣子”逐步向“透明化”的方向发展，一大批国产高炉设备设施已经达到国际领先水平。

然而，与西欧、日本等钢铁工业发展先进国家、地区相比，我国在高炉大型化方面还有很大的差距。据统计，2015年我国拥有炼铁高炉将近1500座，平均炉容仅770立方米。西欧1990~2008年，高炉平均炉容由1690立方米扩大到2063立方米，日本1990~2008年平均炉容由1558立方米扩大到

作者简介：张寿荣，中国工程院院士；姜曦，中国钢铁工业协会。

4157立方米。

（二）技术经济指标

近年来，我国大型高炉的操作管理水平在不断提高，指标在逐步优化。2015年我国4000立方米级以上高炉平均利用系数为2.07吨/（立方米·天），高于同期日本同级别大型高炉1.93吨/（立方米·天）的利用系数，这一方面反映出我国大型高炉的操作管理及顺行程度已经达到了国际先进水平，但是从另一方面也反映出我国高炉操作上更追求产量，这可能是受钢铁需求大幅增加、长期以来形成产量至上的操作思路影响。2015年我国4000立方米级以上高炉的平均燃料比为510.74千克/吨，平均焦比为345.4千克/吨，平均煤比为156.18千克/吨。平均焦比较4年前增加了5.52千克/吨，但是平均工序能耗（标准煤）却比4年前降了12.47千克/吨，达到了380.99千克/吨。这反映出我国大型高炉在操作管理上更加科学，更加注重适宜煤比和能耗的控制。2016年上半年我国大高炉的焦比较2015年增加了2千克/吨，吨铁能耗则基本持平。焦比增加的原因主要还是受新投产高炉焦比高的影响。表1为我国20座4000立方米级以上大高炉2016年上半年生产技术指标。

表1　我国20座4000立方米级以上大高炉2016年上半年生产技术指标

指标	平均值	指标	平均值	指标	平均值
利用系数/吨·（立方米·天）$^{-1}$	2.085	焦比/千克·吨$^{-1}$	349.4	煤比/千克·吨$^{-1}$	159.76
燃料比/千克·吨$^{-1}$	517.1	能耗/千克标准煤·吨$^{-1}$	384.70	煤气利用率/%	48.21
富氧率/%	3.36	风压/千帕	404.62	顶压/千帕	172.32
煤粉灰分/%	9.37	煤粉挥发分/%	18.33	焦炭灰分/%	11.94
焦炭含硫量/%	0.69	焦炭粒径/毫米	51.06	铁料粒径/毫米	20.72
渣量/千克·吨$^{-1}$	297.73	二元碱度	1.18	铁水含硅量/%	0.42
铁水温度/摄氏度	1502.6	铁水含硫量/%	0.0307	一级品率/%	74.73

近两年，随着企业经营压力的增大，成本意识在高炉的日常操作管理中逐步占主导地位，大型高炉也开始逐步尝试所谓的“经济配料”，导致原燃料保障能力下降，大型高炉的波动、失常也屡见不鲜，技术经济指标波动加剧。事实上，大型高炉在各个企业的经营管理以及生产组织中都处于核心地位，

炉况一旦出现波动，对整个公司的经营绩效、生产组织将造成严重影响，对高炉的长寿也势必造成严重影响。稳定顺行是高炉最大的效益，对大型高炉尤其如此，高炉长寿创造的效益在日常操作管理中也往往很容易被忽视。因此，对大型高炉至关重要的“精料方针”必须坚持，在努力降低铁水成本的过程中，操作者应更加注重炉况的长期稳定顺行及长期效益，在大型高炉具体的操作、管理方面应更加精细，用精益化的思路管理和操作大型高炉。

（三）原燃料指标

焦炭质量的优劣，对高炉生产稳定顺行、技术经济指标、产品质量和高炉长寿至关重要，对大型高炉影响更大。焦炭质量的评价包括化学成分、灰分、粒度、转鼓强度和高温冶金性能。2015 年，我国大型高炉焦炭平均碳含量为 86.53%，平均灰分为 11.95%，平均粒径为 50.91 毫米，平均 M_{40} 为 88.98%。焦炭平均粒径比四年前减小 1.04 毫米；2016 年 1~6 月，焦炭的平均灰分为 11.94%，含硫量为 0.69%；焦炭平均粒度为 51.06 毫米，M_{40} 平均为 89.67%。焦炭平均粒度比 2015 年增加 2.6 毫米，M_{40} 增加 1%，说明各企业更重视焦炭质量的改善和提升。

煤粉的质量，对高炉喷煤操作的稳定顺行、煤焦置换效果均有重要影响。对喷吹煤粉质量的总体要求是有害元素少、灰分低、热值高、输送性能好、反应性和燃烧性高，而反应性和燃烧性与煤的挥发分成正比。2015 年我国大型高炉的煤粉平均灰分为 9.37%，比四年前有所上升，挥发分为 18.33%；2016 年 1~6 月，大高炉的煤粉平均灰分为 9.37%，挥发分为 18.33%。

由于钢铁产量大幅度增长，优质的铁矿石资源日趋紧张，而且质量和性能呈逐步下降趋势。我国自产的铁矿石品位较低，大部分的高品位铁矿石需要从国外进口，2015 年我国的铁矿石对外依存度已达到 84%。大型高炉要求吨铁渣比小于 300 千克，炉料成分稳定、粒度均匀、粉末少、冶金性能良好和炉料结构合理。烧结矿作为高炉的主要含铁炉料在欧洲和亚洲盛行，而球团矿作为主要炉料则在北美更普遍。2015 年，我国大型高炉的炉料结构为 70.85%的高碱度烧结矿+20.9%的球团矿+8.25%的块矿，烧结矿占主导地位，因此对烧结矿质量的管理是大型高炉精料管理的主要内容。2015 年，我国大型高炉入炉铁料的平均含铁品位和铁料的平均粒径分别为 59.01%、20.97 毫米，铁料的平均粒径较四年前增加了 0.8 毫米。2016 年 1~6 月大高炉烧结矿、球团矿及块矿的平均比例为 71.46%、19.68%、8.86%。与 2015 年相比，烧结矿的比例不变，球团矿的比例降低了 1.5%，块矿的比例得到一定提高。

受市场的影响，我国大型高炉的炉料结构、品种和质量标准也在不断调整以适应市场，但仍需继续坚持精料技术。

（四）主要控制参数

高炉实施低硅冶炼，可达到高产、稳产、优质、低耗的目标，降低生铁成本。同时低硅、低硫铁水可以降低炼钢渣量，提高铁的收得率，缩短冶炼时间，对开发新钢种、冶炼高级纯净钢、提高转炉生产能力、降低成本有重要意义。对于低硅冶炼的高炉，应该在保证铁水温度的情况下，尽量降低高炉的生铁含硅量。2015 年，我国大型高炉的铁水含硅量和铁水温度平均分别为 0.43%、1503.11℃，铁水含硅量比四年前降低了 0.01%，铁水温度也降低了 1.36℃。2016 年 1～6 月大高炉铁水含硅量及铁水温度平均值分别为 0.42%、1502.6℃。铁水温度下降幅度不大。

高炉生铁一级品率是指硫含量小于或等于 0.03%的生铁占所有生铁的比例。2015 年，我国大型高炉的硫含量和一级品率的平均值分别为 0.029%、76.35%，铁水一级品率比四年前降低了 2%；2016 年 1～6 月大高炉铁水硫含量和一级品率的平均值分别为 0.031%、74.73%，仍然呈下降趋势，这可能主要还是受经济配料、使用低品质矿的影响。

我国大型高炉的吨铁渣量有所降低。平均渣比和二元碱度分别为 301.02 千克/吨和 1.19 倍，除宝钢 4 座高炉以外，都在 300 千克/吨以上。2016 年 1～6 月平均渣量及二元碱度，分别为 297.73 千克/吨、1.18。大高炉的渣量比 2015 年降低了 3 千克/吨。与国外的大型高炉相比，我国的渣比仍然偏高。

煤气利用率与高炉的吨铁燃料比有着直接的关系。2015 年我国大型高炉的平均煤气利用率为 48.72%。2016 年 1～6 月平均煤气利用率及燃料比，分别为 48.21%、517.1 千克/吨。宝钢几座高炉的煤气利用率高于 50%，其燃料比也低于 500 千克/吨。

二、对目前我国大型高炉生产存在问题的改进建议

（1）大型高炉的发展必须基于一定的条件和基础，大型高炉需要比中小

高炉更加优质的原燃料、高效的管理和综合操作技术。当前大型高炉对优质原燃料的需求越来越多，而可供使用的优质资源越来越少，对大型高炉的稳定顺行带来巨大的挑战。

（2）大型高炉对外围生产条件的变化非常敏感，大型高炉一旦出现问题，对公司整个生产组织、经营绩效将产生严重影响，因此要求对大型高炉的操作管理要更加精细，举全公司之力提高外围保障能力，确保大型高炉的安全稳定运行。

（3）作为电炉炼钢主要原料的废钢积蓄量较少，废钢积蓄量和使用率有待提高，我国钢铁冶炼的主流程为铁前（烧结/球团）—炼铁（高炉）—炼钢（转炉）—轧钢工序。钢铁工业的能耗总量占全国能耗消费总量的15%，占全国工业能源消费总量的23%左右，而全国炼铁系统能耗占整个钢铁行业总能耗的70%左右。因此，大型高炉仍要把节能降耗当作首要任务来抓。

（4）风温带入的热量占高炉冶炼热收入的将近20%。在现有高炉的冶炼条件下，风温提高100°C可降低燃料比约8千克/吨。这几年，我国高炉风温已经有了长足的进步，但是不同层次的起因发展并不平衡。2015年，我国大型高炉的平均风温为1211℃，个别高炉的风温仍然低于1200℃。因此，要继续推广高风温技术。高风温是节能减排的重要措施，是提高煤粉燃烧率的重要影响因素，对高炉的稳定顺行及炉缸的活跃性也有重要的意义。

三、对高炉炼铁的展望

（一）钢铁工业由大转强，增加产业集中度，因地制宜发展大高炉应是方向

大型高炉是炼铁先进技术的集中体现，2016年，我国大于4000立方米高炉生产的铁水仅占生铁总产量的5.5%。随着供给侧改革、去产能的深入进行，以及环保压力的越来越大，增加产业集中度，因地制宜发展大型高炉是促进我国钢铁工业转型升级的必由之路。虽然目前我国铁矿石等原燃料资源对外依存度较高，但随着钢铁企业国际化程度的提高，资源保障不断提升，因此高炉大型化仍有发展空间。

（二）抓住历史机遇，推动中国钢铁工业实现“由大变强”的转变

2015~2016年，我国钢铁产能出现下降趋势。2016年2月，国务院又印

发了《关于钢铁行业化解过剩产能实现脱困发展的意见》，提出未来5年我国单位国内生产总值能耗和二氧化碳将力争分别下降15%和18%，再压减粗钢产能1亿~1.5亿吨。全国性的压减钢铁产能必然对钢铁产业格局产生重要影响，这是压力也是机遇，钢铁企业要充分利用这一历史机遇，大力开展高炉的优化升级改造，推动我国钢铁工业“由大到强”的转变。钢铁企业要实现“由大向强”的转变，必须在技术力量、人才储备等方面真正和世界一流企业看齐，全面实施以技术创新为核心的创新驱动战略，加快工业化和信息化深度融合，把数字化、网络化、智能化、绿色化作为提升产业竞争力的技术基点，重塑钢铁业的技术体系、生产模式、产业形态和价值链，利用信息化技术手段，向智能制造迈进，以实现低成本与差异化以及资源高效综合利用。

协同创新 推动钢铁工艺技术的进步

王国栋

近年来，我国钢铁工业在经历了快速发展过后，进入了调整结构、转型发展的阶段。钢铁企业努力消化引进技术，提高管理与生产操作水平，同时大力进行技术创新，着力开发绿色化、智能化的新技术、新工艺、新装备，不断开发新产品，以增强企业核心竞争力。一个个重要的关键、共性技术被攻克，一批批国家急需的重要产品源源不断地提供给国民经济各个部门，我国钢材自主供应能力得到极大提高。冶金工业规划研究院在钢铁行业的发展方向、策略、路线和技术等方面，承担并完成了大量艰巨而重要的研究任务，发挥着政府机构参谋部、行业发展引领者、企业规划智囊团的作用，为钢铁行业的可持续发展、企业转型、新技术的推广与应用做出了巨大贡献。本文就可以收集到的近年钢铁工艺技术的发展情况，进行了初步汇总，以共同祝贺冶金规划院建院45周年。

一、钢铁行业近年主要的工艺技术进步

（一）难选低品位矿选矿及尾矿处理

近年来，我国铁矿石的进口量急剧增加，2016年我国铁矿石对外依存度高达87.3%以上。因此开发与利用我国复杂、难选铁矿资源，增加我国铁矿资源可利用储量，战略意义重大。东北大学2011协同创新中心资源与环境方向，基于矿石本身性质差异，分别提出了分步浮选—中矿深选、深度还原—高效分选、干式强磁预选等一系列技术，研发了干式强磁预选装备，成功解决了复杂、难选铁矿资源的利用难题，并将分步浮选—中矿深选技术成功应用于工业实践。

针对我国复杂难选铁矿开发出悬浮焙烧技术，提出了复杂难选铁矿石

作者简介：王国栋，中国工程院院士，东北大学教授。

"预氧化—蓄热还原—再氧化"悬浮焙烧理念，研发了位于四川峨眉的复杂难选铁矿石悬浮焙烧新型实验室及半工业装备。2014~2015年，分别以东鞍山烧结厂正浮选尾矿、眼前山磁滑轮尾矿经强磁选的精矿、酒钢粉矿、东鞍山原矿、鞍钢矿业公司东部尾矿为原料，进行了扩大连续试验，悬浮焙烧系统能够连续稳定地获得高质量焙烧产品，磁化焙烧产品经磁选后均得到了优异的指标。在此基础上，正在酒钢集团选烧厂、鞍钢集团矿业公司分别开始实施工业化生产。

（二）炼铁

1. 高炉大型化

高炉大型化是高炉炼铁技术的重要发展趋势，我国沙钢自主建设的5800立方米高炉，从2009年10月20日点火开炉，于2010年5月达到设计指标，2011年1~10月沙钢高炉生产进入平稳期。首钢京唐公司1号和2号高炉均为5500立方米，1号高炉于2009年5月21日开炉点火，2012年4月，实现了设计指标。在宝钢湛江项目中，中冶赛迪凭借自主设计和研发，实现了5000立方米大型高炉装备的全自主集成，并且主要技术指标均达到国际一流水平，其高炉大型化技术还输出到海外，设计建设台塑越南河静2×4350立方米高炉、JSW1号4323立方米高炉和TATA KPO 2号5800立方米高炉等具有重大国际影响力的项目，开创了我国特大型高炉技术向海外整套输出的新纪元。

2. 热压铁焦新型低碳炼铁炉料制备与应用

东北大学2011协同创新中心炼铁—炼钢—连铸方向，将适宜粒度和质量比例的铁矿粉加热到一定温度后，与烟煤和无烟煤的混合物快速混合，再将矿煤混合物加热到设定的热压温度，随后使用热压机热压成型，并使用内热式炭化炉进行炭化干馏处理，最终经冷却得到热压铁焦。通过将热压铁焦制备与优化、热压铁焦反应性和反应后强度优化、高炉综合炉料配加热压铁焦低碳冶炼等，进行创新性组合，最终形成了热压铁焦新型低碳炼铁炉料制备与应用关键技术集成。研究结果表明，在炼焦过程中铁氧化物被还原成金属铁，起到催化作用，因而铁焦具有高反应性。生产铁焦用煤可以是弱黏结煤或非黏结煤，从而扩大了冶金炼焦用煤的范围，缓解了优质炼焦煤资源匮乏问题。高炉使用铁焦后，可降低高炉热储备区温度，降低焦比，提高冶炼效率，最终达到CO_2减排的目的，这对于我国煤炭工业和钢铁工业的可持续发展具有重要意义。研究工作得到国内钢铁企业的高度关注和评价，目前正与企业开展应用合作研究，在实验室研究的基础上进行热压和炭化处理工艺优化，以及关键装备选型设计工作，并开展深入的工业化试验，验证实际效果。本技术投资少，应用于实际高炉后节能减排和降低成本效果显著，将为我国低碳高炉炼铁起到推动作用。

3. 非高炉炼铁技术的探索

（1）熔融还原。宝钢率先进行了非高炉炼铁技术的引进和开发。2005 年产铁量 150 万吨的罗泾 1 号 COREX 熔融还原工程，正式开工建设。随后在 2007 年又引进第二套。投产后，实现了连续 4 年顺行生产。但是，宝钢认为，COREX 的能耗和生产成本高于高炉炼铁工艺，商业上缺乏竞争力。因此，2014 年宝钢将 COREX 熔融还原炼铁工艺的资产，搬迁至新疆地区，利用新疆地区优良的矿石和煤炭资源条件，由新疆八一钢铁有限公司继续发展此项新工艺。2015 年 6 月完成 COREX（称为欧冶炉）的改造搬迁，在新疆八一钢铁有限公司点火投产，继续进行熔融还原技术的应用和开发。期望宝钢能够引进、消化、再创新，开发出切合我国实际、具有我国特色的熔融还原技术。

（2）气基竖炉直接还原。与其他炼铁工艺相比，气基竖炉直接还原法的优点是单套设备产量大、不消耗焦煤、低能耗、低 CO_2 排放，是直接还原无焦炼铁技术的一项主流技术。在过去 20 年间，煤气化技术获得较大发展，在缺乏焦煤而非焦煤资源丰富且廉价的地区，大型煤制气—竖炉海绵铁联合流程具有很强的竞争力。我国在煤制气方面已经有大量的工程实践，利用非焦煤制气在成本上已经具有一定竞争力。东北大学 2011 协同创新中心完成的“超级铁精矿与洁净钢基料短流程制备技术”研究，可以为气基竖炉直接还原低成本地提供合格的制球团用超级铁精矿粉，利用 Consteel 电炉连续热装直接还原铁炼钢及后续精炼技术也已经比较成熟。开发气基竖炉直接还原技术，生产高洁净钢基料，为制造业提供高端坯料，已经具备条件。因此，目前一些研究单位和高校的研究人员与有条件的企业合作，正在积极筹建煤制气—竖炉直接还原工程。

（3）闪速炼铁。在美国钢铁协会的资助下，犹他大学研发了一项新的技术——闪速炼铁技术，该技术是在闪速还原过程中将铁氧化物直接进行气体还原。该工艺利用气体如天然气、氢气、合成气或者这些气体的混合气体作为还原剂，生产的铁作为炼钢工艺原料或者连续直接炼钢工艺的一部分。据称，相比于现在的高炉技术，该项技术有望降低32%~57%燃料消耗以及61%~96% CO_2 排放。著名的有色金属冶金专家、中国工程院院士张文海教授与高校、研究院所组成研发团队，开展“非高炉闪速炼铁工程研究”。这项研究立足“钢铁-有色”学科交叉思维，把原来用于有色金属行业成熟的先进技术闪速冶金用于炼铁。目前，通过跨领域、跨部门的合作，完成了基础研究、实验室试验工作，并已完成工业试验关键装置的原型设计及工艺软件包编制，为开展后续的工业试验提供了必要的技术支持。

（三）炼钢与连铸

1. 洁净钢冶炼平台建立

近年来，我国各炼钢厂普遍建立了洁净钢生产平台。首钢总公司迁顺产线、京唐产线、首秦产线利用洁净钢生产平台，优化了KR铁水脱硫的生产工艺参数，理顺了“KR+转炉+RH+连铸”流程，生产低硫钢种（[S]≤0.0030%）；围绕转炉“全三脱”的特点进行高效低成本脱磷、控制增氮的工艺研究；开发了SGRS工艺，转炉炼钢石灰、轻烧白云石消耗降低30%以上；针对不同钢种的使用要求，采用相应措施，使钢中非金属夹杂物得到良好控制；开发了倒角结晶器技术，通过采用倒角结晶器，改善了铸坯冷却及受力状态，铸坯角部横裂纹发生率降低到0.4%左右；进行了高拉速连铸工艺研究，实现了拉速提升。开发了厚板坯防窄面鼓肚技术，对足辊区的足辊数量、排布方式、喷淋冷却进行优化设计，保证了400毫米厚连铸坯的质量控制。

2. 倒角结晶器/曲面结晶器解决微合金化钢连铸坯角部横裂纹问题

钢铁研究总院连铸中心采用带倒角的结晶器生产连铸坯，解决微合金化钢连铸坯角部横裂纹问题，同时微合金化钢宽厚板以及低碳、超低碳钢热轧带钢的边部直裂（或称翘皮），可以减少70%以上，为解决微合金钢板坯边部裂纹难题提供了一条途径。该项技术已应用于首钢京唐、重钢、华菱涟钢、济钢、邯钢、莱钢、武钢和鞍钢等企业。

针对微合金钢连铸过程频发铸坯角部裂纹缺陷，东北大学2011协同创新中心炼钢连铸方向开发了凸型曲面结晶器技术和铸坯二冷高温区晶粒超细化智能控冷新工艺与装备技术，从根源上消除了致使微合金钢连铸坯角部裂纹产生的脆化晶界及低塑性组织结构。该技术成功应用于梅钢、唐钢等企业基础上，进一步推广至鞍钢、舞阳钢铁、河北敬业钢铁以及邯钢等企业，实现了含铌等微合金钢连铸坯批量化生产过程中角部裂纹的稳定控制。

3. 宽厚板连铸坯和大方坯凝固末端重压下技术

东北大学 2011 协同创新中心炼钢连铸方向，还开发了宽厚板连铸坯和大方坯凝固末端重压下技术，首次在唐钢中厚板公司实现了宽厚板连铸坯凝固末端重压下。凝固末端单段压下达 16.5 毫米，总压下量达 40 毫米，取得重压下技术突破。生产中、低碳合金钢连铸坯中心偏析、疏松得到同步改善，铸坯中心区域致密度提升至 8.75%（原位分析法），绝对密度提升 0.76%（真密度测定法），已实现轧制压缩比 2.2∶1 条件下厚度方向 Z35 性能板、压力容器用板等高端特厚板的成功制备。在大方坯连铸方面，进一步研发并成功实施了渐变曲率凸型辊压下技术，实现了凝固末端单辊压下 15 毫米的突破，进一步提升了铸坯心部致密度，改善了铸坯的心部质量。

4. 电弧炉炼钢复合吹炼技术

国内外通常采用超高功率供电、高强度化学能输入等技术，但未从根本上解决熔池搅拌强度不足和物质能量传递速度慢等问题；受炉内高温烟气流扰动影响，氧气利用率低，钢液过氧化严重。北京科技大学、钢铁研究总院等单位与企业合作，以电弧炉炼钢高效、低耗、节能、优质生产为目标，首次提出并研发了电弧炉炼钢复合吹炼技术。以集束供氧、同步长寿底吹搅拌、高效余热回收利用等新技术为核心，实现了电弧炉炼钢智能化吹炼的技术集成。供电与多种集束供氧方式（埋入式、炉壁、炉顶）组合优化供能，气体和粉剂混合喷吹强化熔池搅拌，炉内供能与烟气余热回收实现动态控制。采用该技术后，吨钢平均冶炼电耗降低 13 千瓦·时，钢铁料消耗降低 15.5 千克，余热回收 15.8 千克标准煤，二氧化碳减排 46.3 千克，成本降低 64.20 元。项目推广到天津钢管集团股份有限公司等 60 余家国内外钢铁企业百余座电弧炉，相关技术及产品已出口至意大利、俄罗斯、韩国等国家。该成果提升了我国电弧炉炼钢工艺及装备制造水平，有利于我国高端装备制造业的发展，推动了电弧炉炼钢技术进步。

（四）热轧钢材 TMCP 技术

热轧钢材组织调控技术是热轧产品创新、升级的重要技术，近年国内产学研用合作开发取得重大进展。东北大学 2011 协同创新中心常规热轧方向，经过多年研究，已经初步建立了热轧钢材组织性能调控一体化技术体系，在各类热轧厂应用，促进了我国热轧钢材质量水平稳步提高。

1. 中厚板控轧、控冷及一体化的“μ-TMCP”

中厚板轧后超快冷系统得到大面积推广，运用不同的超快速冷却方法，例如UFC-F、UFC-B、UFC-M（或DQ）、UFC-QP（Q&P），实现细晶强化、相变强化、析出强化等不同的强化机制，获得需要的组织和性能。利用超快速冷却系统，已经开发出系列减量化钢材产品。目前正在对河钢舞钢、河钢邯钢的引进轧后冷却装备和控制系统进行改造。在山钢日照精品钢中厚板轧后超快冷项目招标中，国产系统脱颖而出，一举中标。在控冷系统应用、升级、优化、标准化的同时，又在南钢5000毫米宽厚板厂、唐钢京唐港3500毫米中厚板轧机、普阳3500毫米中厚板轧机上，建设了机架间或机架上即时冷却系统，提供了控制轧制的强力新手段。这一整套控制轧制和控制冷却技术，被命名为“μ-TMCP”，“μ”即精细控制之意，轧制与冷却的组织控制需要精准、精细、协调。根据各生产线的特点，在装备标准配置的基础上，实现了“标准化+α”的配置模式，在提升整体工艺水平的同时，强化了企业自身特色。即时冷系统目前还正在沙钢3500毫米轧机、舞钢4200毫米轧机、唐山文丰4300毫米轧机等一批中厚板生产线推广。

2. 新一代TMCP技术在热连轧机的应用

在热轧带钢方面，新一代TMCP技术先后在涟钢2250毫米、首钢迁钢2160毫米、首钢京唐公司2250毫米、包钢CSP生产线应用，完成了科技部“十二五”科技支撑计划课题。2016年在沙钢1700毫米热带轧机应用，实现了厚规格管线钢的稳定生产，首次在沙钢实现车轮钢380CL和490CL的工业试制及批量化稳定生产，以及普碳钢减量化生产。山钢日照精品基地2050毫米热连轧机在众多的引进控冷技术中，首选国产超快冷系统。目前，工程正在进行中。项目组已与攀钢签订合同，在引进的2050毫米热连轧机上增设机组间快速冷却系统，以强化控制轧制温度的调控能力，进一步提高高强、厚规格产品的生产效率，以及改善带钢全长的温度、组织、性能的稳定性和均匀性。

3. 超快冷技术在热轧无缝钢管领域的工业化应用取得突破

常规热轧方向与宝钢合作，将TMCP技术应用于无缝钢管，改变无缝钢管的产品性能完全依靠添加合金元素和离线热处理的落后局面。作为第一条工业示范线，宝钢烟宝PQF460无缝钢管机组在线冷却成套装备已经建成投产，在热轧无缝钢管领域的工业化应用取得突破，提高了产品性能、减少了合金用量，并实现在线 DQ，效果优异。目前，正在探讨在宝钢其他钢管产线进一步推广应用。

4. 型钢快速冷却技术

常规热轧方向与企业合作，进行了型钢快速冷却技术的开发。2015 年大型 H 型钢快速冷却技术在河北津西钢铁集团投产，开发出 55C 等高强 H 型钢产品，为我国钢结构用钢的高强化起到重要推动作用。2016 年，中型 H 型钢上、下翼缘冷却过程变形精确控制技术取得突破，成功应用于唐山天型钢铁生产线，预计 2017 年 4 月投产。2016 年，与石横特钢签订技术开发合同，将实现超快速冷却技术在角钢领域的首次应用。轴承钢棒材的快速冷却系统，已经应用于宝钢特钢、兴澄特钢、石钢公司、济源钢铁等几套主力轴承钢生产线，解决了轴承钢网状碳化物控制难题，为提高我国轴承钢质量做出了贡献。

（五）氧化铁皮控制技术

东北大学与企业合作，全面系统地分析了热轧板氧化铁皮结构和厚度的演变规律，开发热轧过程氧化铁皮厚度演变数学模型，实现氧化铁皮厚度控制；研究 FeO 共析转变行为和结构控制技术、氧化铁皮/基体界面结构控制技术，获得最优氧化铁皮结构及其热轧工艺技术。该技术最先应用于汽车冲压用免酸洗黑皮钢的生产。近年，拓展应用于薄板坯连铸连轧无取向硅钢冷轧料、供冷轧的减酸洗热轧带、免酸洗热浸镀热轧带钢等热轧产品、船板表面质量控制等。一些棒材企业的实践经验还表明，合理应用氧化铁皮控制技术可以有效改善超快冷控冷螺纹钢筋的易锈蚀问题，为低成本生产高强钢筋提供了有力手段。

（六）调质生产线与不锈钢固溶处理生产线

1. 调质生产线及淬火机

高端高附加值中厚板产品，是我国海洋、交通运输、能源和重大装备等领域的迫切需求。近年我国自主开发的极限规格超高强钢板热处理装备与工艺技术取得突破，东北大学与企业合作，首次利用我国自主开发的调质生产线，开发出 3 毫米、4 毫米极薄规格超高强钢板热处理工艺，成功开发出最高级别超高强度结构用钢板 Q1300 和低合金耐磨钢板 NM600，实现工业化稳定生产，成型性、焊接性和耐磨性能优于国际同类先进产品实物水平，满足了工程机械行业最薄 3 毫米高品质超高强极薄规格钢板的需求。在我国自主开发的特厚规格钢板调质生产线上，实现了最厚 200 毫米、最宽 4000 毫米调质钢板批量化稳定生产，产品应用于海工平台、临氢设备、水轮机、军工等国家重大装备制造，满足了国家建设和国防建设的急需。最厚可以处理 300 毫米特厚板的淬火机，正在河钢舞阳建设中。

2. 不锈钢固溶处理生产线

不锈钢固溶处理设备成功地解决了炉底辊结瘤的难题，已经在宝钢特钢、酒钢、鞍钢等企业应用。鞍钢利用国产固溶处理设备，已批量生产出系列厚度 8~40 毫米、宽度 1500~3700 毫米的 S32101 核电站急需超宽幅双相不锈钢。

（七）冷轧与热处理

1. 板形控制系统开发

鞍钢与燕大、东大等高校紧密合作，开发成功冷轧平直度控制技术。自主研发了板形检测装置与多执行机构板形闭环控制核心控制模型，对板形调控功效系数和多变量优化控制策略等进行了系统调优，带钢平直度综合控制精度≤7I，近年已经成功推广应用于 7 套冷轧机组。

2. 边部减薄技术开发

鞍钢与一重、高校合作开发的六辊冷轧机锥形工作辊轴向移动控制边部减薄技术，对鞍钢 1500 毫米大型硅钢冷连轧机增设工作辊轴向移动系统，进行了轧辊辊型设计；对自动化系统进行改造，将自主开发的边部减薄自动控制系统，嵌入到原有的自动控制系统中，已经顺利投产。厚度 0.5 毫米硅钢的边部减薄可以控制在 3.75 微米以内，在硅钢边部质量控制中发挥了重要作用。

3. 高强钢专用生产线

宝钢在 2009 年投产国内首条超高强钢专用生产线，独创了一种多功能、柔性化的高强度薄带钢专用生产与研发平台，在“十二五”期间与东北大学、北京科技大学等合作，承担国家支撑计划项目，开发新一代节能高效连续热处理关键技术，形成连续热处理技术的自主知识产权、机组自主设计和建造能力，解决连退与热镀锌线中冷轧薄板快速加热和冷却、板形在线测量及控制、采用高效热交换装置实现低温燃烧废气余热利用、带钢高效清洗、清洗液循环利用、冷轧工序废弃物利用等钢铁行业共性技术和公益技术问题，促进上述技术及设备在国内大型热处理机组推广应用。同时，开发拥有自主知识产权的快速热处理和热轧免酸洗直接冷轧退火热镀锌工艺技术，并实现工业生产，提升我国冶金工业“双高”冷轧及涂镀产品的生产工艺技术和装备水平。截至目前，宝钢利用现有生产与实验平台，已成功开发多种先进高强钢品种以及生产工艺技术，加快第二代、第三代先进高强钢的研发和生产，重点开展第三代高强钢的研发和批量供货。宝钢第三代超高强钢产品——超高强钢 QP980 热镀锌产品 2013 年全球首发，应用于宝马等知名汽车品牌。2015 年宝钢热镀锌 Q&P 钢 QP1180GA 全球首发。QP1180GA 钢板在达到了 1200 兆帕超高强度的同时，具有 15%以上的高伸长率，具有更好的焊接性能、涂着性能、耐热性和耐腐蚀性，既能满足不同汽车用户的用材需求，也为实现汽车行业的轻量化发展和车辆全生命周期的节能减排，提供了有力支撑。

4. 高质量取向硅钢渗氮法低温生产技术

宝钢经过 10 年的潜心研究和 4 年的生产实践，完成“低温高磁感取向硅钢制造技术的开发与产业化”项目，达到了“批量、稳定、合理成本生产高等级取向硅钢”的目标，取得了一系列独创性技术成果，实现了高等级取向硅钢产品牌号全覆盖，其中 10 个牌号高等级取向硅钢产品填补了国内空白。宝钢高等级取向硅钢应用于三峡工程等国家重点工程，变压器性能与国际顶尖取向硅钢产品相当。项目形成了完整的自主知识产权体系，申请发明专利 29 项、实用新型专利 47 项、技术秘密 405 项。该项目使中国取向硅钢制造技术和产品达到世界领先水平，改变了我国高等级取向硅钢长期依赖进口的局面，标志着我国在取向硅钢领域具备了从研发、产线自主集成到产业化的核心能力。2012 年，宝钢“低温高磁感取向硅钢制造技术的开发与产业化”成果顺利通过专家组评审鉴定。目前，我国已经有宝钢、武钢、首钢等单位掌握了这一核心生产技术，我国取向硅钢生产技术跻身国际前列。

5. 高牌号无取向硅钢连轧技术

宝钢以高牌号无取向硅钢酸洗—连轧技术为突破方向，围绕高牌号无取向硅钢酸连轧工艺、生产装备及质量管控等重大课题，历经6年研发，形成了高牌号无取向硅钢酸连轧通板技术、稳定轧制工艺、生产辅助技术、自动化控制及装备技术、特有缺陷防治技术等一系列专有技术，成功开发高牌号无取向硅钢连轧技术，使宝钢1550毫米酸轧机组成为国内首条具备含硅3.1%以上电工钢批量生产能力的酸连轧机组，产品覆盖35A270以下所有硅钢钢种。这一成果将高牌号无取向硅钢生产成本降低70%以上，生产效率提升6倍以上，经济效益十分明显。

6. 镀锌带钢质量控制核心技术

鞍钢与东北大学等单位合作，针对镀锌板镀层质量问题，就带钢镀锌厚度控制、带钢镀锌线表面清洗技术、带钢表面质量缺陷检测技术、带钢镀锌连续退火热处理工艺控制模型技术等四个方面进行了研发，开发了具备先进的平均镀层厚度和上下表面偏差厚度联合控制功能的镀层厚度控制系统，以及基于PID和人工智能相结合的气刀预测PPA控制器、清除镀锌带钢清洗过程中产生泡沫的机械机构、多品种的表面质量在线检测系统等镀层质量相关的系统与装置，同时开发镀锌立式连退炉加热与冷却核心机理模型，并开发出镀锌立式连退炉过程控制级具有设定值计算、能力计算以及动态控制功能的应用模型。这些工作对镀锌带钢表面质量信息实时监控，消除多道工序中影响镀锌带钢表面质量的负面因素，大幅提高冷轧镀锌带钢的综合质量，并同时有效控制镀锌带钢生产过程中多种工业原料的使用量。

（八）短流程

1. 薄带连铸技术

与传统的轧制工艺相比，薄带连铸技术省去了连铸机、加热炉、粗轧机、精轧机、层流冷却等设备，长1000米的传统带钢生产线可被压缩至约50米，钢水可以直接被铸成厚1~5毫米的薄带坯，再被轧制成厚0.8~4毫米、一定宽度的薄带钢，流程更紧凑，建设投资、生产成本更低，有害气体排放更少。薄带连铸亚快速凝固能够抑制偏析和大颗粒夹杂物的析出，对高合金材料加工组织改善和性能提高具有独特优势。

宝钢自2000年开始进行薄带连铸技术研发，历经基础实验研究、中试研究、工业化机组建设等几个研究阶段，解决了冶炼和连铸工艺、铸轧装备和铸辊、侧封、水口等核心部件、液面检测与控制、板形控制、铸机自动化等一系列关键核心问题。至2014年建于宁钢的薄带连铸线建成，并投入试生产。2015年轧制出集装箱板、高速公路护栏板等产品。实际生产表明，机组实现了稳定连续浇铸和轧制，产品的表面质量、板形和力学性能均满足要求。这是世界上第5条工业化生产线，产品定位于普通碳素钢，具有完全自主知识产权。

薄带连铸技术是宝钢十多年来持续开发的重大流程技术创新，是宝钢坚持节约资源、保护环境，走可持续发展道路，实现钢铁与城市相融共生的最佳实践。经过多年积累，宝钢目前不仅已拥有从工艺、设备、控制、产品到技术服务的薄带连铸产业化全套技术，处于国际先进水平，而且通过薄带连铸技术的产业化，已经形成一个人才培养、开放共享的国家级技术创新平台。宝钢薄带连铸项目获得2016年冶金科技奖特等奖。

东北大学的研究工作，更多是侧重于利用薄带连铸技术的快速凝固优势，用于生产常规流程加工困难的特殊钢种和有色金属合金。在实验室的条件下，已经制备出高性能的系列取向和无取向电工钢，磁性能显著优于常规流程，后续冷轧与热处理生产流程简化、高效、低成本。目前正在与河北敬业集团合作，利用东北大学开发的薄带连铸技术与装备，生产宽度最大1350毫米、厚度1~3毫米的取向和无取向电工钢铸轧薄带坯，目前项目正在进行中。在薄带连铸6.5%Si高硅钢研究方面，研究人员提出了薄带连铸过程中的新理论和新的组织控制方法。在实验室条件下制备出0.18毫米厚的6.5%Si取向硅钢，磁感 B_8 大于1.74T，是目前国际上报道的最高水平。目前与中国宝武集团（原武钢研究院）合作，正在建设宽度600毫米的含硅6.5%高硅钢半实验—半生产的铸轧线。在极薄取向硅钢的研究方面，已经利用薄带连铸技术制备出0.08毫米厚的3.0%Si高磁感取向硅钢，磁感 B_8 大于1.94T，显著高于日本同规格产品1.84T的水平。这些工作为我国关键高端软磁材料的产业化和应用奠定了坚实基础。

2. 热带无头轧制技术

ESP是重要的热轧带钢短流程生产技术，具有节能、减排、生产薄规格热带的优势。该技术包含薄板坯高速连铸技术、粗轧大压下轧制技术、中间坯补热技术、粗轧—精轧全连续轧制技术、板形控制技术、动态变规格技术、成品高速切断技术等。产品最小厚度为0.8毫米，目标是以热带冷，生产普通低碳板、双相钢等产品。我国日照钢铁控股集团有限公司已经引进5套

ESP 生产线，并与东北大学合作，成功开发出 DP590，制成内外门槛梁等零件，已经应用于山东众泰的两款新车型。首钢也与达涅利公司合作，集成 QSP 生产线正在建设中。

3. 薄板坯连铸连轧生产薄规格产品，以热代冷

薄板坯连铸连轧生产线以轧制薄规格见长。涟钢、本钢等单位利用薄板坯连铸连轧生产线的半无头轧制技术，轧制过最薄 0.8 毫米的薄规格产品。日前，宝武集团武钢股份条材总厂 CSP 产线，以单块轧制方式连续成功试轧出全球最薄热轧带钢——0.8 毫米热轧卷板，属国际首创。

4. CSP 短流程优质中高碳钢开发及应用

考虑到 CSP 产线铸坯凝固速度较快和均热后轧制，可以减少钢材表面脱碳，武钢研究院系统研究 CSP 短流程中高碳钢的炼钢、连铸、均热、轧制、冷却及退火工艺，开发了包括 9SiCr 在内的最高碳含量达到 1.0%的系列中高碳热轧宽带钢以及酸洗、退火产品，热轧产品厚度最薄达到 1.4 毫米。产品非金属夹杂物级别达到 D0.5 级，铸坯宏观偏析小于 1.0 级，产品边裂发生率控制在 0.5%以下，产品单面脱碳层与产品厚度之比小于 1.0%，扁卷发生率低于 0.5%。产品在汽车零部件、工程机械、冶金锯片、五金工器具等领域得到广泛应用。

5. 减定径机组

由北京科技大学等研发的双机架减定径机组技术装备，在永钢上线调试已运行稳定，通过不断的工艺改进和优化，在降低生产成本、改善产品质量等方面起到了积极作用，收到投资省、综合效益好的预期效果。具体表现在：轧制速度突破了 100 米/秒大关，小规格产品的小时产量提高了 10%以上，生产成本有了明显下降；同时对产品质量也有一定的改善作用，盘条组织、氧化铁皮、表面红锈、冷镦钢的硬度等问题，有较为明显的改善。该技术在永钢的成功实践，为国内 500 余条高线生产线找到了升级换代的新路子。

（九）简化流程

1. 热轧带钢免酸洗还原退火热镀锌生产线

热带热镀锌板具备优良的表面质量和耐蚀性，广泛应用于建筑、家电和汽车等行业。在常规的热带热镀锌板生产流程中，“酸洗”工序污染环境、增

加成本，而含锰、硅和铬等合金元素的高强钢在镀锌时，会在退火段发生选择性氧化，导致镀锌板出现漏镀等缺陷。为解决镀锌板的这些问题，依托“十二五”国家支撑项目，东北大学与宝钢等单位合作，开发出了热轧带钢免酸洗还原热镀锌工艺。新工艺省略酸洗和预氧化工序，能够极大地提高生产效率、降低成本，同时可以很好地消除由于合金元素选择性氧化造成的镀层缺陷。研究中解决了氧化铁皮厚度控制技术、热轧带钢表面氧化铁皮在氢气中的还原机理、免酸洗还原热镀锌工艺研究、铝对免酸洗还原热镀锌板镀层组织的影响等课题，阐明了热轧氧化铁皮逆相变的独特规律，发明了连续退火过程中控制还原铁组织形态的热处理方法和相应的冷轧工艺制度，开发出热轧板免酸洗热镀锌工艺及与之匹配的锌液成分体系，并与河钢邯钢和无锡华精合作进行了工业化试制，锌层质量满足国标要求。目前正在与河钢唐钢、邯钢等合作，对热基镀锌线进行改造，以实现“免酸洗还原退火热镀锌”。正在与上海南极星热镀锌厂洽谈建设中宽带免酸洗还原退火热镀锌线，生产地下管网镀锌管使用的厚镀锌层板卷。

2. 棒线材直接轧制

连铸坯无加热直接轧制螺纹钢筋等棒线材产品，是一项重要的节能技术，长期以来受到广泛的重视。早在 20 世纪 90 年代，我国一批学者即开展连铸坯直接轧制螺纹钢筋技术。但是受到当时技术水平和企业条件的限制，未能成功应用。近年，在降低成本、改善环境的巨大驱动力影响下，一些企业积极开展研究和工业实施。近年有鞍山、广东、陕西等一批企业针对无加热直接轧制工艺存在的问题，例如长度方向的温度不均、晶粒组织粗大、炼钢和轧钢衔接问题、工艺设备的强度及负荷较大、辊道运送钢坯线速度要求升速改造、提高铸速与弱化二冷等，积极加强研究、改造、试验与试产，在全连轧棒材生产线应用，生产高强度抗震钢筋等。据陕钢研究应用结果，直轧率达到 95%以上，成材率提高 1.35%，钢材性能提高约 30 兆帕，无二次氧化烧损，氮氧化物、二氧化碳、二氧化硫排放为零，节能减排、降低成本、提高质量效果明显。

3. 中厚板直接淬火

所谓直接淬火法，是指钢板热轧终了后在轧制作业线上进行直接淬火的方法，是省略了再加热工序的节能型形变热处理法。近年，东北大学 2011 协同创新中心常规热轧方向与鞍钢、南钢等企业合作，利用超快速冷却系统的高冷却速率和高冷却均匀性，实行 UFC-M（即 DQ）和 DQ&P，生产高强水电钢、耐磨钢、工程机械用钢等，节省了合金元素，提高了产品性能，已经大规模在钢厂应用。

（十）智能制造

1. 智能制造示范工厂建设

“十二五”期间，由于信息化与工业化的融合，钢铁企业自动化、数字化水平明显提升，信息化技术在生产制造、企业管理、物流配送、产品销售等方面应用不断深化，关键工艺流程数控化率超过 65%，企业资源计划（ERP）装备率超过 70%。涌现了一批示范智能制造工厂试点和个性化、柔性化产品定制新模式及一批钢铁电商交易平台。

在《钢铁工业调整升级规划（2016-2020 年）》中，工业和信息化部重点推行了两种新模式：一种是以宝钢 1580 毫米热连轧生产线的 EVI 先期开发介入、后续持续跟踪的服务模式，是智能制造、服务型制造和提高产品质量的综合措施；另一种是以南钢为代表的 JIT（准时制）模式，是大规模、个性化定制及时配送，通过互联网实现上下游制造业的联动。同时，在唐钢二冷轧和鞍钢矿山系统，分别进行了冷轧生产线和智能矿山的示范项目建设。

2. 热轧带钢质量精准控制核心技术

针对热轧带钢轧机早期引进自动化系统老化的问题，以及当前产品质量要求日趋严格的趋势，北京科技大学等与企业合作，从生产线在线改造技术、板坯加热精准控制、产品质量在线精准判定及分析、轧辊精准磨削及管理、热轧高强钢内应力减量化技术、新一代轧制数学模型等六个方面，进行了轧制精准控制方面的研究和实践，取得提高带钢产品精度和生产效率的明显效果，对热轧带钢轧制质量控制具有重要意义。

3. 基于大数据的智能化平面形状控制技术

平面形状控制技术是重要的中厚板生产技术。该技术是通过对坯料至成品生产过程中，在不同展宽比、不同延伸比条件下的头、尾、边部不均匀变形程度的研究，在成型、展宽过程变厚轧制，提高钢板矩形化程度，减少切头尾与切边损失，有效提高成材率。三明钢铁、河钢唐钢等与东北大学合作，综合采用数学模型与大数据、智能控制相结合的方法，解决了平面形状控制中轧制工艺设计，轧件尺寸精确控制，轧件厚度、长度、宽度协调控制等难题，提高了轧件平面形状控制精度，在三钢集团3000毫米中厚板轧机、唐钢京唐港3500毫米中厚板轧机等生产线实施，可以提高中厚板产品的成材率0.8%~1.5%，经济效益明显。

4. 大型材的数字化设计

攀钢与北京科技大学等高校合作，综合运用参数化建模、数据库、有限元方法、金属成型理论等先进技术，开发出型钢孔型参数化设计CAD系统、型钢全轧程三维热力耦合数值模拟优化CAE系统及轧辊加工CAM系统。在各系统可独立运行的前提下，以孔型参数化为基础将三者集成一体，实现数据直接传输的数字化型钢设计制造CAD-CAE-CAM系统，大幅提高复杂断面型钢设计开发效率和命中率，并有效解决研发制造中难以解决的质量、精度问题。高精度复杂断面型钢轧制数字化系统，在钢轨高精度轧制及孔型优化方面得到实际应用，并成功开发出叉车门架J型钢新产品。

5. 炼铁大数据平台和智能化系统的建设

通过炼铁大数据平台和智能化系统的建设，降低炼铁异常工况及燃料消耗，不仅能为炼铁厂带来巨大的经济效益，还可以直接降低炼铁燃耗及CO_2排放，实现节能减排和绿色冶金。

北科亿力公司自主研发炼铁大数据互联平台，推动炼铁智能化制造。将无线传输技术、高精度数字测温分析技术、三维料面监测分析技术、红外热成像监测分析技术，应用于高炉“自感知”工业传感及物联网开发。建立了数据源、整合、传输、管理、分析、接口、应用的大数据处理中心，开发高炉专家系统实现自诊断和自决策，建立行业级炼铁大数据平台，实现企业端和行业端数据互联互通及智能对标，开发云平台实现移动终端服务。广泛应用于河钢集团、首钢集团、中信特钢、山钢集团、酒钢集团等中国近百家钢铁公司，及海外伊朗、越南、印尼共200多座高炉，在实际应用中对炼铁长寿、高效、优质、低耗、清洁生产，起到关键性的指导作用。

（十一）复合材料

目前，已经有济钢、南钢、鞍钢、兴澄特钢等企业，采用真空电子束方法制备复合坯，生产钢-不锈钢、钢-耐磨钢、钢-耐蚀合金、钢-钛合金复合板等产品。宝钢利用其碳钢、不锈钢、特殊合金的材料、技术、生产和检验设备的特点，以及开发轧制复合技术平台优势，开发了厚板、热连轧、冷轧等系列产品，包括高合金、大厚度、更均质、大单重同质复合厚板，奥氏体、超级奥氏体、铁素体、双相、马氏体等不锈钢类异质复合厚板，镍基合金、钛合金等特殊合金类异质复合厚板产品、特殊碳钢类异质复合厚板、单面或双面异质复合热轧卷，极薄、高表面、高强耐蚀、超高强易成形冷轧复合卷等。南钢开发了真空轧制复合（VRC）装备，研制出具有完全自主知识产权的多项关键工艺技术，实现了最大厚度400毫米特厚钢板的批量化生产，开发出幅宽2米的高品质825镍基合金/X65管线钢复合板以及幅宽1.8米的钛/钢复合板，满足了国家重大装备和重点工程的需求。

（十二）循环经济，综合利用，环境友好

本着钢铁工业应完成钢铁产品生产、能源转化（低耗，高效）、消纳社会融合废物三大功能的思想，近年对钢铁企业进行建设和改造，我国钢铁行业向着环境友好、循环经济、综合利用的方向发展，取得了喜人的进步。曹妃甸首钢京唐公司的建设，完美诠释了循环经济理念，是循环经济的现代化样板。

首钢京唐公司在公司内部，打造新一代钢铁工业流程，12项技术应用于“十一五”循环经济规划专项。其中，焦炭发电、高炉压差发电、干法除尘等技术均达世界顶级水平。首钢京唐公司本着煤气不排放、水不排放、固体（钢渣、水渣、粉尘）不排放的“三不排放”原则，充分合理利用资源，变废为宝。现今，循环发电、海水淡化、制肥、建材等项目均已投产并取得喜人的成绩。在公司外部，首钢京唐公司已与冀东水泥盾石建材合作，形成全国首条水渣不落地生产线，大大提升了生产效率，在钢铁产业与水泥产业间形成规模循环。此外，首钢京唐公司海水淡化系统产生的浓盐水，也将送往南堡碱厂用于制碱。首钢京唐公司自建设以来，一直本着可持续、可发展的原则进行规划和建设，迄今为止，各项环保排放指标均大幅优于国家标准。

（十三）工艺实验研究装备开发与应用

近年，我国企业产品创新与研发能力与手段迅速加强，已经成为产品创新的主力军。我国钢铁企业的研究院和技术中心，普遍建立了涵盖炼钢、热

轧、控冷、冷/温轧、热处理、涂镀等钢铁生产全流程研发创新平台。这个平台涵盖现有生产过程，能够反映材料组织和性能演变规律，指导现有生产和研发。同时还超越现有生产过程，为新工艺、装备、技术、产品研发提供创新空间。平台采用积木式结构，灵活、柔性地集成和组合成新的轧制过程，实现创新。平台装备有先进控制系统和工业化检测仪表，保证实验结果的可靠性和重复性。平台可以真实模拟实际生产过程，所得到的工艺参数可用于大生产，为实际生产过程的改进和优化，提供指导性的结果。利用这些实验研究设备，企业开发出系列高性能、高效率、低成本、减量化生产技术和系列高性能、减量化钢材产品。同时开发出具有特色的原型设备，为生产装备的改进、提升提供了基础数据，起到原型机的作用，为装备创新提供了强力支撑。在这种情况下，企业的产品研发周期大幅度缩短，研发效率明显提高，研发的成功率逐步提升，极大地提高企业的自主创新能力，支撑了企业的自主创新和技术进步。

（十四）需求导向式产品开发模式

需求导向式产品开发模式是最重要的模式。目前，我国主要的汽车板生产厂均在这方面下足了工夫，也取得了明显的效果。宝钢在产品开发方面创新，就是采用 EVI 工作模式。他们通过对“用户需求”的深入分析，了解并发现其内在的真实需求，并即时、前瞻性地传导到企业内部，在努力满足用户需求的过程中，促使企业不断提升自身能力。宝钢采用“532”工作模式，即 5 个阶段：先进工程设计支持阶段、车身设计支持阶段、模具设计支持阶段、投产准备支持阶段、成本优化支持阶段；3 个层次：白车身、零部件、VA/VE；2 类解决方案：成本目标导向、轻量化目标导向。现阶段的宝钢汽车板 EVI 具有以下鲜明的特征：应用成果特性、需求驱动特性、过程协同特性、技术多重特性、时效特性、定制特性。

宝钢作为材料供应商所开展的汽车板 EVI 活动，有效地解决了自主创新中的技术创新风险和市场风险：它通过前期介入用户研发，在自身与用户之间架起了一座桥梁，围绕着材料和材料应用，把汽车、钢铁两个行业的人才、技术、经验和知识等要素更早、更好地结合到了一块，培育出强大而柔性的系统协同能力，从用户角度看，持续增强了产品竞争力；从宝钢自身角度看，实现了从技术研发到高效率营运的闭环，为自主创新提供了保障。

二、钢铁行业可持续发展的建议

（一）实现原料—炼铁—炼钢—连铸—轧制—热处理的全流程一体化发展

钢铁生产是典型的流程工业，产品经过多道工序加工成产品，由于产品的外形尺寸与组织性能的遗传性，实现原料—炼铁—炼钢—连铸—轧制—热处理的一体化控制，意义十分重大。例如，近期已经引起广泛重视的连铸机重压下或连铸机后超高温热轧，就可以通过轧件心部的局部大变形，显著改善大断面产品内部质量，解决中厚板、大断面型棒材、特别是轴承钢棒材心部质量问题。

（二）进一步加强关键共性技术开发，实现钢铁生产过程与产品绿色化

要想实现钢铁生产与产品的绿色化，要紧紧抓住市场需求和国际发展趋势，开发具有一定颠覆性的工艺、装备和技术，在关键共性技术上有本质性突破，从而带来钢铁生产与产品新飞跃。因此，瞄准技术关键点和生产中的瓶颈问题，加强技术创新，开发颠覆性技术，是钢铁行业转型发展的必由之路。目前，国际上积极开发的高炉低碳炼铁技术和各类非高炉炼铁技术，是钢铁行业转型发展、减排环保的重要内容，应当有更多的单位和群体投身到这项研究和开发中去。

（三）加强短流程技术与装备的开发

在保持现有材料性能的前提下，采用短流程技术可以缩短现有的工艺流程，可以减少资源和能源的消耗、减少排放，是实现节能减排、降低成本的重要措施，也是近年钢铁行业发展的重要趋势。如果能够利用短流程技术的一些特长和优势，做常规流程做不到的事情，则会带来更大的效益和福利。短流程直接还原—电炉炼钢技术、新型板带无头轧制技术、新型棒材无头—切分轧制技术、连退与涂镀线新型无氧化快速冷却技术、直接轧制技术、直接淬火技术、免酸洗直接还原退火热镀锌等，都会收到改善环境、节能减排、提高性能的多重效果。

（四）建立钢铁生产的信息物理系统（CPS），实现钢铁行业的智能制造

我国钢铁工业绝大多数企业已经实现了机械化和自动化，但是目前生产过程和产品质量不够稳定，作为流程工业重点要求的均匀性和一致性也差强人意。对此，除了要加强管理和提高操作技术水平外，必须在加强数字化和信息化建设基础上，大力开发适于流程工业的信息物理系统（CPS），把流程生产的钢铁厂建设成为智慧工厂。这样，我们的钢铁厂就会具有感知、认知、分析、决策、自学习、自适应、自组织的能力，代替人类完成人类尚未很好完成的各种复杂任务。钢铁行业，特别是轧制行业，目前具有各行业最高的控制系统水平，具有实现智能制造最好的条件。我们完全可以相信，经过3~5年努力，一定可以在我国建成流程工业智能化钢厂的样板和示范。

冶金矿山行业发展回顾与思考

邵安林

铁矿资源是钢铁工业发展的基础。近十年来，随着我国经济的高速增长以及钢铁工业的迅猛发展，国内铁矿业经历了一个黄金周期，取得显著成绩，为国民经济建设做出了重要贡献。但随着世界经济增速放缓，我国经济进入新常态，铁矿石市场深度调整，国内铁矿业发展的不平衡、不协调、不可持续问题也越来越突出。如何适应市场变化，提升竞争实力，实现可持续发展，保障产业经济安全，需要我们深入思考并采取有效措施加以应对。

一、铁矿业发展回顾

近十年来，国内铁矿业实现了快速发展。一是开发布局和结构逐步优化。持续整顿开发秩序，加强规划布局和资源开发整合，突出资源、环境、区位和市场优势，产业向铁矿集聚区、中西部地区、大中型矿山集中。二是产量规模迅速扩大。固定资产投资累计 1.12 万亿元，查明一批大型、特大型铁矿床，资源储量由 613 亿吨增加到 860 亿吨，铁矿石产量由 7.1 亿吨增加到 12.8 亿吨。三是资源开发利用水平稳步提升。研发一批高效开发利用新技术、新工艺、新设备，特别是在贫铁矿开发等一系列关键技术上取得重大突破，盘活资源储量 90 亿吨，为国内近 200 亿吨低品位资源开发利用提供了技术支持，采选劳动效率提高 130%以上，综合利用产值增长 2.5 倍。四是矿区生态环境明显改善。建成国家级绿色矿山 92 家。全国铁矿企业废水循环利用率达到 90%以上，固体废弃物资源化利用率达到 25%，综合能耗降低 22%。五是效益贡献显著。2007~2016 年累计，铁矿采选业主营业务收入 65528 亿元，利税总额 7392 亿元。

作者简介：邵安林，中国工程院院士。

二、铁矿业问题分析

国内铁矿业虽然取得了显著成绩，但仍存在一些突出问题。

一是资源战略安全问题突出。目前，我国钢铁产业链严重失衡，下游的钢铁产能明显过剩，而上游的铁矿石产能严重不足。虽然近几年矿石产量大幅增长，但仍难以满足需求，进口依存度逼近90%的历史最高点，全球优质铁矿资源高度集中于四大国际矿业公司，市场被严重垄断，铁矿石价格暴涨暴跌，大量吞噬了国内钢铁企业的利润。过去10年国际矿价上涨6倍，国内钢企多支出原料成本3万多亿元，中国作为世界第一钢铁大国和铁矿石消费大国，却没有市场话语权。近十年，我国钢铁行业平均销售利润率远低于工业企业平均利润销售率6%左右的水平。近两年国际矿业巨头又实施“降价清场”策略，依托低成本优势，逆势扩产，将高成本铁矿山挤出市场，获取更大的市场份额，谋求长远的更大的垄断利益。国际矿业巨头的资源垄断战略给我国钢铁产业安全造成很大影响。

二是资源开发利用率较低。实际上我国并不缺铁矿资源，且资源储量丰富，居世界第四位。但遗憾的是，没有及时开发利用，手里有资源却要大量进口，受制于人。导致这种局面有资源条件、产业政策、体制机制等多方面原因，最主要的是我国铁矿资源禀赋差，99%是贫铁矿，且税费负担沉重，税费负担率平均达到20%以上，生产成本是国际铁矿巨头的近4倍，市场竞争力较弱，在当前市场环境下，企业生存发展面临空前压力。

三是铁矿产业布局结构不合理。国内矿企数量多，规模小，集约化程度低，产业整体竞争力较弱。目前，在我国生产矿区中，大型矿山占4.9%，中型矿山占9.5%，小型矿山占85.6%，铁精矿年产量超过1000万吨的不到10家。中小铁矿山企业开发利用没有得到重视，缺少科学的开发利用规划，大部分技术落后，综合利用水平低，资源浪费严重。

四是体制机制不适应发展要求。国内大部分铁矿山企业隶属于钢铁公司管理，只作为一个工序边缘化管理，而不是作为一个独立的产业去经营，不能按照矿山特有的规律，更加科学规划建设，行业管理也不够到位。同时，国有矿山企业混合所有制改革、国有资产资本化改革的试点及路径选择还没有得到充分重视，大部分矿山企业的市场主体地位还没有真正确立，现代企业制度、法人治理结构，人事、用工及分配制度改革进展比较缓慢，无法有效激活企业的内生动力，制约了劳动生产率的提高。矿山企业的财务管控、融资模式比较单一，投融资成本高，负债结构不合理。此外，管控及集约化模式还不完善，矿山建设、专业化及协作化、集成化服务等新模式有待进一步优化推广。

五是忽视全球资源布局。我国境外资源布局处于明显劣势，日本、欧洲等贫铁矿国家拥有境外权益矿比重均超过50%，我国境外权益矿比重不足10%，抗衡国际铁矿贸易垄断的能力不强，这是我国资源保障体系的一个短板。

上述问题导致国内铁矿山企业在市场竞争中始终处于被动挨打的地位，难以做大做强，制约了产业规模和竞争实力。

三、铁矿业未来发展思考

铁矿业关乎国家产业经济安全，维护国内铁矿业稳定发展，保持合理的自产矿比例具有重大战略意义。当前，世界铁矿勘查开发的结构、技术体系、定价机制等都发生了重大变化，信息化、高效率、低成本、集约化、绿色化成为铁矿业发展趋势。国际四大公司已实现了信息化、自动化、智能化、无人化、集中管控，效率高，生产成本低，我们的竞争实力与国外矿山企业比存在较大差距。特别是国内经济进入新常态，钢铁产能严重过剩，国内矿山土地、资源、环境、安全等刚性约束进一步增强，成本不断上升，资金筹措难度加大，国内铁矿业进入内外部环境“双向挤压”的发展新阶段，传统发展方式已难以为继，必须谋求新途径、培育新动能，由依靠投资驱动转为深化改革和创新驱动。

从国家的需要来看，尽管中国钢铁步入减量化发展通道，但我国的工业化、城镇化和农业现代化尚未完成，钢铁仍然是国民经济的重要基础，因此国内铁矿作为钢铁工业的重要支撑地位没有变，作为应对突发事件和风险的“压舱石”作用没有变，对铁矿石的需求仍然巨大。钢铁是可循环利用资源，随着我国钢材消费缓慢增长以及废钢资源的不断积蓄，未来对铁矿石的需求将呈下降趋势，如果不能及时开发利用，铁矿石的价值将逐渐消失。我们应抓住这一关键机遇期，加快国内资源开发。

目前国家正在大力推进供给侧结构性改革，要求扩大有效供给，减少无效供给，提高全要素生产率。铁矿业也要以此为契机，积极推进供给侧改革，着力解决好战略定位、产业布局、体制机制、政策保障等关键问题，建立有效的铁矿资源保障体系。

（一）加强顶层设计，维护产业经济安全

长期以来，国家对自有铁矿山重视不够、投入不足，钢铁产能增长的速度远远高于铁矿山发展速度，导致铁矿石自给率严重不足。从长远和全局来看，必须将铁矿资源保障问题上升到国家战略层面，加强顶层设计，进行统筹规划，确保铁矿业健康发展，为钢铁工业提供资源保障。

另外，国家正在钢铁行业大力推进去产能、调结构，最终目的是实现稳增长。目前钢铁行业去产能已取得初步成效。但随着钢价的逐步回升以及钢企经营形势的逐渐好转，铁矿石价格也随之恢复性上涨，受原料成本升高影响，国内钢铁企业的利润受到挤压，盈利空间大幅压缩，从而大大削弱了去产能的效果。造成这种局面的原因主要是，在钢铁去产能的同时，忽略了国内铁矿资源开发，铁矿石自给率严重不足，致使国际矿业巨头抬高矿价，大量吞噬国内钢企的利润。所以，在制定实施钢铁行业产业政策时，应从整个钢铁产业链出发，将钢铁和铁矿企业的发展同步考虑，实现全产业链的战略协同，在实现稳增长的基础上，切实维护产业经济安全。

国家层面应提升资源产业定位。国内目前的产业划分规定，将属于矿业的采矿业划为第二产业，将同属于矿业的矿产勘查与技术服务业划为第三产业，这值得商榷。矿业开发对象是矿床，产品是加工业的初级原料，其附加值很有限，主要产值在后面的加工业，把矿业与加工业没有加以合理区分，作为第二产业，影响了矿业的租税制度，制约了矿业发展。国内矿山企业一直呼吁应将铁矿业从钢铁业中分离出来，作为一个独立的产业来发展。按照联合国制定的产业分类标准，矿业属于基础产业，国际上其他主要国家均将矿业划为第一产业，我们建议尊重矿业的特殊规律，按国际惯例，将铁矿业由第二产业划归第一产业，使国内矿山享受第一产业的政策条件，进一步提升市场竞争能力。

（二）优化产业布局，提高产业集中度

一是调整优化产能结构，加快淘汰、整合、改造一批矿山，建设一批大型现代化矿山，不断扩大有效供给，从根本上改变“小散乱”、技术水平参差

不齐、生产效率低下的现状。二是加快培育和发展大型铁矿企业集团。目前，国内尚没有真正意义的独立铁矿山企业。业内一个普遍根本的共识，就是尽快组建大型矿业集团，培育最具市场竞争力的龙头企业和领军企业，在铁矿产业发展和国家资源保障方面发挥更大的作用。当前矿业市场形势低迷时期，世界矿业格局面临新一轮调整，是推进铁矿行业整合重组、提升全球矿产资源配置能力的有利时机。三是调整优化区域结构，把铁矿资源基地建设作为稳定国内铁矿资源供应、保障铁矿资源安全的战略核心区，纳入国民经济和社会发展规划并统筹安排和重点建设，引导区内资源向大型企业集团集中，大力推进资源规模开发和产业集聚发展。四是构建境外资源供应体系。探索和实施以资源开发、钢铁产能布局、基础设施建设一条龙的产业链模式。开发外部资源的同时，注重结合多方需求，延伸产业链。优先选择铁矿资源丰富、经济发展迅速、市场需求旺盛的非洲、拉美或印度等国家或地区，实现全球范围的产业结构调整和布局优化。要建立合理的境外资源开发模式，有关央企按专业特长组建分工负责、优势互补、团结协作的“联合舰队”出海，发挥整体协同优势，提高抗风险能力。国家层面应加大境外资源开发的政策扶持力度，设立境外资源勘查和开发基金，为“走出去”项目提供资金保障。

（三）改革体制机制，打造国际竞争力

一是推进混合所有制改革。当前是国企改革的关键时期，中央就国企改革出台了一系列重大举措。我们应深刻领会中央关于国企改革的方向、内容以及相关配套文件，积极探索国有矿山企业混合所有制改革、国有资产资本化改革路径，按照完善治理、强化激励、突出主业、提高效率的要求，让市场在资源配置中发挥决定性作用。并借鉴、开放和引进市场机制，降低融资成本、优化负债结构，实现矿山企业效益和效率最优化。二是加快铁矿企业的股份制改造。按照“资源、资产、资本”三位一体运行模式，完善矿业权交易市场和矿业资本市场，推动铁矿企业公司制改革，扶持铁矿企业进入资本市场，上市融资，鼓励相互参股，发展混合所有制企业。三是建立统一、规范、有序的铁矿石交易市场。由交易市场统一面对境外供应商，促进价格公平公开，及时发布我国铁矿石价格指数，政府对交易市场提供金融服务和政策支持。建立客观反映供求关系的铁矿石定价机制，开展矿钢联动研究，推进铁矿石期货和铁矿石交易平台的健康发展。鼓励钢铁企业与境外铁矿石

供应商交叉持股，构建战略联盟。开放国内资本市场，鼓励境外铁矿石供应企业在境内上市。

（四）强化创新驱动，培育发展新动能

作为劳动密集型产业，传统的矿业发展模式已不能适应新的形势，国内铁矿山企业必须转变发展理念，以安全、高效、集约、智能、绿色为目标，加快推进以科技创新为核心的全面创新，整合利用行业创新资源，培育矿业发展新动能。要着力打造科技创新平台。一是建立协同创新平台。以科研院所为依托，建立以市场为导向、产学研政相结合的技术创新体系，形成可推广的创新模式和技术标准，加快技术推广应用，增强整体创新能力。并加快深部高效开采、智能采矿、复合选矿和选冶联合工艺等采选关键技术的研究攻关，加大技术改造、装备升级、环保投入，推进节能减排和资源循环利用，建设好绿色矿山和绿色矿业发展示范区，建设一批资源节约与综合利用示范工程，推进生态文明建设，实现绿色发展。二是建立矿业信息平台。以数字化为突破口，打造面向制造业的“互联网+产业生产体系”，构建权威的大型企业全流程智能制造系统，把矿业的科技、装备、信息各种资源汇聚到同一平台上，打造国内矿业品牌，形成可推广的模式和标准，探索一条智慧矿山发展新路。还要依托大数据、物联网、云计算等信息技术，加快智能化技术改造，探索符合企业自身的产融结合、软硬一体、产服联盟经营发展新模式，实现新旧动能转换、新旧模式融合。

总之，铁矿业是国民经济基础产业，具有重大战略地位，我国作为制造业大国，需要铁矿业的强大支撑。在铁矿石市场深度调整的形势下，既需要企业自身的努力，也需要国家政策的支持。相信在国家的大力扶持下，铁矿业完全可以解决好发展中存在的问题，赢得更大的发展空间。我们应坚守资源安全底线，坚定国产矿开发的信心，抓住转型升级、调整优化、融合发展的黄金期，通过宏观引导、政策支持、规范管理等各方面共同努力，推动铁矿业健康持续发展，提升资源保障能力，维护产业经济安全。

试论环境友好的高炉炼铁技术

杨天钧　焦克新　刘征建　张建良

一、引言

进入21世纪以来，中国经济的高速发展，推动市场对钢材的需求增加，为中国钢铁工业高速发展提供了机遇，我国钢铁工业取得了举世瞩目的伟大成就，高炉炼铁技术也得到了长足的发展。近些年我国高炉生铁产量保持了高速增长（图1）。中国生铁产量从2000年的1.30亿吨，增加到2014年的7.11亿吨，除2008年和2009年受全球金融危机影响，生铁产量略微降低外，每年都保持稳健的上升趋势。近两年在国家供给侧结构性改革和钢铁去产能的背景下，中国生铁产量在2014年以后稍有下降，2016年中国高炉生铁产量达7.01亿吨，仍占世界生铁产量的61%以上。此外，我国炼铁系统的自主创新、钢铁冶金理念不断发展，炼铁技术进步及装备水平也得到明显提升。一些先进的大型高炉燃料比已经低于490千克/吨HM，焦比接近300千克/吨HM，重点企业高炉工序能耗（标准煤）也降低到391千克/吨HM（图2），达到了世界先进水平。

但是，当前我国生态环境总体恶化的趋势，尚未得到根本扭转，环境污染日益严重。水环境每况愈下，大气环境不容乐观，固体废物污染日益突出，作为资源和能源密集型产业，钢铁工业铁前工序的能源消耗，占钢铁行业总能耗的70%以上，是钢铁生产资源和能源的主要消耗体，也是企业节能减排的重点。发展环境友好的高炉炼铁技术，以“减量化、再利用、资源化”为原则，以低消耗、低排放、高效率为基本特征，不断提高资源利用效率，以尽可能少的资源消耗和环境代价满足钢铁行业的发展模式，是炼铁行业发展的重要任务。

作者简介：杨天钧，北京科技大学原校长；焦克新、刘征建、张建良，北京科技大学。

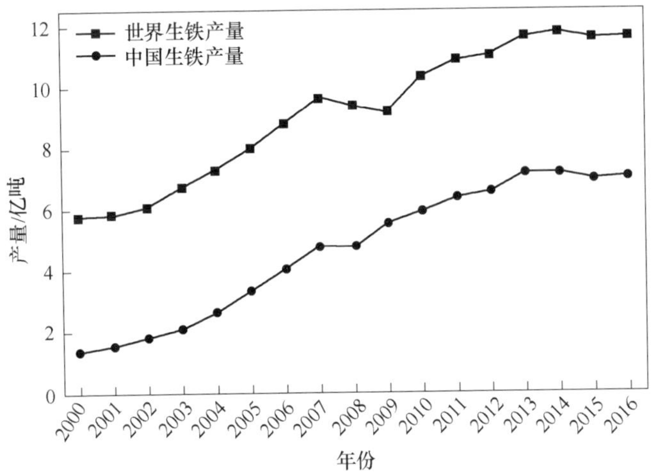

图 1　2000~2016 年中国及世界生铁产量概况

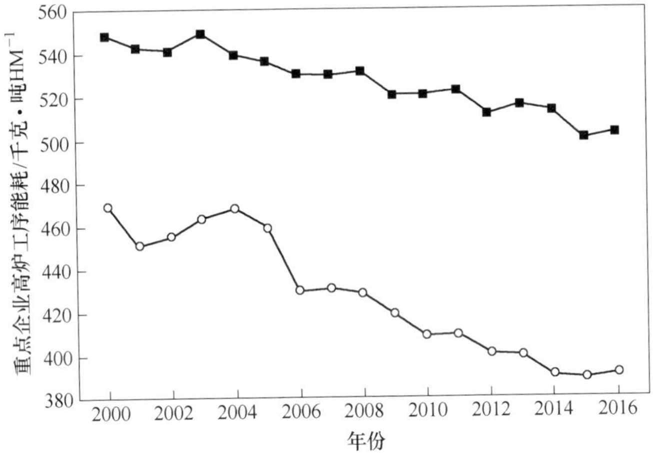

图 2　2000~2016 年重点企业高炉工序能耗概况

二、21 世纪以来我国炼铁技术的进展

(一) 炼铁装备大型化加速

近些年我国炼铁装备大型化、现代化加速，建设了京唐 5500 立方米、沙钢 5800 立方米高炉、宝钢湛江 5000 立方米等 22 座 4000 立方米级以上的大型高炉；建设了京唐 550 平方米、太钢 660 平方米等大型烧结机；建设了年产能力 500 万吨的鄂州链箅机—回转窑球团生产线、年产能力 400 万吨的京唐

带式焙烧机球团生产线，建设了大批 7 米和 7.63 米大型焦炉和干熄焦装置，大型装备集成了自主创新技术，达到了国际先进水平。

（二）炼铁原燃料质量改善

我国进口铁矿石数量的增加，对提高高炉入炉原料含铁的品位起了重要作用。在国产铁矿石产量增加的同时，随着反浮选磁选综合选矿技术的成功，使铁精矿铁分可以提高到 67%~69%，SiO_2 质量分数降低到 3%~4%，促进了中国球团矿生产，改善了高炉的炉料结构。大型烧结机、大型链箅机—回转窑和带式焙烧机球团生产线、7 米以上大型焦炉和干熄焦等装备的采用，对烧结矿、球团矿、焦炭的质量指标改善起了重要作用。加之烧结、球团、焦化技术的不断深入改进，烧结矿、球团矿和焦炭的主要质量指标均在稳步改善。

（三）炼铁高炉操作技术进步

中国高炉工作者总结的“高效、低耗、优质、长寿、环保”的操作理念，成为指导高炉生产的技术方针。无料钟炉顶、烧结矿槽下过筛和分级入炉、高压炉顶设备、富氧喷煤设施等先进装备得到了广泛采用，中国高炉的主要生产指标持续提高。一些先进的大型高炉风温已经达到 1250℃以上，2015 年投产的宝钢湛江高炉风温达到 1280℃，进入世界一流水平。中国高炉长寿技术也取得了很大进展，如，2013 年 8 月停炉的有效容积为 4350 立方米的宝钢 3 号高炉（一代炉役 18 年 11 个月，单位炉容产铁 15700 吨/立方米），寿命已达到国际先进水平。中国大批 1000 立方米以上的高炉广泛采用了中国自主开发的高炉长寿技术，也取得较好的效果。武钢高炉利用系数长期维持在较高的水平，创造了世界大型高炉利用系数记录；对于高煤比大喷吹，我国的太钢、宝钢喷煤比可以达到或接近 200 千克/吨 HM；对于高富氧操作，我国的沙钢富氧率达到 10%；对于低燃料操作，我国的迁钢、京唐、宝钢等企业燃料比长期保持在 500 千克/吨 HM 以下，各项操作指标均达到了世界先进水平。

三、钢铁工业铁前工序面对的环境压力

进入 21 世纪以来，随着钢铁工业的技术进步，中国重点钢铁企业的吨钢污染物排放指标，包括粉尘、SO_2、废水中 COD、新水耗量等都呈降低趋势。

但是由于钢铁产量持续增长，污染物的排放总量却是不减反增。中国钢铁工业的环保水平远远低于发达国家的冶金工业，对环境的严重影响已成为中国经济发展的重要短板。环保部门对钢铁工业污染物排放的标准要求越来越高，而且近年环保标准升档的速度不断加快。例如，从 2015 年起，环保部门将对钢铁企业的粉尘排放、烧结烟气脱硫等实施更加严格的控制标准。这不仅增加企业生产的环保成本，而且直接将企业置于社会舆论的监督之下，对企业的生产经营带来更大的压力。

（一）固体废弃物

炼铁过程相对于其他工艺过程而言，是高消耗的过程，同时也是固体废弃物资源高产出的过程。这些废弃物资源不仅会使炼铁工艺过程的运行成本上升，造成大量的资源浪费，而且也会带来环境污染，炼铁过程产生的大量固体废弃物资源的处理和利用，仍是国内外钢铁企业所面临的共同难题。伴随着市场竞争的不断加剧和“循环经济”政策的引导，实现对固体废弃物资源的控制和综合利用，越来越受到众多钢铁企业的重视和推广。炼铁系统的主要固体废弃物有储料场的粉尘、烧结过程的粉尘、炼焦过程的焦油渣和微粒焦粉以及高炉的瓦斯灰和粉尘等，是炼铁过程中的主要固体废弃物资源。根据炼铁系统的生产工艺特点，把各种固体废弃物资源进行交叉利用，是实现回收利用的主要形式。

（二）水环境

我国是世界上最大的发展中国家，也是水资源短缺的国家。人多水少、时空分布不均是我国的基本国情水情。发展需求与水资源条件之间的矛盾十分突出。我国水资源禀赋不足，水资源总量 2.8 万亿立方米，居世界第六位。全国人均水资源量为 2100 立方米，不足世界人均占有量的 1/3。水是钢铁工业必不可少的资源。水资源的合理利用与开发、合理用水及节约用水是当今保护水资源、实现经济社会可持续发展最关键的环节。作为钢铁企业最大的用水环节——炼铁工序，其水资源利用水平的高低，直接关系到企业吨钢耗新水指标和节能减排指标完成的好坏。炼铁工序主要用水环节有高炉和热风炉的冷却系统，鼓风机设备冷却，高炉煤气洗涤、炉渣的粒化和水力输送等，炼铁系统用水量占钢铁企业生产用水量的 22.5%。

（三）大气环境

钢铁企业在生产中需要消耗大量能源并排放大量污染物。我国钢铁企业多采用长流程生产工艺，从铁矿粉、煤粉等原材料加工开始，冶炼过程生产工艺庞杂，排污环节众多，钢铁工业的主要污染源有烧结、焦化、炼铁、炼钢及附属工序，其中空气污染物排放引起的污染问题尤其严重，这些污染物包括颗粒物（TSP）、二氧化硫（SO_2）、氮氧化物（NO_x）、二氧化碳（CO_2）等，SO_2 及 NO_x 还可以形成酸雨和次生颗粒物等二次污染物，大气污染物的总体产生量巨大。

四、铁前工序实现环境友好的对策

（一）干法除尘技术

目前，我国自主开发的高炉煤气干式布袋除尘技术，在设计研究、技术创新、工程集成及生产应用等方面取得突破性进展，自主设计开发的大型高炉煤气全干式脉冲喷吹布袋除尘技术，煤气含尘量年平均值可以控制在 5 毫克/立方米以下，完全取消了备用的高炉煤气湿式除尘系统。2009 年京唐 5500 立方米高炉的全干法除尘获得成功，特别是解决了高炉开炉、长期休风和炉况失常时煤气处理的应对办法，表明了这一技术已经完全趋于成熟。该工艺技术具有除尘效率高、无污水排放、投资省、占地少、节水、节电、煤气显热高、可增加 TRT 发电量等优点，是多重效益为一体的钢铁企业节能环保新技术，其推广应用于钢铁企业节能减排、降低固体废弃物等具有重要的意义。

（二）含锌粉尘处理

钢铁冶金尘泥因其来源不同，致使不同种类钢铁冶金尘泥中化学成分、物相组成和粒度特性有较大差异，对其高效资源化利用一直存在技术瓶颈。钢铁冶金尘泥传统的资源化利用方式多采用配入烧结系统直接回用，已经引起一些问题的出现，如有害元素富集影响高炉生产、细粒级粉尘阻碍烧结透气性和碱金属对电除尘效果的影响，都制约了钢铁冶金尘泥简单地直接回收利用。此外，无限制的循环回用，还会导致铅、锌、铟、锑、铋、镉等毒性、强毒性物质向环境中的排放。随着对钢铁冶金尘泥资源化利用研究程度不断深入和工艺技术、设备的进步，钢铁冶金尘泥资源化综合利用技术得到快速发展。如早期国外开发出针对处理高铁高锌尘泥的冷固结造块回用高炉炼铁技术、转底炉处理高锌尘泥技术和熔融还原法处理尘泥技术等，都是比较先进的。国内在借鉴国外先进技术的同时，结合自身钢铁冶金尘泥的特点，经过十几年的发展，在钢铁冶金尘泥资源化综合利用研究方面取得了较大的突破。针对不同的冶金尘泥特点，选矿预处理技术、湿法萃取和火法还原冶炼等方法均有各自的优势。一些企业自主开发的新技术，如红河锌联科技发展有限公司的火法富集-湿法分离-多段集成耦合处理技术，已在实际工业应用中取得较大成功。

（三）烧结烟气脱硫、脱硝技术

近年，我国有越来越多的烧结机配备了烟气脱硫设施（超过 300 套），采用多种工艺进行 SO_2 减排。目前，我国湿法脱硫技术（石膏法，氨水法等）已经成熟，相应还可脱硝 30%左右，但烧结 NO_x 减排仍然是钢铁行业 NO_x 减排的重中之重。烧结烟气脱硝应从烧结原料控制、烧结过程控制和烧结烟气脱硝三个方面着手，对烧结原燃料进行优选，开发适宜的烧结原料添加剂，从源头上控制烧结 NO_x 的生成，在不影响烧结质量的前提下，针对不同的原料，改变烧结工艺参数，削减烧结过程中 NO_x 的生成量，兼顾烧结脱硫、脱硝、除尘等方面考虑综合性烟气末端控制技术，达到减排烟气中多种污染物的效果。

（四）炼铁工序节水技术

我国钢铁企业普遍提升了对水的管理水平，积极采用各项节水先进技术装备，实现了用水和节水工作创历史最好水平，近年来中钢协会员单位钢铁企业吨钢耗新水，也由 2006 年的 6.56 吨降低到 2015 年的 3.08 吨，其中宝钢吨钢耗新水为 1.75 吨，达到了世界先进水平。主要节水技术有：根据各工序、各设备对水质和水量的需求，采用不同方式的供水方式；采用多级、串级供水，有效地提高水的利用效率；优化污水处理工艺技术，对不同质量的污水，采用不同的处理工艺处理后的水给不同的用户，有效地提高水的循环利用率，同时可大大减少污水处理量。

（五）高炉渣处理

建筑行业是高炉渣的消耗大户，除了作为水泥和筑路材料的原料以外，利用高炉渣制备建筑装饰材料“矿渣微晶玻璃”，是提高高炉渣附加值的有效途径，所得到的产品可以作为地砖、墙体装饰材料以及其他工业耐磨材料等。利用高炉渣所制得的微晶产品相比天然石材而言，具有无辐射，力学性能好，更耐酸耐碱，且外观的颜色、纹理能够人为控制等优点。此外，矿渣微晶玻璃的生产具有大量消耗高炉渣的潜力，产品附加值高，能为企业带来可观的经济效益，还因其可取代天然石材，所以对自然环境和矿产资源的保护也具有重要的意义。

五、建议与结论

进入21世纪，中国经济在工业化过程中持续发展，在中国钢铁工业协会、中国金属学会的支持下，冶金工业规划研究院在钢铁工业的统筹规划、供给侧结构性改革的实施、先进技术的推广等各个领域都取得了显著的成绩。

我们充分认识到，钢铁工业仍然是今后我国工业化发展的支柱产业，一段时期仍然将在高位运行。针对铁前工序受自然资源、能源及环境保护方面的约束的状况，在发展中应该重视：

（1）注重冶金过程的基础研究，引入其他领域研究的最新成果，尤其关注信息化领域的成果。对工艺过程进行深入研究，从工艺本身研发降低固体废弃物、水资源消耗及大气污染的技术，实现工艺过程节能降耗精准管控。

（2）采用和进一步普及节能环保新技术。中国不同层次的节能环保技术共存，进一步采用和普及先进的炼铁环保技术，是中国炼铁工业良性发展的重要措施。

（3）深入进行铁前系统的流程优化。着眼于钢铁工业整个生产工序，基于人工智能、大数据和物联网技术，对矿—煤—铁系统的物质流和能量流进行网络化管控，从整个工序流程出发进行深度优化，进而提高质量和效益。

致谢

衷心感谢王筱留教授和王维兴高工的宝贵资料和中肯的建议，感谢刘云彩、项仲庸、吴启常、沙永志、于仲洁、汤清华等专家的宝贵意见。

企业经验

QIYE JINGYAN

做精钢铁　多业并举
“江南一枝花”绘就转型升级新篇章
——马钢近十年发展回顾与未来几年发展思路

高海建

自2008年国际金融危机爆发以来，钢铁行业发展环境发生巨大变化，主要表现为：供需关系从短缺变为严重过剩；同质化竞争从低端产品扩展到高端产品领域；钢铁供应产业链金融化，导致钢铁企业生产经营面临更多不确定性；下游用钢企业转型升级和需求多样化，对钢材的品种质量、功能、成本、环保等提出更高要求；钢铁企业融资难、融资贵，资金风险加大；互联网的发展给钢铁行业带来了变革和机会。总体来看，钢铁行业已进入微利时代，面临化解过剩产能、深化结构调整、加速转型升级的挑战和机遇。

面对国家经济发展进入新常态、钢铁行业加快转变方式的新形势，马钢坚持以党的十八大，十八届三中、四中、五中、六中全会和习近平总书记系列重要讲话精神为指导，始终坚定做强企业的信心和决心，团结动员广大干部职工，全力打好家园保卫战，成功稳定了生产经营大局，有效探索出了转型发展新路，为企业健康可持续发展奠定了更加坚实的基础。

战略布局引领新发展。*产能布局不断优化*。钢产量由307万吨提高到1800万吨，形成股份公司本部、合肥公司、长江钢铁“一业三基地”发展格局。新四号高炉、110吨电炉、1580毫米热轧生产线、硅钢二期、合肥公司镀锌线等重点项目顺利实施，工艺装备进一步大型化、现代化。积极响应国家供给侧结构性改革，认真谋划、精心组织，有序推进合肥公司钢铁冶炼产线和本部落后炼铁、炼钢产能淘汰关停工作。***产业布局拉开框架*。**钢铁产

作者简介：高海建，安徽省政协常委，马钢（集团）控股有限公司原党委书记、董事长。

业、钢铁上下游紧密相关性产业、战略性新兴产业三大主导产业有效确立。股份公司20家子（分）公司并入集团公司，“1+7”多元产业发展格局基本构建。矿产资源业、工程技术、贸易物流、煤化工及新材料等上下游关联性产业稳步发展，节能环保、金融投资、信息技术等战略性新兴产业快速崛起。**产品布局迈向高端**。“轮轴、板带、长材”三大产品系列基本定型，主导产品全面升级换代，品种钢比例超过45%。在轮轴上，收购法国瓦顿公司，轮轴产品全球化进程加快，高速车轮通过CRCC认证，大功率机车轮替代进口。在板带上，汽车板年产量迈上200万吨台阶，国内市场占有率达7.5%；家电板年产量突破300万吨，稳居国内前三位，成为格力、美的、光宝、富士康等知名品牌供应商；电工钢产销量跻身行业前列，W470以上高牌号无取向电工钢实现批量供货，取向硅钢热轧原料开发成功。在精品长材上，H型钢竞争力保持国内领先，海洋工程用钢、极寒地带油气用钢等高端产品市场占有率60%；高端线棒材正稳步进军汽车零部件用钢领域。

生产经营构建新模式。**精益制造有效推进**。铁前高炉运行体检和外部保障预警机制有效建立，高炉实现连续37个月长周期稳定顺行。钢轧系统专业化生产、质量改进、优质资源向关键产线和重要炉机倾斜取得实效，先进工艺装备优势得到发挥。设备系统功能精度管理不断深入，支撑保障能力稳步提高。**采购支撑能力持续增强**。经营决策体系不断完善，集中招标、聚量采购覆盖面不断扩大，进口矿等大宗原燃料保持经济合理库存。**服务型营销体系初步建立**。现货中心、区域销售公司、加工配送中心“三位一体”营销格局不断完善，APQP小组和EVI运行模式的作用逐步体现，板带直供比达到66%，客户满意度稳定在较高水平；海外市场布局不断优化，年出口钢材121万吨。**节能减排深入推进**。一批节能减排重点项目投入运行，资源综合利用水平显著提升，吨钢综合能耗“破六进五”，马钢被认定为国家首批“两化融合促进节能减排试点示范企业”。

多元产业打造新引擎。围绕“先整合、后规划，引战投、活机制，抓协调、促融合，防风险、造氛围”工作思路，持续推进板块资源整合、完善三年规划和任期目标责任制，加快合资合作步伐、建立法人治理结构和市场化运营机制，明确领导分工和责任、积极融入全市产业发展布局，制定实施《子公司管控通则》，多元产业成为企业健康发展新引擎。矿产资源业板块强化经营型矿山建设，积累了一大批先进技术和成果，多项指标位于国内同行业前列。马钢矿山是国家首批40个国家级矿产资源综合利用示范基地之一和“安徽省马鞍山铁矿资源综合利用示范基地”主要依托企业，4项技术被列入国土资源部《矿产资源节约与综合利用先进适用技术推广目录和汇编》。工程技术板块整合归并内部同业资源，通过了建筑工程总承包特级资质等多项国家资质认证，具备了工程勘察设计、工程建设安装、装备制造、设备维检服务等多项专业能力，在冶金设计施工领域形成了一定品牌优势。贸易物流板块积极做大做强，在贸易方面，以马钢国贸公司为主体，稳步拓展金属制品、大宗原燃料、机电产品、消费品等业务，已形成较大的规模和一定竞争力；在物流方面，重组整合成立新的物流公司，实施港口、仓储、运输、配送一体化运作，为钢铁产业物流降本提供有力支撑。煤化工及新材料板块加快发展循环经济，在煤化工方面，以股份公司煤焦化公司为基础，先后投资河南金马能源、滕州盛隆化工、安徽临涣化工等企业，实施了马钢奥瑟亚焦油精制一期、淮北临涣焦炭基地等一批重点项目，具备了较强竞争和盈利能力；在新材料方面，深化耐材总包，强化粉末冶金产品创效，整合周边水渣资源，业务和规模持续提升。节能环保板块加快专业化运营和资质能力建设，拥有高效低阻除尘器、集成烟气脱硫等专利产品和技术，成功集成新一代OG技术，拥有安徽省级冶金环境工程技术中心、马鞍山市大型设备监测与诊断工程技术研究中心等，具备了“诊断检测-方案设计-项目建设-专业化服务”一体化能力和较强的研发创新及市场竞争能力。信息技术板块全力推进云公司运营和市场推广，积极开拓信息安全等级保护测评、两化融合、智能制造等新兴业务，信息产业化步伐加快。金融投资板块强化产融结合，财务公司在全省率先获得中国银监会监管评级A类；资产经营公司积极盘活运作存量土地房产，提高处置收益；投资公司为集团公司提高资金运行效率、降低财务费用发挥了显著作用。

技术创新展现新亮点。 **创新体系不断完善。** 技术创新决策层、科研机构核心层、厂矿工作层三层技术创新网络有效运行，重点实验室、“产学研用”新型技术创新平台建设有序推进，与中国钢研集团、铁科院、东北大学、北京科技大学、安徽工业大学等多所院校建立了战略合作关系，马钢被认定为国家级创新型企业、安徽省首批创新型企业。**科研开发和技术攻关效果显著。** 车轮、H型钢等产品生产研发等一批技术达到国内外领先水平，在车轮、H型钢、管线钢、冷镦钢等多个产品中拥有核心技术和自主知识产权，拥有一批在业界具有重要影响的重大科技成果，其中《热轧 H 型钢产品开发与应用技术研究》获国家科技进步二等奖和冶金科学技术特等奖，《转炉—CSP 流程批量生产冷轧板技术集成与创新》获国家科技进步二等奖。**品牌建设有效推进**。获冶金行业产品质量金杯奖 9 项、特优质量奖 3 项、品质卓越奖 4 项，马钢商标被认定为“中国驰名商标”，车轮和 H 型钢产品获“中国名牌”产品称号。

改革管理激发新活力。**体制创新不断深入**。法人治理结构逐步完善，集团董事会规范化建设有序推进。流程再造、专业化整合、机关职能调整和机构精简稳步实施。实业公司、力生公司产权多元化改革顺利完成。节能环保、信息技术、粉末冶金、煤化工等多元产业成功引入战略投资者。**机制转换扎实有效**。经济责任制考核导向作用有效发挥，内部市场化运行机制初步建立。全员岗位绩效考核、人力资源优化工作全面展开，科学管理持续强化。**内控体系有效运行**。卓越绩效管理模式初步构建，股份公司荣获第十六届全国质量奖。现场管理、安全标准化建设卓有成效。资金管理、成本管理、工程建设、治安保卫等专项管理不断夯实。6 项成果获全国和冶金企业管理现代化创新成果一等奖。

马钢家园呈现新气象。马钢大力弘扬“感恩在心、胸有朝阳、公平正义、风清气正”家园文化，持续改进、追求卓越的精益文化，以奋斗者为本、以业绩论英雄的竞争文化，积淀形成了具有自身特色的企业文化体系，通过开展“最可爱的马钢人”“家园卫士”“9. 20”厂庆日升旗宣誓仪式等活动，营造了浓厚的家园氛围。

未来几年，钢铁行业挑战与机遇并存。挑战在于，“去产能”任重道远，资源、能源、环保等刚性约束日益突出，行业兼并重组、提高产业集中度步伐明显加快，区域市场同质化竞争态势不断升级，国际贸易摩擦不断加剧，一批缺乏相对竞争力的钢铁企业将不可避免地被淘汰。机遇在于，供给侧结构性改革全面启动，“中国制造 2025”“一带一路”、长江经济带建设、“互联网+”等国家战略加快实施，将创造广阔的新市场、新需求。综合判断，钢铁行业仍处于重要战略机遇期，但发展方式由粗放转为集约，发展路径由规模增效转为品牌创效，发展基点由投资驱动转为创新驱动。

“十三五”期间，马钢将牢固树立并积极践行“创新、协调、绿色、开放、共享”发展理念，围绕“钢铁产业、钢铁上下游紧密相关性产业、战略性新兴产业”三大主导产业，以提升竞争力为核心，以“产品升级、产业化延伸和国际化经营”为方向，深化改革创新，加快转型升级，持续推进“钢铁做强、多元做大、机制做活、绩效做优”，努力把马钢打造成为“独具特色的钢铁材料服务商”和“规范高效的国有资本投资运营集团”。

钢铁做强——坚持钢铁产业核心地位不动摇，追求经济规模，全面导入EVI理念，产品升级与服务创新并举，品牌战略和低成本战略并重，强产品、优结构、树品牌，打造独具特色的钢铁材料服务商，力争产业竞争力进入行业前列。

多元做大——强化多元支撑、协同发展，“有进有退、有所为有所不为”，归并整合，推进多元“集群化发展和市场化运营”，壮大钢铁上下游紧密相关性产业，培育战略性新兴产业，打造具有较强竞争力和盈利能力的支柱板块。

机制做活——以“去行政化”为方向，深化改革改制，推进管理创新，构建体制机制充满活力、运营高度市场化、机构精干、管控科学的现代企业制度，为建设规范高效的国有资本投资集团提供强有力保障。

绩效做优——全面提升经营绩效、环境绩效、员工绩效和社会绩效，使马钢成为“效益良好、环境友好、员工自豪、客户信赖、社会尊重”的品牌企业。

多年来，马钢与冶金工业规划研究院在战略管理咨询、战略规划制定等方面开展了诸多卓有成效的交流与合作。马钢的发展得到了冶金规划院的大力支持，特别是马钢新区的规划建设更是得到了冶金规划院的悉心指导。冶金规划院作为国家级行业规划研究和工程咨询事业单位，拥有着一支政策理论水平高、规划实践经验丰富，既懂技术又熟悉国家政策、工程咨询能力强、综合素质高的复合型专家队伍，为马钢“十三五”发展规划编制、规划论证等提供了优质的咨询服务。马钢对冶金规划院长期以来的支持和帮助表示衷心的感谢，希望在双方共同努力下，继续保持良好的合作关系，实现共赢发展。

十年风雨兼程　一朝涅槃重生

——包钢十年发展综述

魏栓师

包头钢铁（集团）有限责任公司（以下简称“包钢”）成立于1954年，是国家在“一五”期间建设的156个重点项目之一，是中华人民共和国成立后在少数民族地区建立起来的第一个工业企业，是唯一由周恩来总理剪彩投产的中华人民共和国钢铁骄子，在推进国家钢铁、稀土工业崛起，实现少数民族地区经济社会发展、促进地区和谐稳定的历史进程中，留下了不可磨灭的光辉印记。包钢的建设源于举世瞩目的白云鄂博多金属共生矿，稀土储量居世界第一位，铌储量居世界第二位。经过60多年的发展，包钢目前已成为世界最大的稀土工业基地和我国重要的钢铁工业基地。拥有“北方稀土”“包钢股份”两个上市公司，形成钢铁、稀土、矿业、非钢多产业协同发展格局，初步打造成了跨行业、跨地区、跨所有制和跨国经营的现代化企业集团。

2008年以来的十年，是包钢历史上最为跌宕起伏的十年。十年间，我们既品尝了宏观经济高速增长期企业快速发展的喜悦，又承受了新常态中高速增长期行业转型升级的阵痛，特别是经历了从最高盈利84亿元到巨额亏损83亿元的“过山车”式震荡发展后，通过全体包钢人的艰苦努力，2016年化解重重风险和考验，迎来困难形势下的触底企稳；2017年，充分利用钢铁、稀土市场上扬的有力条件，一举实现扭亏为盈，一扫亏损阴霾，坚定了发展自信。

一、众志成城，助力经济社会发展

十年来，包钢顺应国家、内蒙古自治区发展大势，加快推动企业转型升

作者简介：魏栓师，包头钢铁（集团）有限责任公司党委书记、董事长。

级，特别是近年来，面对行业严峻形势，深入贯彻落实党的十九大精神，习近平总书记系列重要讲话精神，勇担历史使命，坚定必胜信念，加快落实“三去一降一补”五大任务，坚持以供给侧结构性改革为主线，推动包钢形成高质量发展模式，走上高质量发展轨道。

规模实力显著增强。十年来，包钢钢产能从不足900万吨跃升至1650万吨的水平，十年产量超越了从建厂以来到“十五”末期的总产量，钢铁产能规模已经进入国内钢铁行业前列；资产总额从570亿元跃升至1747亿元以上；上缴税金最高达到73亿元。虽然在困境中收入大幅下降，出现巨额亏损，但仍然顶住巨大压力，努力保持经济规模平稳，为地区经济发展和社会稳定做出应有贡献。

装备升级成效显著。十年来，包钢累计固定资产投资达到795亿元以上。建设投运了白云鄂博西矿矿浆管道，直径159毫米、460毫米两条无缝钢管生产线，1号中型万能轧钢生产线，升级改造2号大型万能轧钢生产线，装备水平达到国内外一流。实施了稀土钢板材结构调整项目，具备汽车板、高级管线钢等高档产品生产能力，填补了内蒙古自治区产业空白。

产业发展协调推进。在稳固钢铁产业的同时，加快产业统筹发展。稀土产业方面，加快发展磁性、贮氢、发光、抛光、催化等五大功能材料及应用，全力打造从原材料到稀土应用产品的全产业链；组建中国北方稀土集团，积极推进国家实施稀土战略储备，开展稀土等矿产开发秩序专项整治行动，进一步提高了国家稀土产业集中度。矿业产业方面，以成立包钢矿业为基础，掌控铁矿、煤炭、有色金属等资源达数十亿吨，对主业起到了明显的支撑作用。非钢产业方面，以19家辅业单位改制成包钢西创为重要标志，积极拓展外部市场，加快产业整合，努力开拓特色发展之路。同时，大力推进多元产业发展，推进物流、能源、煤焦化、环保、工程服务、金融和文化旅游等新兴产业蓬勃兴起。

环境面貌明显改观。全面推进绿色发展，累计投入百亿元建成170余项环保项目，环保水平达到行业一流。淘汰部分烧结机、转炉、焦炉等落后设备，节能减排效果明显。拆除全国钢铁行业推进去产能以来最大一座高炉——包钢2号高炉，具有显著的社会效益。全面推进实施稀土“三废”综合治理技术改造工程，特别是持续加大大气污染防治，使企业环保指标达到行业先进水平并入选国家工业和信息化部第二批“绿色工厂”。

技术水平不断提升。成立白云鄂博稀土资源研究与综合利用国家重点实验室和包头稀土研发中心，科技创新实力不断增强。推行科研课题负责制，实施专业技术职务新序列，评聘首席技术专家、技术专家、主责工程师，强化总工室职能，激发科技人员创新创造激情。开发具有稀土等资源特色的特种越野车用钢、稠油热采井专用套管及抗硫化氢腐蚀专用套管、第二代稀土钢轨等产品，得到用户认可；为神舟系列运载火箭、嫦娥三号探测器以及“玉兔”号月球车提供稀土永磁器件，助力祖国铁路、航天事业发展。

管理创新取得进步。探索实施了5S、门禁系统、卓越绩效、精益、ERP、员工自主改善等一大批创新管理项目，现代管理水平大幅提升，成为内蒙古自治区首家获得“全国质量奖”的企业。针对化检验、招投标、总包等重点环节加强管理，堵塞管理漏洞。构建现代企业管控模式，钢铁板块实现重组上市，公司法人治理结构逐步完善，混合所有制企业占比达到60%以上。按照国有资本投资公司模式，推开瘦身健体改革，进行组织架构调整，已经具备了改组国有资本投资公司的基本条件。完成集体企业改革，走在了国家和内蒙古自治区的前列。持续探索开展机构调整、人员优化，特别是2016年以来，厂处职干部精简118人，集团机关人员优化50%以上，二级单位机关管理人员优化35%以上。

二、矢志不渝，推动产业转型升级

面向未来，包钢将深入贯彻十九大、中央经济工作会议精神，主动融入国家、内蒙古自治区发展大局，牢固树立“创新、协调、绿色、开放、共享”五大发展理念，持续深化供给侧结构性改革，大力推进以稀土为重心的战略转型。努力打造国内最强、世界一流的稀土行业领军企业，全球最优稀土钢产品生产基地，实现由一钢独大、传统钢企向稀土新材料企业的转型，力争“十三五”末集团销售收入达到千亿元以上。

一是深化创新发展。

推进技术创新。以创建创新型企业为目标，使科研投入比“十三五”末达到3.5%，其中稀土达到4.5%，科技贡献率达到60%；攻克稀土钢新材料、稀土新材料等发展难题。加大科技人员激励力度，对获得国家科技进步奖特等奖、内蒙古自治区科技进步特等奖的项目给予重奖，努力在5~10年内培养出院士级专家。建立研产销密切协作、快速响应市场，内部科研机构、生产一线力量、引进外智外力合力攻关，多项人才政策与科技参与股权、期权、分红等多项激励方式并重，理念先进、氛围浓厚，体制顺畅、机制灵活，人才辈出、成果涌现，持续投入、支撑发展的科技创新运行机制。

深化改革创新。集团改组国有资本投资运营公司。健全现代企业制度，健全集团法人治理结构、建立领导人员分类分层管理制度、实行与企业战略相适应的薪酬分配制度。深化内部用人制度改革，建立市场化的选人用人机制，推动干部能上能下。推进混合所有制改革，实现包钢西创、集团各子公司的“推墙入海”。探索多元化激励机制，有效推动公司市场化运作，试行员工持股。

二是深化协调发展。

稀土产业，以打造“国内最强，世界一流”的稀土功能新材料产业基地为目标，深化产业结构调整，做精稀土原料产品产业，做强稀土新材料、稀土功能材料产业，发展稀土终端应用产品产业。加强与国内外稀土企业战略合作，创新引进稀土高技术企业。不断提升稀土大集团的行业控制力、影响力。“十三五”末，使功能材料、终端应用产品收入占比达到70%以上。

钢铁产业，制定稀土钢标准，建立稀土钢研发创新、应用推广体系，扩大稀土钢品牌影响。巩固钢轨产品优势，开发生产高档汽车用钢、家电用钢、高等级管线用钢等，努力达到国际领先水平。“十三五”末，人均产钢量达到1000吨。

资源产业，大力开发和掌控铁、煤、有色等资源，推进资源一体化经营，打造新的上市公司，努力成为西北地区最大的矿产资源经营基地。发挥国家级资源综合利用示范基地作用，加强对白云鄂博矿铌、钪、钛、萤石等的综合利用。推动黄岗矿业公司上市，打造有色产业投融资平台。开发生产现代煤化工产品，延伸焦化副产品产业链，开创企业新的利润增长点。

物流贸易产业，在已成立的包钢铁捷物流公司基础上，加快整合现有物流资源，打造西北地区现代化的综合物流企业。大力发展社会物流业务，主动融入呼和浩特、包头、二连浩特等物流园区建设，扩大物流贸易范围和服务领域。

金融产业，推动产融结合，利用上市公司做好产业整合和融资发展；建立金融控股公司，形成财务公司、保险、信托、期货和新业务五大金融板块，为稀土资产整合和实体经济发展提供金融支持。

文化产业，抓住国家重视旅游业发展的有利时机，整合开发文化旅游资源，依托工业旅游基础，打造特色旅游企业。同时，充分利用原有教育培训资源，提升广告、体育、媒体资源等对外经营服务能力。

此外，整合各单位设备检修、维护、装卸、劳务等生产检修服务资源，发展工程技术服务产业；优化能源结构，规划余热、余压、煤气发电、光伏发电项目，发展能源开发利用产业；推进煤气、焦油等资源深加工，发展煤焦化产业；推进“三废”资源综合利用产业化、规模化、效益化，发展环保产业。

三是深化绿色发展。

坚持以习近平生态文明思想为根本遵循，认真贯彻落实第八次全国生态环境保护大会精神，牢固树立“绿水青山就是金山银山”的理念，把环境保护放在企业优先发展的突出位置，将“绿色发展”贯穿企业各产业、各环节、各方面，加快推进清洁生产工艺技术的应用，持续深化钢铁、稀土环保升级改造。大力发展循环经济，加强二次能源、固体废弃物和水资源的高效利用。建设国家级生态设计示范企业，开发和推广符合生态设计要求的稀土钢及稀土新材料产品。

四是深化开放发展。

积极响应“一带一路”倡议和内蒙古向北开放的号召，深化对蒙、俄合作，主动对接两国重点项目；扩大经贸合作，逐渐将蒙古国打造成为包钢铁矿资源的重要保障基地。融入“京津冀一体化”“呼包鄂榆”经济带建设，以更加开放的理念，推进同业、跨界深入合作。

五是深化共享发展。

坚持以人为本，实现员工收入与企业发展同步增长。加强与内蒙古自治区各盟市及矿产资源、电力等上游产业链的合作，建立一体化战略联盟。强化与下游用户的合作，为客户创造增值服务。履行好应有的社会责任，在内蒙古自治区扶贫攻坚、全面建成小康社会进程中，发挥积极作用。

在国家全面推进新时代高质量发展的关键时期，包钢作为内蒙古自治区“工业长子”、西北地区重要的钢铁工业基地，将肩负使命、勇于担当，团结凝聚全体干部职工，以习近平新时代中国特色社会主义思想为指引，坚持新发展理念，坚持以供给侧结构性改革为主线，推动质量变革、效率变革、动力变革，推动企业走上高质量发展轨道。以实实在在的业绩，为国家、内蒙古自治区经济社会发展做出应有的贡献。

继往开来　永铸辉煌

——贺冶金规划院建院45周年

侯　军

春归大地、草长莺飞。值此冶金工业规划研究院建院45周年之际，山东钢铁集团有限公司特致以诚挚的祝福和热烈的祝贺，对长期以来冶金规划院对山钢集团发展的支持和帮助表示衷心感谢！祝愿冶金规划院在中国经济转型发展的新征程中永立潮头！期待冶金规划院与山钢集团的友好合作再谱新篇！

冶金规划院在中国冶金行业发展壮大的历程中留下了自己的足迹，地位和影响力在业界得到广泛认可。

一是发挥自身资源优势，发布年度中国钢铁企业综合竞争力评价排名。随着评价体系的不断完善，评价排名的权威性越来越得到业界的重视和认可。每一年度排名发布，都吸引了各方面人士关注的目光，都能引发行业各个层面的深度思考，尤其为行业内各企业发展提供了权威的借鉴和参考，推动了中国钢铁行业加快转型升级的步伐。

二是发挥自身平台优势，为中国钢铁行业搭建充分沟通交流的畅通渠道。中国钢铁发展论坛、非钢产业大会等行业盛会，均在业内建立了良好的口碑，业界权威、行业巨擘齐聚一堂，观点碰撞、思想交融之中，共议行业前景，共谋发展之道。

三是发挥自身专业优势，为国内钢铁企业发展提供强有力的技术支撑。一代又一代冶金规划院人在中国钢铁企业发展征途中兢兢业业，辛勤投入。全国众多钢铁企业的发展规划和成长历程中，都有冶金规划院人的身影，倾注了冶金规划院人的心血和汗水。

作者简介：侯军，山东钢铁集团有限公司党委书记、董事长。

2008 年山钢集团成立以来，面对内外环境日益严峻、生存发展挑战日益增多的形势，积极探索适合自己实际的转型发展之路，发展思路逐步明晰，稳控钢铁产业，坚持不懈推动“突出沿海、优化内陆，精品与规模并重”的钢铁产业战略落地，目前日照钢铁精品基地建设正在加快进行，一期一步工程项目即将投产，优化内陆措施也稳步推进；实施多元主打，非钢产业发展思路和重点逐步明确；集团管控体制机制改革全面深化，改建国有资本投资公司工作已经全面展开，构建了“1 个国有资本投资公司+*N* 个产业子公司”的组织架构；产业板块公司化运营逐步推进；先后成立了山钢股份、国贸公司、金控公司、山钢地产、山钢矿业等产业子公司；管理水平逐步提升，初步形成了精益生产、精准操作、精细管理局面。

山钢集团与冶金规划院的友好合作，源远流长。山钢集团及所属各单位与冶金规划院在长期的合作中建立了深厚友谊。早在山钢成立之前，冶金规划院与济钢、莱钢等单位就已经建立并开展了广泛深入合作，成果累累。2008 年山钢集团成立后，与冶金规划院的合作迈入了新境界。山钢集团成立不久，即启动了日照钢铁精品基地项目的申请工作，冶金规划院深度参与其中。2008 年编制完成《山钢集团结构调整优化产业布局总体发展规划》，系统勾画了山钢集团钢铁产业“优化内陆、突出沿海”的宏伟蓝图；2009 年编制完成的《山钢热轧扁平材产业链建设调查研究报告》和 2010 年编制完成的《山钢集团总体发展规划》及《山钢日照钢铁精品基地产业链延伸规划》，为山钢集团钢铁产业发展奠定了更为坚实的规划基础。2013 年山钢集团日照钢铁精品基地项目的成功获批，标志着包括冶金规划院同仁在内各路人士的数载付出终成正果。在“十二五”与“十三五”之交，冶金规划院与山钢集团的友好合作再结硕果，不仅承担了《山钢集团钢铁业务“十三五”发展规划》和《山钢集团相关多元产业发展规划》两个集团级发展规划的编制工作，还承担了济钢集团等山钢权属公司的发展规划编制工作。在规划编制过程中，双方紧密合作，放眼长远，对规划数易其稿，精益求精，终成佳篇，也再一次谱写了双方友好合作的美好篇章，加深了彼此的合作情谊。

在冶金规划院建院 45 周年之际，回顾往昔，我们对中国钢铁行业的发展前景充满了期待。经过包括一代又一代冶金规划院人在内的钢铁人的不懈努力，中国钢铁行业在国民经济和社会发展过程中发挥重要基础和支撑作用的同时，自身也在不断转型升级，优化提升。目前，钢铁产能过剩和需求结构升级矛盾依然突出，在深入推进“三去一降一补”政策落地的同时，提升钢铁产业竞争力依然任重道远。展望钢铁行业未来，我们由衷感到，中国钢铁行业的前景依然美好，山钢集团也确定了做强做优钢铁产业的战略目标，着力推进钢铁产业转型升级，提升价值创造能力，为实现山钢集团转型升级、提质增效，“跻身全国钢铁强企前列”的发展目标奠定坚实基础。为了心中不灭的梦想，为了钢铁行业的明天，我们仍需努力、继续前行。希望在奔向更美好未来的征途中，在成功的彼岸，始终有山钢集团和冶金规划院合作共进的身影。祝愿冶金规划院继往开来，永铸辉煌！

乘势而上谱写柳钢转型发展新篇章

潘世庆

物有甘苦，尝之者识；道有夷险，履之者知。

“十一五”以来，钢铁行业由放量发展期逐渐进入结构调整期，当“危机”“寒冬”“冰河”等字词惨淡地描述着这个行业之时，钢价走势已然划出了一条长长的下斜线，标注着这跨度十余年的艰辛与非凡。风云激荡，不乏黯然离场者；大浪淘沙，方才有动人传奇——有的钢企顺势而为，探索突围，转型发展，成就了其发展史上的又一段辉煌。

广西柳州钢铁集团有限公司——中国钢铁行业重要生产服务商，十年磨一剑，在极其严峻的市场环境中斩棘前行，铁、钢、钢材年产量齐上千万吨历史新台阶，企业综合竞争力与影响力不断提升，成为立足钢铁主业、多元化经营的我国华南和西南地区最大、最先进的钢铁联合企业。2016 年，在冶金工业规划研究院发布的年度中国钢铁企业综合竞争力评级中，柳钢获评“A级竞争力特强钢铁企业”，位列 111 家参评钢企中的第 9 位。

这十余年，柳钢以其自身的发展给中国钢铁行业绘就了一道绚丽的亮色，也在时间的年轮上刻下了其砥砺风雨的记忆。

一、转变思路，闯出科学发展之路

这十余年，是我国钢铁行业发展历程中的一个分水岭，整个行业经过三十多年粗放发展，至“十一五”时，由这种发展模式引发的弊端越来越明显，传统的路子越走越窄。尤其是进入“十二五”之后，整个钢铁行业已经身陷“低价格、低成交、低效益”的困局，每年的钢材价格相比上一年降幅达每吨 1000 多元，行业间的竞争也达到前所未有的激烈程度。

站在市场的风口浪尖，柳钢领导班子展现出迎难而上的智慧和魄力，审

作者简介：潘世庆，广西柳州钢铁集团有限公司党委书记、董事长。

时度势，重新规划定义柳钢未来发展战略方向——“调结构、拓市场、促改革、强管理、抓廉政”的总体工作思路和“做优做精钢铁主业，做大做强多元产业”的转型升级发展方向，呼之而出。在新思路的科学引领之下，柳钢全面推进结构调整和转型升级，实施稳定、低耗、高效的生产模式，积极开展对外合作，实现了企业平稳发展。

数据见证了柳钢发展的铿锵步伐：“十二五”期间，在全行业普遍亏损的情况下，实现连续4年盈利，累计利润约16亿元。2016年，柳钢铁、钢、钢材产量分别完成1110万吨、1140万吨、1410万吨，营业收入500亿元，利润4.5亿元，上缴税金19.28亿元。

二、管理创新，自我突破驱动发展

凤凰涅槃方能浴火重生，破茧成蝶必见云开月明。

柳钢的每一次发展都在自我突破与自我革新中实现。伴随着我国经济社会全面深化改革的号角吹响，十里钢城的新一轮管理改革创新步伐也在加快：2014年，柳钢成立了由集团公司两位主要领导任组长的改革发展领导小组，负责柳钢改革发展的总体策划和顶层设计，确定改革发展的主要方向和目标任务。这也是柳钢近年来首次在顶层以领导小组的形成推进企业改革。随后，一系列管理改革创新在柳钢这片热土上掀起了高潮：对集团公司领导层工作进行了重新调整和明确，改变传统沿用的以单位为主体的管理模式，形成了以业务为重点，专业化、扁平化的管理新格局；“三项制度”实现破冰，对执行了十多年的集团与股份薪酬制度进行优化调整，使之更利于调动员工的积极性；对31个单位与部室进行优化调整，使公司管理模式向生产经营管控和战略投资管控型转变；成立董事会，设立薪酬与考核委员会、审计委员会、战略与投资委员会、价格管理委员会等，建立董事会会议制度和以董事会为决策核心的公司治理结构，完善企业法人治理结构，全面构建风险防控体系……管理模式的创新与转变，使柳钢能以更高效的运行机制、更自信的心态面向市场。

三、结构调整，积聚转型发展新动能

“惟有技术创新，才能实现产品结构调整，才能成就真正有价值的企业。”柳钢人深谙此理，视为发展之圭臬。放宽视野，柳钢人跳出了自己钻研的小圈子，与广大高校、科研院所合作交流的序幕在“合作共赢、开放包容”呼声中徐徐拉开。仅“十二五”以来，柳钢就研发生产140多个牌号的新产品，品种钢比例由“十一五”末的60%提升到90%以上，中高档品种钢比例由“十一五”末的15%提升到60%以上。时至今日，柳钢拥有了冷轧卷板、热轧卷板、中厚板、带肋钢筋、高速线材、圆棒材、中型材等一大批主导产品，已形成60多个系列、500多个品种。如今，柳钢产品立足两广，辐射华东、华中、西南等国内市场，并出口东亚、南亚、欧洲、美洲、非洲等十多个国家和地区，产品广泛应用于汽车、家电、石油化工、机械制造、能源交通、桥梁建筑、金属制品、核电、电子仪表等行业。

在国家转变经济发展方式、调整产业结构的大背景下，柳钢人认识到必须“改变钢铁企业只生产钢铁的传统思维定式，多元产业要勇于赶超钢铁主业”。正是基于这样的认识，柳钢对多元产业进行了科学的划分，彻底改变了以往多元企业功能定位没有准确界定、发展方向模糊的问题，形成完全依托柳钢、半依托柳钢、完全面向市场三大类别，并以此作为基础，遵循“板块化发展、专业化经营”的原则，对多元产业进行全面系统性的资源整合。截至目前，柳钢拥有多元企业32家，业务领域涉及物流与贸易、环保与资源综合利用、能源与化工、房地产、医疗养老、钢材制造与加工、工程技术服务、信息服务、商贸餐饮、现代农业等产业板块，逐步呈现出钢铁主业与多元产业“两翼齐飞”的新格局。

四、节能环保，焕发绿色经济新活力

近年来，在钢铁产能严重过剩的背景下，治理钢企污染的声势渐隆，国家不断出台铁腕政策，旨在通过政策倒逼，使部分高耗能、重污染的企业退出市场。

既然如此，环保工作是全面退守，还是激流勇进？柳钢以实际行动作出了最好的诠释——既要企业快速健康发展，也要柳州碧水蓝天。

十多年来，柳钢累计投入将近70亿元，大力推进节能减排与环保治理工作，逐步淘汰了小焦炉、小高炉、小烧结机、小转炉、小轧机等落后的旧工艺设备，其中在2009~2010年间，先后淘汰5座306~1080立方米的炼铁高炉，累计减少炼铁产能500多万吨，2013年5月拆除3座45吨转炉，淘汰落后炼钢产能约240万吨，并相继建成“三废”治理设施500多台套，以及6

米大焦炉、2650 立方米大高炉、360 平方米烧结机、150 吨转炉、1550 毫米冷轧板带生产线、2032 毫米热轧板带生产线等一大批先进工艺装备，集合成以用户需求为导向的低成本、高效率、洁净钢生产服务平台。2013 年，率先被国家工业信息化部列为第一批符合《钢铁行业规范条件》的 45 家企业之一；2015 年，在冶金工业规划研究院发布的中国钢铁企业绿色评级中名列第 12 位，获评“绿色钢企”。绿色柳钢，实现了一座现代化钢企与一方优美的山水生态环境和谐相融，成就了柳州市“山水城市中工业最强，工业城市中山水最美”的美誉，也为自身的持续健康发展赢得了宝贵的生存空间。

成就虽然辉煌，但是终究属于过去。站在新的起点上展望未来，柳钢人踌躇满志！

2016 年，在冶金规划院的支持与帮助下，满载柳钢人殷切期盼的《柳钢“十三五”发展规划》正式出台。这是一份引领柳钢在当前和今后一个时期转型发展的基本遵循，是凝聚 1.5 万名员工智慧与力量、推进形成改革发展新合力的行动指南。

今后几年，市场依旧暗流汹涌。由新一轮科技革命和产业变革驱动引领的全球经济仍处在深度调整期，我国深化供给侧结构性改革“三去一降一补”效应的持续深入发酵，广西营造“三个生态”实现“两个建成”战略部署将掀起新一轮兴桂建设高潮，各种因素交织作用，广西钢铁产业发展的外部环境更加复杂，柳钢的发展既有难得的历史机遇，也必须应对各种迎面而来的挑战。

强者当激流勇进。柳钢将全面围绕“本部转型升级，沿海积极发展，多元聚焦集群，集团战略管控”四大战略转型重点，主动适应我国钢铁工业战略布局调整，以供给侧结构性改革为契机推动产业结构优化，加快推进企业转型升级与提效发展，力争在未来五至十年，把柳钢打造成为国内行业综合竞争力排名前五的钢铁强企。

这正是，风劲潮涌千帆竞，扬鞭策马正当时。

陕西钢铁集团有限公司发展回顾与未来发展思考

杨海峰

2009年年初，陕西省委、省政府为振兴陕西工业、推动全省经济发展，制定了“大集团引领、大项目支撑、集群化推进、园区化承载”工业发展战略，大力发展钢铁等20个优势产业集群，并出台了《陕西省钢铁产业调整和振兴规划实施方案》。

2009年8月7日，在陕西省委、省政府的决策下，陕西省国资委、陕西煤业化工集团公司、陕西有色集团公司共同出资，成立了陕西钢铁有限责任公司，开始做大做强和整合重组全省钢铁产业。

陕西钢铁有限责任公司成立后，完成了对陕西龙门钢铁（集团）有限责任公司的股权重组工作，同时启动实施了韩城基地钢铁系统改造扩建项目，在韩城建设了两座1800立方米高炉、一台400平方米烧结机、两座120吨转炉、一条145万吨棒材生产线、一条120万吨轧材生产线及相应配套设施，于2010年底在韩城形成了年产700万吨钢产能规模。

2010年9月29日，陕西钢铁有限责任公司按照陕西省政府第13次常务会议精神，更名为陕西钢铁集团有限公司（以下简称陕钢集团），并成立了陕钢集团汉中钢铁有限责任公司，接管了汉中500万吨钢铁产业整合技术改造灾后重建项目一期工程，并启动了二期工程建设，共建设一座1280立方高炉、一座2280立方高炉，两台265平方米烧结机、两座120吨转炉及配套轧材生产线，2011年底在汉中形成年产钢300万吨产能规模。

2011年12月，为进一步增强全省钢铁产业的竞争实力和发展后劲，陕西省政府决定由陕西煤业化工集团有限责任公司（以下简称陕煤集团）对陕钢集团进行重组，陕钢集团成为陕煤集团直属控股子公司，注册资本36.9118

作者简介：杨海峰，陕西钢铁集团有限公司党委书记、董事长。

亿元，其中陕煤集团 29 亿元，占股 78.56%，陕有色集团 4 亿元，占股 10.84%，陕金融控股集团 3.9118 亿元，占股 10.6%。2016 年 6 月，陕西省国资委将陕西金融控股集团持有的国有股权划转给陕煤集团，陕煤集团持有陕钢集团股权 91.42%。

在陕煤集团的领导和大力支持下，陕钢集团在 2014 年完成了韩城基地 700 万吨填平补齐工作，发展成为集采选矿、烧结、炼铁、炼钢、轧钢、钢贸物流、加工配送等为一体的大型钢铁企业集团，具备 1000 万吨钢综合生产能力，其中韩城基地 700 万吨，汉钢公司 300 万吨。主要产品为禹龙牌系列热轧带肋钢筋、热轧光圆钢筋、优质碳素结构钢热轧盘条、抗震高强度钢筋，小型型钢、窄中板、窄带等，广泛应用于国家及省级重点项目工程，先后荣获“陕西省著名商标”“国家冶金实物质量金杯奖”“全国免检产品”等荣誉称号。陕钢集团的销售战略为“立足陕西、辐射周边”，形成了省内、西北、西南三大销售片区的市场格局，在陕西市场的资源投放量达总销量的 55%，市场占有率约 70%，具有市场主导地位及价格标杆作用，市场控制力强，区位优势突出。

截至 2017 年底，陕钢集团总资产 380 亿元，拥有西安集团总部和龙钢公司、汉钢公司、龙钢集团、韩城公司 4 个权属子公司。其中龙钢公司、汉钢公司为钢铁主业生产企业，龙钢集团为非钢产业，韩城公司为统购统销经营板块。主要装备包括 3 座 1280 立方米高炉、3 座 1800 立方米高炉、1 座 2280 立方米高炉，3 台 265 平方米烧结机、1 台 400 平方米烧结机、1 台 450 平方米烧结机，4 座 120 吨转炉、4 座 60 吨转炉及配套轧钢系统，所有设备全部符合工业和信息化部钢铁行业规范条件，在中国同类型企业中处于先进水平，环保能源皆符合国家节能减排标准。陕钢集团是陕西省唯一的大型国有钢铁集团，中国西北三大钢铁企业集团之一，2017 年产量规模位于中国钢铁企业第 19 位。

2015~2016 年，陕钢集团确定了“125448”发展战略。即一个愿景目标：发展成为我国西部最具竞争力的高端钢铁材料服务商，建成美丽幸福新陕钢。两个方针：坚持“治理管控现代化、经营管理集团化、主业转型服务化、产业相关多元化”的集团战略发展方针；坚持“供销差价最大化、生产成本最小化、目标市场主导化、财务指标最优化”的钢铁主业经营方针。五大战略：产品、制造、营销、供应和融资战略与战略合作。四个统管：（成立经营板块公司——陕钢集团韩城钢铁有限公司）实施资金、营销、大宗原燃料采购、物流四个统管。四大支撑：人才、信息化、创新驱动、品牌支撑。八个相关多元产业：矿产开发、现代物流、金融板块、钢铁原料贸易、资源综合利用环保产业、设备制造、餐饮服务、信息化产业，与钢铁主业形成“1+8”产业发展格局。

2017 年，随着国家推进供给侧结构性改革、去产能、打击地条钢、环保督查等工作的推进，钢铁行业形势将逐步好转，陕钢集团将继续深化和完善四个统管、深挖经营潜力和效益；进一步释放产能、实现达产达效；建立以效益为导向的分配制度，加大刚性考核力度；实施全面预算管理，提升企业精细化管理水平；以优化炉料结构为核心，对标竞争钢企，降低工序成本；加强融资补充流动资金，降低负债率到合理区间；加大盘活闲置资源力度，优化人力资源，发展相关多元产业。经过全员努力，2017 年陕钢集团钢产量突破了 1000 万吨大关，达到 1023. 81 万吨；实现利润 19. 16 亿元，环比增盈 27. 49 亿元，取得了扭亏为盈攻坚战的决定性胜利。

“十三五”期间，陕钢集团将重点进行产品结构调整，总体目标为：总体 1000 万吨规模，保留 60%精品建筑钢材，40%转化为制造业用钢，形成“建材精品化、带钢专业化、优钢特色化”三大产品系列，并以此规划和安排产品结构调整项目。目前，陕钢集团已组建陕西钢铁创新发展研究院、汉中钢铁产业创新研究院，落实国家“创新”发展理念，最大限度发挥企业和“外脑”双重优势，推动创新驱动，推进结构转型，推进钢材深加工产业集群发展，实现产品的多样化、高端化。

陕钢集团未来发展目标：经过“十三五”期间的治亏创效和转型发展，到 2020 年，铁、钢、材产量均达到 1000 万吨以上，营业收入 500 亿元，利税 30 亿以上，产品结构科学合理，环境治理达标，吨钢综合能耗小于 520 千克标准煤，核心竞争力跻身全国钢铁行业中上游水平，发展成为我国西部最具竞争力的高端钢铁材料服务商。

陕钢集团的发展，得到了冶金工业规划研究院的大力支持。2015 年初，陕钢集团与冶金规划院接洽商谈并委托编制《陕西钢铁产业转型升级总体方案》，2015 年 9 月编制完成，经过陕西省工信厅的评审，提供给陕西省政府作为陕西钢铁产业发展的决策咨询。随后，陕钢集团委托冶金规划院，编制《陕钢集团能源诊断及优化方案》《陕钢集团环境诊断及环境提升方案》《陕钢集团物流系统优化和产业升级专项规划》，2015 年 11 月，完成了三项专项规划的审核，并组织集团内部专家会议评审通过，目前正在推进实施当中。

2016 年初，陕钢集团与冶金规划院合作，组织编制《陕钢集团“十三五”发展规划》，接受委托编制规划以来，冶金规划院深入陕钢集团现场调研、一对一访谈、召开专题研讨会、走访当地政府部门等多渠道、全方位掌握企业发展情况，以专业、负责态度，全力推进编制工作。2016 年 12 月，组织进行了专家评审。2017 年 6 月，《陕钢集团“十三五”发展规划》正式出台实施。

长期以来，冶金规划院与陕钢集团建立起了真诚友好的合作关系，为陕钢集团的发展起到了智囊参谋作用。中钢协副会长，冶金规划院党委书记、院长李新创，多次到陕钢集团调研，针对陕钢集团产品结构调整、管理优化、转型升级和发展规划等，提出了宝贵的指导意见。陕钢集团党委书记、董事长杨海峰也多次前往冶金规划院，沟通交流钢铁行业发展及双方合作工作。目前，冶金规划院正在组建西北分院，拟和陕钢集团组建的陕西钢铁创新发展研究院联合，共同组建我国西北区域有权威、有实力、有影响的冶金工业咨询、研究机构，为西北乃至全国冶金工业的持续、健康、协调发展做出新的贡献。

创建国际一流受尊重的企业智慧生命体

黄一新

冶金工业规划研究院成立以来一直关注、支持着南钢的成长发展，特别是近10年来，冶金工业规划研究院先后帮助南钢完成了《南钢钢材深加工产业发展研究报告及电子商务发展规划》《南钢“十一五”结构调整总体规划》《南钢“十一五”能源审计》《南钢“十二五”节能规划及环保规划》等一系列战略规划的顶层设计。冶金规划院为南钢制定的系列规划方案，均具有战略性、宏观性、政策性和前瞻性的显著特点，真正做到了高屋建瓴、锐意创新、深谋远虑、解决实际问题、具有行业引领作用。

“十三五”时期，南钢确立了“一体三元五驱动”的发展战略和“创建国际一流受尊重的企业智慧生命体”的企业愿景。

“十三五”伊始，《南钢结构调整、转型升级“十三五”总体发展规划》出炉，具体表述为“一体三元五驱动九大蜕变”：“一体”为做优金属新材料本体，“三元”为节能环保、智能产业、“互联网+”为三向多元发展，“五驱动”为以客户导向、模式和技术创新、智能化、国际化、卓越绩效等驱动，“九大蜕变”即从钢铁到材料、从生产到服务、从企业到产业、从一元到多元、从单一到平台、从国内到国际、从规模到效率、从自动到智能、从黑色到绿色等蜕变，我们的目标是引领南钢打造具有全球竞争力、以“钢铁细分领域的先进材料制造平台”和“绿色+智能产业”为有机整体的综合服务提供商。

2016年，南钢提出了打造企业智慧生命体的理念。“企业智慧生命体”就是智能的企业运营的生态体系，能更透彻地感知和度量、更全面地互联互通、更深入地智能化。“企业智慧生命体”应该具有四大特征：首先，传统产

作者简介：黄一新，南京钢铁集团有限公司、南京钢铁联合有限公司、南京钢铁股份有限公司董事长。

业的生产管控、生产经营决策，必须充分体现智能化的特征；其次，企业要感知世界的快速变化，对趋势作出科学准确的预判，要形成生态链并融入外部世界，与外部世界构建一个共生、共赢、共荣的生态圈；第三，企业必须具备对痛点、短板及各种矛盾的自我修复和进化迭代能力；第四，传统产业要与互联网嫁接，整合内外部的优势资源，特别是和产业资本、金融资本有机结合。

打造“企业智慧生命体”，是跨领域、协同化、网络化、社会化、国际化的系统工程，是顶层设计的一把手工程，是共融共生、共创共享的生态工程，更是改变思维、工作、生活方式的全员工程。通过“企业智慧生命体”的打造，我们可以牢牢抓住企业最根本的人才、资本、创新、客户（含供应商）、文化与精神等五种资源，构建智能、生态的业务机制体系，可以帮助企业降低成本和风险，不断进化个人、企业、客户、社会、自然系统交互的方式，促使企业流程更加清晰、运营更加高效、响应市场更加快速、对客户的洞察更加深入，为客户提供更具竞争力的产品和服务。

互联时代有句话叫“技术已经就绪，唯一限制我们的就是想象力”。打造“企业智慧生命体”，我们改造着思维体系、推进体系、服务体系，提升着对接市场、对接供需、对接人员的能力，开创着集约化、专业化、规模化的新思维、新技术、新管理、新模式、新业态、新产业，并从“设计+用户”“制造+电商”“营销+社交”角度协同共推进“四个智能”建设：一是智能互联，一方面是公司内部各流程的互联互通，另一方面是与供应商、客户等利益相关方的互联互通；二是智能制造，主要内容是生产、管理的一贯制；三是智能装备，包括装备的自动识别、感知、判断、诊治、维护以及机器人化；四是智能决策，即未来的决策形成，要依靠云平台、大数据。

“宏图伟业仰精神”。在打造“企业智慧生命体”的进程中，尤其需要全员坚定的信念、坚持不懈的勇气和永不止步的创新。在纪念长征胜利 80 周年之际，南钢组织中高层干部重上井冈山，每位同志学习归来撰写学习心得并汇编成册，深化全体南钢人用“坚定执着追理想，实事求是闯新路，艰苦奋斗攻难关，依靠群众求胜利”的井冈山精神指引打造“企业智慧生命体”的具体实践。这一年，南钢全面扭亏为赢，在中钢协统计的全国钢铁企业利润排名中，南钢位列第 15 位；在重点 26 家 500 万吨以上规模大企业中，南钢总的效益指数排第 2 位，人均利润排第 4 位。

2017 年是企业转型发展的关键之年，南钢提出，“重构高效运营充满活力的管理支撑力、跨界协同资源整合的转型发展力、创新驱动品牌领先的行业领导力、高效率生产低成本制造精品钢的核心生存力、战略先行文化引领的长远驱动力等‘五力’新动能，打造企业智慧生命体 2.0 版本”的号召，重申以跨越时空的井冈山精神作为南钢“打造企业智慧生命体 2.0 版本”“新长征”的路线指引的同时，要提高五种意识（战略意识、跨界意识、平台意识、危机意识、底线意识），强调五种精神（担当精神、工匠精神、闯关精神、主人翁精神、艰苦奋斗精神），培养五种能力（持续学习能力、沟通协调能力、专业复合能力、服务增值能力、博采众长能力）。

有了企业愿景、指导思想、发展路径，还要有工程布局、实施机制、重点任务等。在最近召开的南钢职代会上，我们围绕“创建国际一流受尊重的企业智慧生命体”的企业愿景，提出“强身健体、打好基础”“疾步快进、实现跨越”“转型突破、行业引领”的阶段目标，并将其具体化为盈利能力、工艺装备的先进性与适用性、产品的档次与品牌、安全环保成为行业样板、人力资源建设、创新能力、智能制造的示范性、资本运作能力、转型发展能力、管理的规范与高效性等，至少这十个方面要做到领先水平。这也是南钢企业智慧生命体应对“生态环境”变化、“食物链”变化、“生存天敌”变化，持续提升价值创造的“价值产业链”、不断打造绿色钢铁的“绿色服务链”、坚定推进社会和谐的“和谐共赢链”的“基本职能”。

在南钢“创建国际一流受尊重的企业智慧生命体”的创新实践中，我们坚持践行“共创共享”理念，尝试全员合伙、分层合伙、分级合伙的创举，创新推行全员合伙人制度，目的在于建立价值观一致、目标一致、利益一致的企业和员工关系，完善中长期激励和经营成果惠及全员的机制。合伙人的激励主要有股权激励、效益分成等，保证人人分享企业经营、发展成果。

我们坚信，只要全体南钢人昂扬斗志、敢为人先、守正出奇、破框立新，遵循树立观念、制定法则、聚集目标、形成策略、强力执行的路径，就一定能够实现我们的任务、目标和愿景。

新钢公司发展回顾及未来展望

夏文勇

一、总体发展回顾

随着我国钢铁行业产能过剩，钢铁企业经营愈加困难。无论是金融危机发生以来这十年，还是钢铁行业危机发生以来的这几年，公司作为一家一无区位优势、二无资源优势、三无体制机制优势、四无联合重组优势的企业，依靠自身努力，抵挡住了钢铁行业寒流第一波冲击，在 300 万吨以上钢企中绩效处中上水平。特别是在 2016 年下半年以来市场好转时，抓住了难得市场机遇期，2017 年盈利近 40 亿元，保持了健康稳定的发展态势。

（一）科技投入不断加大

不断加大科技科研投入，强化科技团队建设，逐步建立健全了以主要工序、重点产品、关键工艺技术为单元的研发创新团队，打造国家级企业技术中心、省级船用钢及能源用钢工程技术研究中心、院士工作站、博士后工作站、江西省钢研所等一批全省乃至全行业有影响力的科技创新平台。近年来，公司科技投入不断加大，“十二五”期间，各项科技经费投入达 55.85 亿元；科技人才不断涌现，被人力资源和社会保障部授予“国家技能人才培育突出贡献奖”称号，创新能力持续增强，2017 年获“国家高新技术企业”称号；诞生了一大批国家、省、行业级科技成果，其中 2011 年、2014 年、2016 年、2017 年四次获得国家科技进步二等奖。

（二）精品战略持续推进

2007 年 2 月公司投资 150 多亿元实施 300 万吨薄板工程，钢铁产能跻身千万吨级钢企行列，成为了一家以中厚板、冷热轧卷板、电工钢、优质线棒

作者简介：夏文勇，新余钢铁集团有限责任公司党委书记、董事长。

材、金属制品为主导产品的大型钢铁联合企业。公司整体工艺、技术、装备处于行业中上游水平，为公司推进精品战略提供了强大支撑，在产品结构上实现了向系列板材精品基地转变，公司板材生产能力达到700万吨/年，厚度覆盖0.28~380毫米。成功开发了海洋工程用钢、IF钢、临氢钢、低温移动式罐车用钢、耐磨钢、模具钢、汽车用钢、高牌号冷轧电工钢、合金焊线、高牌号电动车系列用硅钢、高磁感取向硅钢等几十类高端产品，牌号超千个。新钢产品走进了奥运，走进了世博，走进了一系列国家重点工程，走向全球，走上航天。中厚板产品出口量、出口比例保持在国内前四位，船板、海洋工程用结构钢板和锅炉容器板占有率排名持续稳居前三，预应力钢绞线产销量及全球市场占有率近三年均稳居亚洲第一。

（三）深化改革取得突破

大力倡导“民营企业能做到的事，我们也要做到”的理念，以产权多元化和完善法人治理结构为重点，加快主辅分离和股份制改造步伐，形成了以资产为纽带、较为规范的母子公司管理体制。在子企业改革上，公司出台政策鼓励有条件的子公司走向市场，应运而生了一批混合所有制子企业。强化经营单位改革，以产线一贯制管理模式对接市场。近年来，公司积极稳妥，小步快走，扎实推进综合改革，通过自愿离岗、资产划转、劳务输出等方式，减少用工人数7000人，在岗职工劳动生产率基本达到行业平均水平。社区管理职能移交已基本完成，未来可“轻装上阵”。

（四）资本运作取得成效

2007年新钢公司借壳新华股份将钢铁主业资产整体上市，是资本市场为数不多的“一次核准、两次发行”的典型案例。整体上市后，通过资本市场股权融资平台，2008年和2011年分别发行27.6亿元可转债和9亿元公司债券。2013~2016年，通过银行间市场发行短期融资券、超短期融资券融资80亿元，发行中期票据融资16亿元。2015年底发行10亿元可交换公司债券，2017年2月全部完成换股。2015年抓住市场行情较好机会，通过减持新钢股份回笼资金36910万元。2016年通过“10转10”实施资本公积金转增股本。2017年6月28日，完成短期融资券20亿元注册工作；新钢股份非公开发行股票募集项目资金17.6亿元全部到账。大力拓展境外融资渠道，设立了境外全资子公司——新余新钢（新加坡）有限公司，2016 年实现境外融资 87881.94 万美元。2016 年在上海自贸区设立新钢国际物流公司，在新余设立新钢国贸公司。近几年新钢成功运作了几乎所有低成本融资品种，保持了较完整的资金存量，增强了抗风险能力。

（五）绿色发展加速推进

公司致力打造“花园式”工厂，积极推进环境保护，先后淘汰了 5 台 33 平方米以下烧结机、4 座 350 立方米以下高炉，6 座 25 吨以下转炉，关停了薄板厂、石灰竖窑和型钢厂、钢管厂等一批能耗高、污染大的落后工艺设备，引进了一批先进节能减排新工艺、新技术，环境面貌大大改善，节能降耗成效明显。公司在积极淘汰落后产能、谋求企业发展转型的同时，面对钢铁行业不景气、资金极度紧张的情况，持续加大节能环保资金投入，积极履行社会责任。尤其是“十二五”以来，是新钢公司建厂以来节能环保资金投入最多、项目实施最为密集的时期，节能环保资金投入占公司固定资产总投资 40%以上，累计完成投资 9.12 亿元。2017 年，按照“源头治理、整体规划、先易后难、分布实施”的原则，围绕“花园式”工厂建设目标，高标准推进清洁工厂建设，公司环保运行费用达到 13 亿元，环保项目投资 2.16 亿元。投资 2 亿多元，启动了公司主干道美化绿化亮化工程和旨在改善职工工作环境的“三室一间”建设，形成了以公司为主导，各单位相配合的清洁工厂建设格局。目前公司所有工艺装备都符合国家钢铁产业政策要求。

（六）冶金工业规划研究院鼎力支持

一直以来，公司与冶金规划院加强合作，建立了良好的关系。特别是李新创院长担任公司独立董事期间，对公司发展提供了多方面的专业指导。三期技改后，公司产品结构、产品定位尚未明确，对此李院长提出具体指导意见，在冷轧产品定位方面建议公司发展冷轧硅钢、家电板等终端产品，在产业链延伸方面建议公司发展金属制品，并大力支持新钢推进精品战略，打造品牌优势，为公司实现产品结构优化升级发挥积极作用。在公司“十二五”规划上，从产品升级、市场拓展、产业链延伸、节能减排、物流发展等多方面提供了专业、具体的规划发展建议，助力公司准确把握方向，科学规划未来发展路径，进一步推动公司精品建设、降本增效、节能环保、非钢发展等方面的工作。在此表示衷心感谢！

二、未来发展思考

公司将坚持以党的十九大精神为指引，全面贯彻落实习近平新时代中国特色社会主义思想和全国“两会”精神，紧紧围绕“再创业、两千工程（即实现产量超千万吨，营业收入破千亿元）”，坚持走改革、高质量发展之路，做优做强钢铁主业，做大做实非钢产业，坚持深化内部改革，持续增强创新创效能力，大力实施清洁工厂建设，加快推进产业转型升级，做强做优做大国有资本，为建设富裕美丽幸福现代化江西贡献力量。

（一）推进高质量发展

党的十九大报告指出，我国经济将由高速增长阶段转向高质量发展阶段，新钢公司将顺应改革发展大势，坚定不移地走高质量发展之路，举全公司之力，全力实现“五高”目标，一是产品品质高。高起点建立行业标准产品质量体系，建立一支品德素质素养高、执行力强、工作标准高的职工队伍，为高品质产品生产提供体系支撑。二是生产成本低、效率高。一方面，利用当前公司盈利能力较强，自有资金相对充足的条件，高起点推进工艺技术装备升级改造，加快智能制造的规划与实施，全面改善硬件条件；另一方面，减少管理界面，优化岗位配置，弘扬工匠精神，为高质量发展提供基础支撑。三是环境友好度高，高起点、高标准推进“环保低碳工业园”建设，提高环保设施运行效率，做好循环经济这篇大文章，为高质量发展提供健康、可持续的发展支撑。四是创新能力高。通过工艺技术创新、组织构架创新、经营模式创新、管理机制创新，为公司高质量发展提供动力支撑。五是员工幸福感、获得感高，为公司高质量发展提供和谐稳定的发展支撑。

（二）持续深化企业改革

新钢公司将严格按照中央和省委省政府及省国资委关于国企改革发展要求，在集团层面以及二级企业加快形成有效制衡的法人治理结构和灵活多样的市场化运行机制，提升主业核心竞争能力；按照“集中、高效、专业化、市场化”原则，积极推进集体企业改革，分类整合相关资源，实现专业化、规模化运营，增强集体企业市场竞争力；整合推进职工餐饮、保洁等后勤服务保障体系建设，打造集中高效的“大物业”公司。探索在上海国际物流公司引入职业经理人改革试点。利用股权激励、职工持股、抵押成承包等多种形式推动控（参）股企业改革发展，激发企业内生动力和活力。

（三）加速培育壮大非钢产业

在发展非钢产业上，我们的指导思想是：在管理上建立规范高效的法人治理结构，在体制上推行混合所有制，在机制上实现市场化运营。大力培育经济发展新动能，依托公司技术、资金、管理以及钢材全产业链优势，以延伸钢铁产业链为支点，加速培育一批市场前景好、发展潜力大、关联性高、互补性强的非钢产业项目，逐渐由单一经济向多元经济过渡，实现产业发展两轮驱动，非钢产业与钢铁主业并重。为此，我们提出了“1+6”产业结构组合，将钢铁主业和非钢产业资源开发利用、钢材延伸加工、工程技术服务、工业生产服务、金融投资、贸易物流等六大非钢板块发展相融合，利用几年的时间打造一批运行效率高、盈利能力好的亿元级非钢产业项目。

（四）抢抓钢材市场机遇

基于对钢材市场的基本判断，未来较长时间内仍将是钢铁企业的机遇期，新钢公司将强化产销衔接，全力以赴抓市场，千方百计创效益，进一步强化市场导向，密切产销衔接，动态优化生产组织，调整产品接单结构，将资源流向效益最好的产线和产品，在产品等量投放市场的情况下，力争卖个好价，实现公司当期效益最大化。在公司产品都有利润的情况下，确保生产稳定高效运行，力争超额完成生产计划，全力做大产量规模。加强上下游供需衔接，重点在产品稳定性、交货及时性、物流配送快捷性、售前售后服务、客户个性化定制等方面进行突破，逐渐由钢铁材料供应商向供应服务商转变，切实建立以用户关注为焦点的市场服务保障体系。

（五）推进绿色低碳发展

绿色发展是国家环保政策的要求，更是公司转型升级的需要和职工群众的普遍期待，我们将把绿色发展提升到企业生死存亡的高度，全力抓好环保管理运行，落实责任、强化考核、守住底线，确保各类废弃物按照国家要求达标排放。以建设产业转型升级改造工程为中心，重点推进低碳生态工业园、煤气综合利用高效发电项目等系列节能环保改造等项目的运行，确保工程按预定时间节点稳步推进。加大清洁工厂建设，全力打造“室内窗明几净，室外鸟语花香，厂区天蓝地洁，周边水清草绿”的环境新生态，建成“春华、夏荫、秋绿、冬青”的花园式工厂，实现公司发展与地方环境友好共融，为打造美丽中国“江西样板”贡献新钢力量。

随着智能时代的来临以及公司正在进行的产业转型升级改造工程，新钢在未来发展道路上需要更多的专业指导意见。希望今后能进一步加强与冶金规划院的交流与合作，为公司提质增效、产业链延伸等多方面的发展提供专业支撑，协助新钢推进产业转型升级，提升可持续发展能力。

以智慧助力发展，以信任携手合作

——祝贺冶金规划院建院45周年

张荣华

在我和广大钢铁业同仁们的心目中，冶金工业规划研究院是行业中锐意进取的“智慧团队”，新创院长是“智者”，也是大家的“智友”。弹指一挥间，冶金规划院建院45年了。这45年，正是中国钢铁工业由小到大、由弱变强的发展历程。从文化的角度去观察，冶金规划院的发展，也真实地记录了中国钢铁工业前进中的每一个镜头。

在过去的岁月里，冶金规划院凭借着强大的专业技术力量和规划研究经验，投身行业发展，助推中国钢铁业不断壮大，在行业战略规划、生产力布局、产业结构调整、国内外市场分析、中长期规划等方面作了大量工作。特别是在新的历史时期，在新创院长的带领下，围绕钢铁工业“四个转变”，着力加强产品升级、节能减排、产业布局、资源保障、技术创新、产业集中度、产业链延伸等转型发展方面的规划研究，为推动钢铁行业转型升级做出了巨大的贡献。赢得了政府、协会和广大企业的认可，被业界公认为“政府谋划产业发展的参谋部，行业政策规划研究的引领者，企业战略规划发展的智囊团”。这份成绩，令行业敬佩，让社会各界尊重！

荣程集团与冶金规划研究院的合作，也是缘于对未来企业转型发展的思考。2008年金融危机，荣程感知到行业单一、产品单一存在较大的风险，为了责任，开始思考荣程要去哪？为什么存在？以新创院长为首的专家们根据国家宏观经济形势以及行业发展趋势、结合荣程所处区位、装备等优势，对荣程的战略发展做出了全方位梳理，给出了科学的定位。他们对国家政策的深入分析，对经济形势、行业发展的精准把握，使荣程的发展思路更加清晰，

作者简介：张荣华，天津荣程祥泰投资控股集团有限公司董事会主席。

发展的信心更加坚定！

多年的精诚合作，使荣程和冶金规划院相互信任，实现了联合联盟，共赢共荣发展。从最初共同研究制定钢铁主业“十二五”战略规划，到现在的全方位合作，双方合作领域不断扩大。不仅仅在企业战略规划等方面给予专业性的指导，在绿色转型、产品研发、电子商务、智能制造和互联网金融等方面也进行了深度合作。最近，双方和金蝶、普华永道一起，共同实施两化融合项目，共同打造“智能工厂”“绿色工厂”，项目进展顺利，一期二期均已上线运行，取得可喜成果。

在过去的“十二五”，正是在冶金规划院等“智友”的帮助下，荣程集团紧密结合国家和地方发展战略，扎实推进“主业做精，多元发展”的战略，即做精钢铁主业，做强科技金融，做大文化健康产业，努力构建围绕实体经济，结合现代物流，打造电子商务平台，实现互联网金融“四位一体”联动发展的荣程模式。历经 8 年多的实践，荣程成功转型，为“十三五”发展打下了坚实的基础。荣程“一二三”产全面发展，产业结构更加完善，“荣程，不再仅仅是钢铁”。

钢铁主业做好“加减乘除”，不断提升综合竞争力。以产品研发做加法。公司不断加大新产品研发力度，走“普转优、优转特”的品种质量路线，品种钢比例上升至 50%以上，30%的产品拥有京津冀地区的市场定价权，部分产品成功打入汽车、高铁、海洋工程、军工等领域，并纳入军需供应商一类企业名单；以控规模，减总量做减法。在主动压减 50 万吨产能的基础上，优化生产组织，通过转炉多吃废钢等，吨钢综合能耗持续降低，实现“减量、减碳”生产；以“互联网+”做乘法。通过智能化建设，大幅提高发展质量和效益，人均产钢近 1000 吨，职工收入逐年上升，年度平均增长 10%左右；以低碳环保，节能减排做除法。通过工序优化和节能减排项目的实施，实现绿色发展。近年来，尽管行业面临重重挑战，荣程集团钢铁主业持续保持盈利，竞争力排名行业前列。

荣程的多元产业发展势头强劲。科技金融围绕经济实体，实现“四位一体”联动发展。2011 年成立融宝支付公司，取得了全国互联网支付和手机支付双牌照，2016 年交易额突破 2000 亿元，并实现盈利，进入全国支付行业 20 强；融通物贸电子商务平台 2014 年上线，被工业和信息化部列为全国大宗商品电子交易示范项目；天津联合冶金商品交易中心 2014 年 4 月上线，目前已成为政府批准的在环渤海具有一定影响力的大宗冶金现货交易平台；2013 年分别成立了荣联国际商业保理公司和融资租赁有限公司，打造创新金融服务平台。2015 年 12 月份，在天津滨海新区政府的大力支持下，滨海云商金控集团顺利挂牌，整合资源，聚焦制造业，搭建了转型升级的新平台。

文化健康（含健康酒）板块作为集团战略发展的主要方向之一。泰悦国际作为国际文化、健康养生前沿投资者，主导荣程集团文化健康板块的投资，与行业翘楚共同成立放羊娱乐，成功打造“放羊工社”品牌，通过长期举办大型演艺娱乐活动，近半年就累计覆盖人流 2000 多万，其全新打造的“明星空间”直播系统，快速形成线上线下较具影响力的娱乐服务平台。荣程集团在 2013 年 12 月 26 日建设落成的“时代记忆纪念馆”，其作为中国时代梦想的呈现者，开馆以来累计接待游客超过 20 万人次，目前已成为天津市重要的爱国主义教育场所。荣程未来将在此基础上继续挖掘中国优秀传统文化，建设时代记忆文化产业园区，追寻时代记忆、传承时代精神。荣程集团在健康产业已投资 3 亿元在贫困县黑龙江泰来兴建健康产业园，相继推出“爱咪鼠”“北纬 45”“孝親米”等健康食品品牌，其优质的产品在市场获得好评。以“祥青堂”中药种植、深加工、中医治疗为基础，以打造身心灵为一体的医药健康产业也即将步入快车道。

从 1994 年创办实体开始，荣程已经走过 23 个春秋。在荣程的发展历程中，包括冶金规划院在内的社会各界、众多智者，都给予了宝贵的支持与帮助，企业始终保持了稳定健康发展。今天的荣程，已经成为天津市大型民营骨干企业之一，集团总部坐落在滨海新区，员工总数 8000 余人，位列 2016 年全国企业 500 强第 241 位，中国民营企业 500 强第 57 位，连续多年列天津市百强私营企业第 1 位。

多年以来，荣程集团始终以开放、包容、真诚的心态，与社会各界开展合作。我们将一如既往地秉承联合联盟、共赢共荣的精神，与冶金规划院以及各兄弟单位、各界同仁们，以“创新、协调、绿色、开放、共享”的五大发展理念为引领，在提质增效，低碳发展，绿色制造，智能制造、工业大数据、互联网金融等各个领域深入合作，共同为中国的制造业转型升级蹚出一条新路。

今天，在冶金规划院建院45周年之际，我谨代表荣程集团董事会和集团领导班子，以及全体荣程人向新创院长以及冶金规划院表示衷心的祝贺！同时也真诚地感谢新创院长和全院专家们对荣程的支持，感谢你们的智慧，感谢你们的信任！

我也真诚地期望在中国钢铁工业发展的新阶段，冶金规划院继续以智慧引领行业发展，助力中国早日由钢铁大国迈进钢铁强国之列！衷心地祝愿冶金规划院继往开来，蓬勃发展，走出中国、服务世界，早日成为全球最有影响的顶级智库！

院内交流

YUANNEI JIAOLIU

创新文化建设，推动全院各项事业蓬勃发展

——冶金规划院文化建设回顾

马　军

一、引言

单位文化是指全体职工在本单位创业和发展的过程中，逐步培育形成的并共同遵循的价值观、基本理念，以及为之共同奋斗的最高目标和行为准则。单位文化是单位的灵魂，是推动本单位发展的不竭动力，它包含着非常丰富的内容，其核心是一个单位的精神和价值观。单位文化既是一个单位知识形态的生产力转化为物质形态生产力的源泉，也是一个单位竞争实力的展现。有句话说，“单位发展，三年靠机遇，十年靠管理，百年则要靠文化”。文化建设是一个单位健康发展的重要标志，是改革创新、可持续发展的推动力，是提高竞争力的重要手段。单位文化就像一座桥，把职工和单位的共同愿景紧紧联系在一起，让每个职工获得归属感和荣誉感。

21 世纪企业的竞争，实际上就是企业文化的竞争。冶金工业规划研究院是企业化管理的事业单位，努力践行着政府参谋部、行业引领者、企业智囊团的责任，通过咨询服务参与激烈的市场竞争。也正是在咨询行业竞争中，不断发展壮大。冶金规划院大力开展单位文化建设，培育具有积极坚韧、团结拼搏的团队精神风貌，以客户为中心，树立良好的服务形象；以职工为中心，打造以人为本的和谐氛围；以单位为中心，展现我院强大竞争实力。明确发展和奋斗目标，单位文化建设活动有力地增强了我院的凝聚力、向心力，从而有效地推动了我院的创新发展。

“人”是单位文化培育成长的土壤，单位文化只有扎根于泥土之中，才会

作者简介：马军，冶金工业规划研究院党委副书记、纪委书记、副院长，教授级高级工程师。

有生命力，才会健康成长。以职工为核心，以信任、尊重和搭建平台为宗旨，是冶金规划院单位文化建设的重要内容。让职工更加快乐地工作和生活，是冶金规划院的管理理念。让全院职工在努力推动单位发展的同时，感受大家庭的温暖和关怀，共同享受奋斗所带来的喜悦。“让冶金规划院的职工更加幸福，让冶金规划院为社会做出更多的贡献，把冶金规划院建成最受人尊敬、最有影响、最具竞争力的顶级智库。”这是我院党政班子对全院职工所作的庄严承诺。

自 2008 年，冶金规划院在新的领导班子带领下，开拓创新，逐步确立了长远发展战略，并完成了业务骨干、干部队伍的人才梯队建设。在发展中，领导班子高度重视单位文化建设。党委书记、院长李新创同志既是单位文化建设的总设计师，又是单位文化的引领者、传播者和实践者。院领导班子的创业实践是建设先进单位文化的基础，他们的身体力行和积极倡导是确定、形成先进单位文化的重要推动力量；有院领导的带领，有全院职工的智慧意识和能力，这是创建、丰富、充实具有冶金规划院鲜明特点的先进单位文化的重要条件。

二、文化建设的发展历程

冶金规划院于 1972 年 4 月经国务院批准成立，建院以来一直从事钢铁工业发展规划及战略研究。冶金规划院的文化建设受国家行政机构改革和经济体制改革的影响，并伴随着本单位业务工作发展变化，逐步形成、不断完善。大体可分为三个阶段。

（一）1972~2001 年

1998 年冶金工业部撤销，2001 年国家冶金工业局撤销。在此以前，冶金规划院是半机关性质的事业单位，主要为冶金部（局）机关重大投资项目做前期研究、行业发展规划和项目审查工作。准机关性质的工作，决定了冶金规划院管理是按照政府机关的管理模式运行的。

在这一阶段，作为准机关性质的事业单位，以全面满足特定钢铁行业政府要求，完成政府机关委派工作任务为核心。因此作为部直属事业单位，院里职工对单位文化建设的概念十分模糊。所谓的单位文化建设仅停留在封闭型单位文化阶段，单纯地用政治思想工作或将广泛开展职工的文体活动代替

“单位文化”，或者把“单位文化”仅表现在一些评比或大同小异的口号和标语上面，或者体现在行政管理规章制度上面。

（二）2002~2007 年

进入 21 世纪，我国社会主义市场经济开始逐步完善，2001 年 12 月，中国正式加入世界贸易组织，中国市场化改革进入了一个新的发展阶段。2002 年 2 月，我院正式更名为“冶金工业规划研究院”，并一直沿用至今。随着我国市场化改革的推进，经济发展的腾飞，我国咨询行业迎来了春天，一直到 2007 年底世界金融危机爆发前夕，冶金规划院在钢铁行业高速发展中，实现了加速自我成长。

在这一阶段的发展历程中，冶金规划院逐步打破了传统的机关工作思维方式，开始了市场化改革的探索。在单位文化建设方面，以不断提高我院职工的市场经济意识、转变思想观念、转变工作作风为核心，树立市场经济理念，创建按劳分配考核制度和管理制度，营造团结紧张的工作氛围，塑造文明整洁的办公环境和单位的整体素质。这些单位文化建设内容为促进我院发展发挥了重要作用。主要工作有以下几个方面：

在精神文化建设方面，树立正确的职业道德观，提升广大职工的精神境界，增强践行市场经济理念的自觉性，对内统一思想、团结力量，对外树立形象、作出精品，以此推动单位文化建设深入开展；在科技文化建设方面，以鼓励学习专业知识、工作技能以及执业资格考试为主要导向，设置晋升、分配的考核制度，调动全体职工努力工作、奋发学习的积极性；在管理文化建设方面，改善办公条件，重视整洁有序的工作环境。通过内部宣传板来反映本单位精神面貌、政治思想、工作方向等各方面内容和理念。管理工作涉及的制度、条规开始制定。然而，这一时期，作为单位的文化建设仍未系统形成。零星的单位文化建设没有真正体现出本单位和全体职工所追求的价值观，单位经营理念和精神的深厚内涵没有总结和升华，职工缺乏单位长远发展目标和个人远景目标，也还没有形成全院文化共识。因此，也无法真正发掘出职工中蕴藏的推动我院持续健康发展的强大力量。

（三）2008 年~至今

2008 年世界金融危机爆发，金融危机及其所带来的经济衰退对我国相关行业及总体经济产生巨大的负面影响。面对国际金融危机，党中央、国务院运筹帷幄，沉着应对，加强和改善宏观调控，果断地作出一系列新的决策部署，使中国经济继续稳健前行。在危机中，我国开始了加快社会主义市场经济体制改革和拓展国内市场、调整产业结构的步伐。进入历史新阶段，特别是党的十八大以来，以习近平为核心的党中央，以新的发展理念进一步推动着整个经济领域的发展、改革和开放。中国经济发展进入新常态，新旧动能正在转化，中国新型工业化、信息化、城镇化、农业现代化深入推进，主动适应和引领经济发展新常态，坚持以提高经济发展质量和效益为中心，转方式调结构，深化改革开放，实现了经济社会平稳健康可持续发展。

冶金规划院在经历咨询创业发展阶段后，面对行业不断发展变化的新形势，新的领导班子深刻地认识到，单位文化代表了一个单位在一定时期对于精神的追求和全新的价值取向。一个咨询单位的发展，必须适应宏观经济和行业竞争新特点；从冶金规划院可持续发展的战略高度，必须强化单位文化建设在管理中的地位；在探索适应市场经济和现代企业管理制度要求方面，必须在管理思想和运作模式上，建立与发展战略相匹配的单位文化体系，形成新的可持续性竞争优势和可持续发展优势。单位文化创新要与战略转型有机融合、与时俱进，才能焕发出单位文化更大的活力。

冶金规划院的文化建设为我院的创新发展提供了原动力。经过十年的不断完善，在文化建设方面，已经提炼形成了我院独特的文化精神、管理方略、奋斗目标。通过强化单位文化建设，使冶金规划院全体职工在潜移默化过程中，渐渐地认识、理解，认同、接受单位文化；在完善单位各项制度、规范方面，积极地推动制度的实施、执行和完善，在规范中为冶金规划院腾飞插上坚实翅膀；同时，冶金规划院积极加强宣传单位文化建设，树立我院良好外在形象，冶金规划院的品牌更加闪亮。在过去的十年中，冶金规划院改革发展再上新台阶。

三、文化建设的总体思路

一个单位的文化建设，是在长期的工作实践活动中逐渐形成的。这是一个系统工程，是一个逐步改进完善的过程。冶金规划院的文化建设依托建院45年的历史积淀，在我国社会大环境的变革中，在自身的改革创新发展中孕育而生。冶金规划院文化建设体现全局、系统和整体的特征，我们按照建设学习型、协作型、创新型、竞争型单位文化的总体思路进行系统化的归纳、升华，并在归纳、升华中遵循了三个“有利于提高”的原则：

一是，有利于提高我院凝聚力。人才是冶金规划院最宝贵的资源，保持职工的凝聚力，是事业单位需要解决的问题之一。文化建设把职工和单位的追求紧密联系在一起，使广大职工拥有归属感、责任感和荣誉感。

二是，有利于提高我院执行力。一流团队具备正确、高效的执行力是单位最重要的核心竞争力，必须统一思想，统一步调，规范行动，激发职工的积极性、创造性，从而实现单位的管理目标。

三是，有利于提高我院影响力。在咨询行业竞争日趋激烈的现实中，用单位自身特有的方式展现单位精神面貌、服务意识、工作能力，传递正能量，能够树立本单位良好的形象，提高本单位品牌影响力。

四、冶金规划院文化建设的主要内容

（一）以共同“科学价值观”打造“核心竞争力”

一个单位的价值观是其在生产经营过程中，全体职工都必须坚持不懈、努力追求的精神信条。它是本单位正确解决发展过程中内外矛盾的一系列准则，是表达单位如何生存发展的主张。因此，一个单位共同的价值观是引领本单位进行一切生产经营活动的指导原则，是本单位实现使命、追求愿景所信奉的世界观和方法论，是指导本单位形成共同行为模式的精神元素，是全部精神理念体系和单位文化的核心。有了科学正确的价值观才会有奋力追求价值目标的行为，这个单位才会有希望。

冶金规划院是国家专门从事钢铁工业发展规划、战略研究和工程技术咨询的国家事业单位，是经国家发展改革委批准的首批甲级工程咨询单位。因此，完成好服务政府、面向社会、带好队伍的任务就是冶金规划院的工作职责。冶金规划院作为咨询机构，最为宝贵的是人才，给每一个职工搭建舞台，让每一位职工在为社会、为单位创造价值的同时，能够充分展现自己的价值。基于此，冶金规划院倡导的科学价值观是：**“让职工更幸福，为社会做更大贡献。”**

核心竞争力是一个团队能够长期稳定获得竞争优势的能力。是这个团队集体所特有的、能够经得起时间考验，并且是竞争对手难以简单模仿的技术或能力。冶金规划院建院45年历史，为200多家中央和地方政府及行业协会、为近500家国内外企业共计完成近5000项规划研究咨询成果，在一代又一代冶金规划院人努力下，闯出了“品牌”，积淀了“底蕴”。特别是我院在近十年的跨越式发展中，明确了未来发展方向，完成了干部队伍和业务骨干队伍梯队建设，业务结构优化取得明显成效。近年来，在行业化解过剩产能，脱困发展，推进供给侧结构性改革的转型发展时期，冶金规划院保持了稳定良性的发展态势。成绩的取得，是冶金规划院人不懈努力获得的，更得益于上级领导的关怀，得益于兄弟单位和广大企业的帮助支持，同时也是对冶金规划院核心竞争力的最好展示。我院的核心竞争力是：**“一流团队、专业齐全、权威数据、经验丰富、理念科学、市场敏锐、服务领先、高效执行。”**

（二）描绘“愿景”，铭记“使命”

一个在竞争搏击中勇往直前的团队，不能缺少愿景。没有愿景，团队就会方向不清，失去凝聚团队的力量。一个团结奋进的集体，必定有一个坚强智慧带头人，必须有一个好的领导班子。这个团队的领军人物一定会结合单位特点、群众意愿、行业方向等条件，为单位描绘出未来努力方向和发展美好蓝图，这就是一个单位的愿景。有了这个愿景可以不断激励团队的每一个人奋勇向前，拼搏向上，同时也不断激发出团队的无穷力量。在制定愿景时，我们必须思考三个问题：我们要到哪里去？我们的未来是什么的？我们的目标是什么？想清楚了这三个问题，集中起来就体现了一个单位的愿景。

国家对事业单位改革是鼓励向着市场化的方向改革。我院的办院目标就是通过全体职工的努力，在咨询行业不断做大做强，在社会上知名度不断提高。基于这样的发展理念，我院提出了冶金规划院的愿景是：**“建成最受人尊敬、最有影响、最具竞争力的顶级智库。”**

单位的使命和愿景是紧密联系在一起的。使命是单位在社会经济发展中所应担当的角色和责任，体现一个单位的根本性质和存在的理由，是单位生产经营工作的哲学定位。一个单位明确了使命即为这个单位确立了一个生产经营的基本指导思想、原则、方向、经营哲学等，它不是企业具体的战略目标，但影响经营者的决策和思维。在明确使命时，必须思考三个问题：第一，我们的事业是什么？第二，我们的客户群是谁？第三，客户的需求是什么？冶金规划院在长期的生产实践中，对自身有清晰定位，即发挥自身政策、信息、技术的综合优势，做好政府和企业的桥梁和纽带，为行业、政府和企业服务。基于这样的工作定位，我院提出的使命是：**“政府机构的参谋部、行业发展的引领者、企业规划的智囊团。”**

通过确立我院“愿景”和“使命”，正确把握了发展方向和业务领域；制订计划、协调内部工作有了依据；有助于我院建立客户导向思维；使全院对本单位的长远发展方向和未来业务结构有了清晰的统一认识。

（三）确立特色的“发展理念”

一个单位的发展理念是这个单位在长期运行发展过程中，继承本单位的优良传统，适应时代要求，由主要领导者积极倡导，全体职工自觉实践，从而形成的代表自身发展方向、发展信念和发展规律，能够激发活力、推动生产运营的团队精神和行为规范。发展理念是一个单位不断谋求壮大、实现可持续发展的保证。进入“十二五”时期，行业发展来到了新的历史节点上，面对行业转型发展新的局面，李新创院长为首的领导集体总结了我院历史发展经验，分析了外部环境变化形势，意识到必须以创新思维去打破行业固有的规划发展模式，必须促进咨询服务进一步升华，保持并拥有对社会的持续贡献价值，真正成为支撑钢铁行业转型发展的国内顶级智库，这一思路的总结与创新最终高度概括为冶金规划院的发展理念——**“五度”**思维。“五度”思维的基本内涵是**“高度、广度、深度、速度、满意度”**。

“高度”，要求工作不仅“站位”和看问题的角度要高，而且需要认真研究、掌握、运用事物的发展规律；“广度”，要求必须以全球化视野、以广阔的多角度思维研究分析问题；“深度”，要求把工作落到实处，规划咨询服务必须可实施，具有可操作性；“速度”，即迅速及高效，“速度”是对客户需求、行业发展趋势的快速反应；“满意度”，是对以上“四度”结果的检验，“满意度”既要体现“你我他”，又要体现“近中远”，让客户满意、让自己满意、让社会满意，同时还要追求现在和将来的满意，要经得起时间的考验。

“五度”思维是对冶金规划院多年发展经验的总结与提炼，是对我院规划咨询业务的创新性要求，是责任、能力、水平的全方位体现，以“五度”思维铸就冶金规划院的品牌，创造咨询服务的不朽价值，这也是冶金规划院的梦想基石。

（四）培育积极向上的“文化氛围”

一个单位的文化氛围是指这个单位整体环境中，体现本单位所推崇的特定传统、习惯及行为方式的精神格调。一个团队的文化氛围是无形的，但却因其存在使团队中的每一个人受到感染，因而产生思想升华和积极向上的自觉行动。因此，文化氛围对于一个单位具有十分重要的作用。

要培育积极向上的“文化氛围”，首先要从思想上、事业上、生活上关心职工，使职工感受到单位的重视与尊重，感觉到事业上有发展前途；二是要通过思想政治工作、宣传工作把单位的奋斗目标与个人的理想目标相融合，使之在思想感情上与单位保持一致；三是要创造良好的成才环境，鼓励职工求知上进、公平竞争，使单位内形成浓厚的学习氛围和求实创新的工作环境。

冶金规划院领导班子高度重视单位文化氛围，积极培育体现冶金规划院特色的文化氛围，加强文化建设，使先进的文化理念成为指导全体职工工作、学习、生活的价值观念和行为准则。通过文化氛围的培育，期望从领导到普通职工都能够表现出来良好的精神风貌、高尚的理想追求和价值取向。包括培养职工对待日常工作的正确态度，同事之间进行交流的正确方式等。我们将努力建设**“科学前瞻、求实创新、厚德重能、团结奉献”**的团队，职工将自觉增强**“责任心、上进心、事业心、赏识心、感恩心”**，从而使全院实现**“人人成才、人人有为、人人奉献、人人分享、人人幸福”**的理想，努力将冶金规划院团队打造成为一支**“政治素质高、业务能力强的精干、权威的复合型专家队伍”**。

（五）管理从严，情感从真，创造“家”的凝聚力

冶金规划院按照“以事业留人、感情留人、待遇留人、机制留人、发展留人”的理念，管理从严，情感从真，创造“家”的凝聚力。管理是单位建设永恒的主题，而文化建设则是管理现代化的重要手段，从某种意义上说，管理也是文化。这些年来，冶金规划院重新修订了几十项规章制度，贯彻和落实这些制度更是不折不扣。院领导班子通过抓制度建设，引导全院严格依照规章制度规范行为，抓好日常管理，要求全体职工都要遵规守纪、按章办事，把言行建立在制度与纪律的约束之内。坚持用制度带队伍，坚持用制度管人管事。制度面前一律平等，严格执行已经形成风气，严格管理成为单位

文化的一个特点。

“严”是关心爱护职工的出发点和落脚点。作为智库，人才是最宝贵的财富，我们从关心和爱护职工的根本利益出发从严管理，同时在日常工作、生活中又非常重视关心职工思想和实际困难。院领导班子坚持将思想政治工作与解决实际问题相结合，建立了院长与班子成员、院领导与中层干部和职工之间的谈心交流制度。针对青年人的特点，每年组织开展入职新同志、借调在外新同志、年轻处长的全院工作汇报演讲。利用信息化资源，在全院设立了“冶金规划院微信平台”，大量工作交流、业务信息、同志友情、励志短文等充满了正能量。通过全院互动，进一步拓宽了干群沟通交流的渠道，使思想政治工作更具时代特征和冶金规划院特色。我院连续多年坚持创先争优活动，每年评选出优秀员工、先进集体、以老带新、优秀项目、先进支部、优秀党员等称号。通过评选，开展比学赶帮，促进全院工作的进步。目前，我院凝聚力空前强大，年轻干部茁壮成长，梯队建设初步形成，核心骨干在实践中逐步确立。此外，院领导支持院群团组织开展纪念五四青年节 PPT 演讲技能比赛，组织丰富多彩、形式各异的活动，整体推进我院的精神文明建设和企业文化建设。

文化建设的激励力已经显现。几年来，我院广大职工在单位文化的熏陶、鼓舞下，艰苦奋斗，勇闯市场，大胆创新，创造出了良好的业绩，涌现出一大批勇于奉献、争创一流的优秀职工。在近十年的奋斗中，我院连续保持着中央国家机关“文明单位”称号，生产创收保持连年稳定增长。

五、文化建设的未来发展

面对我国经济总量越来越大，但发展中的不平衡、不协调问题依然存在，人口、资源、环境都面临较大压力的现实状况，未来，我国经济增长将必须加快实现从要素驱动发展为主向创新驱动发展转变，发挥科技创新的支撑引领作用。冶金规划院作为咨询机构、行业智库，自身发展更要“因势而谋、因势而动、因势而进”，正确认识新常态，主动把握新常态，勇于引领新常态，以此作为服务行业、发展自身的工作指导，更好发挥主观能动性，更有创造精神地推动各项工作的开展。按照“一体两翼大平台”发展战略，冶金规划院将以规划咨询为主体，以新形势下标准化建设引领和推进智能制造决策方案为两翼，努力搭建为行业服务的大平台，不断创新和扩展业务发展。

冶金规划院的文化建设取得了一定成绩，同时仍然需要与时俱进，不断丰富创新。面对冶金规划院新发展和新任务，我们更要进一步把握和发挥单位文化的功能和作用，以加强单位文化建设的新成效，不断提升我院软实力，把我院建设成“最有影响的顶级智库，最具幸福感的美好家园”。

一要深入宣传我们的单位文化，并强化落实到行为中。单位文化是团队凝聚、润滑、整合的重要手段，要落实到我院的各项工作中，要深入人心，不是空喊口号，要把文化融化在每一个职工的一言一行中。几年来，院领导班子在不断打造这种文化理念，培育这种氛围。全院各个部门、广大职工都在努力践行，当然也仍有欠缺。今后须进一步加强单位文化培训，尤其一些新入职的职工。只有不断强化，把单位文化真正扎根到每位职工的心里，成为大家共同的理念，才能转化为自觉行动，携手共进。

二要把单位文化的贯彻融入到考核中。进一步完善我院创收与职责考核制度，设想在未来的考核中，一部分考核内容围绕我们的单位文化建设进行。比如：将“五度”思维细化为考核指标；把“感恩心、赏识心”“团队精神”作为考核指标；通过细化“核心竞争力”作为考核指标等。全院从上到下都要贯彻这种考核理念，以此促进我们的单位文化落地生根。

三要与时俱进，不断创新发展单位文化。优秀的团队文化一旦与本单位生产业务结合起来，必将成为推动这个单位发展的强大动力。如果团队文化不与时俱进，缺少创新，团队文化不但起不到预期作用，相反会成为这个单位进一步发展的桎梏。因而，不断创新团队文化，在团队文化建设中不断自我突破与自我完善，实现向贯穿于全部创新过程的新型运营管理方式转变，意义重大。

“五度”思维　咨询发展

范铁军

“根据冶金工业规划研究院的预测，中国钢材消费在2014年达到峰值7.02亿吨，随后将平缓下滑，至2020年消费量降至5.97亿吨，2030年至4.92亿吨。粗钢生产方面，到2030年，将从当前的8.06亿吨降至5.6亿吨。中国钢铁未来发展将以减量化为主线，走绿色化、有序化、品质化、标准化、差异化、服务化、智能化、多元化、国际化的‘九化’发展。减量时代发展将从规模扩张向竞争力提升发展，钢铁企业要在做专产品、融资降债、技术创新、管理创效、多元发展方面下工夫，不断提升自身竞争力。同时在构建公平市场环境、职工安置、有保有压的行业调控、培育创新土壤、整合科技资源等方面发挥政府的托底作用。减量发展不仅是大幅度‘去产能’，还要在当前市场条件下千方百计把产量降下来。站在‘十三五’的历史新起点，我国钢铁工业进入了生产消费峰值弧顶下行期、市场格局深度调整期、转型升级关键决定期、创新发展历史机遇期‘四期’并存的发展阶段。”

这是2015年的某个钢铁行业会议上，李新创院长的部分发言内容，对当前及今后相当长一段时间的钢铁行业发展形势进行了前瞻性地预测。规划咨询的要求之一就是前瞻性，同样，这种“前瞻性”也反映在冶金规划院自身的业务上。冶金规划院1972年成立，从成立之日起，多数业务都是围绕如何发展壮大中国的钢铁行业，这个时期，中国钢铁工业的主要特点就是“增量发展”，规划咨询的核心内容是“项目”，特别是企业的发展规划，最核心的就是确定投资项目。这个时候的规划咨询往往是以确定项目的品种和规模为出发点，再根据产品特点确定最佳的工艺路线和装备，完成金属平衡图，规划的核心内容就基本确定了。企业的发展规划需要专业性、长期性、系统性，冶金规划院凭借最齐全的专业设置（地质、采矿、选矿、原料厂、烧结、球

作者简介：范铁军，冶金工业规划研究院副院长，高级工程师。

团、耐火材料、石灰、焦化、炼铁、炼钢、轧钢、给排水、电力、燃气、热力、总图、物流、环保、管理、技术经济等）、最专业的专家队伍、最丰富的行业经验，在钢铁企业规划领域独树一帜、表现突出。但是，这一切在“十二五”的中期发生了重大变化。随着宏观经济下行压力加大，钢铁行业长期存在的一些矛盾和问题逐渐暴露，突出反映在钢铁行业产能过剩严重，钢材价格大幅下降，亏损企业增多，企业亏损面扩大。钢铁企业纷纷缩小生产规模，寻求以扩大产量为主要目标的规划需求也随之降低。面对出现的新情况、新问题和新要求，冶金规划院迫切需要顺应新形势，主动调整，突出自身优势，在更高层次、更高水平上实现可持续发展。面对新常态，冶金规划院如何应对？

有一句话：思路决定出路，格局决定结局。个人一样，企业也一样。作为钢铁行业唯一专门从事规划咨询的国家级研究机构，肩负行业健康发展的使命，必须具有先进的理念、科学的方法、高素质的人才队伍，才能更好地为行业和企业服务。面对行业发展的新常态，面对企业不断变化的需求，李新创院长带领的冶金规划院人总结冶金规划院多年发展的理念、方法和经验，提出了自己的发展愿景：以“五度”思维，成就美好人生，让职工更幸福，为社会做更大贡献，让冶金规划院成为最受人尊敬、最有影响、最具竞争力的顶级智库。“五度”成为每个人的思维方式，引领冶金规划院保持了近 10 年的快速增长，值此冶金规划院成立 45 周年之际，我谈谈对“五度”的理解，借此表达对冶金规划院成立 45 周年的祝福，也希望冶金规划院能够更好地为钢铁企业服务。

具体讲，“五度”就是高度、广度、深度、速度、满意度。这是冶金规划院紧跟钢铁工业发展的新特点、新常态，与时俱进，通过创新规划咨询理念和方法，科学运用现代经济、金融、科技和管理新知识，融会各项方针政策，依据法律法规、标准规范，尊重市场规律、自然规律和社会规律，解决钢铁产业发展的重大问题，引领行业健康发展，促进产业升级和可持续发展，从而实现冶金规划院由传统工程咨询机构向综合性规划咨询机构的战略转型。

第一是“高度”。

高度要求规划咨询工作要研究、掌握、运用规律，规律不仅仅是一般规律，还有特殊规律，更包括行业和企业发展的阶段性规律，必须遵循这些规律去开展规划咨询工作。

为了更好地保持“高度”，冶金规划院在日常工作中坚持三方面的研究：宏观研究、专项研究和企业研究。

宏观研究，主要是对行业发展政策、发展趋势的研究，包括宏观经济研究，世界钢铁行业发展历程和经验研究，国内钢铁产业发展政策以及行业发展规划研究，钢铁上下游行业发展研究等，这些宏观性的研究帮助冶金规划院能够更好地掌握钢铁行业发展的一般规律，以便在具体的规划咨询中帮助行业和企业把握方向。

专项研究，主要是从专业分工的角度，对行业的重要问题进行研究。截至目前，冶金规划院设立了 20 个专项研究中心，包括循环经济研究中心、钢材市场研究中心、节能中心、环保中心、节水中心、低碳发展研究中心、清洁生产研究中心、资产评估中心、矿产资源研究中心、技术经济研究中心、信息研究中心、总图物流研究中心、非钢产业发展研究中心、铁合金产业发展研究中心、钢铁绿色发展研究中心、钢铁电子商务研究中心、工业智能研究中心、民营钢铁研究中心、人才培训中心、标准化研究中心等，以后还会根据新形势下出现的新问题设立更多的专项研究中心。这些专项问题的研究保证了规划咨询工作的长期性、系统性，帮助冶金规划院掌握具体问题的特殊规律，以便针对性地解决问题。

企业研究，主要是对企业进行长期跟踪和服务，了解企业每个发展阶段的特点，总结提炼，发挥“集百家之长，为一家服务”的优势，帮助企业实现跨越式发展。冶金规划院不仅仅纵向研究每个企业的发展历程，还同时对相关企业进行横向比对研究，具体的研究内容涉及企业的装备、产品、技术指标、经营状况、多元产业、人力资源、科技创新体系等多方面。对企业的长期跟踪研究有助于冶金规划院了解和掌握行业特定发展阶段的规律，从而帮助企业在特定的发展阶段实现更快、更好的发展。

第二是“广度”。

广度要求以多角度的思维研究掌握运用事物发展规律，以全球化的视野更好引领行业和企业的健康发展。

为了保持多角度的思维方式，冶金规划院在日常工作中要求和鼓励三方面的学习交流：院内、院外和跨专业，通过多种方式拓宽每个人的视野。

院内专业多交流。通过充分挖掘院内资源，推动不同专业人员的互相学习，丰富思维方式，每个专业人员要努力做到一专多能，同时要对自己的上下游专业比较了解。

院外专家多请教。冶金规划院始终关注行业内的各种热点、趋势、先进经验和技术，注意吸收国内外的优秀经验和方法，灵活运用到规划咨询工作中，提升规划服务水平。同时，非常注重向所服务的企业内部专家资源学习，把每一次为企业服务的机会都作为学习的机会。

跨专业学习与时俱进。紧跟时代的脚步学习管理、金融、电子商务、移动互联、新兴制造业等先进产业和专业领域的发展经验和模式，将其运用于钢铁行业的规划发展之中，真正实现规划咨询工作的飞跃式提升。

第三是“深度”。

深度要求注重规划咨询方案的可操作性、可实施性，针对行业和企业的具体问题提出切实可行的解决方案。

咨询方案的可操作性问题是钢铁行业进入减量化发展阶段后每个企业都会提出的要求，这也是咨询行业的发展趋势，从“报告”咨询向实施咨询发展。为了满足“深度”的要求，至少要做到以下几个方面：

关注成熟的应用技术。规划咨询可以分为理念、方向、措施、项目、技术等几个层次，首先是要有先进的理念，要和企业达成理念上的共识；其次是要帮助企业找对发展的方向，方向对了，努力就会有结果，方向错了，越努力，离目标越远；第三就是要提出明确有效的改进措施，才能帮助企业实现目标；第四就是措施要落地必须有具体、可行的项目做支撑；最后一点就是项目所需的技术，这是冶金规划院长期坚持的要求，每个专业人员都应了解前沿技术，但更重要的是关注成熟的、在行业内有成功案例的应用技术，做到应用技术与企业具体需求的匹配才是保证咨询方案具有可操作性的根本。

开放做规划。为了使规划咨询方案具有可操作性，冶金规划院提出了开放做规划，首先在客户允许的情况下聘请外部专家对方案进行研讨，广泛听取意见，这是一个层面的“开放”；另一个层面就是鼓励企业内部“开放”，因为最了解企业的还是企业自己的职工，充分地调研和交流是发现问题、明确原因的基础，企业内部职工的积极参与是咨询方案具有可操作性的重要支撑。

帮助企业建立持续改进的体系。中国的钢铁企业数量众多，发展水平和管理水平参差不齐，既有宝武集团这样具有国际竞争力的世界级企业，也有相当数量的各种企业家创立的各类钢铁企业。很多企业的人才队伍不齐全，比如对能源的管理，大企业可能有几十人参与，有健全的管理制度，科学的管理方法，建立了智能高效的能源管控中心，但是小企业或者不规范的企业可能只有一两个人，甚至没有专职人员，基本处于仅仅完成“统计”工作的阶段，在为这些企业做能源诊断咨询时，冶金规划院努力帮助企业完善或建立能源管控体系，让企业自身能够在咨询机构的帮助下逐步实现自我发展。在其他的咨询工作中也一样，我们把帮助企业建立持续改进的工作体系作为咨询工作的重要环节。

第四是“速度”。

速度要求冶金规划院自身要建立快速响应机制，满足客户对速度的需求。冶金规划院承接的项目中有很多要求的时间非常紧，因为企业也有来自政府、客户、市场或者金融机构对他们的时间要求，这样的咨询项目，有时速度反而是第一位的。能做到这一点不容易，能长期做到这一点更不容易，所幸冶金规划院通过不断努力在这方面做到了，基本能满足企业对速度的要求，得到客户的广泛认可。要在保证质量的前提下，按严苛的进度完成项目，关键在于日常的积累。如下三方面是保证速度的前提：

加强专业处室的业务建设。俗话说，台上一分钟，台下十年功，冶金规划院非常注重业务建设，在处室设置上，以专业划分，每个专业处室制定了全面的业务建设计划。以轧钢处为例，长期对下游行业和钢材品种进行跟踪，每个下游行业有 2~3 个人长期跟踪研究，每个钢材品种有 2~3 个人长期跟踪研究。冶金规划院鼓励专业处室参加各种专业会议，要求每个专业人员每年要发表 4 篇以上专业论文，同时为专业人员提供全方位的培训，多方面保证业务建设的持续性和业务建设的质量，为建立快速响应机制奠定了最坚实的基础。

行业问题的前瞻性研究。冶金规划院每年都要进行内部课题研究，从两个方面确定研究方向，一个是院里提出研究课题，一个是各处室申报后由课题审核小组确定。这些内部课题都是具有前瞻性的，比如中国钢铁 2030、中国钢铁智能制造、钢铁电商发展研究、钢铁物流体系研究等。前瞻性的研究使得冶金规划院在面对企业具体问题时能够应对自如，为速度提供了第二层保障。

高效的执行力。建立快速响应机制，“响应”不仅仅要对企业的需求和问题快速“反应”，有一定的敏感性，更关键的是能够帮助企业解决问题，这就需要高效的执行力做保证。冶金规划院适应市场化需求，建立活跃型管理体系，推行矩阵式管理结构，按照钢铁企业工艺流程设立矿山、冶炼、轧钢、总图环保、能源、技术经济等专业部门，同时按照项目具体要求设项目组，项目组成员从各处室抽调。在长期的工作实践中摸索出的矩阵式管理方式为执行力提供了组织机构保证。另外，建立了个人、项目、处室、院四级考核体系，季度考核，立即兑现，很大程度上调动了专业人员的积极性。同时，建立了专业处室、项目负责人、院质量审核专家组三级质量审核体系。多方位、多层次的管理和考核体系是高效执行力的保障。

第五是“满意度”。

满意度要求规划咨询工作从“你、我、他，近、中、远”层面形成全方位、多角度满意体系，建立协同发展理念。满意度是“五度”的核心和检验的标准。追求客户满意（你）、冶金规划院满意（我），社会环境发展满意（他），要求规划咨询工作不仅要兼顾冶金规划院和企业发展的利益诉求，还要兼顾社会效益、环境效益，同时追求短期、中期和长期满意，工作结果不仅符合短期目标，还要切实考虑到中长期效果，能够经得住时间的考验。

冶金规划院作为政府机构参谋部，参与了《钢铁产业发展政策》《钢铁产业调整和振兴规划》、钢铁行业从“五五”到“十三五”发展规划的编制研究。为各级政府编制完成了钢铁产业联合重组规划、钢铁产业及上下游产业聚集区规划和工业园区规划，凭借高水平的优质服务在山东省、河北省等产钢大省钢铁产业调整规划中贡献突出，获得各级政府的认可和高度评价。

冶金规划院为帮助企业抢占发展先机，协助企业开展了绿色行动计划、地方和企业环保诊断、“一带一路”和钢铁企业“走出去”规划研究、产品深加工规划研究、多元产业发展规划、企业降本增效规划研究、物流优化、管理提升、两化融合、智能制造和电子商务发展研究、体制机制改革、人力资源优化等新的业务领域，协助众多钢铁企业完成自身的转型升级，实现整体竞争力的提升。

同时，冶金规划院以全球视角积极开拓国际钢铁咨询业务，与日本、美国、奥地利、德国、英国、意大利、印尼、老挝等相关国家有关企业进行了多方面合作。为新加坡、印尼以及我国港台地区的企业在中国大陆建立企业提供市场调研、可行性研究和设备采购服务；参与津巴布韦、澳大利亚、马来西亚、印尼等技术服务与合作研究。近年，冶金规划院受国家开发银行委托积极开展国家规划咨询服务工作，先后多次赴澳大利亚、非洲、南美、独联体、东南亚等地区几十个国家实地考察，深入研究矿产资源开发利用，提出规划咨询意见，为开展中外合作共赢提供决策依据。

冶金规划院在“五度”思维的引领下，在业务范围和经营绩效上都保持了比较快速的增长，2016 年合同额比 2006 年翻了三番，客户数量增加到近千个，逐步形成了“一体两翼大平台，一业多地多业并举”的发展格局，其中，规划咨询是主体，标准化研究和智能制造是两翼，搭建行业交流和共享平台；并建立了唐山分院、西北分院，正在筹备山东等分院，贴近用户和市场，及时准确了解客户需求，提供高效服务。冶金规划院将一如既往地做好政府的参谋部、行业的引领者、企业的智囊团，为钢铁行业健康发展贡献力量。

我国钢铁规划咨询发展趋势分析与应对思考

张龙强

一、前言

古语“咨”和“询”是两个词，前者指商量，后者为询问，后来成为一个复合词，具有询问、谋划、商量、磋商等意。现代咨询涵盖范围很广，类别较多，起着为决策者充当顾问、参谋和外脑的重要作用，已形成一门应用性软科学。规划是全面长远的发展计划和部署，既可以体现为政府对国民经济和有关行业、专项、区域发展设定的目标、规模、速度，以及相应的步骤和措施等，也包含企业层面的发展战略、目标和举措。规划咨询属于工程咨询范畴，是以技术为基础，综合运用多学科知识、工程实践经验、现代科学和管理方法，为经济社会发展、投资建设项目决策与实施全过程提供咨询和管理的智力服务。

钢铁行业规划咨询工作包含了产业政策与标准及产业布局等基础研究、行业分析与预测、企业总体发展战略及各类专项咨询等，为中国钢铁工业实现跨越式发展提供了坚实的智力支撑。目前，钢铁规划咨询的外部环境已经发生了巨大变化，传统规划模式已经不能适应钢铁行业发展和市场需求，创新规划咨询模式和方法已经成为当务之急。本文旨在分析钢铁规划咨询环境变化和发展趋势，提出满足未来客户和市场需求的规划咨询行业发展思考。

二、钢铁规划咨询环境变化分析

（一）经济发展环境变化

1. 发展模式

我国经济发展模式已经从追求数量增长、总量扩张的粗放型演变为注重

作者简介：张龙强，冶金工业规划研究院副院长，教授级高级工程师。

质量、效益和可持续发展的集约型。现代化建设也发展为经济建设、政治建设、文化建设、社会建设、生态文明建设“五位一体”总体布局，充分尊重并融合经济社会可持续发展规律、自然资源永续利用规律和生态环境保护规律，更加注重市场经济、和谐社会、生态文明建设的一致性、融合性和协同性。

2. 发展理念

“十三五”乃至更长时期我国经济社会发展理念确定为创新、协调、绿色、开放、共享，新的发展理念是管全局、管根本、管长远的导向，具有战略性、纲领性、引领性，指明了发展思路、发展方向和发展着力点。

3. 发展阶段

我国经济发展进入新常态，向形态更高级、分工更优化、结构更合理阶段演化的趋势更加明显。新常态表现为经济发展从高速增长转为中高速增长，经济结构优化升级，从要素驱动、投资驱动转向创新驱动，是我国经济社会发展的必经阶段。

4. 重要举措

为贯彻落实新发展理念，适应把握引领经济发展新常态，我国正全面推进供给侧结构性改革，旨在提高供给体系的质量和效率，使我国供给能力、供给质量和供给结构更好满足人民日益增长、不断升级和个性化的物质文化与生态环境需要。

（二）钢铁行业发展环境变化

1. 供需发生翻转

钢铁工业已经从供给短缺变为严重过剩，当前及未来一段时期，化解过剩产能是钢铁行业头等大事，是政治任务。增量发展时代已经结束，减量升级已经成为钢铁行业必修课。

2. 高盈利变为微利

受产能严重过剩及其他因素影响，钢铁行业21世纪前十年发展的风光不再，2011年四季度行业已经进入微利或局部亏损时代。赢或亏成为行业关注焦点，资金紧张成为常态。

3. 环境约束凸显

受全国大面积雾霾频发影响，政府与民众对污染排放和生态事件零容忍，且全民监督氛围逐步形成，生态环境已经上升为决定企业生死去留的关键因素。

4. 低碳箭在弦上

钢铁工业耗能量占全国总用能量的12%左右，二氧化碳排放量约占全国的15%，高居第二位。碳交易试点已有7省，低碳对钢铁工业发展的制约不容乐观。

三、钢铁规划咨询行业发展趋势预判

规划是为未来规划，要立足当前，面向未来，预判方向和趋势。钢铁规划咨询侧重于产业发展，除前瞻性基本要求外，特别注重可操作性，设定目标应该能够“跷脚可及”。基于前述大环境发生了根本性变化，钢铁规划咨询未来面临更大的挑战和压力，其发展趋势或主要表现在以下几个方面。

（一）市场竞争更趋激烈

1. 传统钢铁规划咨询需求市场萎缩

简政放权的持续推进，钢铁投资项目由核准改为备案为主，权限也下放至地方，对应的用以报批的各类咨询报告需求大幅减少；另外，经济环境从需求侧转变为供给侧，“三去一降一补”作为供给侧结构性改革的重要抓手，在钢铁行业表现为增量发展变为减量提升，以增量项目为主的传统咨询需求锐减。

2. 咨询服务供应侧数量快速增加

一是钢铁投资项目审批程序由核准变为备案为主后，原有评估咨询业务呈现断崖式减少，从事评估的单位和人员必然拓展规划咨询业务；二是国外同行已经强势进入国内市场，以麦肯锡为代表的国际咨询机构已经在国内钢铁咨询市场取得份额，其竞争力不容小觑。

（二）咨询需求更趋多元

1. 个性化需求增多

钢铁行业增量到减量、盈利到微利、生态与节能低碳约束增强将催生一批新的个性化需求，包括发展非钢产业、延伸产业链、节能专项、环保专项、降本专项以及同质竞争产能集中地区差异化产品定位等咨询需求将较大幅度增加。

2. 新型业务支撑增长

（1）供给侧结构性改革对钢铁行业带来较为强烈的触动。2016 年是中国钢铁工业推进供给侧结构性改革化解过剩产能元年，同年淘汰“地条钢”战役实质性打响，成效极为显著。此间企业兼并重组、破产重整、产能置换、脱困转型等规划咨询需求应运而生。

（2）钢铁工业推进落实《中国制造 2025》需要规划咨询支撑。《中国制造 2025》是我国实施制造强国战略第一个十年的行动纲领，将加快推进从中国制造到中国创造的转变。明确了五大工程均与钢铁工业相关，特别是绿色制造和智能制造两大体系建设以及配套的《工业绿色发展规划》和《智能制造发展规划》，与钢铁工业关联密切，由此拓展的规划咨询市场潜力巨大。

（三）国际咨询需求增加

中国钢铁占据全球半壁江山，在全球有着重要的影响力，已建成全球产业链最完整的钢铁工业体系。钢铁工业是我国最具竞争力的优势产业之一，在推进国家“一带一路”战略和国际产能合作中，有能力也最具条件作排头兵。作为完整钢铁工业体系中重要一环，规划咨询自然成为排头兵的导航，市场需求或有较大幅度增加。

（四）规划咨询向智库提升

《关于加强中国特色新型智库建设的意见》指出，到 2020 年，重点建设一批具有较大影响力和国际知名度的高端智库，造就一支富于创新精神的公共政策研究和决策咨询队伍。要加强中国特色新型智库建设，建立健全决策咨询制度。钢铁工业是国民经济的重要基础产业，是国之基石，行业装备总体已经达到国际先进水平，对全球钢铁工业发展的引领作用愈发凸显，打造与之相适应的中国特色高端规划咨询智库是咨询机构应该承担的义务和责任。

四、应对思考与建议

可以看出，钢铁规划咨询行业的外部环境发生了很大变化，未来发展既有压力也有机遇，唯有紧跟发展大势，“把重点放在提高研究质量、推动内容创新上”，提升规划咨询水平和服务满意度，适应并引领钢铁规划咨询新市场，促进规划咨询行业健康发展。

（一）顺大势，确保发展方向正确

顺经济发展大势，适应新的发展模式，按照新的发展理念，推进钢铁工业的供给侧结构性改革，确保顶层设计方向正确；顺行业发展大势，坚持减量化调整第一前提，并以减量化为核心，推进绿色化、有序化、品质化、标准化、差异化、服务化、智能化、多元化、国际化“九化”协同，重塑价值链，谋划行业企业转型提升发展战略，确保引领方向正确；顺市场需求大势，务实制定可操作性强的发展战略和项目决策，确保投资方向正确。

（二）补短板，提升咨询业务能力

能力不足是钢铁规划咨询行业目前面临的主要问题和短板，既有专业知识、工艺技术更新不及时，又包括金融、法律、社会等专业或学科配置不足，更包括智能制造、国际咨询等新增业务储备薄弱等。因此，为做到“既要有比较丰富的自然科学知识，又要有比较丰富的社会科学知识，以不断提高决策和领导水平”，除加大员工培训，打造学习型团队外，更要围绕“人才和团队是咨询机构核心竞争力”，下大力气推进专业配置和人才队伍建设，五湖四海、招贤纳士。完善留人用人机制，吸引人才、留住人才。

（三）谋创新，更新咨询理念方法

谋创新就是谋未来，创新是引领发展的第一动力，位居五大发展理念之首。创新是钢铁产业结构调整和转型升级的首位驱动力，是不断增强企业核心竞争能力和差异化竞争优势的主要抓手。引领方向制定发展战略是规划咨询的基础工作，因此，规划咨询机构必须加强创新投入，做到创新于行业企业之前，创新于行业企业之上。

规划咨询创新包括适应市场和用户需求变化创新，比如可操作性要求、现场指导服务要求、整合行业资源要求等；更包含规划咨询理念、方法、手段的创新，比如进一步突出全产业链咨询、进一步突出咨询的服务属性、推进咨询报告向结果成效导向，再如充分利用物联网、云计算、大数据等技术手段获取和处理基础资料与信息等。

（四）走出去，拓展国际咨询空间

深化对外开放是当前及未来较长时间我国钢铁工业发展重点，包括推动国际产能合作和提升国际化经营水平。《钢铁工业调整升级规划》明确指出鼓励优势钢铁企业到海外建设钢铁生产基地和加工配送中心，带动先进装备、技术、管理对外输出；鼓励境外优势企业通过参股、控股等方式，参与我国钢铁企业兼并重组、布局调整等合资合作；鼓励国内企业与境外企业合作，共同探索开发第三方市场。

工程谋划，咨询先行。欧美众多国际公司在中国改革开放之初开拓中国市场时，首先聘请咨询公司为其市场营销和投资项目做参谋，大幅度提高了投资成功率。中国钢铁工业深化对外开放涉及的重大战略工程均必然需要规划咨询的坚强支撑，国际咨询空间巨大。咨询机构应做好包括国际人才培养储备、咨询“走出去”的方式选择和风险控制在内的各项工作，积极参与并分享国际咨询市场更大的蛋糕红利。

全力推动标准化工作
铸就冶金规划院“一体两翼大平台”

肖邦国

一、顺势而为，打造“一体两翼大平台”

面临当下钢铁行业市场低迷的大环境，冶金工业规划研究院提出钢铁行业转型升级方向，以减量发展为核心，绿色化、有序化、品质化、标准化、差异化、服务化、智能化、多元化、国际化“九化”协同。其中，“智能化”着眼于全局优化供应链，开发面向钢铁企业的智能制造系统，打造智能型钢厂；“标准化”完善钢铁行业和企业在技术、管理及工作等方面的标准体系，推动企业技术创新，规范企业生产及市场秩序。

在加快两化融合和推进标准化改革的时代背景下，冶金规划院快速响应政策、满足市场需求，做出重大战略调整，形成以规划咨询为主体、智能制造和标准化业务为两翼的发展模式，一体有两翼，两翼作用于一体，打造“一体两翼大平台”。

（一）以规划咨询为主体，引领钢铁行业发展方向

作为国家唯一专门从事钢铁工业发展规划及战略研究的全国首批甲级工程咨询机构，冶金规划院长期从事冶金工业发展战略、产业结构、国内外市场需求预测、中长期规划的基础研究工作，拥有一支政策理论水平高、规划实践经验丰富，既懂技术又熟悉国家政策、工程咨询能力强、综合素质高的复合型专家队伍，专业覆盖钢铁工业全流程各个领域，具有“一条龙”综合咨询服务的独特优势。

提供的服务内容包括：政策研究、行业课题，区域规划、园区发展，企

作者简介：肖邦国，冶金工业规划研究院副院长，教授级高级工程师。

业规划、项目前期，市场调研、产业链延伸，节能减排、循环经济，生产诊断、经济评价，管理咨询、人力资源，海外钢铁、矿山投资，钢铁电商及技术推广等规划咨询业务。至今已完成近5000个项目；服务200多家政府部门、行业协会，近500家国内外冶金企业。

（二）以智能制造为左翼，助力钢铁行业两化融合

2015年5月，国务院印发《中国制造2025》将推动制造业信息化与工业化深度融合作为九大战略任务和重点之一，明确将智能制造作为两化融合的主攻方向。到2020年，钢铁工业智能化水平显著提升，试点示范项目运营成本降低30%，产品生产周期缩短30%，不良品率降低30%。以《中国制造2025》为契机，冶金规划院工业智能研究中心应势而生，旨在整合行业资源，发挥专家优势，打造面向钢铁企业的智能制造系统。

工业智能研究中心在深刻把握工业企业特征的基础上，密切跟踪先进的智能制造理论、方法和技术，着眼于生产过程、业务经营和企业决策等核心环节，打造独创的产学研平台模式，整合科研院所和技术服务企业优势，精准对接工业企业实际需求，与企业分工合作，强调示范效应，实现成果共享。

（三）借力标准化改革时机，开拓冶金规划院右翼

2015年3月，国务院印发《深化标准化工作改革方案》加强技术标准体系建设；2015年12月，国务院办公厅印发《国家标准化体系建设发展规划（2016-2020年）》。我国旨在形成由政府主导制定的标准和市场自主制定的标准共同构成的新型标准体系，提高市场在标准化应用中的地位。2016年3月，国务院法制办公室关于公布《中华人民共和国标准化法（修订草案征求意见稿）》公开征求意见的通知。这是自1989年起施行的《中华人民共和国标准化法》迎来的首次修订。

冶金规划院一直以建设“政府机构的参谋部、行业发展的引领者、企业规划的智囊团”为使命，在深化标准化改革的历史时期，冶金规划院充分发挥在冶金行业丰富的咨询经验，以规划咨询为主体，与智能制造并肩，积极开拓标准化业务，形成“一体两翼大平台”的发展战略，促进标准化业务与规划咨询业务相互融合，实现互为促进、互为支撑、协同发展的有利局面。

二、冶金规划院开展标准化的独特优势和基础

围绕钢铁行业新常态下“大力调整产业结构，着力抓好化解产能过剩和实施创新驱动发展”的总体目标，冶金规划院主动响应国家标准引领战略的需要，凭借在冶金节能、环保、节水、资源综合利用、物流、两化融合等方面积累的丰富经验，致力于全面深入推进我国钢铁产业标准化发展，大力开拓标准化工作。

（一）冶金规划院是钢铁行业唯一一家国家级专业咨询机构

冶金规划院于1972年4月经国务院批准成立，作为国家唯一专门从事钢铁工业发展规划及战略研究的全国首批甲级工程咨询机构，至今已完成近5000个项目，90%员工具有硕士、博士学位，70%具备高级技术职称，60%享受政府特殊津贴专家、国家注册咨询工程师、教授级高级工程师。凭借“一流团队、专业齐全、权威数据、经验丰富、理念科学、市场敏锐、服务领先、高效执行”的竞争力，是钢铁行业公认的顶级智库。

经过40多年的发展，冶金规划院已经发展成为国家政府机构重要的参谋机构、企业规划发展重要的智囊，对于钢铁产业发展政策和发展战略、钢铁企业有着深刻理解，能够快速响应政策要求，能够深入挖掘企业标准化需求；凭借高水平的优质咨询服务，获得各级政府、行业协会、钢铁企业的认可和高度评价。

（二）专业人员工作基础扎实

多年来，冶金规划院在冶金行业产品、技术、能源、环保、节水、资源综合利用、物流、两化融合等各个领域研究工作中积累了丰富的经验及业绩，拥有一支熟悉钢铁行业政策、法规、技术、标准等的专家型团队，专业技术基础扎实。

例如，在能源方面，冶金规划院完成了《“十二五”、“十三五”钢铁工业节能规划研究》《钢铁行业节能减排技术筛选与评估》《钢铁工业能源指标体系完善和节能目标设定研究》《钢铁行业低碳技术需求评估》《工业领域煤炭清洁高效利用行动计划》等多项能耗及节能专项研究；在节水方面，冶金规划院先后完成了《工业节水专项规划》《钢铁行业节水专项规划》《国家鼓

励重大工业节水工艺技术及装备目录（第一批）》等节水专项课题研究；在环保方面，冶金规划院先后完成了《全国钢铁行业污染减排实施方案和计划》《钢铁行业烧结烟气脱硫专项规划》《中国钢铁行业二噁英减排近期行动计划和远期战略规划研究》《钢铁行业氮氧化物减排思路研究》《钢铁行业烟粉尘有组织无组织排放控制研究》《中国钢铁企业二氧化碳排放现状研究专题报告》等研究工作；在资源综合利用方面，先后受政府和企业等委托编制150多项专项资源综合利用和循环经济规划、课题研究、项目申请报告等；在物流方面，冶金规划院完成了首钢京唐物流分析、唐钢物流诊断、马钢物流优化、陕钢物流诊断等多项钢铁企业物流类项目，并承担了沙钢玖隆物流园、五矿无锡物流园、马钢物流园等园区规划工作，熟悉并掌握冶金行业及各企业物流流程和现状。

（三）专业人员兼具高质高效的标准化工作能力

在冶金规划院标准专家委员会的引领下，专业人员兼具高质高效的标准化工作能力，对于国家、行业层面标准化工作的政策、细则等研究深入、把握准确；与国家、行业标准化主管部门有良好的工作关系，对于标准化工作业务流程衔接顺畅。院内有知名标准化专家进行业务指导和质量把关，同时冶金规划院与中国标准化研究院等研究机构有紧密合作，对标准的技术水平和文本质量形成保障。

（四）组织协调能力强，确保公正、公平、高效开展标准化工作

冶金规划院作为国家级、中立性质的第三方咨询研究机构，可有效避免本位主义，能够站在整个行业层面公正公平公开地开展标准工作；组织协调能力强，可高水平推进标准的现代化建设，快速响应钢铁–钢结构上下游全链条的标准需求。

三、当前冶金规划院标准化工作进展

（一）完善冶金行业标准体系

近年来，我国钢铁工业技术进步，钢铁材料标准水平明显提高，已经形成了一套较为完善的标准化体系，基本满足国家重大装备制造及重点工程建

设需要，为下游用钢行业转型升级提供标准支撑。但我国钢铁行业标准化仍难以满足发展要求，特别是当前信息化和工业化融合、钢铁物流、节能环保等领域标准化还存在不同程度的缺失。

现行标准体系中，重技术标准而轻管理标准和工作标准，重产品标准，缺乏兼顾全生命周期各个环节的标准，整个标准体系的发展参差不齐。我国的标准化工作处在改革的初期阶段，钢铁领域的标准在整合精简强制性标准、优化完善推荐性标准、培育发展团体标准、放开搞活企业标准、提高标准国际化水平等方面均有很大的提升空间。

冶金规划院从事标准化工作以来，注重冶金行业全生产周期各个环节的标准化建设，在原有冶金行业标准体系的基础上，为丰富节能环保领域标准、完善两化融合及钢铁物流领域标准做出突出贡献。同时，按照国家提高市场在标准化应用中的地位这一发展思路，冶金规划院充分重视团体标准和企业标准的建设，推动新型冶金标准体系的转变。

（二）成立有关标准化组织机构

为充分发挥冶金规划院各专业开展标准化工作的优势，有力推进冶金规划院标准化工作高质高效运行，在开拓标准化业务之初，冶金规划院便成立标准化工作委员会作为标准化工作日常议事机构。标准化工作委员会下设 1 个标准化研究中心、10 个分技术委员会、相关团体标准秘书处等。

在冶金规划院标准化工作委员会的组织协调下，相继成立了全国物流标准化技术委员会（SAC/TC269）钢铁物流标准化工作组等多个国家级标准化组织机构，并挂靠在冶金规划院标准化工作委员会相应的分技术委员会。标准化改革中新增加的团体标准由市场自主制定，快速反应需求，是社会团体承接政府职能转移的一种工作方式。为贯彻落实国务院《深化标准化工作改革方案》，以质检总局、国家标准委制订的《关于培育和发展团体标准的指导意见》为指导，冶金规划院已与中国特钢企业协会等达成合作，将相关团体标准化工作委员会秘书处设于冶金规划院。冶金规划院现有标准化工作组织机构如图 1 所示。

（三）开展多领域标准化业务

冶金规划院开始着手开拓标准化业务以来，在冶金规划院标准化工作委

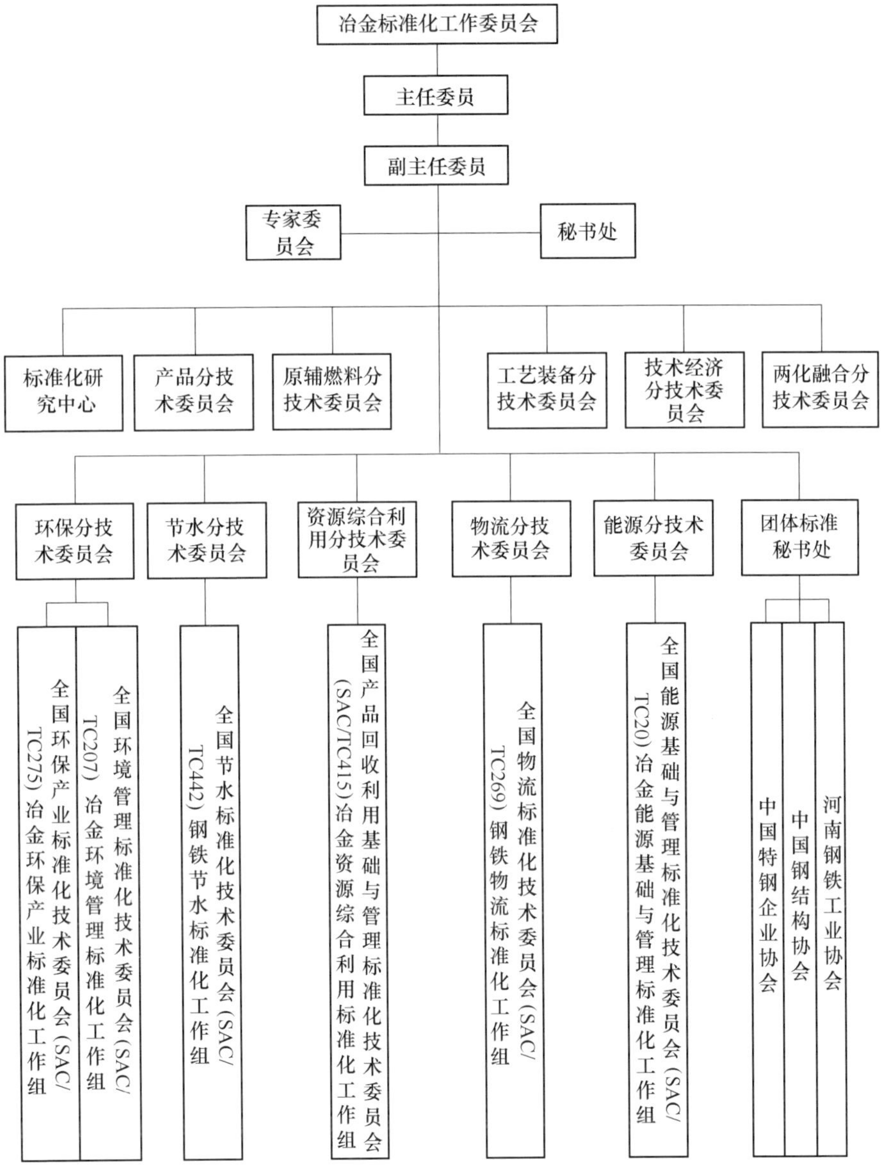

图1　冶金规划院现有标准化工作组织机构图

员会的指导下已主导或参与了大量标准化业务。标准类型涵盖国家标准、行业标准、团体标准和企业标准；业务范围涉及冶金装备、钢铁物流、能源管理、两化融合、绿色产品、节水、资源综合利用、清洁生产等。

此外，还承担了工业和信息化部《钢铁行业绿色制造体系》等标准相关课题。同时，在院内主体规划咨询中已经将行业或企业标准体系建设作为一项重要规划内容，完善改进规划咨询内容，努力提高咨询水平，满足客户要求，目前已为几十家企业提供了标准相关咨询业务。

冶金规划院已经形成了多层次、多领域、立体式的标准化工作模式，通过开展大量的标准化相关业务，在标准业务方面积累了宝贵经验，能够很好地完成各类标准的制修订工作并为企业提供标准化业务相关的咨询服务。

四、未来冶金规划院标准化工作重点

（一）瞄准冶金节能、环保、节水、综合资源利用领域标准

《关于化解钢铁行业过剩产能实现脱困发展的意见》中指出，发挥标准约束和引导作用，助推结构性过剩产能化解。加强节能、环保等标准研制；鼓励开展钢铁循环经济标准化试点项目建设。冶金规划院将依托承担的TC20/冶金基础能源与管理、TC207/冶金环境管理、TC275/冶金环保产业、TC442/冶金节水、TC415/冶金资源综合利用五个标准化工作组，积极开展冶金节能环保、资源综合利用领域标准化工作，促进冶金节能环保和资源综合利用领域的有序健康发展。

1. 冶金基础能源与管理标准化领域

我国节能技术和装备水平已处于国际领先行列，但能源管理水平与先进国家相比，差距仍然较大，多数企业未形成完整的能源管理体系，自动化、信息化管理水平仍然不高。2015年4月，国务院办公厅发布了《国务院办公厅关于加强节能标准化工作的意见》（国办发〔2015〕16号），明确提出了节能标准是国家节能制度的基础，是提升经济质量效益、推动绿色低碳循环发展、建设生态文明的重要手段，是化解产能过剩、加强节能减排工作的有效支撑。冶金行业是节能减排的重点行业，同时也是最具有潜力、最具有条件继续开展节能标准的行业。冶金规划院致力于推进行业节能标准，促成行业的绿色转型，走科技含量高、经济效益好、资源消耗低、环境污染小的新型工业化道路。

2. 冶金环保产业标准化领域

近年来，冶金行业环保高压态势不断升温，环保产业市场潜力巨大，且随着“水十条”“大气十条”“土十条”的相继出台，产生了更大的环保需

求。但目前冶金行业的环保产业市场仍呈现较为明显的离散特征，产业链上下游亟须规范引导，冶金行业原料系统、焦化、烧结、球团、炼铁、炼钢、轧钢等工序的脱硫、脱硝、除尘、水处理、渣处理等关键环保技术装备，普遍缺乏相应的技术要求、效能评估方法，少数环保技术装备即使构建了评价指标体系，也缺少企业环保治理设施实际的应用检验，无法对冶金行业环保产业的健康发展起到引领作用。作为重工业领域环保产业，冶金环保产业标准化是全国环保产业标准体系的重要一环，冶金规划院致力于通过加强冶金环保产业相关标准的制定和实施推广，使之成为冶金企业实施全封闭原料场、烟气脱硫脱硝、高效除尘、污水处理、冶金渣处理等环保改造项目时的品质化、规范化依据。

3. 冶金环境管理标准化领域

我国冶金工业快速发展的同时，部分冶金企业的环保理念、环保投入、环保管理体制机制建设已相对滞后，导致环保问题日益凸显。我国冶金行业暴露出的绝大部分环保问题，在很大程度上都可以归结为冶金企业自身以及环保部门相关环境管理工作不够完善。虽然国家出台了大量污染物排放标准等强制性国家标准，但对于提升冶金环保水平的具体路径缺乏系统的标准指引。冶金规划院开展冶金环境管理标准制定及推广工作，致力于钢铁企业环境绩效评价、钢铁企业环境信息公开、钢铁企业环境成本核算、钢材绿色产品评价以及部分钢铁环境管理术语的标准制修订，是提高企业环境管理水平的有效措施，是提高全社会环境管理水平的重要一环。

4. 冶金节水标准化领域

冶金行业用水量约占工业用水量的8%以上，位居工业行业第三位，属于高耗水行业。国家实施最严格的水资源管理和考核制度，冶金企业大都属于国家重点监控的用水对象，面临严格的节水管理和考核。亟须一整套完善的水效标准、节水管理、节水技术装备和节水产品规范和标准支撑。冶金规划院致力于推进冶金行业节水标准化工作，全面覆盖行业节水管理各个环节，规范引导行业企业节水管理。

5. 冶金资源综合利用标准化领域

冶金行业生产需要消耗大量的铁矿石、煤炭、石灰石以及水资源等，并产生大量的废水、废气和固体废弃物资源。对冶金企业生产过程中产生的矿渣和各种废渣、废水、废液、废气、余热余能等二次资源进行综合开发利用，不仅可实现“变废为宝”，提高资源利用效率，而且对减少资源能源消耗和降低环境污染风险具有不可替代的作用。冶金资源综合利用是促进冶金行业结构调整、转变增长方式和保护生态环境的重要基础性工作，对于强化政府监督管理、推动企业技术进步、引导社会合理消费，规范市场秩序，实现我国节能减排和循环经济发展目标，建设两型社会具有重要作用。冶金规划院致力于推进冶金资源综合利用标准化工作，是冶金固废等二次资源管理规范化、利用高效化和产业健康发展的重要基础保障，是新形势下促进我国冶金企业转型升级和绿色可持续发展的重要举措，为建设资源节约、环境友好型社会和推动绿色、循环、低碳发展提供重要支撑。

（二）开拓冶金物流、绿色制造、两化融合领域标准

当前，我国钢铁行业依然产能过剩，需求低迷，钢铁企业都在努力寻求降本增效，转型升级之路。冶金物流是钢铁企业精益运行降本增效的关键环节，绿色化、智能化是钢铁行业转型升级的重要方向。冶金规划院将开拓性地开展国家、行业层面亟须的钢铁物流、绿色转型、两化融合等标准化工作，为行业物流降本、绿色化、智能化发展提供支撑。

1. 冶金物流标准化领域

钢铁行业物流量规模巨大，但包括供应物流、生产物流、销售物流在内的钢铁行业现代物流标准体系至今还未建立，行业层面物流标准化工作基础薄弱。冶金规划院凭借在钢铁物流规划研究方面积累的丰富经验，依托承担的TC269/钢铁物流标准化工作组，开拓“钢铁物流+标准”，力求实现促进钢铁物流服务体系高效、安全、顺畅、绿色运转。

2. 绿色制造标准化领域

钢铁企业资源能源密集、生产规模大、制造流程复杂，同时也有大量的污染物、废弃物产生，但是钢铁企业的直接产品——钢铁材料却是几乎百分之百可循环利用的资源，因此钢铁行业是最具潜力、最有条件、也是最迫切需要推行绿色制造的工业行业。为贯彻落实《工业绿色发展规划（2016-2020年）》《钢铁行业绿色制造体系建设实施方案》，积极构建具有钢铁行业特色的绿色制造体系，加快推进钢铁工业绿色发展，冶金规划院凭借在冶金行业节能环保绿色发展研究方面积累的丰富经验，开拓“冶金绿色化+标准”，力求实现显著提升钢铁行业绿色发展水平，并促进上下游产业实现绿色发展。

3. 冶金两化融合标准化领域

实施两化深度融合，实现智能制造是钢铁行业转型升级的重要抓手，但目前冶金领域智能制造相关的标准化工作仍较薄弱。冶金规划院凭借在钢铁行业智能制造系统研究方面积累的丰富经验，开拓“冶金智能化+标准”，力求实现促进钢铁行业智能化发展。

（三）抓住团体标准发展机遇

2015 年 2 月 11 日，李克强总理主持国务院常务会议指出，“推动中国经济迈向中高端水平，提高产品和服务标准是关键”，“鼓励学会、协会、商会和产业技术联盟等制定发布满足市场和创新需要的团体标准，选择部分领域开展试点”。2015 年 3 月 26 日，国务院印发了《深化标准化工作改革方案》(国发〔2015〕13 号)，明确将培育和发展团体标准作为一项重要的标准化工作改革措施。2016 年 3 月 14 日，国家质检总局与国家标准化管理委员会联合发布了《关于培育和发展团体标准的指导意见》，提出了促进团体标准化工作健康有序发展的具体措施。可见，未来适应市场和企业需求的团体标准将成为主要发展方向，我国团体标准迎来重大的发展机遇期。冶金规划院主动响应国家大力发展团体标准的需要，把握团体标准“可以快速响应市场和用户需求”的特点，积极开展团体标准工作，填补标准空白、引领行业发展。

1. 中国特钢企业协会团体标准

未来冶金规划院将依托承担的中国特钢企业协会团体标准化工作技术委员会秘书处，开展特钢行业团体标准工作，形成一系列适应市场需求、体现我国特钢行业发展水平的标准，实现从全球特钢产品标准跟随者到引领者的转变，强化标准引领，促进我国特钢行业生产专业化、管理高效化、决策科学化、产品高端化，加快赶超发达国家的步伐，确立我国尖端特钢产品在全球的引领位置，同时，通过团体引领全国特钢产品整体质量水平的提升，推动特钢行业转型升级。

2. 中国钢结构协会团体标准

未来冶金规划院将依托承担的中国钢结构协会钢材标准化技术委员会秘书处，致力于开展钢结构用钢材标准化工作，推动钢结构用钢材的技术与管理进步，形成一系列适应市场需求、体现我国钢结构行业发展水平的标准，促进实现从钢材产品使用者到钢结构用钢材标准生产者的转变，同时，通过团体引领全国钢结构用钢材产品整体质量水平的提升，推动我国钢结构行业发展。

3. 河南钢铁工业协会团体标准

探索与地方钢铁工业协会合作开展团体标准，满足当地标准化需求，特别是对于特色产品、特殊领域的团体标准，努力将河南钢铁工业协会团体标准打造成为地方团体标准的典范。

（四）开展企业标准体系专项研究

结合冶金规划院规划咨询业务，抓住我国标准化工作推向深入发展的机遇，将标准化工作上升到企业发展战略层面，开展企业标准化体系建设研究工作，在系统分析企业装备、技术、生产、产品品种及执行标准等现状的基础上，提出具有企业自身特色的标准体系，实现企业特色产品标准的主导和引领地位，将先进的标准作为企业制造高质量产品、促进技术创新、实现品牌引领的有力支撑，将标准化渗透到企业整个生产经营活动领域，不断提高企业在国内外市场的影响力和话语权。

五、推动铸就“一体两翼大平台”

标准化是“一体两翼大平台”中的重要一翼，也是冶金规划院寻求业务多点支撑的重要举措，以参与过上千项政府和企业咨询的专业技术力量为支撑，以在冶金规划院设立的国家、团体标准化机构为依托，在国家对标准化大力支持背景下，在国家标准、行业标准、团体标准、企业标准体系上实现全面布局、重点突破，将有力推动铸就“一体两翼大平台”，用冶金规划院人的智慧和力量为国家和行业标准化工作做出更大的贡献！

中国钢铁产业政策发展历程及趋势研究

李闯　姜晓东　高升　刘朝建

在中国钢铁产业快速发展的进程中，随着技术进步的持续推动，以及节能减排标准的逐步升级，中国钢铁产业政策体系不断完善和发展，涵盖了淘汰落后和化解过剩、行业规划、规范准入、环境保护、能源节约、资源保障等各个方面，为引导规范行业发展、促进行业转型升级“保驾护航”。其中，淘汰落后和化解过剩产能贯穿了整个产业的发展，也是整个钢铁工业政策发展的缩影，尤其是环保、能耗、安全、质量等综合标准和要求不断提升，已成为行业企业发展的内在需求，依法淘汰和压减已成为化解过剩产能的最有效最公平的手段。冶金工业规划研究院作为政府的参谋部，长期从事产业政策研究工作，全程参与了行业发展规划、产业发展政策等的基础研究、起草、评估等工作，现将钢铁产业政策发展历程梳理如下。

一、淘汰落后和化解过剩阶段

伴随着我国粗钢产量的阶段性发展，按照工艺技术发展、淘汰标准提升的变化，钢铁行业淘汰落后和化解过剩产能政策历程大致可以分为三个阶段，即概念提出阶段（1998 年之前）、装备标准提升阶段（1999~2015 年）、供给侧改革新阶段（2016 年及以后）。

（一）概念提出阶段（1998 年之前）

改革开放之前，我国处于计划经济时代，全国范围内钢铁材料处于严重短缺状态，生产效率的提升、产量的增长，是行业发展的迫切需求，也是国民经济发展的迫切需求。毛主席曾指示：“一个粮食，一个钢铁，有

作者简介：李闯，冶金工业规划研究院总设计师，综合规划处副处长，高级工程师；姜晓东、高升、刘朝建，冶金工业规划研究院。

了这两个东西，什么事情都好办了”。1949 年 12 月，新中国第一个讨论工业的会议，就是重工业部召开的钢铁会议。1956 年 2 月，毛泽东在听取重工业部汇报的时候，明确主张钢产量每五年翻一番。前九个国民经济五年计划均将钢铁工业的发展放在了重要位置，而且均是以加快新建钢铁企业，以及原有钢铁企业的改造扩建，大幅提高钢铁产量为主要目标，见表 1。

表 1　中国国民经济和社会发展五年计划（部分）

序号	政策文件	政策要点
1	“一五”计划（1953~1957）	集中力量进行工业化建设，建立和扩建现代化的钢铁工业
2	“二五”计划（1958~1962）	工业产值增长 1 倍左右，农业总产值增长 35%，钢产量 1962 年达到 1060 万~1200 万吨；“大跃进”时期，以钢为纲，全国跃进，又提出“超英赶美”，钢产量 8000 万吨
3	“三五”计划（1966~1970）	加强基础工业，继续提高产品质量，增加产量，1970 年钢铁年产量为 1600 万~1800 万吨
4	“四五”计划（1971~1975）	工农业总产值每年平均增长速度达到 12.5%，1975 年钢产量 3500 万~4000 万吨；1973 年修正草案调整目标，钢产量下调到 3200 万~3500 万吨，后又调到 3000 万吨
5	“五五”计划（1976~1980）	1975 年，中共中央制定了《1976—1985 年发展国民经济十年规划纲要（草案）》，安排了“五五”计划。在 1978~1980 年，建立独立的比较完整的工业体系和国民经济体系。1978 年 3 月，又修订了十年发展纲要，要求到 1985 年钢产量达到 6000 万吨，国家计划新建和续建 120 个大型项目，其中 10 个大型钢铁基地
6	“六五”计划（1981~1985）	继续贯彻执行“调整、改革、整顿、提高”的方针，进一步解决过去遗留下来的阻碍经济发展的各种问题
7	“七五”计划（1986~1990）	钢 5500 万~5800 万吨，比 1985 年增长 17.9%~24.3%；钢材 4400 万~4650 万吨，增长 19.6%~26.4%；主要行业的经济效益指标要达到新的水平

续表 1

序号	政策文件	政策要点
8	“八五”计划（1991~1995）	要通过对现有企业的改造和扩建，提高技术水平，降低能源和原材料消耗，增产短缺品种和提高产品质量；并加强矿山和辅助材料生产能力的建设。重点续建宝钢、武钢、攀钢、马钢、天津无缝钢管厂和太钢尖山铁矿等，新建宣钢近北庄、重钢平川、鞍钢齐大山等铁矿，以及武钢三炼钢、梅山热轧、本钢冷轧等项目。同时，加快一些重点钢铁企业的技术改造。1995 年，钢产量达到 7200 万吨，钢材产量 5950 万吨。按国际标准和国际先进标准生产的钢材，由 1990 年的 40%上升到 50%，板管比由 37%上升到 40%，连铸比由 22.4%上升到 35%，吨钢综合能耗（标准煤）由 1.63 吨下降到 1.55 吨
9	“九五”计划（1996~2000）	产业结构进一步改善，有效供给能力增强。钢产量 10500 万吨，比 1995 年的 9400 万吨增加 1100 万吨。 一是加快现有大中型钢铁企业的改造扩建，引进和开发当代先进技术，抓好铁路、汽车、造船、电力、石油等专用钢材和不锈钢生产线的配套改造和扩建； 二是加快淘汰化铁炼钢、平炉炼钢、横列式轧机等落后工艺设备，推广高炉喷煤、连铸、连轧技术。2000 年，连铸比提高到 70%以上，板管比提高到 44%，人均实物劳动生产率提高到 100 吨； 三是大力节约能源，发展综合利用。吨钢综合能耗（标煤）力争降到 1.45 吨以下，综合成材率达到 88%，钢铁渣综合利用率达到 85%

在“以钢为纲”“大炼钢铁”的初期发展阶段，即开始了针对钢铁工艺先进落后与否的讨论，20 世纪 50 年代中期，鞍钢就掀起了“平炉好还是转炉好?”的大讨论，争论持续了数十年；1963 年首钢建成投产我国第一座 30 吨氧气顶吹转炉，之后本钢、攀钢也采用了转炉炼钢工艺，转炉工艺得以蓬勃发展，并逐步确立了主导地位。1995 年 9 月 28 日，中共十四届五中全会通过了《关于国民经济和社会发展“九五”计划和 2010 年远景目标建议》，明确提出加快淘汰化铁炼钢、平炉炼钢、横列式轧机等落后工艺设备，也是我国钢铁产业淘汰落后概念的首次正式亮相。

这个阶段的主要特点是：一是国内先进企业引领技术进步，为淘汰落后提供技术支持；二是国家钢铁产业大发展促进钢铁产能和产量提高，为淘汰落后工艺提供基础保障；三是国家开始研究政策引导并逐步实施落后钢铁工艺的退出。

（二）装备标准提升阶段（1999~2015年）

随着中国钢铁产量的快速增长，国家“九五”计划末期即开始要求，年产钢量达到50万吨及以上的国有大中型企业要带头限产，带头限期淘汰落后产能，并且严格控制新增生产能力，坚决制止重复性建设。2001年3月，全国人大九届四次会议通过了《国民经济和社会发展第十个五年计划纲要》，从国家发展战略的高度，明确提出工业改组改造要遵循市场经济规律，正确引导投资方向，依靠现有基础，防止盲目扩大规模和重复建设。

为制止低水平重复建设，加快结构调整，促进生产工艺、装备和产品的升级换代，1999年2月、9月，国家经贸委先后发布《淘汰落后生产能力、工艺和产品的目录（第一批）》（国家经济贸易委员会令第6号）、《淘汰落后生产能力、工艺和产品的目录（第二批）》（国家经济贸易委员会令第16号），首次全面系统地提出了钢铁行业落后产能标准和淘汰期限。其中，2000年淘汰50立方米及以下高炉、10吨以下转炉，5吨及以下电炉；2002年淘汰50~100立方米（含）高炉、10~15吨（含）转炉、5~10吨（含）电炉。

2000年1月，国家经贸委贯彻落实党中央、国务院关于淘汰落后的工艺和设备，压缩过剩的生产能力的要求，再次明确2000年对使用50立方米以下（含50立方米）的小高炉，公称容量10吨以下（含10吨）的小转炉（含侧吹转炉）、小电炉（机械行业生产铸钢件的小电炉除外）等生产设备的小钢铁厂予以关停。

2005年7月，经过国务院常务会议讨论通过，经国务院同意，国家发展改革委发布了《钢铁产业发展政策》（国家发展改革委员会第35号令）。作为钢铁产业首部综合政策，再一次提高了钢铁行业主要设备的淘汰标准，首次提出将300立方米及以下高炉、公称容量20吨及以下转炉和电炉等列为落后工艺技术装备。同年12月，《产业结构调整指导目录（2005年本）》（国家发展改革委第40号令）明确了相关落后装备的淘汰期限。随后《关于加快推进产能过剩行业结构调整的通知》（国发〔2006〕11号）、《国家发展改革委关于进一步做好钢铁工业关停和淘汰落后生产能力工作的通知》（发改工业〔2007〕2761号文）、《钢铁产业调整和振兴规划》等政策文件从组织实施、目标责任等方面进一步加大对落后工艺装备的淘汰力度。

2009年9月，《国务院批转发展改革委等部门关于抑制部分行业产能过剩和重复建设引导产业健康发展若干意见的通知》（国发〔2009〕38号）再次提高钢铁行业淘汰落后标准，明确规定2011年底前，坚决淘汰400立方米及以下高炉、30吨及以下转炉和电炉。

2010年2月，国务院发布《关于进一步加强淘汰落后产能工作的通知》（国发〔2010〕7号），明确成立淘汰落后产能工作部际协调小组，制订了详细的《淘汰落后产能重点工作分工表》，并配套发布了《淘汰落后产能工作考核实施方案》《淘汰落后产能中央财政奖励资金管理办法》政策，实施了有组织、有责任、有补偿、有考核的综合政策体系。同时，提出各地区可根据当地产业发展实际，制定范围更宽、标准更高的淘汰落后产能目标任务。在国发7号文的引导下，我国钢铁第一大省河北省发布《河北省新增限制和淘汰类产业目录（2015年版）》，将炼铁高炉、炼钢转炉的淘汰标准分别提高到450立方米及以下、40吨及以下。

该阶段的显著特征就是以工艺装备的不断升级作为淘汰标准，通过政策体系的不断完善，“十二五”期间，中国共淘汰落后炼铁产能9089万吨、炼钢产能9486万吨，分别超出6300万吨目标任务的44.3%、50.6%，淘汰落后产能工作取得阶段性实质成效。

（三）供给侧改革新阶段（2016年以后）

在新常态下，我国经济增长从高速转为中高速，伴随着经济结构转化、发展动力转换、发展方式转变，我国单位GDP钢材消费强度明显下降，钢铁生产消费已过峰值，进入弧顶下行区，产量、消费量的“双降”标志着我国钢铁行业进入了减量发展新纪元，产能严重过剩越来越成为我国经济运行中的突出矛盾和诸多问题的根源。2015年12月，中央经济工作会议提出“三去一降一补”，将去产能列为五大任务之首，尤其是将钢铁行业去产能作为推进供给侧结构性改革的重要领域和试点，《关于钢铁行业化解过剩产能实现脱困发展的意见》（国发〔2016〕6号），以及8个配套文件的陆续发布，形成了较为完整的“1+8”去产能产业政策体系，开启了钢铁行业去产能的新篇章。

供给侧结构性改革不再单纯以装备大小作为去产能的依据，而是依靠环保、能源、质量、安全和技术的严格执法，划定五条红线，具有强制性，倒逼不符合法律法规和产业政策以及相关标准要求的产能退出，引导钢铁企业向环境保护要发展空间，向能源节约要发展效益，向质量品牌要发展市场，向安全生产要发展保障，向工艺技术要发展基础，促进钢铁企业走上健康可持续发展的道路。

中国钢铁行业产能政策体系示意图见图 1。

2016 年是“十三五”规划的开局之年，中国以推进供给侧结构性改革为主线，以“去产能”为首要任务，压减钢铁产能 6500 万吨，超过目标任务的 44.4%，推进钢铁行业去产能取得重要阶段性成效。

二、政策趋势预判

（一）中频炉炼钢工艺面临全面取缔

2017 年是实施“十三五”规划的重要一年，也是供给侧结构性改革的深化之年，更是去产能任务的攻坚之年。中央经济工作会议明确提出，深入推进“三去一降一补”，继续推动钢铁、煤炭行业化解过剩产能。其中，如何切实有效地打击“地条钢”、处置“僵尸企业”将是去产能任务中难啃的硬骨头。

2017 年 2 月，中国钢铁工业协会、中国金属学会等协会组织联合发布《关于支持打击“地条钢”、界定工频和中频感应炉使用范围的意见》（钢协〔2017〕23 号），明确了除铸造行业采用感应炉作为熔炼设备生产各类铸件产品、特殊合金材料生产，以及在不锈钢及高合金钢生产流程中，仅用于熔化铬铁、镍铁等合金的中（工）频炉，不在关停之列外，其余中频炉炼钢企业不论其规模大小，生产装置新旧程度，是否配置钢水精炼手段和连铸、轧钢装备，是否配置除尘设备等环保设施等，都属于“地条钢”范围，建议都要依法取缔，彻底拆除冶炼主体设备、变压器、除尘罩、操作平台及轨道等装备和设施。尽管协会发布只是意见，但在舆论引导等方面将引起国家层面的重视，从而促进 2017 年国务院去产能工作任务安排中予以明确。包括“地条钢”的定义、处置办法等，为全面取缔“地条钢”提供了政策依据。

1 亿吨以上中频炉炼钢产能全面出清，将对中国钢铁工业产生重大影响。

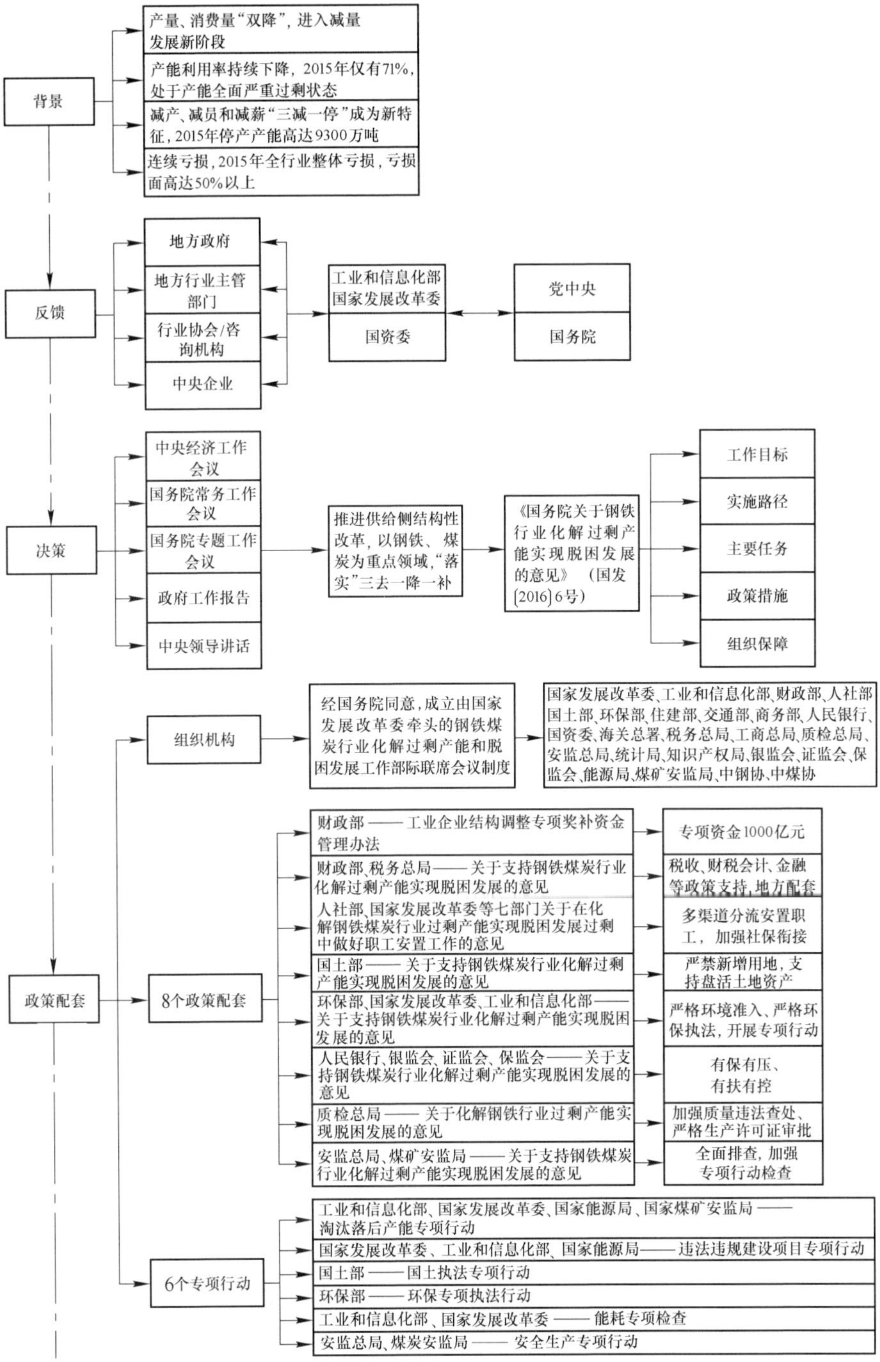
背景
产量、消费量“双降”，进入减量发展新阶段
产能利用率持续下降，2015年仅有71%，处于产能全面严重过剩状态
减产、减员和减薪“三减一停”成为新特征，2015年停产产能高达9300万吨
连续亏损，2015年全行业整体亏损，亏损面高达50%以上
反馈
地方政府
地方行业主管部门
行业协会/咨询机构
中央企业
工业和信息化部
国家发展改革委
国资委
党中央
国务院
决策
中央经济工作会议
国务院常务工作会议
国务院专题工作会议
政府工作报告
中央领导讲话
推进供给侧结构性改革，以钢铁、煤炭为重点领域，“落实”三去一降一补
《国务院关于钢铁行业化解过剩产能实现脱困发展的意见》（国发〔2016〕6号）
工作目标
实施路径
主要任务
政策措施
组织保障
政策配套
组织机构
经国务院同意，成立由国家发展改革委牵头的钢铁煤炭行业化解过剩产能和脱困发展工作部际联席会议制度
国家发展改革委、工业和信息化部、财政部、人社部、国土部、环保部、住建部、交通部、商务部、人民银行、国资委、海关总署、税务总局、工商总局、质检总局、安监总局、统计局、知识产权局、银监会、证监会、保监会、能源局、煤矿安监局、中钢协、中煤协
8个政策配套
财政部——工业企业结构调整专项奖补资金管理办法
专项资金1000亿元
财政部、税务总局——关于支持钢铁煤炭行业化解过剩产能实现脱困发展的意见
税收、财税会计、金融等政策支持，地方配套
人社部、国家发展改革委等七部门关于在化解钢铁煤炭行业过剩产能实现脱困发展过程中做好职工安置工作的意见
多渠道分流安置职工，加强社保衔接
国土部——关于支持钢铁煤炭行业化解过剩产能实现脱困发展的意见
严禁新增用地，支持盘活土地资产
环保部、国家发展改革委、工业和信息化部——关于支持钢铁煤炭行业化解过剩产能实现脱困发展的意见
严格环境准入、严格环保执法，开展专项行动
人民银行、银监会、证监会、保监会——关于支持钢铁煤炭行业化解过剩产能实现脱困发展的意见
有保有压、有扶有控
质检总局——关于化解钢铁行业过剩产能实现脱困发展的意见
加强质量违法查处、严格生产许可证审批
安监总局、煤矿安监局——关于支持钢铁煤炭行业化解过剩产能实现脱困发展的意见
全面排查，加强专项行动检查
6个专项行动
工业和信息化部、国家发展改革委、国家能源局、国家煤矿安监局——淘汰落后产能专项行动
国家发展改革委、工业和信息化部、国家能源局——违法违规建设项目专项行动
国土部——国土执法专项行动
环保部——环保专项执法行动
工业和信息化部、国家发展改革委——能耗专项检查
安监总局、煤炭安监局——安全生产专项行动

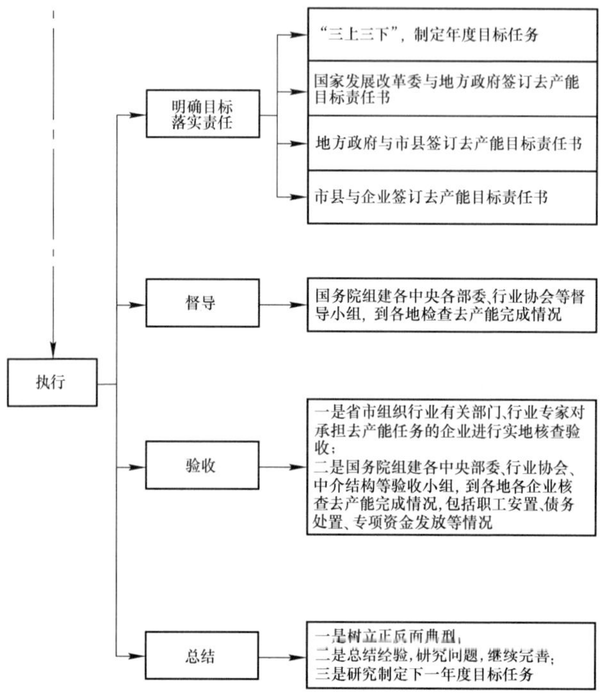

图 1　中国钢铁行业产能政策体系示意图

一方面是转炉炉料结构的变化。转炉炼钢中铁钢比可以高达 20%左右，常规操作中也已达到 15%，而 2016 年全国重点大中型钢铁企业中转炉废钢铁消耗仅有 64.4 千克/吨，还有很大的提升空间，中国转炉钢比例在 93%左右，以此计算，废钢比提高 1 倍，即可多消耗掉近 5000 万吨废钢，再加上电炉短流程的提升，弥补"地条钢"出清后的废钢铁用处将不存在任何难度。即使总的钢铁产量不变，废钢铁的"成功转移"必将导致铁矿需求量的下降。另一方面是炼钢工艺的变化。废钢铁的积蓄将进一步促进电炉短流程的发展，加之环保、能源等约束性不断增强，预计电炉炼钢将迎来一个快速发展的机遇期。

（二）"精准"钢铁产业发展政策有望出台

当前的钢铁产业体系中，有四个问题亟待解决。

一是标准不统一问题。比如《产业结构调整指导目录（2011 年本）》（2013 年修订）与《钢铁行业规范条件（2015 年修订）》中对新建转炉、电炉公称容量不一致，《工业和信息化部关于印发部分产能严重过剩行业产能置换实施办法的通知》与《国家发展改革委 工业和信息化部关于印发对钢铁、电解铝、船舶行业违规项目清理意见的通知》中对同一规格的产能核算不一致等。

二是长效机制与专项行动方案的关系问题。当前，引导行业健康发展的长效机制欠缺，或者是不够完善，而是以淘汰落后、违法违规建设项目清理和联合执法等一系列专项行动为主导，一方面是成本巨大，另一方面“运动战”一般为就事论事的短期行为，而难以从长远和整体上解决钢铁产业的发展问题。

三是公平竞争的市场环境建立及发挥能效的问题。国有钢铁企业承担了更多社会责任，尤其是历史包袱，在税收、环保、职工安置等方面发挥了更为积极的作用，而民营钢铁企业已然撑起了中国钢铁工业的半边天，尽管多被“指责”环保水平不高、产品质量不高、税收水平不高等问题，但民营企业在融资信贷方面也付出了较国有企业更大的成本。

四是多头管理、互相交叉的问题。1956 年 9 月成立的冶金工业部，是国务院主管全国冶金行业的职能部门，实行政企职责分开，贯彻宏观管住、微观放开的原则，精减机构，转变职能，对冶金行业实行规划、协调、监督、服务等行业管理。1998 年 3 月，国务院机构改革方案将冶金工业部改组为国家冶金工业局，成为国家经济贸易委员会管理下的主管冶金行业的行政机构。2001 年国家机关机构改革，国家经贸委管理的冶金工业局等 9 个国家局正式撤销，其有关行政职能已并入国家经贸委，国家局原来的行政职能将并入国家经贸委的相关司局。2003 年 3 月，十届全国人大一次会议通过了国务院机构改革方案，撤销外经贸部和国家经贸委，设立商务部。国家冶金工业局在此次改革中被撤销。原冶金部职能分散到国资委、钢铁工业协会、工业和信息化部和国家发展改革委。至此，一个部门管行业的时代彻底退出历史舞台，开始了“多头管理”。也正是从这个时期开始，在国家宏观经济快速发展的大背景下，以及钢铁行业资本密集型、人员密集型和关联密集型等特点引起了地方政府和企业的集中“追捧”，快速发展的“混乱局面”一发不可收拾，这期间钢铁产业结构调整、产能控制、兼并重组等主要目标任务都没有得到很好的落实和完成。直到 2010 年国发 7 号文发布，成立 18 个部门共同参与的淘汰落后产能工作部际协调小组，各地分别成立省级协调小组，统一管理、统一办公、统一行政的工作模式再次发挥了巨大的功效，促进了各项工作的顺利完成，2015 年在淘汰落后产能工作部际协调小组的基础上，成立了化解过剩产能部际协调小组，在去产能、促脱困等工作中继续发挥着重要的作用。

因此，对于研究钢铁产业如何精准发力的问题，其核心就是在统一标准、完善产业体制机制建设、继续坚持统一管理的前提下，解决市场公平的问题，即以环保、能耗、水耗、质量、安全、税收等标准严格执法，配合差异化的金融政策（国企民企一碗水端平，而对“僵尸企业”“违法违规”企业实施差异化），努力打造公平竞争的市场环境，在政府和行业主管部门的共同监督之下，更能有效地发挥市场配置资源的决定性作用。

（三）“后去产能时期”政策预期

去产能的效果应该从两个层次评估：一是量的层次，即钢铁低效无效产能是否彻底退出钢铁市场，去产能目标任务是否切实完成；二是质的层次，即钢铁行业生产经营困难的局面是否得以改善，公平竞争机制是否得以建立，有效供给水平是否得以提升，组织结构和生产布局是否得以优化，综合竞争力是否得以增强，产业升级是否得以实现。

可以说，“量”是去产能的基础，“质”则是去产能的核心。但应该注意的是，“量”变并不会主动地引起“质”变，这个过程需要严格执法的倒逼、畅通渠道的引导和配套政策的支持。当前，部分地方仅仅是单方面完成了“量”，不仅没有引起“质”的飞跃，反而导致了钢铁企业工序产能不完整性问题的普遍爆发，使得企业生产运行成本大幅攀升，市场竞争大幅削弱。

2016 年发布的《关于推进钢铁产业兼并重组处置僵尸企业的指导意见》，作为钢铁业去过剩产能、结构优化调整的顶层设计方案，是继《国务院关于促进企业兼并重组的意见》（国发〔2010〕27 号）、《关于加快推进重点行业企业兼并重组的指导意见》（工信部联产业〔2013〕16 号）、《国务院关于进一步优化企业兼并重组市场环境的意见》（国发〔2014〕14 号）之后，再次对兼并重组提出具体目标和要求。

因此，下一步产业政策的重心、行业发展的重心都将围绕竞争力的提升这一核心目标，以减量发展为前提条件，以兼并重组为重要手段，以技术改造、产能匹配为基本要求，以结构调整、转型升级为核心内容，集中力量提升行业企业竞争力。

近年中国钢铁工业发展回顾与展望

高升　姜晓东　李闯　刘朝建

一、近年中国钢铁工业发展回顾

1949 年以来，我国钢铁工业已经走过了 68 年发展历程，回顾中国钢铁工业发展，虽然经历了诸多坎坷，但总体实现了平稳较快发展，各方面进步显著。进入 21 世纪以来，我国经济经历了快速发展，钢铁工业也随之实现跨越式发展。

（一）钢铁生产

21 世纪以来，我国钢铁生产规模持续快速发展，尽管其间受到国际金融危机的冲击，但总体上保持快速增长态势，2003 年突破 2 亿吨，以后大约每两年增加 1 亿吨，2014 年粗钢产量达到 8.23 亿吨，达到近年粗钢产量的最高水平，是 2000 年 12850 万吨的 6.4 倍。在世界钢铁工业发展历史上，只有美国、前苏联、日本钢产量曾达到年产 1 亿吨以上，但也没有达到 2 亿吨。

国内经济高速增长，工业化、城镇化的加速推进，钢铁市场需求急速剧增，带动了我国钢铁产量、产能的规模扩张。如“十五”期间，我国经济年均增速接近 9.8%，城镇化率每年提高 1.36 个百分点，同期粗钢产量增长了 2.75 倍，年均增速高达 22%，“十一五”期间，我国经济年均增速接近 11.4%，城镇化率每年提高 1.39 个百分点，同期粗钢产量增长了 1.81 倍，年均增速高达 12.6%，见图 1。

2015 年，我国粗钢产量 8.04 亿吨，同比下降 2.3%；钢材实际消费 6.64 亿吨，同比下降 5.4%，为 1996 年来首次下降；2016 年，全国粗钢产量 8.08 亿吨，同比小幅上涨 1.2%；国内钢材实际消费量 6.73 亿吨，同比增

作者简介：高升，冶金工业规划研究院综合规划处，总设计师，高级工程师；姜晓东、李闯、刘朝建，冶金工业规划研究院。

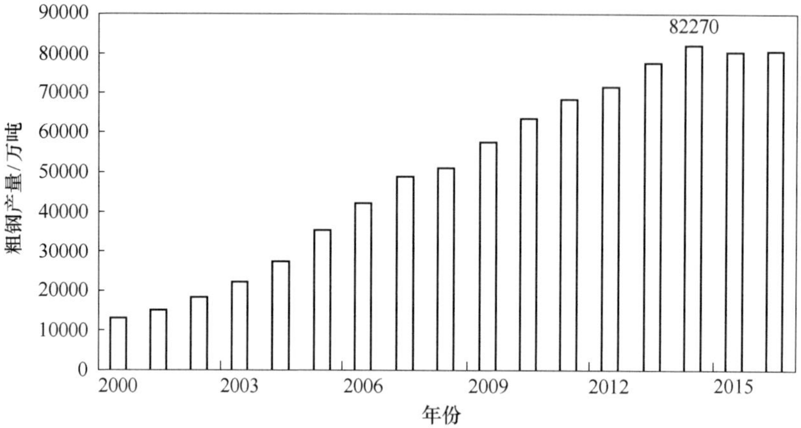

图 1　2000 年以来我国粗钢产量

长 1.3%。

（二）钢材进出口

进口方面，21 世纪以来钢材产品质量大幅提升，部分进口产品逐步被国产钢材替代，2003 年以来钢材进口量总体呈下降趋势，近几年一直维持在 1400 万吨左右相对稳定的水平，未出现增长的势头。2016 年我国进口钢材 1321 万吨，同比增长 3.4%，其中国内不能生产的高技术含量产品仅为 300 万~400 万吨。

出口方面，加入世界贸易组织以来，钢材出口量快速增长。2006 年实现了由净进口大国向净出口大国的历史性转变。2008 年受世界金融危机影响，钢材出口大幅下降，但随着世界经济复苏，2009 年以来一直保持快速增长势头。2015 年，我国钢材出口 1.12 亿吨，同比增长 19.9%，首次突破 1 亿吨，再创历史新高，但同时也伴随国外对我国出口钢材产品反倾销、反补贴调查案件逐步增多。2016 年我国出口钢材 10843 万吨，同比下降 3.5%，见图 2。

（三）工艺装备

21 世纪以来，我国钢铁工业经历了快速发展阶段，工艺装备水平也随之大幅提高，在此期间建成的生产装备大多达到了国际先进水平；建成一批 3000 立方米以上高炉、5 米级宽厚板轧机、2 米级热连轧机和冷连轧机等世界最先进的现代化冶金装备；形成了一批具有自主知识产权的生产装备。重点

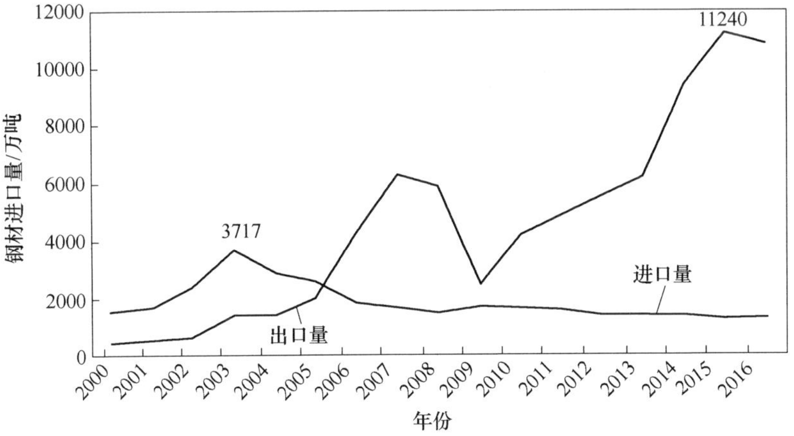

图 2　2000 年以来我国钢材进出口量

大中型钢铁企业 1000 立方米及以上高炉占炼铁总产能 72%以上，100 吨及以上转炉（电炉）占炼钢总产能 65%以上。高效低成本冶炼技术、新一代控轧控冷技术、一贯制生产管理技术等一批关键共性技术广泛应用，新一代可循环钢铁流程在新建成企业中得到推广，干熄焦、干法除尘、烧结脱硫、能源管控中心为代表的节能减排技术在行业已经广泛应用。

（四）钢材品种质量

21 世纪以来，钢铁工业不断提高产品质量，使得汽车、家电、能源、海洋工程、机械等领域用钢材大多实现了自给自足，大部分品种自给率达到 100%。产品结构进一步优化，产品质量不断提高，部分钢材产品的实物质量达到或接近欧盟、日本等国外先进实物质量水平。关键钢材品种生产取得新突破，以百万千瓦级核电用钢、超超临界火电机组用钢、高磁感取向硅钢、第三代高强汽车板、高性能海洋平台用钢等为代表的高端装备用钢实现产业化。量大面广的建筑用钢实现升级换代，重点大中型钢铁企业 400 兆帕（Ⅲ级）及以上高强钢筋生产比例高达 99%以上，而 21 世纪初这一数据仅为不足 4%。

二、中国钢铁工业竞争力

钢铁工业是中国制造业门类中最具全球竞争力的行业之一，已经实现了“5G”水平——好产品、好规模、好价格、好服务、好品牌。中国钢铁工业竞争力主要体现在以下几个方面：

第一，中国拥有全球最大的供应基地和内需市场。2016 年，中国生产粗钢 8.08 亿吨，占全球粗钢产量的 49.6%。2016 年，国内钢材实际消费量达到 6.7 亿吨，占全球钢材消费量的 42%左右，下游建筑、机械、汽车、能源、家电等行业发展及产品更新换代，促使钢铁市场需求活跃，有效支撑了钢铁产业的发展。

第二，中国拥有全球最完整的钢铁产业体系。国内围绕钢铁工业配套发展的工程设计、冶金装备制造、施工服务、钢材贸易等领域实力雄厚，上游产业如煤炭、电力等资源能源相对较丰富，下游如建筑、汽车、机械等产业较发达；为钢铁产业提供研发、咨询、人才培养的院所、机构一应俱全，此外，还拥有中国宝武、河钢集团、沙钢集团等世界一流钢铁企业集团，发挥了很好的引领作用。总体看，中国已经建成了全球最为完整的钢铁产业体系。

第三，中国拥有全球最先进的生产工艺装备。当前，国内钢铁生产工艺装备基本实现了“六化”发展，即大型化、自动化、连续化、绿色化、系统化、精密化，一大批先进的工艺装备技术、节能环保技术、自动控制技术得以应用，全国一半以上生产工艺装备达到国际先进水平。可以说，先进的工艺技术装备，以及系统集成化的思维理念，为中国钢铁工业的日趋强大奠定了坚实的基础。

第四，中国拥有全球最体贴周到的服务和价格。近年来，国内外市场竞争加剧促使钢铁企业提高服务意识，谋求通过服务差异化占领市场。部分企业能够为下游用户提供全方位服务，包括先期介入、联合研发、加工配送、电子商务等售前服务，缩短交货周期、物流运输等售中服务，以及质量异议处理、客户需求信息反馈、技术支持等售后服务，用户满意度大幅提升。另外，由于国内钢铁企业不断降低制造成本，在全球钢铁市场形成了较强价格竞争优势。

第五，中国拥有全球最宝贵的冶金人力资源。全国钢铁工业已建成若干国家重点实验室、工程实验室、工程技术中心、工程研究中心、企业技术中心、创新型企业，拥有一大批专业技术攻关人员、技术转化人员和专业工程应用人员。北京科技大学、东北大学等专业院校，钢铁研究总院、中科院过程所等专业科研机构，每年为行业输送大量的专业技术人员、管理人员和研发人员。此外，冶金规划院、中冶集团等工程咨询服务机构拥有专业素质高的咨询、培训、设计、施工团队。

三、钢铁工业发展展望

（一）发展趋势判断

“十三五”期间，我国经济步入新常态，加快转变经济发展方式、调整经济结构，这将对我国钢材消费产生较大影响。根据《钢铁工业调整升级规划（2016-2020年）》，“十三五”期间我国钢材消费强度和消费总量将呈双下降走势，生产消费将步入峰值弧顶下行期，呈波动缓降趋势。

从长周期角度来看，我国粗钢生产也已经呈现“弧顶+下降通道”的走势，但不排除个别年份的波动回升；生铁生产呈现同样的特点，且随着废钢资源量的逐步增加，生铁产量在长周期内的平均下降速度将比粗钢快；焦炭、铁矿需求也处于进入下行通道的转折阶段。我国钢铁工业的减量发展过程，将是在较长时期内流程调整、优胜劣汰、多元并举和创新发展的过程。

（二）未来钢铁工业发展重点分析

1. 加快技术创新、提高有效供给水平

减量发展阶段，在供给侧结构性改革的推动下，需要引导钢铁企业加快转型升级，加大对创新型钢铁企业的支持力度，提高有效供给水平，满足中国制造业强国、创新型国家建设需求。未来中国钢铁产业的技术进步，既需要政府支持，更离不开企业的自身努力。

政府应不断完善科研体制与激励机制，积极推动钢铁企业加强国家级实验室、研发中心、协同创新中心建设；引导钢铁企业结合国家重大工程建设及国家科技重大专项、国家科技计划等，在战略性前沿冶金工艺、成套装备和关键产品等领域加大研发投入，形成具有自主知识产权的核心技术、专利和标准；重点围绕钢结构、船舶海洋用钢、电工钢、汽车与轨道交通用钢等上下游组建产业技术创新战略联盟，推动产业共性技术、关键技术突破。

钢铁企业自身应发挥技术创新主体作用，坚持以国际领先企业为学习标杆，高度重视技术创新：一是紧密结合《中国制造2025》和可持续发展要求，大力开展钢铁新材料应用和节能减排技术研究；二是持续增加研发投入，逐步提高企业研发投入占整体销售额的比重；三是加强科技创新成果的商业化应用；四是真正建立能激励全体职工都踊跃关心创新、参与创新、争相创新、持续创新的创新激励机制；五是加强基础研究和前沿技术研究，促进跨学科、跨领域的技术融合。

2. 大力推进兼并重组、规范市场秩序

兼并重组是搞活企业、盘活资产的重要途径，也是企业发展到一定阶段继续提高竞争力的重要手段。在西方发达国家，企业兼并重组由来已久，并随着工业革命、互联网技术、金融创新、管理制度变革和经济结构调整掀起了几次企业间兼并重组的高潮。从竞争的角度看，兼并重组的实施，带来了市场竞争格局的重构；通过兼并重组，可以加快优秀企业的成长。在兼并重组活动中，政府也应该积极作为；既要推动国内兼并重组的积极开展，也要做好国际并购的安全指导，以确保兼并重组能够切实提高企业竞争力。

长期来看，要改善钢铁产业竞争秩序，增强钢铁产业的国际竞争力，也需要切实推动钢铁企业加快实施兼并重组。通过兼并重组来规范市场秩序，提升产业整体竞争力，重构国内市场、国际市场竞争新格局；数量多规模小的市场格局是相互恶意降价竞争的根源所在。

3. 借助“一带一路”战略，寻求多方式多途径走出去

借助“一带一路”战略，以企业为主导，依照商业原则，灵活运用境外经贸园区、工程总承包、第三方合作等多种“出海”模式，在“一带一路”沿线重点地区有序实施一批重大合作项目。先期重点鼓励和支持优势企业在资源丰富、基础设施良好、政治环境稳定地区积极掌控铁矿资源和布局钢铁生产基地，探索通过收购、兼并、联合等方式，组建跨国钢铁公司。“走出去”过程中应注重与当地政府、企业互利合作，创造良好的经济和社会效益，实现互利共赢、共同发展。汲取近年来境外投资项目经验教训，做好项目投资风险防控；此外，还应培养一批国际化高端人才服务团队，以保障“走出去”项目顺利实施。

钢铁工业在“走出去”过程中还应注重形成合力，推动钢铁工业与上下游及相关产业，如节能环保、金融、物流、工程设计、资源综合利用、贸易等产业“协作式”走出去。钢铁企业在“走出去”过程中需要注重形式和内容的创新发展，“协作式”走出去方式更容易获得资金支持，钢铁企业向上下游产业链延伸的多元化发展有助于企业在投资决策中合理规避海外投资可能牵扯到的经济、政治和法律风险。因此，钢铁企业在“一带一路”宏伟蓝图实施过程中，可通过推动上下游及相关产业联合，实现“协作式”走出去。

此外，为有力有序推动钢铁国际产能合作，应做好规划先行、加强协调、完善政策、改善服务等一系列工作，首先就是要制定好“一带一路”钢铁国际产能合作中长期战略规划，规划出符合各方共同利益的发展蓝图，给企业提供明确导向，避免一哄而上、无序竞争。同时，与相关国家加强沟通与协调，增进互信，构建紧密务实的伙伴关系，探讨建立长效合作机制。

4. 坚持绿色发展、打造绿色钢铁产业链

近年来我国钢铁工业取得了巨大成就，但与此同时环保压力逐步加大，尤其是我国钢铁工业已经进入减量发展阶段，必须更加重视绿色发展，但目前我国钢铁行业的绿色发展仍处于起步阶段，真正实现绿色化钢铁企业还有大量工作要做。

首先，应全面树立绿色发展理念，站在钢铁全产业链的高度，多层次、多角度考虑，根据钢铁企业具体情况，实施“绿色矿山、绿色采购、绿色物流、绿色制造、绿色产品、绿色产业”六位一体的总体战略，可以优先在一批基础条件良好的钢铁企业进行“六位一体”试点建设，形成示范效应，取得一定的成果与经验后再在全行业实施推广。

其次，应逐步建立钢铁流程绿色化发展理论体系、评价体系和方法体系，通过建立成熟的绿色发展体系，规范钢铁企业的绿色化发展，持续不断地提升行业的绿色发展水平。

再次，企业应重视绿色发展规划的编制和实施，对绿色发展进行科学合理的规划，确定清晰的发展思路，明确的发展目标，可行的实施方案。同时还要注重规划内容的落实，再好的规划不落实也不能发挥作用，规划编制完成后就应该按照规划内容进行落实，争取尽快将规划内容转化成绿色发展的成果。

正视制品现状　引领科学发展

刘朝建　管志杰　高升　霍咚梅

线材制品是热轧线材的深加工产品，通常是将热轧线材经过表面处理、拉丝（轧制）、热处理、镀（涂）层、捻股（绞线）、合绳等生产工序生产。线材制品品种通常分为普通低碳钢线材制品、优特钢线材制品两大类。一般普通低碳钢线材制品产品档次低、工艺简单、投入少，主要由一些民营或集体所有制的小型轻工和建筑企业生产；优特钢线材制品产品档次高、工艺复杂、投资较大，主要由一些大型线材制品企业生产。

自中华人民共和国成立60多年以来，我国的线材制品行业，经历了一个从无到有、从小到大的艰难发展历程，已经成为世界线材制品第一生产与消费大国，为国民经济各行业的发展发挥了巨大支撑作用。

冶金工业规划研究院是从事冶金工业规划研究的权威专业机构，建院45年来，面对不同时期的外部环境，正确分析当时的主要问题，接受政府完成了多项线材制品行业中长期发展规划研究编制、项目立项评估论证工作；完成了贵州钢绳厂、宁夏恒力、天津制品基地、宝钢线材制品等多家线材制品企业的总体发展规划、项目建议书、可行性研究报告的编制工作，为我国线材制品的快速、健康与可持续发展做出了有意义的工作。

一、快速发展，成绩显著

（一）生产情况

近年来，建筑、能源、机械、交通、化工等行业的高速发展拉动线材制品快速增长，“十二五”期间，我国优特钢线材制品产量年均增长率为5.9%。2016年我国优特钢线材制品产量为3165万吨，其中，商品钢丝

作者简介：刘朝建，冶金工业规划研究院副总工程师，教授级高级工程师；管志杰、高升、霍咚梅，冶金工业规划研究院。

2200 万吨、钢丝绳与钢绞线 965 万吨。2016 年我国优特钢线材制品产量情况见表 1。

表 1　2016 年我国优特钢线材制品产量　　（万吨）

序号	品　种	产量	比例/%	备　注
一	优特钢钢丝	2200	69.5	
1	焊丝	300	9.5	
2	预应力钢丝、钢棒	240	7.6	PC 钢丝、PC 钢棒
3	弹簧钢丝	140	4.4	
4	橡胶骨架钢丝	105	3.3	轮胎钢丝、高压胶管钢丝
5	镀锌钢丝	95	3.0	镀锌钢丝
6	其他钢丝制品	1320	41.7	冷镦钢丝、不锈钢丝、轴承钢丝、围栏钢丝、辐条钢丝等
二	钢丝绳与钢绞线	965	30.5	
1	钢丝绳	220	7.0	
2	钢帘线	240	7.6	
3	预应力钢绞线	430	13.6	
4	镀锌钢绞线	85	2.7	
合　计		3165	100.0	

数据来源：中国钢铁协会、线材制品行业协会、线材制品信息网。

（二）进出口情况

近年来我国线材制品进口逐年减少，出口持续快速增长，我国由世界上最大的线材制品进口国转变为世界上最大的输出国。

“十二五”期间，我国优特钢线材制品进口量年均下降率为 5.2%。

2016 年进口钢丝、钢丝绳与钢绞线总量下降到 22.8 万吨，进口用汇 6.8 亿美元。其中，进口各类钢丝（含普通钢丝）15.6 万吨，进口用汇 4.1 亿美元；进口钢丝绳与钢绞线 7.2 万吨，进口用汇 2.7 亿美元。

“十二五”期间，我国优特钢线材制品出口量年均增长率为 7.6%。

2016 年出口钢丝、钢丝绳与钢绞线总量增长到 337.1 万吨，出口创汇 32 亿美元。其中，出口各类钢丝（含普通钢丝）226.6 万吨，出口创汇 18.7 亿美元；出口钢丝绳与钢绞线 110.5 万吨，出口创汇 13.3 亿美元。

2016 年我国线材制品进出口情况见表 2。

表 2　2016 年钢丝、钢丝绳与钢绞线进出口情况

序号	产品名称	进口情况		出口情况	
		数量/万吨	金额/万美元	数量/万吨	金额/万美元
合　计		22.8	67669.0	337.1	319711.1
一	钢丝	15.6	40897.7	226.6	186701.5
1	普碳钢丝	6.1	12037.9	172.6	130686.1
2	不锈钢丝	1.9	13962.2	6.9	20276.4
3	合金钢钢丝	7.5	14897.6	47.1	35738.9
二	钢丝绳及钢绞线	7.2	26771.4	110.5	133009.7
1	绞股线绳缆	7.0	24534.9	108.6	127659.1
2	其他钢绳	0.2	2236.5	1.9	5350.5

数据来源：中国海关。

（三）消费情况

近年来，我国优特钢线材制品消费量呈增长趋势。“十二五”期间，优特钢线材制品消费量年均增长率为 5.8%，2016 年消费总量约为 3019 万吨，其中，商品钢丝消费量 2155 万吨、钢丝绳与钢绞线 864 万吨。2016 年我国优特钢线材制品消费量情况见表 3。

表 3　2016 年我国优特钢线材制品消费量

序号	品　种	数量/万吨
一	优特钢钢丝	
1	生产	2200
2	进口	9.4
3	出口	54
	小计	2155.4
二	钢丝绳与钢绞线	
1	生产	965
2	进口	7.2
3	出口	108.6
	小计	863.6
总　计		3019

二、问题突出，差距明显

（一）产能严重过剩

由于线材制品行业具有投资少、见效快等特点，容易形成盲目重复建设。初步统计，国内优特钢线材制品产能约5000万吨，产能利用率仅为65%，其中，PC制品、钢丝绳、焊丝、切割钢丝这几个品种产能过剩尤为突出。产能的严重过剩，造成市场激烈愈加竞争，企业间竞相压价，多数企业处于亏损的边沿。特别是，一些小企业搞低水平建设，依靠其低成本恶性竞争，影响行业结构优化，造成土地及资金大量浪费。

（二）产品集中度低

企业多、规模小、集团化程度低、规模效应差，仍然是影响国内线材制品行业竞争能力的主要因素之一。目前，我国具有钢丝绳生产许可证的企业260余家，2016年产量超过10万吨的企业只有贵绳和狼山钢绳集团2家；具有一定规模的PC钢绞线生产企业约47家，2016年超过10万吨产量企业仅10家；具有CO_2气保焊丝产品的焊丝生产企业约200家，产量4万吨以上的仅约13家。

（三）品种结构需进一步优化

目前，我国优特钢线材制品产品生产与消费档次偏低，产品实物质量与国外仍有差距，为特定用户开发的专用品种较少。例如，点接触的钢丝绳品种在国际发达国家早已成为被禁产品，而在我国企业中普遍存在；合金弹簧钢丝、切割钢丝、轮胎钢帘线、单晶硅切割钢丝等部分产品仍不能完全满足市场需求。造成这种差距的原因，一是部分技术装备水平仍较落后；二是产品研发能力不足；三是适应市场需求转变缓慢。

（四）部分企业工艺设备技术水平较低

目前，我国优特钢线材制品生产能力的40%达到国际先进水平，机械剥壳连续化生产线、水（铅）浴热处理酸洗连续化作业线、直进式拉丝机、高性能水箱拉丝机、大轴承高速捻股机、双捻机已在一些企业普遍使用，主要用来生产钢帘线、切割钢丝、胎圈钢丝、高压胶管钢丝、PC 钢丝钢绞线、二氧化碳气保焊丝和部分高档钢丝绳等产品。但是，相当一部分钢丝绳、低碳钢丝、镀锌钢丝钢绞线、弹簧钢丝、丝钉制造等生产企业，仍沿用作坊式生产方式，采用大池子酸洗、滑轮式或大水箱拉丝机拉丝、燃煤马弗炉铅浴（或正火）热处理等落后生产工艺设备，工艺路线不合理，生产效率低。

（五）高端原材料仍不能完全满足线材制品生产需求

目前我国各线材企业通过结构调整和产品升级，产品质量大幅提高，基本可以满足线材制品生产需求，但部分高端原材料仍需要进口。例如，生产太阳能硅片的切割钢丝用线材、高质量合金冷镦钢线材、高性能合金弹簧钢线材、高性能轴承钢线材、不锈钢制品用原料等，仍部分依赖进口。

（六）原材料深加工比例有待进一步提高

在国际发达国家，线材产量约 85%进行深加工使用，优特钢线材深加工比例达到 70%左右。如《日本钢铁统计要览—2009》统计，2008 年日本线材产量 683. 2 万吨，其中优特钢线材产量 508. 5 万吨，线材消费量 550 万吨，线材制品产量 464. 2 万吨，当年日本线材深加工比例为 84. 4%。我国线材深加工比仅为 30%左右，比例过低。

三、明确方向，继往开来

（一）“十三五”优特钢线材制品消费量预测

增量因素方面，“十三五”期间，我国汽车、造船、轻工、家电等制造业将保持发展，将拉动优特钢线材制品消费量的增长；“十三五”期间我国基础设施建设规模仍较大，特别是能源、铁路、公路、市政建设，将带动优特钢线材制品消费需求；优特钢线材制品的制造成本与普通低碳钢线材制品的成本差距逐渐缩小，为进一步发展优特钢线材制品提供了条件。

减量因素方面，目前全球线材制品行业市场整体呈现供过于求态势，竞争加剧，贸易摩擦增多，随着我国经济发展进入新常态，建筑等下游行业线材制品需求增速放缓，甚至下降；国内线材制品生产已具备一定的规模，“十三五”及以后发展的重点为品种、质量，随着品种结构调整向高质量、长寿命发展，优特钢线材制品消费的增长率、更换率将降低。

综上，“十三五”期间，我国优特钢线材制品的消费量仍将持续增长，但增长率将明显下降。预计 2020 年国内优特钢线材制品的消费量约为 3500 万吨。

（二）优特钢线材制品品种结构发展趋势

“十三五”期间，优化优特钢线材制品产品结构按照“三个一批”总思路，即“压缩低端，淘汰一批”“提升中端，推广一批”“强化高端、开发一批”，紧跟下游行业产品升级新需求，紧盯能源、交通、汽车、机械、铁路、特高压输变电改造等国家大力扶持和重点投资的项目建设，着力拓展汽车、能源、交通、高端装备制造、新能源、海洋工程、节能环保等战略性新兴产业市场，通过产品质量的进一步提升、专用品种开发、工艺技术管理进步等，推进产品结构优化。

重点提升高附加值专用钢丝绳。据不完全统计，2016 年国内工程机械用钢丝绳用量 40.5 万吨、电梯用钢丝绳 13.2 万吨、港口用钢丝绳 12.8 万吨、大型矿山用钢丝绳 24.6 万吨和石油开采用钢丝绳 5 万吨，今后将以 2%～3% 幅度增加。“十三五”期间，重点发展多丝线接触钢丝绳、面接触钢丝绳、三角股钢丝绳、密封钢丝绳、电梯绳、大型矿山用绳、锻打钢丝绳、多层股钢丝绳、涂塑钢丝绳、单股绳、编织钢丝绳、锌铝合金钢丝绳、不锈钢丝绳、满充式钢丝绳、海洋镀锌钢丝绳等高附加值特色产品。

重视发展专用商品钢丝。据不完全统计，2016 年国内汽车悬架弹簧钢丝用量约 25 万吨、合金钢丝进口 8 万吨、胶管钢丝用量约 35 万吨、镀锌及 Galfan 钢丝约 60 万吨、镀青铜胎圈钢丝 70 万吨、CO_2 气保焊丝 160 万吨。“十三五”期间，重点发展镀锌钢丝、高强度弹丝（82B）、Galfan 镀层钢丝、镀锌缠绕钢丝、CO_2 气保焊丝、镀青铜胎圈钢丝、高压胶管钢丝、特殊用途钢丝等高附加值特色产品。

“十三五”期间，我国线材制品行业发展主旋律呈现出四个转变，即由“规模扩张”向“规模+品种+质量”转变，由“生产制造”向“制造+服务”转变，由“要素投入”向“要素投入+创新驱动”转变，由“立足国内”向“国内+国际布局”转变。在线材制品行业转型发展的关键时期，线材制品企业应积极开拓消费市场，大力发展专用品种，实现定制化与个性化产品服务；

以品种质量为中心，推进品牌建设；大力降低成本，提高市场竞争能力；控制产能，提高集中度，避免恶性竞争；推广环保、节能技术，实现清洁化生产；提高资金使用效率，防范资金风险；创新驱动，走出去发展；敢于取舍，适度发展非制品产业，不断提高竞争能力。

客观公正、热情高效、科学准确、诚信严谨是冶金规划院的办院宗旨。过去，我们为国内线材制品的科学发展做了大量有益工作，今后仍将继续努力，正确认识制品行业的现状与差距，把握好行业的发展趋势，提出有效的整改措施，持续引领线材制品行业科学发展。

致知力行继往开来　打造行业顶级智库

周　翔

“智库”通常被认为是：以公共政策为研究对象，以影响政府决策为研究目标，以公共利益为研究导向，以社会责任为研究准则的专业研究机构。既可以是具有政府背景的公共研究机构（官方智库），也可以是不具有政府背景或具有准政府背景的私营研究机构（民间智库）；既可以是营利性研究机构，也可以是非营利性机构。现代智库作为重要的智慧生产机构，是一个国家思想创新的源泉，也是一个国家软实力和国际话语权的重要标志。作为冶金行业的专业研究机构，冶金工业规划研究院自1972年成立以来，一直致力于打造冶金行业最具权威、国际有影响力的顶级智库。从顶级智库的功能和定位来说，咨询业务是最根本的、最核心的竞争力。今年是冶金规划院成立45周年，我院将继续发挥人才、专业、业绩、能力、理念等优势，秉承“五度”思维，不断开拓创新，为我国乃至全球冶金工业的发展做出应有的贡献。

一、咨询人才队伍强大、梯队结构合理

冶金规划院拥有一支专业配备齐全、年龄结构合理、工作经验丰富、综合能力突出的咨询人才队伍。现有业务人员中具有硕士、博士学位的人员占70%以上，享受国务院政府津贴、教授级高工及注册咨询师的人员约占50%。专业领域涉及地质、采矿、选矿、原料场、烧结、球团、焦化、炼铁、炼钢、轧钢、有色冶炼加工、炭素、耐火（含石灰）、铁合金、给排水、供电、燃气热力、自动化、能源、环保、总图物流、循环经济、管理、金融、技术经济、智能制造、标准化研究等冶金行业全工序，具有综合咨询服务能力。专业人才队伍中既有经验丰富的老教授，也有承前启后、年富力强的中青年业务骨干，还有朝气蓬勃的年轻力量，很好地保证了咨询业务的连续性和传承性。

作者简介：周翔，冶金工业规划研究院事业发展处处长，高级工程师。

人才队伍中既有理论知识基础又有丰富实践经验，既懂专业技术又能准确把握国家政策，既具有很强的咨询业务能力又具备市场营销意识，复合型、“一条龙”服务优势十分突出。冶金规划院十分重视人才队伍的知识更新和业务培训，以冶金专业为基础，外延扩展知识领域，定期开展相关业务培训，提高员工能力和水平，提升工作质量，改善工作效率，为打造行业顶级智库建立了强大的人才保障。

此外，冶金规划院还十分注重高水平、宽领域、多渠道的外部咨询专家库建设，按照开放、共享的理念，发挥平台优势，充分借助外部人才力量为咨询业务保驾护航。建立外部咨询专家库有利于理清思路、带来新的理念和想法，提升咨询工作的质量和水平；同时也有利于扩大知识渠道，做到信息对称，节约在摸索学习新知识过程中投入的时间和精力，大幅提升工作效率；更是有利于挖掘咨询研究过程中深层次问题，精准发现问题，提出科学有效的解决方案。冶金规划院现有外部咨询专家队伍涉及相关政府部门领导、行业协会专家、企业一线专家、上下游相关领域专家学者等，能够很好地做到集社会各界智慧为客户提供全方位咨询服务。

二、咨询服务领域广泛、工作业绩突出

成立45年以来，冶金规划院服务领域由最初的专注于从事冶金工业发展战略、产业结构、生产力布局、国内外市场需求预测、冶金工业中长期规划的基础研究，冶金工业中长期发展规划，进行建设项目的评估和新建企业的前期编制工作，冶金企业总体规划、项目建议书、项目申请报告、可行性研究报告、资金申请报告的编制和工程技术咨询与信息中介服务，项目评估、招标咨询和实施、投产后评估及管理咨询和技术推广应用，为工程项目提供从决策到建成投产全过程的咨询服务等，不断外延业务范围和领域。目前咨询业务服务领域涉及十三大类，主要合作客户和业绩遍布全国几乎所有省（市、区）以及全球主要钢铁、铁矿生产消费国家，以下按分类做详细介绍（合作客户排名不分先后）。

（一）政策研究、行业课题

冶金工业发展战略、总量控制、结构调整、生产力布局、产业技术政策等方面的综合专题研究，以及行业政策、资源开发、转型升级、兼并重组、

节能减排等一系列重要政策、发展规划的基础研究和编制工作。

主要合作客户包括：国务院研究室、国家发展改革委、工业和信息化部、科技部、原环保部、商务部、水利部、国资委、国家能源局、国家标准委、原冶金工业部、原国家经贸委、原国家计委、中国钢铁工业协会等。

（二）区域规划、园区发展

地方（省、市、县）冶金工业结构调整、转型升级规划，区域聚集产业园发展规划，城市矿产及固体废弃物回收与利用项目及技术研究，地方多种经营产业园区规划编制工作。

主要合作客户包括：河北省、山东省、辽宁省、江苏省、湖北省、河南省、广西壮族自治区、吉林省、黑龙江省、西藏自治区、新疆维吾尔自治区、陕西省，河北唐山市、河北邯郸市、江苏连云港市、辽宁大连市、河南安阳市、天津滨海新区、重庆梁平区、广东湛江市、广东阳江市、山西河津市、辽宁辽阳县、安徽霍邱县等。

（三）企业规划、项目前期工作

冶金企业中长期发展规划、总体发展规划、联合重组规划、结构调整规划，新建冶金企业的前期研究、论证，基建项目、技改项目的评估，冶金企业基建项目和技改项目的项目建议书、申请报告、可行性研究报告编制工作。

主要合作客户包括：宝钢、鞍钢、武钢、首钢、包钢、本钢、马钢、太钢、河钢、山钢、柳钢、安钢、酒钢、青钢、通钢、三钢、沙钢、中信泰富特钢、陕钢、东北特钢、荣程钢铁、建龙钢铁、敬业钢铁、德龙钢铁等。

（四）市场调研、产品链延伸

全国（全球）钢材市场需求调研和预测分析，钢铁企业产品品种市场定位研究，新型钢材品种应用前景调研和预测，产品深加工园区、装备制造及新材料产业园区规划编制工作。

主要合作客户包括：宝钢、鞍钢、首钢、酒钢、柳钢、马钢、攀钢、包钢、莱钢、华菱钢铁、新兴铸管、天津钢管、新余钢铁、唐钢、邯钢、承钢、石钢、舞阳钢铁、国丰钢铁等。

（五）节能减排、绿色发展

冶金及矿山项目节能评估报告，节能、环保推进规划，能源、环保诊断及项目措施实施，低碳、绿色发展规划，绿色评级，节水优化与提升实施方案，电能节约增效研究，国家及地方节能减排资金申请报告编制，搬迁、关停钢铁企业场地环境调查，场地土壤污染状况调研、土壤修复工作等咨询服务。

主要合作客户包括：宝钢、鞍钢、武钢、本钢、河钢、首钢京唐、柳钢、马钢、华菱湘钢、沙钢、宁钢、石钢、水钢、南钢、天铁、莱钢、凌钢、邢钢、山东鲁丽、华乐合金等。

（六）生产诊断、经济评价

钢铁企业铁前降本增效研究，物流管理整合及系统优化，建设项目技术经济评价及投产后评价，资产评估等工作。

主要合作客户包括：唐钢、水钢、陕钢、马钢、山钢、日照钢铁、长江钢铁等。

（七）管理咨询、人力资源优化

冶金企业集团组织管理体系设计，组织结构调整，制度体系业务流程优化，供应链战略设计、营销战略设计，运营管理提升、精益生产、全面预算管理设计，风险管理体系及内控体系设计，企业文化体系建设，人力资源相关规划咨询及整体解决方案，薪酬绩效管理体系设计，管理层、执行层、操作层业务培训等。

主要合作客户包括：柳钢、武钢、陕钢、唐山瑞丰钢铁、同煤天建钢铁、潍坊特钢等。

（八）海外冶金及矿山企业规划咨询

冶金企业海外投资矿山项目评估，海外矿产资源开发规划，国外资源产地国家矿业及钢铁发展规划，海外客户信息咨询定制化服务等。

主要合作客户包括：武钢、首钢、河钢、中铁建、国家开发银行、中国进出口银行、中铝、中非基金、复星集团、秦港股份、西部黄金、美国波音、澳大利亚 Arrium 公司、瑞典 SNL 公司、奥登道夫、力拓等。

（九）钢铁电商、工业智能研究

钢铁电商发展趋势研究及政策建议，企业电商平台搭建、运营管理、系统开发等一整套电子商务方案设计，着眼于生产过程、业务经营和企业决策的工业智能研究及设计工作。

主要合作客户包括：荣程钢铁、昆钢、本钢、四川德胜、山西立恒、潍坊特钢、找钢网、中钢网、欧冶云商等。

（十）标准化研究

差异于产品标准的相关其他标准化体系建设和标准项目制修订工作，包括国家及行业层面的钢铁物流、绿色转型、两化融合、电力需求侧管理、资源综合利用、品牌建设等。

主要合作客户包括：马钢、永钢、沙钢、陕钢、永通特钢、龙腾特钢、江苏镔鑫、四川德胜、华夏世星、北京鑫联环保、山西聚鑫物云、浙江特力、安徽欣创、杭州炬华、北京科锐等。

（十一）技术推广服务

国内外涉及钢铁冶炼、矿山开发、节能环保等方面的新技术、新工艺、新设备的推广应用，以及钢铁企业设备采购咨询和国外公司相关技术的国内市场代理工作。

主要合作客户包括：意大利米诺、乌克兰钛设计院、福建德盛镍业、中钢滨海、泰山钢铁、山东国舜、四川点石、三川集团、南瑞继保、大连华锐重工、思安新能源、上海宽量、澳大利亚耐普公司、翰澜企业管理、富仑基金等。

（十二）民营钢铁研究

民营钢铁企业发展趋势、体制机制及公司治理结构研究，民营企业发展战略、改制转型等方面的规划咨询服务工作。

主要合作客户包括：沙钢、永钢、建龙钢铁、荣程钢铁、日照钢铁、中天钢铁、德龙钢铁、石横特钢、四川川威、河北敬业、方大特钢、山东广富、山东鲁丽、龙腾特钢、东方特钢、山西建邦、山西立恒、新武安集团、东海钢铁、广西盛隆冶金等。

（十三）会议、培训及信息服务

中国钢铁发展论坛、中国钢铁节能减排论坛、中国钢铁技术经济高端论坛、钢铁行业多元产业大会、中国钢铁原材料市场高端论坛等五大系列高端论坛，各类客户有关行业技术、市场信息、金融、管理类培训业务，中国钢铁市场分析与预测（蓝皮书）系列咨询报告，客户定制化信息服务等。

主要服务内容包括：至今已成功举办七届发展论坛、七届节能减排论坛、五届技术经济论坛、三届多元大会、五届原材料论坛，每年定期出版蓝皮书年度、季度、月度、专项报告，《钢铁规划研究》刊物等。

三、咨询业务亮点纷呈、事业蓬勃发展

冶金规划院成立45年以来，尤其是近5年，咨询业务成功转型，在原有业务领域的基础上，积极开拓创新，取得了骄人的成绩，特别总结以下几个方面尤为振奋。

一是政策服务质量、领域和水平再上新台阶。目前开展的政策性服务工作已从原有单纯的政策文件前期起草、论证、支撑向纵深服务推进，如项目清理备案、行业准入、产能摸底核查等。从政策提出、前期调研到起草出台、宣贯落地、实施督查、相关保障等提供综合化的服务体系，全方位发挥政府参谋的作用，搭建好政府与企业之间的桥梁。冶金规划院发挥自身独特的优势，一方面努力协助使政府相关部门出台的行业政策更适应行业发展、更接地气；另一方面争取做到企业的、行业的呼声能够更加畅通地反馈到政府主管部门决策层，推进钢铁行业健康发展。

二是在社会关注热点领域，冶金规划院品牌更加响亮。近年来随着经济社会发展和进步，人们对生产、生活质量的要求更高。钢铁工业作为基础原材料工业，越发受到社会各界的关注。产能过剩、环保雾霾治理、贸易摩擦、钢材铁矿石价格波动、打击地条钢等问题日益突出，冶金规划院依托自身行业顶级智库的专业优势，在国内外主流媒体和会议广泛宣传钢铁行业正面形象和积极贡献。同时发挥业务特长，为相关企业量身打造定制化咨询服务，开展化解过剩产能、环保治理、转型升级发展等专项诊断和规划，为行业企

业的发展出谋划策，指明方向。

三是专项咨询服务给客户带来全新的服务体验。长久以来咨询成果给客户的印象更多的是一本本厚厚的报告。近年来随着客户需求的多样化、差异化和个性化，单纯的咨询报告已经不能全面满足客户需求。冶金规划院紧抓市场脉搏，急客户之所想，深入剖析客户深层次的需求，对客户现状进行全面分析和诊断，针对问题开展包括协助寻找技术、寻找资金、撮合合作、宣传推介、实施落地、后续跟踪服务等全天候、立体化且形式多样的咨询服务，使得客户找到冶金规划院就找到了解决问题的钥匙、快速发展的路径，给客户带来无与伦比的咨询服务体验。

四是海外咨询市场稳扎稳打，取得明显的突破。近五年来，冶金规划院在海外咨询市场开拓上积极利用品牌优势，步步为营，取得了不俗的成绩。海外业绩从前期较为单一的海外技术推广、设备代理发展壮大，形成海外矿山投资、园区规划咨询、并购合作、市场调研、重大海外项目评估、贷款融资项目评估等多样化咨询服务体系。随着国内咨询市场不断成熟、全球市场一体化以及中国钢铁工业由大变强的步伐日益坚定，相信在不久的将来，海外咨询业务一定会发展成为冶金规划院整体业务“皇冠”上一颗更加璀璨夺目的明珠，对此我们充满了良好的希望和期待。

五是咨询业务作为主体，扎实推进形成发展“大格局”。对于冶金规划院来说，咨询业务是发展的基础，也是发展的根本，但并不是发展的全部。随着各项事业的全面推进，发展迈入了更高的层次，形成了更大的格局。以咨询业务为主体，智能制造和标准化研究为两翼的框架已基本形成，在咨询主体的引领下，两翼将会日益丰满，带动冶金规划院发展更加稳健。此外，在以北京作为事业发展中心的基础上，东（天津）南（上海/南京）西（西安）北（唐山）的布局也已初具雏形，相信大的格局一定会让冶金规划院的发展更进一步，前景一片光明。

四、咨询愿景远大宏伟、扬帆再铸辉煌

回顾45年，在历来干部职工团结拼搏、不懈努力下，在全体在职员工同心协力、埋头苦干下，冶金规划院咨询业务取得了一系列突出而卓著的成绩。45周年，冶金规划院站到了新的历史起点，咨询业务步入了发展“快车道”。为了实现“打造冶金行业最具权威、国际有影响力的顶级智库”，我们没有理

由懈怠、更没有理由放松，“雄关漫道真如铁，而今迈步从头越”，只有不断创新、不断进步，才能在日益激烈的咨询市场中立于不败之地。

远大的咨询愿景已经确立，宏伟的发展蓝图已经描绘好。为了实现崇高的目标和理想，让我们一起携起手来，以良好的工作态度、饱满的工作热情、务实的工作作风、卓越的工作效率投入到伟大的咨询事业中去，为冶金规划院的跨越腾飞，为实现“MPI 梦”“顶级智库梦”“钢铁强国梦”而全力以赴，努力奋斗！

管理咨询助推冶金规划院业务创新发展

赵峰　王凌晗

钢铁工业是国之基石，为国民经济和社会发展奠定了良好的基础。经过几十年的发展，我国钢铁行业虽然取得重大突破与辉煌成就，但在发展中也暴露出了越来越多的问题，例如：法人治理结构不合理、组织机构臃肿、内部机制僵化、激励机制市场化程度不高、人才流失严重，社会负担沉重等。面对这一尴尬局面，政府主管部门、行业管理机构和钢铁企业努力以技术改进和管理创新作为驱动力促进整个行业的不断进步，取得了一定的成果。党的十八届三中全会做出了《中共中央关于全面深化改革若干重大问题的决定》，为中国经济描绘了新的发展改革方向，尤其是提出了“市场对资源配置起决定性作用”这一重大理论论断，将使我国钢铁企业在改革改制、经营管理的方式上发生根本性改变。钢铁工业调整升级的总基调下，钢铁企业更加注重构建现代化企业管理模式，以培育和强化企业核心竞争力为目标，提升企业管理水平成为关键所在。进入“十三五”，值此建院45周年之际，冶金工业规划研究院以“中国制造2025”为契机，与时俱进地提出构建“一体两翼大平台”的战略，拓展业务范围，厘清业务重点，为政府、行业和企业提供更加丰富的服务，作为冶金规划院经济处的新兴业务，管理咨询也成为规划咨询的创新亮点之一，将促进冶金规划院辉煌发展。

一、钢铁企业改革发展与管理创新主要做法

近十年来，我国经济进入加速换挡时期，钢铁行业竞争日趋激烈，钢铁企业以全面提高综合竞争力为目标，积极借鉴、引进、吸收、创新国内外先进制度，加强深化改革和管理创新，主要存在六个方面的做法。

作者简介：赵峰，冶金工业规划研究院院长助理，总设计师，经济处处长，高级工程师；王凌晗，冶金工业规划研究院。

（一）推进辅业改制

根据原国家经贸委、财政部、劳动和社会保障部等八部委《印发〈关于国有大中型企业主辅分离辅业改制分流安置富余人员的实施办法〉的通知》以及相关文件精神，近十年来，国有钢铁企业先后对与钢铁主业能够相对划开的备品备件、设备安装、原燃料采购等有关单位，推进了辅业改制。在做好资产处置、债权债务处理、土地处理、劳动关系处理的基础上，成功地将辅业单位改制成为国有资本控股的子公司，达到了“精干主业、分离辅业”的目的。

（二）加大运行机制改革

受计划经济体制影响，我国钢铁企业早期运行机制多为“大而全”“小而全”。从生产厂到企业经营层面，职能设置一应俱全，导致组织机构繁复、管理权力分散、管理效率不足。近十年来，为了在企业内部做到权责明确、运转协调、管理规范，多数国有钢铁企业将原属于各分厂的物资供应、销售、战略投资、人力资源、财务等部门和机构，集中上调至公司一级；物流、能源动力、设备维检、质量计量等单位，实行事业部制运营管理，实施集中一贯制管理。同时，对公司与各层级的管理权限进行了界定，构筑了集中统一领导、分级分权管理的新模式。

（三）推行业务重组划分

传统国有钢铁企业的房产物业、后勤服务等业务分散在各生产厂，既造成了管理混乱，也导致了资源闲置和浪费。近十年来，多数国有钢铁企业实施了横向重组、纵向划分，将部分业务从基层生产厂中分离，分别成立了房产物业公司、生活服务公司等，并采取专业化管理。不仅使钢铁主业更加精干高效，也推动了业务资源的整合和充分利用。

（四）深化人力资源制度改革

在人力资源制度上改变以往的“平均主义”思想，逐渐向市场化用人、用工和分配制度转变。一是在用人上，国有钢铁企业坚持“公开、平等、竞争、择优”的用人导向，普遍推行了“公开招聘，竞争上岗”的办法，基本达到了人岗相适、人尽其才，优化人力资源的目的。二是在用工上，多数国有钢铁企业推行了劳务代理制，对清洁、安保、取样制样、仓库管理等技术含量低、人员变动大的辅助服务性岗位，以协议方式委托劳务代理机构进行招聘及管理，减少了职工总数，提高了劳动效率。三是在分配上，多数国有钢铁企业建立了绩效分配制度，将绩效考核与薪酬挂钩，依据年度绩效评价结果，确定各层级工资总额，有效地调动了广大员工的积极性和创造性。

（五）剥离企业办社会职能

早期国有钢铁企业由于体量较大，承担了一定的社会责任，办有职工医院、子弟学校等社会职能，部分老牌国有钢铁企业还为安置企业家属和子弟就业成立了集体企业，加重了国有钢铁企业的运营负担。近十年来，在地方政府的帮助和支持下，一些国有钢铁企业完成了职工医院和子弟学校向地方移交的工作，创办的集体企业与总公司脱离经济关系而独立经营，国有钢铁企业所负担的社会性成本比过去明显减少。

（六）推进股份制改革

国有钢铁企业从适应市场经济的要求出发，按照《公司法》的规定，对股份制改革积极探索、稳妥开展。以精干高效为原则，引入了现代化企业管理制度，优化了组织结构，建立了以董事会建设为核心的法人治理结构，采用了母子公司管理体制，实施了战略规划，加强了资本运营，管理的制度化和规范化程度不断得到提高，促进了经营管理能力的持续提升。

二、钢铁企业改革发展与管理创新主要特点

近十年来，钢铁行业深入推进改革，在管理创新下足工夫，取得了突破式进展，主要存在六个方面的创新。

（一）推进战略创新

受客观因素影响，多数钢铁企业过去在生产经营上存在着“重当前、轻长远”的问题。随着市场经济的发展，特别是面对日趋激烈的竞争环境，钢铁企业开始思考“稳定、平衡、协调、可持续”发展问题，注重企业战略的制定、形成与实施，把企业管理提到了战略管理层面，多数钢铁企业都有了

较为明确的发展战略，设置了相应的战略规划部门，实施战略性管理，企业战略管理的专业化水平不断提高。

（二）推进方式创新

为提升管理，钢铁企业借鉴先进的管理理念和经验，创建了一系列新的管理方式，较为突出的有三方面。一是基于专业化分工的外委协作模式。充分借鉴 PPP 模式好的经验做法，采用 BOT 等方式，发挥市场化机制，引进专业化团队，按照与承包商签订合同的方式，降低项目费用和风险，实行专业化管理。二是精益管理模式。包钢集团以准时化拉动生产、精益改善项目、精益车间创建为三大主线，通过自主改善、学习与创新，使生产现场规范有序、物流顺畅，现场管理水平大幅提高的同时，员工素养也有明显提升。三是基于价值链的战略成本管理模式。鞍钢集团通过价值链分析、价值链管控、价值链优化的现代方法，从企业整个价值链对企业成本进行全面、超前、动态和持久的控制，实现了对生产工序、工艺流程、组织结构、生产方式和管理模式等方面的有效控制和全面优化。

（三）推进组织创新

围绕钢铁公司战略规划，实现结构和职能的梳理和重建。一是根据“区域相近、业务相关”的原则进行了机构重组，如将球团、烧结、炼铁等工艺整合为一个厂。二是精简管理机构和层级。通过扁平化管理模式进行组织机构优化，不断减少管理层级，缩短管理流程，提高信息沟通效率。三是构建高效内部生产组织。将生产与检修、后勤、保洁、绿化等辅助性业务分开，钢铁主业负责生产主要业务，辅助性业务委托给生产厂关联单位负责。

（四）推进制度创新

现代化企业制度创新是规范管理的重要保证，各企业注重推进由传统职能管理向现代流程管理的升级，引入先进的流程管理理念，全面开展了业务流程的优化再造，建立起了一套较为科学、简捷、全覆盖的业务流程体系。为了保证业务流程的顺畅运转，加强了企业制度建设，对企业的产权制度、运行制度和管理制度进行了新的规范，形成了以综合性管理制度为主导，以专业性管理制度为主体，以单项内容管理制度为补充的管理制度体系，在企业中构建起了靠制度规范工作、靠流程推进工作的长效机制。

（五）推进工具创新

随着“两化融合”深入推进，钢铁企业致力于构筑全面领先的信息化管理平台，以企业战略目标为导向，以信息化系统实施为抓手，通过管理变革及流程再造重构企业管理模式，实现了现场装备数字化、生产过程数字化、生产执行数字化、企业资源计划数字化，搭建了 MES 生产执行系统、ERP 企业资源管理系统、OA 信息系统等数字化框架，优化了企业管理方式，支持企业战略目标的实现。

（六）推进文化创新

近年来，钢铁企业以提高企业的凝聚力、执行力和竞争力为重点，大力推进了企业文化建设，引导各层级重视文化工作。通过企业文化手册、企业品牌意识、建设文明单位等文化管理模式，形成文化规范管理、引导和宣传，确保使命、愿景、核心价值观指引下的相关理念、企业精神等内容的完备，提升了全员的思想道德修养和文明素质，进而提升队伍整体的凝聚力、战斗力，促进企业稳定健康发展，有效发挥了企业文化引领方向、引领行动的作用。

三、冶金规划院管理咨询业务亮点

冶金规划院于 1972 年 4 月由国务院批准成立，是国家唯一专门从事钢铁工业发展规划及战略研究的全国首批甲级工程咨询机构。经历 45 年的发展，冶金规划院完成了约 5000 个政府专题研究、行业和企业规划、技术咨询等项目，已经发展成为国家政府机构的参谋部、行业发展的引领者、企业规划的智囊团。

近年来，钢铁行业管理水平出现本质性改善和提升，究其原因是企业意识到管理水平对于竞争力提升至关重要，冶金规划院准确把握政策导向，引领行业创新发展，高度重视企业需求，在集团战略层面、企业经营层面分别对接，为钢铁企业量身定制管理咨询服务。

（一）集团战略层面

钢铁集团公司资金密集、规模较大、治理结构复杂，集团层面承担战略部署、法人治理、改革创新等战略决策功能，属于钢铁企业的顶层设计管理。冶金规划院根据集团总部战略决策功能，为集团层面提供战略规划、集团管控、治理结构、企业改革等咨询服务，主要代表项目有《武钢“十三五”战略规划》《山钢“十三五”战略规划》《柳钢“十三五”战略规划》等。重点内容有：一是战略规划咨询，深入分析外在环境和内部特征，研究提出战略定位、保障体系、战略举措及行动计划，形成完整的战略管理体系；二是集团管控咨询，分析集团总部定位，“一企一策”确定下属组织管控模式和管控权限，构建科学高效的集团管控体系；三是治理结构咨询，推进现代化企业制度建设，确定董事会、监事会、管理层的职责和功能，建立产权明晰、责权明确、管理科学的法人治理结构；四是企业改革咨询，以提高综合竞争力为重点，打破钢铁企业固有运行模式，引入现代化企业管理制度，实现体制机制的革新；五是兼并重组咨询，以提升经济效益、抗风险能力、核心竞争力等为抓手，根据产业特点和行业规律，帮助钢铁企业分步有序实施兼并重组。

（二）企业经营层面

企业经营层面负责构建经营管理体系，对企业的生产经营活动进行计划、组织、控制、协调，属于钢铁企业的中枢管理领域。冶金规划院帮助钢铁企业建立经营管理体系，提供组织管理体系运行和改进的咨询服务，主要代表项目有《柳钢管理提升咨询》《马钢集团战略——五大职能专项》《永钢管理提升咨询》《巨能特钢组织结构优化》等。重点内容有：一是风险与内控咨询，针对钢铁企业风险程度高、风险类型复杂、风险管控难度大、风险损失大等特点，建立风险与内控管理体系，提高企业风险预测及管理能力；二是人力资源管理咨询，深入分析企业人员结构，结合战略规划对人才需求与供给进行科学研判，完善企业岗位管理、绩效管理、薪酬管理等人力资源管理体系；三是组织结构优化咨询，深刻分析组织结构现状和公司业务价值链，结合行业发展和企业需求对组织结构设计，实现钢铁企业组织变革和职能体系完善；四是企业文化咨询，诊断企业的文化类型及管理模式，完善理念体系、识别体系、行为管理体系等企业文化建设，形成企业的核心文化；五是财务管理咨询，全面分析钢铁企业的财务经营管理状况，帮助企业完善财务预算管理、资金集中管理、投融资决策体系，为企业战略发展提供财务支撑。

四、钢铁行业管理咨询展望

（一）钢铁企业管理特点及趋势

“十三五”以及未来一段时期，行业政策以去产能、调结构为主基调，钢铁行业生产消费步入峰值弧顶下行期，下游客户需求呈现个性化、多品种趋势，产品质量要求稳定性、可靠性、耐久性水平愈发提高。面对新的机遇和挑战，钢铁企业以全面提升竞争力为发展主线，呈现新的经营管理特点和趋势。一是注重提质增效，钢铁行业正经历由“大”变“强”的重要时期，企业对品牌效益、质量素质、文化发展等品质需求提升，更加注重综合系统降本，推动精益管理、创新管理优化价值链；二是精简经营模式，采用压减低效产能，清算关闭低效子公司，将管理层级压缩到3~4级等方式，钢铁企业积极打造科学高效的产权结构、组织结构、人员队伍，轻量化发展成为企业经营管理的重要方向；三是强化资源整合，随着去产能调结构的推进，低效产能逐渐退出，优质产能强强联手，钢铁企业兼并重组提速。重组企业梳理资源、调整管理，构建优势互补、核心竞争力突出的发展局面；四是探索智能融合发展，企业借助“互联网+钢铁”的概念加快推进转型升级，打造钢铁服务平台，由传统钢铁企业向智慧钢铁、智能钢铁转型；五是推进国际化进程，随着国内钢铁表观消费量下降，钢铁企业将更加主动地融入全球化经济发展，推进国际产能合作，努力培育和强化国际市场竞争力。

（二）冶金规划院管理咨询趋势

“十三五”时期，钢铁行业管理呈现新的特点，驱动管理咨询调整业务，更好地服务钢铁企业。一是管理咨询和信息化融合，随着大批量、小品种等智能制造推广应用，互联网与钢铁行业深度融合，企业管理和信息化将密不可分，不仅钢铁行业，管理咨询也将和信息化融合；二是咨询服务层级延伸，钢铁企业提质增效促进转型升级，管理咨询层级进一步延伸至生产运营层面，为企业提供战略落地、生产运营、精益管理、成本预算、财务咨询等服务；三是咨询服务国际化，“十三五”时期，我国境外钢铁产能预计达到4600万吨以上，“一带一路”推动优质产能加快出海，带动钢铁企业跨国经营，管理咨询国际化进程加速。

以“中国制造 2025”为契机，冶金规划院提出了建设“一体两翼大平台”战略，业务开展以冶金规划咨询为主体，以标准引领、智能制造为两翼，为政府、行业和企业提供更加丰富的服务，共同推进我国钢铁行业转型升级发展。管理咨询作为主体咨询的创新亮点，将借助两翼发力，与传统领域通力合作，与新兴领域深度融合，构建优势突出、服务丰富、竞争力强的管理咨询体系，完善集团战略、企业经营、生产运营等业务体系，推动冶金规划院业务创新发展。

挑战跨界　全面开拓冶金技术经济新领域

汤 毅　李志芳

一、不断提升传统技术经济在项目决策中作用

技术经济是技术同经济、技术科学同经济科学有机结合的新型学科。在我国，技术经济作为一门独立的经济学科在20世纪60年代初即已形成，但得到真正发展与繁荣还是在改革开放以后。由于经济增长与现代化建设，技术进步与经济效益，结构优化与降低成本，资源配置与科学决策等关系十分密切，因而数十年来，技术经济学科从理论方法研究到实际应用方面都取得重大进展。特别是近四十年，技术经济学科体系日臻成熟，理论研究方法不断完善，实际应用领域与范围不断拓展，已成为一门重要的不可替代的理论经济学，同时又是一门为政府部门管理、企业生产经营决策提供科学依据的应用经济学。

冶金技术经济是一门应用理论经济学基本原理，研究冶金技术领域经济问题和经济规律，研究冶金技术进步与经济增长之间相互关系，研究冶金技术领域内资源的最佳配置，寻求冶金技术与经济的最佳结合，以求冶金行业可持续发展的科学。

从过去几十年的实践看，传统冶金技术经济在为政府部门、冶金行业和冶金企业提供服务中，其作用与内容主要体现在两个方面。一是在为政府部门和冶金行业服务方面，主要表现为技术进步对冶金行业发展的影响，钢铁产能优化布局，建设投资方向决策，技术改造项目选择，技术方案可行性论证，利用外资效果分析，技术引进效益评估，产业政策分析制定，发展规划技术经济评价等。二是在为冶金企业服务方面，主要表现为新建厂址选择论证，企业经济规模分析，企业成本竞争力分析，产品市场方向定位，新技术、

作者简介：汤毅，冶金工业规划研究院副总工程师，教授级高级工程师；李志芳，冶金工业规划研究院。

新工艺的经济效果分析，新产品研发的论证与评价等。

几十年来，随着冶金技术经济学的不断发展，冶金技术经济工作几乎涵盖和渗透到冶金工业生产运行和经营管理的各个环节之中，使冶金技术经济工作在冶金工业结构调整中的作用越来越突出。伴随45年发展历程，我院冶金技术经济专业得到不断的成长和进步，并在冶金技术经济领域做了大量工作。目前，按其职能及业务范围而言，传统冶金技术经济专业主要从事冶金咨询项目投资估算和技术经济评价等工作，具体业务内容涉及冶金建设项目投资估算，项目建设计划及融资方案，产品销售价格及营业收入预测，生产成本及费用估算，财务现金流量分析，资产及负债状况分析，敏感性分析、不确定性分析及风险分析，经济效果、社会效益及国民经济评价，成本优化，相关课题研究等。

二、回顾我院技术经济工作十年历程

按照院领导的安排和行业、企业的需要，过去十年，我院技术经济专业完成大量冶金项目投资估算和技术经济评价等工作。据不完全统计，累计完成企业规划、可行性研究报告等咨询项目600余项。在完成的这些报告中，主要是行业及企业的中长期发展规划、建设项目可行性研究、企业循环经济及能源评估、项目申请报告等。不难看出，这些项目较好体现了可持续发展理念，对于提高冶金企业市场竞争力和经济效益将产生积极作用。

为使我院冶金技术经济专业更好完成院领导交办的工作，提高我院咨询报告质量，我们十分注重加强业务建设，提高技术经济工作者的素质。一是加强文件法规学习，学习内容包括党和国家的重要文件及领导讲话，有关产业政策与法规等，如中央经济工作会议精神，国家发展改革委、工业和信息化部等部委发布的有关产业政策文件等，以此增强全局观念和宏观意识，以便有助于做好咨询项目。二是加强业务知识学习，包括订阅业务期刊、参加有关培训和国家注册咨询工程师资质考试、加深对企业的了解和搜集整理有价值资料等。比如，建立钢铁原料及钢材产品价格信息库，其中包括国际钢材市场CRU价格指数变化以及主要钢材市场——欧洲市场、北美市场、亚洲市场价格指数变化，国内钢材CSPI价格指数变化，钢材市场库存量变化，进口铁矿石、国产铁精粉、焦煤、冶金焦、废钢、铁合金等原燃料价格变化，海运费波动态势及BDI指数变化等。此外，还注意收集整理各钢铁企业财务、销售、劳资、科技活动以及固定资产投资情况等信息。

我院冶金技术经济专业除努力完成大量咨询项目技术经济评价工作外，还同时承担政府部门和行业有关重大课题研究工作，如《钢铁工业淘汰落后产能目标和政策》《关于钢铁期货品种研究》《关于铁矿石定价机制问题研究》《铁矿石期货对钢铁发展影响》等，以及参与我院《中国钢铁市场分析与预测》年度（季度）报告、《冶金行业月度分析报告》等的编制工作。

十年来，我院冶金技术经济专业所有人员根据钢铁工业发展情况及技术经济学科发展情况，结合自己岗位积极撰写大量论文并相继在有关报刊发表。比如，在2016年发表了《抓住市场调整历史机遇，激发产业发展内生动力》《钢铁系企业挂牌新三板应注意哪些问题》《国有资本授权经营体制改革案例对钢铁企业的启示》《价值链视角下探究钢铁企业成本管理体系》《2016年我国钢材价格中期盘点及后市展望》《钢铁行业上市公司2015年报分析及投资策略研究》《钢铁企业应收账款证券化实施措施与建议》《钢铁行业上市公司2016年中报分析及投资策略研究》《我国钢铁企业发行绿色债券的思考与探究》等。

三、努力搭建冶金技术经济学术研究高端平台

中国金属学会冶金技术经济分会属冶金行业学术性社会团体，其主要职责是组织和开展行业冶金技术经济学科领域的学术研究活动，为促进学科发展和推进冶金科技进步服务。承蒙中国金属学会和钢铁企业厚爱与信任，分会自1980年成立以来至今一直挂靠冶金规划院，李新创院长现任冶金技术经济分会主任，秘书处设在经济处。经济处十分珍惜分会挂靠冶金规划院的机会，在积极协助和配合中国金属学会组织开展学术研究活动，扩大行业影响力，促进冶金技术经济科技进步等方面做了大量工作。

分会工作主要体现在以下三个方面。

（一）全力支持办好会刊《冶金经济与管理》

分会会刊《冶金经济与管理》创办于1985年，多年来由中国金属学会冶金技术经济分会主办，东北大学工商管理学院承办，现已成为面向全国公开发行、具有一定影响力的技术经济期刊。分会为全力支持办好期刊做了大量工作，尤其在帮助提供高质量论文方面做了大量工作。一方面提高

会刊质量，将我院主办的《钢铁规划研究》期刊、分会出版的技术经济论文集提供给会刊参阅选登；另一方面为团体会员及企业技术人员提供交流平台，将其晋升职称论文推荐编辑部选登，将我院的专题研究、工程技术人员的论文推荐会刊选登，会刊每年选择发表我院的文章都在十篇以上，在支持办好会刊的同时也为行业技术经济人才提供交流成长平台，进一步扩大行业影响力。

（二）组织开展学术研究征文并出版论文集工作

多年来，分会利用具有开展征文和出版论文集的传统优势，共组织开展十一届学术研究征文活动，并相应出版论文集，总计汇编600余篇论文、600余万字，为团体会员科技人员学术研究与交流提供了很好平台。征文与论文集的主要内容在突出技术经济的同时，还有总体发展规划、结构调整、转型升级、资源综合利用、节能减排等内容。我院领导对出版论文集给予了资金支持，技术人员积极投稿，投稿文章数量约占论文集的1/3。

（三）组织召开高端学术会议和主办钢铁年会分会场

近年来，分会组织召开的学术会议主要有，2008年在北京召开“冶金技术经济交流论坛”；2009年、2011年分别在北京主持第七届、第八届中国钢铁年会技术经济分会场论文宣讲；2012~2016年，在北京连续五届组织召开在全行业具有影响力的“中国钢铁技术经济高端论坛”。组织召开学术会议，有利于分会活跃学术研究气氛，结识朋友，密切冶金企业的联系，为行业健康发展创造良好和谐的外部环境。

四、大力拓展冶金技术经济全新业务

随着钢铁行业的不断发展，我院冶金技术经济专业已逐步形成确立4大板块12项运营业务，各业务间相互协调、相互促进，并不断推进理论研究与实践探索，为政府政策法规的出台建言献策，为行业建设项目经济评价方法提出诸多合理化建议，并为广大冶金企业在新形势下提供降本、节能、环保、资源、金融等战略性意见，使企业能在冶金行业改革调整期灵活应对市场变化。我院冶金技术经济专业承接政府部门和企业宏微观经济研究项目，就冶金行业生产经营、战略调整、降本增效等方面业务开展广泛合作。

（一）前沿板块

1. 风险分析与评估

具有优势：专业齐备的强大团队，长期深入各钢铁及矿山企业调研；政策把握准确；丰富的实践经验，对企业环保、征地等风险评估重点把握准确。

提供服务：帮助企业完成重大项目风险分析，为企业编写风险分析报告、企业并购财务评估报告、企业绩效评估报告；为各级政府提供专业的风险评估报告。

2. 金融业务发展

具有优势：具有金融相关专业人员和调研团队及丰富的企业调研经验；熟悉钢铁产业与金融领域的政策；准确把握企业产融结合需求，为企业提供有效的融资降债方案；在新三版上市规划、资本运作、绿色债券等方面有成功的项目实施案例。

提供服务：在现场调研基础上，按企业需求提供资产证券化、债转股、金融创新、上市公司分析、新三版上市规划、绿色债券第三方认证等产融结合业务及融资降债实施业务。

3. 期货研究及服务

在期货品种上市前，为国内各大期货交易所提供拟推出产品的现货市场分析报告，对期货品种的生产、消费、供需及品种推出后的市场影响作深入剖析，协助期货交易所顺利推出交易品种。

在期货品种上市后，从三个方面与期货公司进行合作：产品相互推广，搭建共同资源平台；为期货公司提供定制咨询服务；协助期货公司开展培训咨询服务。

4. 系统降本诊断

具有优势：专业化团队，长期从事工序降本增效的系统研究工作，丰富的企业调研经验。

自身能力：分析企业成本归集的完整性、准确性、可靠性。清晰界定成本核算内容，建立企业标准成本体系，推动全面预算管理体系的建立及实施，完善成本管理，建立支持企业健康发展的财务核算体系和考核评价体系。在成本分解、成本降低基础上进行创新性设计，制定长效可行的成本优化方案，稳步实现成本降低。与企业携手规范成本管理，从技术和管理方面全面实现企业降本增效。

提供服务：系统梳理企业工序生产现状；找出推高成本的因素；提出有效措施降低成本，提高企业经济效益。

（二）经典板块

1. 价格分析与预测

具有优势：专业齐备，拥有采矿、选矿、焦化、烧结、球团、炼铁、炼钢、轧钢、能源、环保、给排水、供配电、机修、总图运输等专业人员组成的团队；政策把握准确，长期为政府、行业协会服务，跟踪研究国内外宏观政策，积极参与制订行业政策与标准；研究基础扎实，长期跟踪冶金原料及产品价格，结合相应研究；模型和翔实的历史数据分析其变化原因及发展趋势，寻求变化规律。

提供服务：依客户要求，提供冶金产品及原料价格的分析及预测定制报告。

研究内容：分析商品历史价格，分析价格成因，建立研究模型，进行价格预测。

2. 项目后评价

通过对项目建设与运营全过程的综合研究，衡量和分析项目的实际情况与预计情况的差异，确定有关预测和判断是否正确并分析其原因，从而总结经验教训，为今后改进建设项目的决策、设计、施工、管理等工作创造条件，并为提高项目的投资效益和改善营运状况提出切实可行的对策与措施。

3. 上市公司效益分析

具有优势：长期跟踪我国钢铁上市公司运行情况，结合宏观经济形势及行业发展趋势分析上市公司财务数据，提供高质量的咨询服务。

主要内容：一是公司基本面分析。（1）行业地位。技术水平、技术装备、研发能力、盈利前景。（2）经济区位。地区经济发展、地区环境、地区政策。（3）经营策略。管理架构、内部治理、发展规划。（4）产品优势。品牌效应、成本控制、市场占有率、生命周期。二是公司财务分析。（1）盈利能力分析。销售利润率、股东权益报酬率、总资产报酬率、净资产收益率。（2）偿债能力分析。资产负债率、权益乘数、流动比率、速动比率。（3）现金流量分析。流动性分析、现金流量结构、获取现金能力、收益质量。

(4) 经营效率分析。存货周转率、应收账款周转率、固定资产周转率、总资产周转率。

4. 资产评估

具有优势：丰富的实践经验，齐备的专业团队；熟悉各类冶金企业生产流程及专业设备。

提供服务：为银行等金融机构及评估机构提供全流程专业工艺技术评估；全面评估项目的采选、烧结、球团、焦化、炼铁、炼钢、轧钢等专业设备以及公用辅助相关设备；在相应设备现场勘察基础上进行市场询价、协助评估作价及评估案例撰写等。

(三) 延伸板块

1. 技术经济延伸分析

我院冶金技术经济专业已从事技术经济分析工作40余年，全面参与企业规划、工业园区规划、产业发展规划报告的编制工作，为客户投资项目决策提供科学依据。技术经济分析延伸至项目能评报告、项目申请报告、社会稳定性评估报告、工业园区规划、产业发展规划、企业综合诊断、绿色发展报告等。

分析内容：(1) 投资估算。项目投资估算，项目建设计划，资金筹措及资本运作。(2) 技术经济。产品销售价格及营业收入预测，成本费用及利润估算，财务现金流量分析，资产及负债状况分析，成本竞争力分析，敏感性、不确定性及风险分析等。

2. 宏观经济分析

冶金行业具有较高的产业关联度，是内需主导型产业。除自身之外，上下游产业以及投资、贸易、金融等宏观经济活动均会在一定程度上影响和反映产业的运行状况。为此，跟踪宏观经济指标，把握现代市场经济运行规律，解析冶金行业运行宏观决策信息，深度挖掘产品市场价值十分重要。

宗旨实力：重视实地调研，数据采集的准确性、真实性；梳理纷乱的信息流，保持报告逻辑的连续性、合理性；用清晰、严谨、客观的分析脉络，从经济表象引申到深层次探讨。

提供服务：(1) 短期。形势判断，政策解读。(2) 长期。洞悉行业增长方式、发展模式，引导产业升级。(3) 预测。跟踪分析行业发展形势，为客户提供定制报告。

3. 人力资源管理咨询

具有优势：长期调研不同类型的冶金企业人力资源管理状况，集百家之长为一家服务。

提供服务：人力资源诊断及规划；绩效及薪酬管理，岗位及能力评价，培训及制度管理，企业人力资源管控，企业重组并购中的人力资源规划等。

（四）平台板块

特色宗旨：中国金属学会冶金技术经济分会横跨冶金技术及经济两大领域，综合性强，专业特色鲜明，为促进冶金科技进步、企业技术成果转化与提高企业效益搭建高端学术平台。

协同优势：冶金技术经济分会1980年成立至今，已有近百家会员单位；中国钢铁工业协会副会长、我院院长李新创亲任分会主任；我院是分会的挂靠单位。

学术交流：积极组织开展学术研究与交流活动，拥有会刊《冶金经济与管理》，高端品牌会议“中国钢铁技术经济高端论坛”。

服务内容：围绕冶金科学技术、生产管理、项目建设热点，组织开展继续教育和培训工作，承担技术经济咨询项目服务，研究技术与经济相结合课题等。

五、结束语

冶金规划院已走过45年发展历程，经过全体职工的共同努力，在广大冶金企业的支持下，我院现已成为国内冶金行业的工程咨询品牌单位，享有一定知名度和竞争优势。但目前在钢铁行业节能环保形势严峻，企业杠杆率居高不下，国际贸易摩擦不断升级，以及在控制钢铁总量和企业对咨询工作要求越来越高的形势下，保持我院咨询品牌，不断开发新的咨询领域，是我院生存与发展的关键。对此，未来我院冶金技术经济专业要加大工作力度，努力研究和解决冶金工业稳中求进中有关技术经济问题，为保持冶金行业健康发展争取做出新的更大贡献。

凝聚行业智慧　逐梦钢铁强国

施灿涛　刘璐新

我国钢铁工业已进入“减量发展”的新阶段，在供给侧改革不断发力，去产能政策不断加码，环保压力不断加大，铁矿石等原材料掌控力度不足的背景下，钢铁行业转型升级的迫切性日益提高。作为“中国制造 2025”的主攻方向，智能制造对于推动我国制造业供给侧结构性改革，打造我国制造业竞争新优势，实现制造强国具有重要战略意义。冶金工业规划研究院工业智能研究中心以“中国制造 2025”为使命，在深刻把握工业企业特征的基础上，密切跟踪先进的智能制造理论、方法和技术，着眼于生产过程、业务经营和企业决策等核心环节，发挥行业第三方专业机构作用，汇聚产学研用各方优势力量，搭建行业智能升级服务平台，精准对接工业企业实际需求，与企业分工合作，强调示范效应，实现成果共享，共同打造符合中国国情、体现国人智慧的钢铁行业智能化综合性解决方案，引领钢铁智能制造创新发展，助推钢铁企业智能化转型升级。

一、政策环境助变革，智能制造为先锋

国家政策驱动创新发展。“十三五”时期是我国经济发展进入新常态后的重大转型发展期，也是我国全面建成小康社会的决胜阶段。在新常态下我国经济从高速增长转向中高速增长，发展方式、经济结构和增长动力发生重大转变。供给侧结构性改革成为适应和引领经济发展新常态的重大创新和必然选择。“中国制造 2025”“互联网+”行动计划等一系列助力产业升级的顶层规划相继出炉并实施，有助于加快推进供给侧结构性改革，提高供给体系质量和效率，增强经济持续增长动力，推动我国社会生产力水平实现整体跃升。

钢铁工业亟待转型升级。钢铁工业已进入“减量发展”的新阶段，但仍

作者简介：施灿涛，冶金工业规划研究院工业智能研究中心副主任，高级工程师；刘璐新，冶金工业规划研究院。

将在我国建设制造强国和国际产能合作中发挥重要作用。新常态下钢铁产业面临着产能严重过剩、创新能力不强的严峻挑战，亟需把握发展规律、加快创新发展，坚决贯彻供给侧结构性改革的各项要求，切实推进转型升级，实现可持续发展。2016年工业和信息化部出台《钢铁工业调整升级规划（2016—2020年）》规划，提出力争到2025年，钢铁工业供给侧结构性改革取得显著成效，自主创新水平明显提高，有效供给水平显著提升，形成组织结构优化、区域分布合理、技术先进、质量品牌突出、经济效益好、竞争力强的发展态势，实现我国钢铁工业由大到强的历史性跨越。

智能制造打造钢铁核心竞争力。智能制造是“中国制造2025”的主攻方向，是培育我国经济增长新动能的必由之路，对于推动我国制造业供给侧结构性改革，打造我国制造业竞争新优势，实现制造强国具有重要战略意义。钢铁产业应以“中国制造2025”和“互联网+”行动为契机，推动钢铁工业与互联网融合发展，激发钢铁企业创新活力、发展潜力和转型动力，发展基于互联网的协同制造新模式，推进智能制造、大规模个性化定制、网络化协同制造和服务型制造，引领我国钢铁工业转型升级。

二、积累核心技术，打造行业范式

厚积薄发打造创新团队。工业智能研究中心团队拥有丰富的理论基础与实战经验，由具有十余年信息化理论与实践的高学历成员组成。自中心成立以来，团队成员在冶金规划院的大平台上奋发向上，积极进取，不断吸收行业先进经验，学习最新政策精神，总结科学的理论方法，提出鲜明的行业观点看法，与行业权威专家及先进企业一同推进我国智能制造的发展。

强调原始创新，支持自主研发。我国钢铁行业在信息系统和物理系统的开发、管理、集成方面创新能力仍然较弱，某些智能关键技术上严重依赖国外技术。工业智能研究中心以“中国制造2025”为使命，在深刻把握工业企业特征的基础上，融入应用数学、管理学、运筹学、工业工程、人工智能等先进管理技术，着眼于生产过程、业务经营和企业决策等核心环节，为企业提供自主化、个性化、定制化的综合解决方案。

打造“符合中国国情，体现国人智慧”的智能制造核心技术。在当前供需矛盾突出，环保压力巨大，整体利润率偏低的严峻形势下，钢铁工业亟待转型升级。工业智能研究中心自成立以来，始终以引领钢铁智能转型升级为目标，以钢铁智能制造为核心，着力打造并推广“符合中国国情，体现国人智慧”的智能制造核心技术，助推钢铁企业智能化转型升级。

开拓进取布局智能制造。工业智能研究中心以干勇院士为名誉主任，团队核心成员曾打造国内钢铁行业第一个自主研发的 MES 系统——邯钢 CSP 薄板坯连铸连轧 MES 系统；国内钢铁行业第一个自主研发的高级计划排程系统（APS）——西宁特钢 APS；国内散货码头第一个自主研发的高级计划排程系统（APS）——黄骅港 APS；国内钢铁行业第一个自主研发的钢铁智能制造管理与执行系统（Steel-iMES）。2015 年以来，团队成员在院领导的带领下为工业和信息化部、中国钢铁工业协会等政府部门和行业协会完成《钢铁行业智能升级战略实施路径及关键措施》《互联网+和智能化：中国钢铁工业重生之路》等课题研究，发布《2015 年度中国钢铁电子商务行业发展报告》《2016 年度中国钢铁电子商务行业发展报告》等研究成果，提供《本钢智能制造 3 年行动计划》《昆钢“互联网+”协同制造智能服务重大工程可行性研究报告》《柳钢“十三五”信息化专项规划》等规划咨询服务，实施《荣程集团决策优化与支持系统 RDOSS》《荣钢智能制造管理与执行系统 RS-iMES》等智能制造示范项目，同时与南钢、柳钢、昆钢、本钢等钢铁企业建立深度合作，共同推动钢铁行业智能制造发展。

三、搭建产学研用服务平台，分工协作实现成果共享

目前钢铁行业关键工艺流程数控化率超过 65%，企业资源计划（ERP）装备率超过 70%。随着两化深度融合的推进及智能制造相关政策的落地，智能制造市场前景广阔。2015 年工业和信息化部发布的智能制造试点示范确定 30 个以上示范项目，2016 年则提升至 60 个以上；同时各地政府如浙江、江苏、广西等相继发布各省市智能制造行动纲要及规划，扶持力度逐年增大。随着智能制造试点示范效应的逐步凸显，企业智能化升级意愿将愈发迫切。

中心团队秉承冶金规划院的“高度、广度、深度、速度、满意度”“五度”思维理念，在企业规划、设计、咨询、实施等过程中就充分考虑企业实际需求，着眼于生产过程、业务经营和企业决策等核心环节，快速响应企业需求，设计切实可行的综合性解决方案，为企业带来实实在在的经济效益。

中心积极发挥行业第三方专业机构作用，汇聚产学研用各方优势力量，搭建行业智能升级服务平台。在项目实施过程中，发挥服务平台作用，整合

科研院所和技术服务企业优势资源，紧密联系包括中国工程院、中国钢研科技集团有限公司、北京科技大学、中国电子信息产业发展研究院、金蝶国际软件集团等合作伙伴，精准对接工业企业实际需求，引进业务创新、管理创新、技术创新、产品创新和服务创新理念，与企业分工协作，以智能化管理理念为指引，高效协同，实现客户资源、产品设计、生产经营等环节的信息共享，将生产过程协同扩大到全供应链条，着力打造智能制造行业典范，共同推广智能制造市场，助力钢铁企业智能化转型升级。

鲲鹏展翅，志在千里。工业智能研究中心将积极落实“一体两翼大平台”战略目标，努力将冶金规划院打造成钢铁行业智能制造权威咨询实施机构，在逐梦冶金的道路上，大胆开拓，奋起直追，不断创造奇迹，书写精彩辉煌！

智能制造引领转型升级 钢铁强国之路任重道远

施灿涛　吴秀婷

加快发展智能制造，是培育我国经济增长新动能的必由之路，是抢占未来经济和科技发展制高点的战略选择，对于推动我国制造业供给侧结构性改革，打造我国制造业竞争新优势，实现制造强国具有重要战略意义。2017 年 1~10 月，我国粗钢产量为 7.1 亿吨，中钢协会员钢铁企业销售利润率为 4.41%，仍然低于工业企业 6.24%的平均水平。可见，我国钢铁行业虽然整体实现扭亏为盈，但利润水平仍然较低。我国钢铁工业在铁矿石等原料受制于人、能源环保等环节压力巨大的情况下，只有以较低成本向市场提供有竞争力的产品才是唯一选择，因此，应将利润率作为衡量我国钢铁工业综合实力的关键指标。钢铁智能制造从提升钢铁制造过程中新钢种高效研发能力、产品质量稳定生产能力、柔性化生产组织能力、能效成本综合控制能力等方面实现产品规模化生产与定制式制造相融合，提升以利润率为关键指标的钢铁企业综合竞争力，从而实现我国从钢铁大国到钢铁强国的跨越。

一、我国钢铁两化融合历程回顾

信息化是钢铁企业智能化的初始形态，在这一阶段实质上并不算真正意义上的智能化，但是作为智能化的先导形态，却是智能化发展不可或缺的基础阶段。

钢铁行业的信息化发展大致可分为三个阶段。2000 年以前是一个起步探索阶段，主要是钢铁企业的信息化初始阶段；2000~2010 年是一个飞速发展

作者简介：施灿涛，冶金工业规划研究院工业智能研究中心副主任，高级工程师；吴秀婷，冶金工业规划研究院。

阶段，钢铁企业的信息化向集成化发展；2010年至今是一个成熟转化阶段，钢铁企业信息化建设逐渐成熟，向智能化转变。

（一）部门信息化：单项应用

20世纪80~90年代初是尝试摸索阶段，信息系统在原有的人工作业流程之上进行电子记账，实现功能电子化。90年代后期，认识到管理信息化的重要，部分钢铁企业（宝钢、马钢等）加强投资于生产自动化，开始考虑系统集成和产销、财务管理等业务需求，注重信息系统项目投资的效益回收——应用功能的建立，少数领先者开始引进外界咨询及技术移转，建设“产销一体化”的信息系统。

（二）企业信息化：综合集成

进入21世纪，钢铁企业信息化建设的方向随钢铁行业环境的变化而调整。钢铁电子商务的建设、钢铁信息系统的应用扩大到与客户、供应商之间的应用。钢铁企业开始完善从生产现场到管理决策的纵向集成；在核心信息管理系统的基础上扩充开发新的应用功能；增加许多分布式信息系统；企业在信息系统建设上的投资增大，信息部门组织更加扩大，人员增多；信息管理系统成为企业运行不可或缺的支柱。

（三）深度信息化：智能提升

深化提升是一个创新突破阶段，通过关键业务环节以及应用系统之间的协同和集成，实现智能制造和智能化决策。2010年以来，随着智能制造、两化融合以及“互联网+”等政策的提出，钢铁企业将流程工业特点与现代互联网信息技术深度融合，借助智能化和定制化的智能制造技术，努力打造钢铁企业的柔性生产。

经过多年的持续推进，钢铁企业信息化的覆盖率为我国工业领域之首，钢铁企业两化融合的成熟度居于我国工业领域前列。在先进企业的示范带动下，钢铁行业经过自主创新、消化引进再创新，近年在基础自动化、过程自动化和企业经营管理系统建设方面取得了很大进步，为钢铁行业智能制造奠定了较好基础。

二、我国钢铁智能制造发展现状

（一）两化融合水平明显提升

近年来，信息化技术在生产制造、企业管理、物流配送、产品销售等方面应用不断深化，关键工艺流程数控化率超过65%，企业资源计划（ERP）装备率超过70%；开展了以宝钢热连轧智能车间、鞍钢冶金数字矿山为示范的智能制造工厂试点；涌现了南钢船板分段定制准时配送（JIT）为代表的个性化、柔性化产品定制新模式。钢铁交易新业态不断涌现，形成了一批大型钢铁电商综合服务平台。

（二）智能装备水平有所提高

目前，智能装备在国内钢企宝钢、南钢、沙钢等企业的多个生产环节得到应用，主要应用工艺点如理化试验、弧焊、点焊、涂胶、切割、搬运、码垛、喷漆、贴标签、上下料、测温、扒渣捞渣等。智能装备在钢铁行业的应用减少了生产过程中的人为因素，提高了操作精准度；提高生产安全保障，避免事故的发生；降低人工作业劳动强度，提高生产效率。

（三）智能制造示范成果初显

智能制造深刻改变企业的生产与运作模式，为钢铁行业的竞争力重构创造新机会。作为钢铁智能制造的重大科技专项攻关项目，宝钢1580智能车间改造、鞍钢智慧矿山、南钢定制准时配送、唐钢智能工厂等试点示范项目，对于引领钢铁智能制造的发展方向具有重要作用。

冶金规划院与天津荣程集团签署战略合作，共同打造行业领先、国内外知名的标杆式“互联网+智能制造”示范，充分发挥信息技术在运营和决策优化中的积极作用，提高资源利用效率，融合创新发展，全力促进集团转型升级。荣程集团“互联网+智能制造”示范项目是以覆盖荣程集团全局、横跨多个不同行业板块的决策优化与支持系统（RDOSS）及智能制造管理与执行系统（iMES）为核心，融合了业务创新、管理创新、技术创新、产品创新和服务创新，通过整合供应链上的企业和合作伙伴，实现客户资源、产品设计、生产经营等环节的信息共享，将生产过程协同扩大到全供应链条甚至是跨供应链条，实现全业务过程优势资源、优势企业的网络化配置，促进相关产业融合，真正地实现社会化大协同生产。

三、我国钢铁智能制造面临的挑战

（一）行业智能制造标准缺失，市场无序发展现象初显

标准的制订是智能制造实现互联互通和信息融合的必要前提。《国家智能制造标准体系建设指南》的发布，标志着中国智能制造顶层框架的构建完成，但基于行业的智能制造标准尚未有序开展。钢铁行业是我国自动化程度最高、制造工序流程最长的行业之一，工业机器人、物联网等关键技术已有不同程度的应用，但在面向未来智能制造发展过程中缺乏清晰路径，国内外的系统实施企业由于对智能制造理解的差异及构建产品竞争壁垒的需要，在产品兼容性及集成度方面较差。企业在智能化改造过程中经常面临系统无法集成而导致的资源浪费风险。标准的缺失给智能制造的互联互通带来巨大挑战，加大了行业智能制造示范推广的难度。

（二）智能制造投资比例过大，企业改造升级动力不足

钢铁行业属于长流程的资产密集型行业，在智能化改造过程中涉及众多装备的技术革新，全厂工业互联网的布局改造，过程控制系统的集成，MES、ERP 等工业软件系统的互联互通，优化建模与仿真技术的应用等诸多内容，整体投资成本过大。在投资比例方面，由于基础设备大多引进自西马克集团、西门子奥钢联合集团公司、达涅利集团等国外厂商，在某些智能关键技术上必须配套引进国外系统，从而进一步提高投资成本。在企业投资意愿方面，国有钢铁企业和大型民营钢铁企业基础设施较好，智能化改造热情较高；中小钢铁企业尤其中小民营企业基础设施较差，人工作业比例较高，在钢铁去产能及环保监管的大背景下，智能化改造升级的动力不足。

（三）核心知识产权掌控不足，原始创新应用比例不高

《智能制造发展规划（2016—2020 年）》提出到 2020 年，建成较为完善的智能制造技术创新体系，一批关键共性技术实现突破，部分技术达到国际先进水平；核心支撑软件市场满足率超过 30%。我国钢铁行业在信息系统和

物理系统的开发、管理、集成方面，创新能力仍然较弱。产品生产工艺设计与智能管理决策支持系统的综合集成、业务系统向产业链前端延伸，缺乏成熟的行业解决方案。目前，国内多数软件和集成技术处于产业价值链末端，技术水平、劳动生产率、工业增加值率、产品附加值都比较低。在研发方面尚未形成以产学研用为主的创新研发体系，原始创新研发积极性不高，政策扶持力度有待加强。

（四）智能制造体系认识不深，工业软件地位有待加强

低端机器人进入壁垒低，产能过剩风险加大。随着智能制造的兴起，机器人产业快速发展。然而钢铁行业属于长流程行业，在引进机器人方面更多地考虑生产节奏的匹配协同以及与上下游系统的无缝对接，单纯移植其他行业的机器人很难满足钢铁生产流程的需要，一些低端的且无钢铁行业属性的机器人将很快面临市场饱和及产能过剩。

智能制造的难点是在建模，焦点是在仿真。目前在钢铁行业的“新四基”中，即“一硬”（自动控制和感知）、“一软”（工业核心软硬件）、“一网”（工业互联网）、“一平台”（工业云和智能服务平台），硬件装备投入比例较大，宝钢、沙钢、日照等自动化机器人比例显著提高，但工业软件的投入比例相对较低，重视智能化硬件建设、轻智能集成升级问题突出。

四、我国钢铁智能制造可复性及推广性评估

（一）技术水平愈发成熟，进入壁垒大幅降低

目前以互联网、大数据、云计算、物联网等新兴技术广泛应用于各行业，技术进入壁垒大幅降低。钢铁行业自动化、信息化水平较高，在系统集成及实施路线上均有多年的行业积累及实施企业，因此在技术上相对容易复制与推广。

（二）系统实施企业背景复杂，第三方实施机构优势明显

智能制造的示范推广必然会推动先进管理理念及技术的推广。以宝信、中冠等为代表的具有钢铁企业背景的信息化系统提供商，为众多钢铁企业实施了 ERP、MES 等系统解决方案，然而越来越多的钢铁企业，尤其是具有市

场竞争关系的企业对其实施的系统存在担忧，如系统技术的不共享、管理理念是否先进、系统设计是否满足企业发展战略等。以冶金规划院等为主的第三方实施机构越来越受到企业的关注，由于具有公正独立、行业权威等身份属性，在系统实施过程中更多考虑企业的战略目标、先进理念的输出、先进技术的共享，因此更易推进智能制造的复制和推广。

（三）投资回报率难以量化，民营企业发展动力不足

钢铁智能制造一次性投资较大，而在效益指标方面，主要是通过服务水平、管理水平的提升等难以量化且需要较长时间运行后才能统计得出。在推进智能制造的过程中，有些企业投入资金较高，并且仅有少数钢铁企业获得了国家政策资金支持，这使得行业内将智能制造与巨额投入画上等号，出现了“示范性强，推广性弱”的现象。相比之下，还有很多钢铁企业，更关注投资回报率，该部分企业在装备水平、管理模式、两化融合基础等方面与前者也存在较大差异，造成前者的智能制造之路对于后者而言很难复制和借鉴。据冶金商会统计，2017 年 1~9 月，145 家 36.1%重点民营钢铁企业实现销售收入 1.33 万亿元，实现利润 932 亿元，其中河北省民营钢铁企业销售利润率达 6.1%，高于行业 4.18%的平均水平。在利润率高于全行业的基础上，民营企业在思想上难以推进智能制造，同时民营企业对成本管控意识更加严格，一次性大规模投资的项目更加谨慎。因此，针对民营企业智能制造需要加强政策指导扶持，复制推广任务较为艰巨。

五、我国钢铁智能制造的发展建议

（一）健全钢铁智能制造标准体系，夯实钢铁智能转型基础

加快钢铁智能制造相关标准体系建设，鼓励通信设备、装备制造、软件开发、工业自动化、系统集成等领域企业和科研院所联合参与标准制定，制定可以与市场标准协同发展、协调配套的新型标准体系。

（二）大力发展国产工业软件，推进软件集成应用

开展钢铁工业软件服务企业的认定工作，制定更加优惠的工业软件产业财税、投融资、知识产权扶持政策。加大国家各类专项资金对钢铁工业软件

基础研发、产业化、推广应用的扶持力度。以在钢铁行业具有权威性的第三方机构为核心，联合上下游供应链企业组建钢铁工业软件联盟，加快制定钢铁工业软件行业标准，推进钢铁工业软件的综合集成应用。

（三）聚焦企业智能转型，打造钢铁企业试点示范

智能制造对钢铁行业的推动作用体现在利润率，而不仅仅是劳动生产率。我国具有冶炼能力的钢铁企业有 500 多家，其在产能规模、产品类别、管理模式、两化融合基础等方面，具有较大的相似性，打造钢铁企业智能升级示范，在行业内更具有可复制性和推广性，对推动钢铁工业的转型升级具有重要意义。

（四）走以自主研发为主，产学研用结合之路

鼓励国内企业自主研发符合中国实际的钢铁智能制造集成应用解决方案。冶金规划院近年来精准对接工业企业实际需求，为企业提供“符合中国国情，体现国人智慧”的钢铁行业智能化综合性解决方案，与企业分工合作、成果共享，实现了共赢。

以市场需求为导向，汇聚钢铁产业链企业、高校、科研机构、终端用户等各方资源，共同推进面向应用的钢铁智能制造相关理论研究、技术研发、数据共享、应用推广，形成开发合作、协同发展的大数据技术、产业和应用生态体系。

（五）创新产业推进机制，构建协同发展平台

创新合作机制和方式，支持第三方机构作为公共服务平台，整合各方资源，开展标准制定和技术积累工作，同时强化智能制造先进模式的应用推广，构建起企业实践经验的交流机制，有效推动钢铁行业智能制造的协同发展。例如，冶金规划院针对特钢企业转型升级亟需贴近市场的团体标准这一实际需要，联合特钢团标委、中信泰富、宝钢特钢、东北特钢等企业，成立了中国特钢企业协会团体标准化工作委员会。

节水咨询服务十年发展历程

程继军　李春风

一、综述

水具有稀缺性和不可替代性，是重要自然资源和环境要素。水资源紧缺，水环境污染，导致的水危机严重威胁我国社会经济的可持续发展。习近平总书记确立的“节水优先、空间均衡、系统治理、两手发力”新时期治水指针，是践行绿色发展理念，开展水生态治理修复的重要指导思想。

我国为保护水资源和水环境，不断创新水管理机制，国家实施了最严格的水资源管理制度，制订了水污染防治行动计划，提出了《关于全面推行河长制的意见》。发布了《关于推行合同节水管理促进节水服务产业发展的意见》，出台了水效领跑者引领行动实施方案。

要求“河长负责、多龙共治”，在各个领域树立节水标杆，建立标准引导，促进节水服务产业发展，实现一河一策，因河施治，提高用水效率，推动绿色发展，建立促进水效持续提升的长效机制。

冶金工业规划研究院作为我国专门从事钢铁行业政策规划咨询服务的唯一一家事业单位，长期以来十分重视节水咨询服务工作，积极推动钢铁行业节水工作。近十年来，冶金规划院节水咨询服务取得了显著的成就，先后为原国家经贸委、国家发展改革委、工业和信息化部、水利部等政府部门及行业协会提供了全面的节水技术支撑服务，为地方政府、工业园区和钢铁企业提供了多元化的节水咨询服务。

冶金规划院不仅为政府部门提供工业和钢铁行业节水专项课题研究咨询服务，还为钢铁企业提供大量节水咨询服务，如节水诊断优化专项咨询、废

作者简介：程继军，冶金工业规划研究院副总工程师，总图环保处处长，教授级高级工程师；李春风，冶金工业规划研究院。

水零排放方案研究、水系统节能优化、水系统降本增效方案研究，以及可行性研究报告、资金申请报告等各类节水咨询报告的编制和节水标准的研制等服务。同时，还提供了第三方节水技术中介服务和水平衡测试工作等相关咨询服务。

二、工业节水政策研究

冶金规划院为国家政府部门钢铁产业政策、准入条件等相关行业政策提供有关节水技术支持的同时，承担了大量节水政策研制工作。

受国家发展改革委委托，承担了《工业节水专项规划》《钢铁行业节水规划》的研制工作，并参与了《中国节水技术政策大纲》的研制工作。

受工业和信息化部委托，承担了《工业节水管理办法》《工业节水统计体系》《缺水地区高耗水工业项目用水效率评估暂行办法》《工业用水阶梯水价方案研究》《国家鼓励重大工业节水工艺技术及装备目录》《高耗水行业落后工艺设备淘汰目录》《重点行业水污染防治清洁生产技术推行方案》《“十三五”工业节水重大问题研究》等工业节水政策的研究工作。受水利部委托，与南京水利科学研究院合作承担了《钢铁行业水平衡测试技术方法》的研制工作；与中国水利科学研究院合作承担了《纺织、食品和化工行业重点节水技术分析研究报告》《高耗水钢铁行业落后用水工艺、设备和产品淘汰名录制定》的研制工作。安排专家参与了工业和信息化部联合水利部和全国节约用水办公室组织的节水型企业筛选与评价工作。其中，《国家鼓励重大工业节水工艺技术及装备目录》《高耗水行业落后工艺设备淘汰目录》的发布实施，在社会上引起极大反响。

近期，受工业和信息化部和水利部委托，正在开展重点用水企业水效领跑者行动的组织实施工作，以及新一批国家鼓励重大工业节水工艺技术及装备目录的研制工作。受水利部委托，为推动合同节水管理标准化建设，承担了《钢铁行业节水量计算方法研究报告》的研制工作。

在节水课题研究方面，不仅为政府部门和行业提供全方位节水技术支撑服务，冶金规划院还积极和中国科学院过程所、中国水利水电科学研究院、南京水利科学研究院、北京科技大学、中南民族大学、中冶集团京冶节能环保公司、中国标准化研究院和北京轻工研究所等单位合作参与国家和行业节水科技项目课题的研究工作，并与许多钢铁企业、科研院所和水处理技术服务公司等建立了多方的强强合作关系。与中国标准化研究院和北京轻工研究所参与了国家科技支撑计划重点行业水资源高效利用共性技术标准研究课题，承担了其中国内外钢铁行业水资源利用现状及发展趋势研究子课题的研究工作，完成了钢铁水系统集成优化技术研究报告。

三、钢铁行业节水规划咨询

节水规划咨询一直是冶金规划院节水业务的主要内容。长期以来，冶金规划院积极参与钢铁企业和冶金工业园区节水规划、节水项目可行性研究和初步设计、节水示范项目建议书、节水项目资金申请报告等的编制工作，推动钢铁企业节水项目的实施。先后为武钢、邯钢、莱钢、柳钢、天铁等多家钢铁企业编制节水专项规划，为宝钢、武钢、邯钢和柳钢等多家钢铁企业编制了节水示范项目建议书。

“十一五”期间，钢铁工业加速发展，钢铁企业做大做强，冶金规划院面对钢铁企业中长期结构调整规划和循环经济规划的大量需求，节水规划咨询工作主要从事企业水资源总量需求预测和企业水系统规划，以及相应的节水项目可行性研究报告和初步设计咨询工作。

“十二五”期间以及进入“十三五”，钢铁行业逐步过渡到淘汰落后产能，实现绿色发展转型。钢铁企业的规划咨询发生了质的变化，在强调降本增效的同时，高度关注节能减排和资源利用，相关规划咨询需求急剧扩展，节水规划咨询工作也逐渐向水系统整体优化转变，无论是钢铁企业的产业规划，还是绿色转型规划、节能诊断优化等，其中节水规划咨询均需要解决水系统的整体优化问题。不过，受水价严重偏离实际水资源价值的影响，钢铁企业对节水的重视程度仍然普遍较低，像宝钢、鞍钢、太钢、莱钢、唐钢、邯钢等真正重视节水的企业并不多，从而也导致节水规划咨询工作受到制约。

随着国家日渐严格的节水管理政策和创新水管理机制持续出台，国家对节水工作的资金支持逐渐加大，钢铁企业寻求节水项目资金支持的机会也在增加。冶金规划院协助莱钢、湛江钢铁编制了清洁生产有关节水项目资金申请报告，两家企业成功申请了国家相关资金支持。

四、钢铁企业节水优化诊断咨询

钢铁行业节水取得了显著的成效，同时，我国钢铁行业总体布局不合理，与水资源分布特点矛盾突出，如严重缺水的京津冀地区、山东、山西等地区都是钢铁产能较大的区域，钢铁企业面临巨大的水资源压力。大部分地区，尤其是丰水地区，钢铁企业节水意识偏低，水管理水平依然不高。钢铁行业较为重视局部项目节水改造，而对全局性的系统节水不甚重视，普遍面临从全局系统着手的水系统节水诊断优化问题。

节水系统诊断优化是通过研究分析钢铁企业各单元水系统工艺源头用水水量、水质、水温、水压等实际运行参数的富裕度及偏离情况，诊断分析节水、节能、环保、降本等过度用水的优化空间，对企业水系统进行整体优化，或对各子系统单独进行局部优化的过程。在安全可靠、技术可行和经济合理的条件下，实现水系统用水最小化、排水减量化、水质最优化、用水安全化、运行低成本化。

冶金规划院可以为钢铁企业提供全面的水系统诊断优化方案。从工艺节水优化、梯级用水优化、水节能优化、水成本优化、水环境优化，废水近零排放优化，以及水管理优化、水标准优化等多角度，对企业水系统进行节水技术集成优化。帮助钢铁企业控制用水总量，提升用水效率，降低用水成本，创建节水型企业，实现水效领跑，近零排放。

五、钢铁企业废水零排放研究

所谓零排放，是指无限地减少污染物排放直至为零的活动，包括资源、能源和环境的过程控制和再生利用等。从20世纪90年代初日本有人提出了“零排放”的概念至今，这一通俗的称谓已风靡世界。废水“零排放”就是一个是废水排放无限接近零的过程，科学点说近零排放更合理些。

从“十二五”末，我国许多地区加大了对废水排放政策控制力度，要求钢铁企业实施废水“零排放”。这对钢铁企业而言是一个巨大的压力，应该说是一个几乎无法完成的任务。但是环境压力当前，又要必须完成，如何更为经济科学实现废水“零排放”是一个需要系统研究的问题。

钢铁企业用水量巨大，用水水质特性复杂，用水安全要求高，必须建立先进合理完善的用水系统，企业实现废水“零排放”的过程，是一个复杂的系统过程，具有较强系统性和综合性特点。受到水资源条件、水环境政策、工艺用水要求、水和废水处理技术、节水管理水平和资金能力等众多因素的影响。必须依据国家节水政策和水环境标准，结合企业自身经济条件，利用国内外先进节水技术，寻求科学有效、经济合理的系统实施方案。

冶金规划院通过多年的研究和实践，将钢铁企业废水“零排放”实施大致分为三个阶段。第一阶段为供水集中配置，优化供水水质，建立先进完善的分质供水、分质用水系统；第二阶段为科学实施梯级用水，一水多用，实现水系统高效运行；第三阶段为建设综合废水处理厂，实施废水再生利用。三个阶段相互独立又相互关联，不仅要重视水量的平衡，更要关注水质的平衡，从而使企业安全经济合理实施废水“零排放”。

六、循环水系统节能优化

节水最重要的手段就是水的循环利用和再利用，而水的供给利用过程必须通过大量的能源（主要是电力）输送，水系统运转过程就是一个耗能过程。所以水系统优化不仅是节水和环保优化，也是一个能源优化的过程。

冶金规划院通过多年的研究和实践，已形成了工艺用水节能优化、供水管网节能优化、供水设备节能优化，以及管理智能优化等一整套可行的循环水系统节能优化集成技术和系统优化方法，可以为钢铁等冶金企业提供有效的水系统节能优化服务，预计可实现钢铁企业水系统节能30%以上。循环水系统节能优化还可以通过联合体的模式为企业提供合同能源管理服务。

七、开展冶金节水标准体系研究

冶金规划院长期从事钢铁行业节水和水污染控制的标准研制工作，积累了丰富的节水标准研制经验。最早于2002年，受原国家经贸委委托参与了我国第一批工业行业取水定额研制工作，承担研制了《取水定额第2部分　钢铁联合企业》国家标准，定额的发布，极大地推动了我国钢铁行业节水工作的进步。之后于2012年，承担了该定额的修订工作。同时，承担了《节水型企业　钢铁行业》国家标准的研制工作。

冶金规划院在节水标准方面已成为一支重要的力量，构建了较为完整钢铁行业节水标准体系，尤其在合同节水管理、水效领跑者、节水技术推广应用等方面得到国家发展改革委、水利部、工业和信息化部等部委的指导，全面提供有关技术支撑。我院在标准领域与中国标准化研究院建立了紧密的合作关系，联合三十多家钢铁企业和研究单位节水专家组建了钢铁行业节水标准工作组，加强钢铁行业节水标准的研制工作。

近期，受水利部委托承担了《钢铁行业节水量计算方法》国家标准的研制工作，与钢铁企业和节水技术单位合作，联合申报了《高炉冲渣水余热利用技术要求》等行业标准的研究工作。冶金规划院节水标准工作全面开展，愿意为政府部门、企业、节水服务单位提供国家标准、行业标准和团体标准等全面节水标准咨询服务。

八、第三方节水技术服务

冶金规划院积极关注节水技术推广和应用工作，是工业和信息化部有关国家鼓励重大工业节水工艺技术及装备目录、高耗水行业落后工艺设备淘汰目录研制的主要技术支撑单位。在水系统节水优化、水系统优化节能、水环境质量综合整治、节能水泵、冷却塔风机节能、高效循环用水、焦化废水治理、水管理智能优化等方面形成了专业联合体，可为钢铁企业提供全面的水系统诊断优化和合同节水节能管理咨询服务。

九、为客户提供全方位节水咨询服务

冶金规划院节水咨询服务已经从钢铁企业发展规划的有关水源和水系统的基础配套咨询，逐渐提升到为钢铁行业提供涉及节水诊断优化和水环境治理的多元化的全方位咨询服务。

业务范围主要包括：

为政府部门提供节水政策课题研究；园区水系统诊断优化，废水零排放方案；企业节水专项规划、节水项目可行性研究报告、节水项目资金申请报告、节水项目评估报告、水系统优化诊断、水系统节能优化、废水零排放方案；水平衡测试、用水审计、水资源论证、节水技术评估、节水技术服务；有关节水会议组织等。具体见图1。

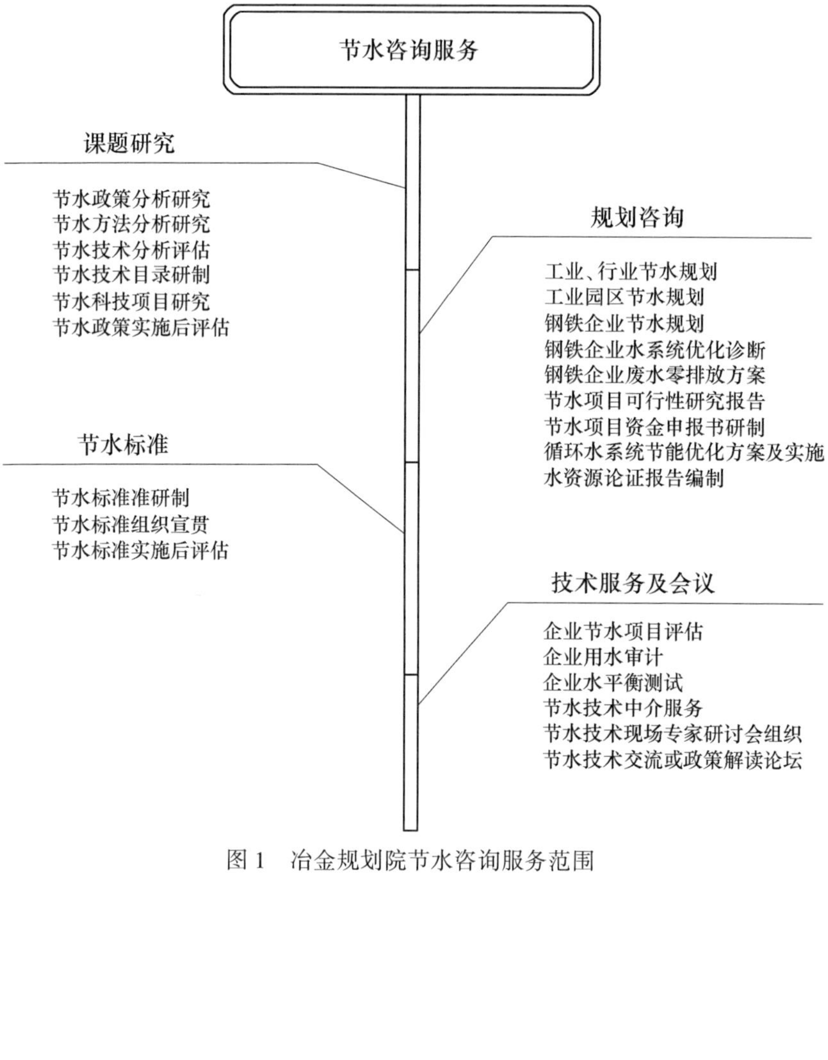

图1　冶金规划院节水咨询服务范围

“十年绿色转型”的中国钢铁行业

刘 涛

对于中国这样一个共产党领导的、人口众多、幅员辽阔、有着悠久辉煌历史、怀揣民族复兴伟大梦想的多民族大国，钢铁就是国家的脊梁，只能主要依托强大的、独立自主的钢铁产业而绝不是其他模式满足发展需要。中华人民共和国成立以来，特别是改革开放以来，我国钢铁工业从小到大、由弱向强，在规模增长和质量提升的双轮驱动下，钢铁工业素质显著提高，满足了建筑、机械、能源、汽车等国民经济各行业的发展，在我国新型工业化、信息化、城镇化、农业现代化和绿色化进程中，以及建设制造强国和开展国际产能合作中发挥着不可替代的重要作用，已经形成了具有一定比较优势的竞争力，国际地位大幅提高，深刻改变了国际钢铁格局，约占全球一半粗钢产量和钢材消费量的中国钢铁工业已屹立在世界钢铁舞台的中央，具有了举足轻重的影响力。近十年来，中国钢铁工业经历了从高速发展到减量发展的转变，经历了从量到质的提升。这十年既记录了中国钢铁行业绿色转型的历史，也记录了冶金工业规划研究院致力于行业绿色发展的努力。

一、十年来中国钢铁行业环保取得的突出成效

（一）环保先进技术得到广泛应用

2005 年以来，我国钢铁工业飞速发展，装备大型化、现代化趋势明显，1000 立方米及以上高炉的产能比例由十年前的约 30%上升至 70%以上。伴随着工艺装备的升级，先进环保技术也得到了快速的推广应用。2005 年我国仅有广钢 24 平方米烧结机的一套烟气脱硫设施，到 2015 年底已经实现了全脱硫。重点统计企业高炉煤气干法除尘、转炉煤气干法除尘、干熄焦的普及率分别达到 90%、20%、95%以上；综合污水厂配套建设比例达到 75%以上。

作者简介：刘涛，冶金工业规划研究院钢铁绿色发展研究中心主任，高级工程师。

活性炭烧结烟气多污染物协同治理技术、焦炉烟气脱硫脱硝技术等前沿环保技术，也在科研院所、企业的专家攻关创新下成功得以工程化应用，解决了冶金行业的世界难题。十年间，中国重点统计钢铁企业环保治理资金累计投入超过1300亿元，特别是在“十二五”钢铁行业利润水平持续下滑的情况下，环保投入仍然保持增长趋势。

（二）环保标准大幅收严，环保指标得到明显改善

钢铁行业在2005年所执行的排放标准源于20世纪90年代，严重落后当前的技术水平和发达国家标准。2012年10月1日，涵盖《铁矿采选工业污染物排放标准》《钢铁烧结、球团工业大气污染物排放标准》等一系列8个排放标准正式实施。与老标准相比，新标准各污染因子排放浓度大幅收严，部分污染因子的排放限值仅为老标准的十分之一。颗粒物、二氧化硫、氮氧化物等主要污染物排放浓度限值，新标准已经达到甚至优于德国、法国等发达国家的排放标准。

在标准的引领和技术的推动下，十年间我国钢铁行业各项环保指标也得到明显改善。通过全面实施烧结烟气脱硫，以及回收富余煤气，推动煤改气、油改气等改造项目，实现二氧化硫排放指标大幅改善。吨钢二氧化硫排放量由2005年的近3千克降至2015年的0.85千克。通过持续不断实施除尘改造，增加除尘能力，采用袋式除尘等先进除尘技术，吨钢烟粉尘排放量由2005年的2千克降至2015年的0.81千克。钢铁企业的水重复利用率超过97%，实现污水“零排放”的企业数量逐渐上升。固体废弃物综合利用率由2005年的94.8%上升至2015年的97.5%。

（三）环境管理水平大幅提升

环保指标的改善，除了大量的环保投入，先进的环保技术，持续不断的环保改造外，也离不开环境管理水平的提升。为贯彻实施《中华人民共和国清洁生产促进法》，提高钢铁企业清洁生产水平，钢铁行业清洁生产标准于2006年10月1日正式发布，2014年3月，国家发展改革委、工业和信息化部、环境保护部又对钢铁行业清洁生产标准进行整合编制，发布了《钢铁行业清洁生产评价指标体系》。经过多年的推进，到2015年，全国重点钢铁企业实施清洁生产审核的比例已达100%，企业各工序清洁生产水平有了明显提

升。同时，钢铁企业开展环境体系认证的比例超过 90%，远高于国内工业企业 30%的平均认证比例。

十年来，钢铁企业的环保理念、环境战略、环境信息公开等方面也明显提高。2005 年全国仅有宝钢公开发布了可持续发展报告。到 2015 年底，已经有宝钢、太钢、首钢、河钢、武钢、鞍钢、山钢等十余家钢铁企业发布了可持续发展报告或社会责任报告。越来越多的钢铁企业把环境战略作为企业的发展战略。宝钢于 2009 年就率先提出了“环境经营战略”，河钢集团提出了“绿色发展行动计划”，太钢提出了“1124 绿色发展模式”，沙钢提出“打造百年老厂，建设绿色钢城”，南钢提出“绿色南钢、智慧南钢、和谐南钢、卓越南钢”等。

二、冶金规划院环保工作进展

（一）钢铁行业环保政策的参谋

冶金规划院作为钢铁行业唯一的咨询研究机构，承担了大量行业环保政策的基础研究工作，为相关政府部门出台行业环保政策提供支撑。十年间，先后完成了环境保护部、工业和信息化部、中国钢铁工业协会《全国钢铁行业污染状况调查分析报告》《全国钢铁行业污染减排实施方案和计划》《钢铁行业烧结烟气脱硫专项规划》《中国钢铁行业二噁英减排近期行动计划和远期战略规划研究》《钢铁行业氮氧化物减排思路研究》《钢铁烧结烟气脱硫设施运行效果评估》《钢铁行业烟粉尘、NO_x 排放调查报告》《钢铁行业烟粉尘有组织、无组织排放控制研究》《中国钢铁行业污染物控制可行技术及排污许可量核定方法研究》《固定污染源源强核算技术手册（钢铁）》《中国钢铁行业二噁英减排近期行动计划和远期战略规划研究》《中国钢铁企业二氧化碳排放现状研究专题报告》等课题研究报告。

2016 年以来，我院还承担了两个重要的支撑课题。一是钢铁行业排污许可制度系列技术规范的编制工作；二是钢铁行业系列排放标准的评估工作。排污许可制度将成为我国固定源环境管理的核心制度，钢铁行业生产工序复杂、产排污节点数量多，要在钢铁行业推行新的排污许可制度，必须建立排污许可证申报、核发、核算、监管、台账管理、执行报告编写等一整套技术规范。

（二）钢铁企业绿色转型的智囊

随着我国工业化、城镇化进程的不断加快，环境承载能力逐步达到上限，人民群众对生态环境的要求与日益严峻的环保形势之间的矛盾日益突出。钢铁工业作为传统的高能耗、高污染行业，企业污染物的排放对周边环境影响较大。特别是由于钢铁企业对上下游的带动作用，导致钢铁企业往往都位于城市或城市周边，环境敏感度较高，钢铁企业面临巨大的生存压力。因此，近年来实施环保改造、绿色转型的钢铁企业越来越多，在钢铁企业绿色转型的过程中，冶金规划院充分发挥在政策、技术、经验等方面的优势，为宝钢、河钢、湘钢、南钢、酒钢、陕钢、本钢、三明钢铁等数十家钢铁企业编制了专项研究、环保规划、环保诊断及提升方案、绿色发展行动计划等相关咨询项目，充分发挥了钢铁企业智囊团的作用，为钢铁企业的绿色转型，与城市社区和谐发展起到了重要的作用。今年冶金规划院还为安阳等钢铁大市研究制定全市钢铁等工业企业编制大气污染深度治理和精准管控方案，利用环保手段倒逼钢铁等工业行业转型升级，促进地方工业的绿色健康发展。

（三）钢铁行业绿色发展的引领

1. 烧结机烟气脱硫的引领者

烧结机烟气脱硫是“十一五”以来我国钢铁行业受关注度最高的污染减排工程，2005 年仅有广钢 1 台 24 平方米烧结机实施了烧结烟气脱硫，到 2010 年增加到了 170 余台套，脱硫烧结机面积 2.27 万平方米，到 2015 年底，已经实现了全脱硫。为我国二氧化硫总量减排工作做出了巨大贡献。在烧结机烟气脱硫工作推进过程中，冶金规划院发挥了引领者的作用：2006 年发表了行业内第一篇关于烧结烟气脱硫的文章《加快实施烧结烟气脱硫，促进区域环境改善》，2008 年组织了行业内第一届烧结脱硫研讨会，2009 年起草了《钢铁行业烧结烟气脱硫实施方案》，2010 年组织对钢铁烧结烟气脱硫工艺技术后评估，2011~2014 年参与钢铁行业烧结烟气脱硫设施的现场核查。可以说，钢铁行业烧结烟气脱硫的全过程都与冶金规划院的引领和推动密不可分。

2. 提出钢铁企业环保成本的概念

一直以来，钢铁行业内只有对环保先进企业和环保落后企业的概念，并没有把环保水平的高低与企业的成本和公平竞争联系起来。2013 年，在对大量数据分析基础上，冶金规划院首次提出了企业环保成本的概念，对比了国内钢铁企业、国外钢铁企业的排放绩效和环保成本，认为要达到国外的排放绩效，我国钢铁企业吨钢环保成本需要大幅增加。更重要的是，指出了国内钢铁先进企业和落后企业之间两极分化十分严重，环保成本差异甚至高达 100 元以上，在当前钢铁企业经营困难的大形势下，存在劣币驱逐良币的问题。钢铁企业环保成本概念的提出，在行业内掀起了环保成本对标的风潮。

3. 发布钢铁企业绿色评级

中共中央国务院《关于加快推进生态文明建设的意见》明确提出“协同推进新型工业化、城镇化、信息化、农业现代化和绿色化”。“新五化”的提出，把“绿色化”提升到关系人民福祉，关乎民族长远未来的政治任务的高度。钢铁工业是国民经济支柱产业，资源能源消耗量大，污染物排放位列工业行业前列，是最有必要、最有条件实现绿色转型的工业行业。为引领钢铁行业绿色转型，冶金规划院提出了“绿色矿山、绿色采购、绿色制造、绿色物流、绿色产品、绿色产业”六位一体的绿色发展体系。

2015 年，冶金规划院充分发挥第三方咨询机构的作用，在“六位一体”绿色发展体系的基础上，初步建立了钢铁企业绿色评级体系，并首次发布了中国主要钢铁企业绿色评级结果，在行业内造成了巨大反响，起到了推动钢铁行业供给侧改革，引导社会资源向绿色钢企有效配置，促进落后产能退出市场的作用。

4. 发布中国钢铁工业环保白皮书

长期以来，钢铁行业的污染问题受到公众高度关注，特别是 2013 年的雾霾污染以来，钢铁行业更是受到各种媒体的口诛笔伐。虽然我们不否认钢铁行业是导致雾霾产生的重要工业污染源，但我们更应该展现我们在污染治理方面所作出的努力。为真实全面地向社会各界展现钢铁行业在环保工作的努力，在 2016 年中国钢铁节能减排论坛上，冶金规划院发布了《中国钢铁工业环境保护白皮书（2005—2015）》，充分展示了我国钢铁行业在淘汰落后产能、实施结构调整、推行清洁生产、实施环保改造、推广先进技术、严格排放标准等方面的成就，让公众和媒体全方位地认识钢铁行业的环保工作，减轻对钢铁企业的偏见。

三、钢铁行业绿色发展的未来

绿色制造是《中国制造 2025》中的重要内容，绿色化是国际社会的大势所趋，是我国建设生态文明的必由之路，是建设制造强国的内在要求。钢铁工业作为国民经济的基础原材料工业，钢铁行业的未来必须要以绿色化作为发展方向，实现绿色制造，实现制造绿色。

（一）新排污许可制度促使钢铁企业更加规范

新排污许可制实施方案要求到 2017 年底前，完成钢铁行业所有固定污染源的排污许可证核发工作，基本建立法律体系完备、技术体系科学、管理体系高效的控制污染物排放许可制，对固定污染源实施全过程和多污染物协同控制，实现系统化、科学化、法治化、精细化、信息化的“一证式”管理。新排污许可证的申请及核发流程表面看似简单易操作，但申报材料中所涉及的环保治理可行技术匹配、环境管理台账记录、执行报告编制等工作都对企业环保从业人员的专业能力与配套环保设施水平先进性与信息公开程度提出了更高的要求。通过新排污许可制度的实施，倒逼钢铁企业全面排查达标排放隐患，补齐重要在线监测设施，全面提升企业环保管理水平，让企业更加规范。

（二）生态钢厂与城市更加融合

随着环保约束的不断增强，越来越多的地方政府把钢铁企业搬迁提上了议事日程。但是实际上钢铁企业的搬迁往往只代表着污染的转移，而且很可能导致变相新增钢铁产能。从国内来看，钢铁企业搬迁的成功经验很少，既没有帮助环境质量明显改善，又是对社会财富的极大浪费。从国外来看，随着科技的发展，钢厂与城市和谐共存完全成为了可能，如巴登、新日铁、蒂森等钢铁生产厂就在城市甚至是风景区。因此，摈弃传统的环保理念，通过充分发挥钢铁企业产品制造、生产过程资源能源转换、社会废弃物消纳处理三大功能，采用最先进的环保治理技术装备，强化企业环保管理体系，完善与社区的互联互通，建设生态型钢厂，钢铁企业完全能够与城市和谐共融。

（三）绿色产品引导消费

由于钢铁工业是重要的原材料工业的特点，钢铁材料是几乎百分之百可循环利用的资源，从生命周期的角度来说，钢材产品是最具有生态属性的绿色产品。随着中国钢铁工业由大向强的转变，在尽量减少生产环节对资源环境的影响基础上，以为下游用户提供无害、高效、节材、长寿、易回收的绿色钢材产品为重点，在建筑用钢、能源用钢、汽车用钢、不锈钢、机械用钢、家具家电用钢等领域，积极开展绿色设计、技术创新和钢材品种研发，引导绿色消费，促进全社会绿色发展水平。

跨越发展的十年

——冶金规划院总图物流业务发展历程

樊鹏　谢迪　刘彦虎　高金

一、专业情况简介

总图物流专业团队在冶金工业规划研究院建院之初就开始承担了大量的工业布局、企业选址、总图与运输设计等任务，伴随几代人的努力，目前业务范围包括：总图与运输设计、园区规划布局、钢铁物流优化、工业企业厂区环境综合治理以及物流标准几大板块。下设有总图物流研究中心。

二、总图业务介绍

（一）钢铁企业总图布置形式

钢铁企业总图布置主要是指钢铁联合企业内各主体功能单元根据各单元工艺流程需要摆放在一起，形成的一个固有的总平面布置形式，从而满足工艺生产和物料运输需要等条件。具体分为两大类。

根据主体功能单元的位置关系形成的总图布置形式有：人字形布置、斜角成组布置、串联式布置等。

按物料流经全厂的流程、形态不同形成的总图布置形式有：L形、U形、“—”（直线）形等布置形式，这是目前采用最多以物料流程线形态来命名的总图布置形式。

（二）总图布置需要考虑影响因素

厂址及其规划设施的用地分析：一个钢铁联合企业或一个工业园区项

作者简介：樊鹏，冶金工业规划研究院总图环保处副处长，高级工程师；谢迪、刘彦虎、高金，冶金工业规划研究院。

目，在规模确定的条件下，首先就要分析项目涉及哪些相关设施，厂址的用地是否满足项目规模的需要，其用地的长宽方向是否满足项目中主体工艺生产车间布置的基本需要；其次是考虑构成该项目的各主体设施的用地需求，并按物料流程合理分配单元用地面积；再其次则需要考虑项目分期建设，力求布置集中、物流短捷，预留用地相对集中以适应市场和技术发展的扩建需求。

炼铁炼钢及铁水运输方案：任何一个钢铁联合企业或一个工程项目，必然有其主要工艺生产设施、次要生产设施、配套的公辅设施。其中主要工艺生产设施是影响项目成功与否的关键，也是项目总图方案设计的重点。钢铁联合企业的总图布置方案设计，影响最大的关键控制点就是炼铁工程、炼钢连铸工程的总图方案以及两者之间的铁水运输设计方案。解决了它们之间的关系和总图布置形式，就可在其前后布置烧结工程、焦化工程、原料场工程、轧钢车间、深加工车间等，形成该联合企业总图布置形式。

大宗物流短捷、顺直、连续：物流短捷、顺直、连续，是总图方案设计追求的目标，也是一个企业不断优化物流的目标。它对于减少企业的运输设备种类和数量、降低企业的运输成本和经营成本有着十分重要的作用。特别是大型钢铁联合企业，物流量大，运输设备多，运输方式在物料运输过程中不断变化。因此，总图运输规划就必然要以物流研究为中心，使企业达到物流短捷、顺直、连续的目标，并在项目不断改造升级的过程中具有不断优化的条件，才能不断降低企业的物流成本，不断提升企业的市场竞争力。

（三）业务优势

冶金规划院在冶金行业总图运输专业具有多年的研究背景和项目经验。多年来，在冶金行业新建钢铁企业、现有钢铁企业改扩建、矿山企业的厂址选择、总平面布置、竖向布置、管线综合、铁路运输、道路运输等领域均积累了丰富的经验和业绩。长期从事宝武、河钢、鞍钢、山钢、首钢、包钢、本钢、马钢、太钢、柳钢、安钢、酒钢、青钢、沙钢、陕钢等各大中型钢铁企业的“十一五”“十二五”“十三五”五年长期规划及各专项规划的总图运输业务。拥有一支既熟悉钢铁行业政策、法规，又掌握钢铁生产工艺环节的专家型团队。

三、园区规划介绍

（一）业务介绍

伴随国民经济的飞速发展以及工业化快速更迭，工业产业的集聚发展在近十年来已经成为各地政府推动工业转型升级、提质增效、节能减排的重要政策措施。在这种大背景下各地工业园、产业园成了地方发展工业的重要模式，而规划是有效指导产业发展、工业园区发展的先导性工作，具有引领作用。我院把握产业发展脉搏，依托配备齐全的人才专家队伍，近十年来先后承担了近百项产业园区、工业园区的规划编制工作。

在工业园区的规划项目中，产业布局与土地利用是园区规划工作的重点，怎样能够集约节约利用土地、怎样能够使园区规划发展产业按照产业链条的合理工艺流程进行功能布局，是总图专业人员的专长。通过多年经验的积累和项目历练，总图专业人员充分结合产业园区的用地实际情况、产业发展需要进行功能布局，支撑工业园区合理、经济、高效发展。

（二）项目概述

近十年来我院承担工业园区或产业园区的项目近一百项，包括涉县循环经济园区规划、吉林金珠工业园区规划、玖隆物流园区规划、五矿兰州钢铁物流园区规划等重点项目，以上项目在建设经营后取得良好的效果。

以玖隆钢铁物流园为例，项目规划总投资约 300 亿元，分一、二期工程建设，功能布局方面规划有钢材仓储区、加工区、集中配送区、采购交易区、原料仓储区、港口联运区、综合配套区，规划目标为将其建成集钢铁产品采购、仓储、剪切加工、配送、现货交易、电子交易、物流金融、信息服务为一体的物流信息中心、交易中心、价格中心与结算中心，辐射全国及国际市场，目标为建成国内规模最大、功能最全、物流成本最低、综合服务能力最强的现代化钢铁供应链物流园。

2016 年，玖隆钢铁物流园区按照“平台+钢铁+服务”的总体思路，利用信息化手段、电子商务平台、物联网技术，形成了以电子商务为核心，仓储加工、运输配送服务网络为支撑，物流金融服务为特色的国内领先、国际一流的大型综合服务企业集团和物流服务品牌。全年共实现钢材销量 425 万吨、出库总量400万吨、运输总量800万吨；园区新增入驻企业245家，营业收入达1500亿元，利税超3亿元；总面积达10万平米的5A级写字楼玖隆大厦已投入使用，已吸纳150家知名规模企业入驻，约400人办公；并荣获“国家首批示范物流园”称号，在中国服务企业500强中名列第111位，中国企业500强中名列第328位。

玖隆物流园有现今的成绩，与前期合理的规划与功能定位布局以及企业自身“与时俱进”的经营理念是密不可分的。

（三）服务理念

产业园区规划以及产业园功能布局的合理性、前瞻性是产业有效、健康发展，土地集约、高产值利用的重中之重。我院将继续依托常年在产业园区规划以及园区功能布局环节中积累的经验，同时结合规划技术的发展趋势协助各级地方政府和企业谋篇布局。

四、物流业务介绍

钢铁物流，以“钢铁”为载体，以“物流”为运作，以“信息”为核心，集原料采购、钢铁生产、钢材贸易、电子商务、三方物流于一体，客户流、资金流、信息流、物流相互促进、相互融合，从供应链管理的角度来看，钢铁物流主要由供应物流、生产物流、销售物流构成，从职能角度来看，钢铁物流主要包括运输、仓储、装卸搬运、包装、流通加工、配送、信息等环节。

（一）我国钢铁企业物流的发展现状及存在问题

近年来，在钢铁行业产能过剩的背景下，钢铁企业纷纷采取各种措施降本增效。除了在降低生产成本、改善产品品质和扩大销售份额方面做足功夫之外，很多钢铁企业把目光转向物流上，通过物流优化进一步挖潜增效。

经过这些年的发展，我国钢铁物流在很多方面取得了一定的成绩，具体表现为：越来越多的钢铁企业开始重视物流，甚至很多钢铁企业将物流作为多元发展的支柱产业；涌现出一批在钢铁物流优化方面取得突出效果的钢铁企业，例如，宝武集团、唐钢、沙钢等；钢铁企业物流成本有所降低，物流效率有所提升，物流专业化水平也在持续提高。

但总体来看，目前我国钢铁物流仍存在不少问题，主要为：一是钢铁企业对物流的重视程度参差不齐，国内尚有相当数量的企业依然固守“重生产、轻物流”的传统观念；二是钢铁企业物流成本依然偏高、物流效率低、物流综合服务水平有待提高，按照物流供应链全成本口径，我国钢铁物流成本占产品总成本的13%~15%，而世界发达国家钢铁物流成本仅为其产品总成本的8%~10%，如果达到发达国家钢铁物流费用率水平，可节约物流成本近3成，因此我国钢铁企业物流成本费用下降潜力巨大；三是钢铁企业物流职能分散，缺少专门的物流管理部门；四是钢铁企业物流人才短缺；五是钢铁企业物流基础设施不完善、布局不合理；六是钢铁企业物流成本核算体系不健全；七是钢铁企业物流信息化、智能化水平低；八是钢铁企业物流标准化缺失。

（二）冶金规划院钢铁企业物流优化综合解决方案简介

钢铁物流优化综合解决方案，对钢铁生产全供应链采购、生产、销售的运输、仓储、装卸搬运、包装、流通加工、配送、信息环节，采用现代物流技术、现代管理技术、现代信息技术等开展系统优化梳理工作，通过打造集基础设施体系、运营管理体系、信息化体系于一体的现代钢铁物流综合服务体系，来为钢铁企业提供一站式的钢铁物流综合解决方案。

打造钢铁物流基础设施体系，是对钢铁企业生产供应链上的运输、仓储、装卸搬运、服务区四大系统开展现场调研、现状梳理、问题诊断工作，针对存在的问题，而开展的流程梳理及优化、能力核定及优化、物流设备布局优化、运输系统整合优化、仓储系统整合优化、装卸搬运设施升级改造、服务区系统规划等一系列优化工作。

打造钢铁物流运营管理体系，对钢铁企业运营管理体系现状进行梳理，针对存在的问题，以组织管理优化为支撑，以业务、计划、调度三大管理优化为重要内容，以成本管理优化为核心，以标准化管理为重要保障，从六个方面对钢铁企业物流运营管理系统开展设计工作，提出优化解决方案，给出实施计划，并制定配套的保障措施。

打造钢铁物流信息化体系，是根据钢铁企业自身情况，建立物流统一信息平台，基于物流平台根据需求开发各功能模块，通过平台作用优化资源配置，加强监控与统筹管理，实现信息互通，以有限资源发挥最大的效益，打造钢铁企业智慧物流，引导钢铁企业向智能制造转型。

（三）我国钢铁物流产业的发展现状及存在问题

近年来，我国的钢铁物流产业发展迅速，侧重于以下四个方面：一是传统的钢材市场注重于向现代钢铁物流发展转型；二是政府和相关企业注重钢铁物流园区的扶持和建设；三是注重第三方钢铁物流企业的成长和发展；四是注重钢铁物流的信息化建设，使钢铁物流向电子商务时代全面迈进。

同时，我国钢铁物流产业也取得了较为丰硕的成果，主要表现在以下三个方面：一是钢材加工配送中心渐显规模；二是钢铁物流园区不断涌现；三是钢铁行业电子商务发展迅猛。

我国钢铁物流产业存在的问题主要表现为：一是钢铁物流产业缺乏整体规划，各自为战和无序竞争并存，尚未建立全国范围内的物流体系；二是钢铁物流行业经营模式思路不清，缺乏行业规范；三是产业布局不合理，行业集中度低；四是企业“散、乱、小”，缺乏竞争力；五是物流系统效率低，物流成本高，企业效益差；六是业务功能单一，增值服务缺失。

构成钢铁物流产业的基本统计数据和指标仍存在欠缺，总体来说，钢铁物流产业尚处于起步发展阶段。

（四）冶金规划院钢铁物流产业规划简介

钢铁物流产业规划，是在国家政策和行业发展方向的指导下，所开展的系统调研、资料分析、数据挖掘、理论研究、技术应用等系列工作，并制定出科学可行的规划方案。主要内容包括钢铁物流产业的发展环境分析、需求分析、市场分析、盈利模式分析、发展定位、网络规划、系统规划、配送中心规划、空间布局规划、设施布置规划、组织体系规划、整合管理和发展政策等。

（五）业务优势

冶金规划院总图物流团队，依托冶金规划院大平台，拥有既懂钢铁又懂物流的专业人才，与高校和钢铁企业长效合作，积极搭建产学研用融合平台，目前已经对唐钢、首钢、马钢、陕钢、新钢、申特等二十余家钢铁企业开展了钢铁物流优化、钢铁物流产业规划等工作，积累了丰富的项目经验，可以为钢铁企业提供一站式钢铁物流综合解决方案，解决长期困扰钢铁企业的物流成本高、物流效率低等系列问题，为钢铁企业实现结构调整、转型升级、降本增效提供有利抓手。

五、工业企业厂区环境综合治理业务介绍

在国家转变经济发展方式的大背景下，钢铁行业面临极大挑战。一方面要转型升级，另一方面还要做到绿色环保，实现与社会的和谐发展。尤其是城市型钢厂因为用地处在城市建设区，更需要加大环境综合治理力度与城市有机融合。

《钢铁工业调整升级规划（2016—2020 年）》专门针对城市钢厂提出现有钢厂要服从和服务于城市发展的需要，确定关停转产、搬迁转移、与城市协调发展等多种选择。对不符合所在城市发展要求，改造难度大、竞争力较弱的城市钢厂，实施转型转产，退出钢铁行业；符合所在城市发展规划的城市钢厂实施“绿色发展、产城共融”战略。目前，石钢、贵钢、杭钢等城市钢厂搬迁改造或转型发展正在实施。

冶金规划院总图物流团队针对国家大的政策方针以及行业的发展方向，积极开拓新业务，为城市型钢铁企业开展“厂区环境综合治理”服务。将生产工艺同城市设计相结合，通过对城市钢厂进行工艺优化、物流改善、景观提升三个层面解决问题。工艺优化牵涉企业的生存之道，在最大限度保障企业生产的前提下减少污染源头，为环境治理提升提供基础保障；物流改善不仅能杜绝物料遗撒产生的二次污染，还能降低运输费用；景观提升是与城市相融合的重要抓手，通过在主要景观节点上的改善来提升企业形象，从而达到工艺达标、物流合理、景观协调的目标，最终帮助企业实现产业持续发展、环境宜人、产城共融。

六、钢铁物流标准化工作介绍

（一）钢铁物流标准化的重要性

1. 冶金行业物流量规模巨大，但在庞大物流量的背后，却缺少一个成系统、与冶金行业物流结合紧密度强的、被冶金企业接受且利用度高的冶金物流标准化体系作为强有力支撑和指导。

冶金物流标准化工作，是当下降低企业物流运行成本、降低社会流通运行成本、响应国家供给侧改革的重要着手点，亟待完善和提高。

2. 冶金行业物流标准化工作的落地，是降低企业物流成本的有效措施。

现今，在冶金行业整体提质增效的行情下，过去一直处于附属服务角色的物流环节刚刚被各冶金企业重视，但降本的方法却因没有着手点而无从发力，仅仅以指标性的年降低多少费用等命令的模式下达至物流生产部门，缺少物流历史统计、信息化手段、现代物流集中管控理念以及规范性标准的指导。经常出现“按下葫芦，飘起来瓢”的局部降本，整体运行成本升高等背道而驰的情况。

所以，冶金行业物流标准化工作的实际落地，是指引企业降低物流成本，并与社会流通环节物流标准化有效对接，提高整个供应链运行效率、降低社会物流运行成本有效手段。

3. 冶金行业物流标准化体系的建立，是冶金企业由制造商向服务商转变，践行供给侧改革有力抓手。

时代的变迁，要求冶金企业必须从原来的钢材生产制造商向服务商转变，而物流环节正是企业由生产商向服务商转变的手段之一，能够有效对供应链上下游企业进行连接。但要实现自身物流体系等服务手段与上下游相关企业或相关系统的“沟通和交流”，必须要在自身物流系统和其他系统之间建立通用的标准，特别是首先要在企业内部建立物流系统的自身标准，才能够与外部标准进行对接。同时，国家加强供给侧结构性改革，需要冶金企业在包括产品品种/品质、成本价格、物流配套服务等多方面发力，践行上游原材料制造商、供应商、服务商等多重身份的转变。

所以，冶金行业及企业物流标准化体系的建立，是冶金企业在国家“新常态”发展环境下，提质增效、理念转变的重要着眼点之一。

（二）业务优势

冶金规划院在钢铁工业企业内部物流以及钢铁流通环节具有多年的研究背景和项目经验。多年来，在行业及企业物流成本核算，企业内部物流管理、物流降本增效、物流诊断优化，钢铁流通环节钢铁流园区规划、物流节点的选址、钢材载运工具的选择、钢铁仓储设施规划、钢铁电子商务平台物流环节研究，钢铁物流成本核算课题研究以及企业内部物流先进技术的推广工作等领域，均积累了丰富的经验和业绩，拥有一支既熟悉钢铁行业及钢铁流通环节政策、法规、标准等，又掌握钢铁生产工艺物流环节的专家型团队。

通过多年的咨询服务工作，与国家发展改革委、工业和信息化部、商务部、交通部、铁路总公司等相关流通领域以及行业领域主管司局、国内外相关行业组织、各大钢铁企业及物流技术服务公司均保持良好的沟通及合作关系。

冶金规划院已经在全国物流标准化技术委员会下成了钢铁物流标准化工作组，并于2016年11月15日在北京举办了钢铁物流标准化工作组成立大会，工作组由来自钢铁物流领域30家企业及科研机构组成，工作组的成立将深入挖掘行业与企业的需求，以重点标准项目为引领，逐步建立钢铁物流标准化体系，为钢铁行业物流健康发展贡献力量。

冶金规划院节能工作再续辉煌

郜 学

冶金工业规划研究院节能降耗工作具有悠久的历史传统。1978年间，冶金部就将能源办公室设立在冶金规划院，开创了冶金工业节能降耗工作的先河。20世纪，冶金规划院做了大量节能方面的创新工作，牵头建立了中国钢铁工业能源平衡及能耗指标体系，形成了全国钢铁企业统一使用的能源统计报表；为冶金部编制了每一个五年节能规划和大量的课题研究；先后为企业编制了大量的节能型工厂规划等。可以说，在20世纪冶金规划院在节能降耗工作方面起到了引领作用，为政府和企业建立良好合作关系奠定了坚实的基础，取得了骄人成绩。

近十年间，我国粗钢产量呈现爆发式增长，钢铁行业的能源消耗量也是种处于高速增长态势，节能工作面临的形势不容乐观。期间国家对节能降耗工作也变得更加重视，尤其是“十一五”期间，首次将节能降耗指标列为约束性指标进行考核，使各级政府和企业更加重视节能工作。冶金规划院抓住历史机遇，恪守“客观公正、热情高效、科学准确、诚信研究”的服务宗旨，继续加大在冶金节能工作方面的研究力度，以高素质的专家队伍和丰富的经验、雄厚的技术实力，发挥“集百家之长为一家服务”的优势，为政府、为企业开展了大量节能工作，节能降耗工作再创辉煌。

一、近十年钢铁工业节能降耗工作取得的成就

近十年，钢铁行业在国家节能减排政策引导和支持企业加快节能技改项目政策的支持下，单位产品能源消耗强度不断降低，余热余能回收利用技术及装备水平不断提高，能源管理水平和全员节能意识不断增强。在钢铁产能规模快速发展条件下，吨钢能耗逐年降低。近十年全国粗钢产量和钢铁企业总用能量见图1。

作者简介：郜学，冶金工业规划研究院能源处处长，教授级高级工程师。

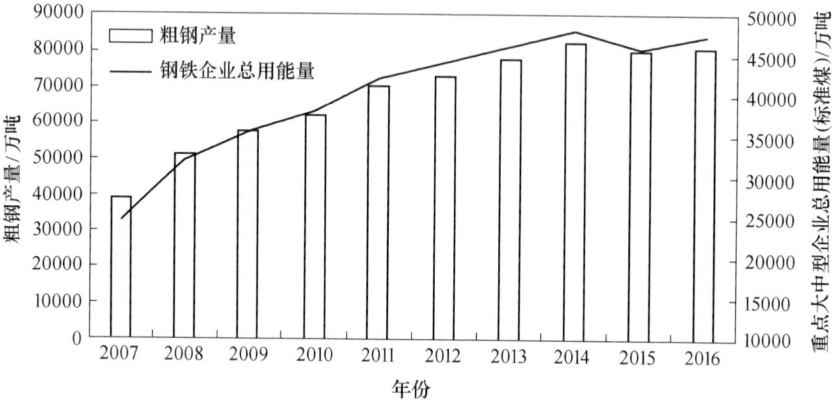

图 1　近十年全国粗钢产量和钢铁企业总用能量

十年来，粗钢产量增长了 108%，年均增长 7.6%；但钢铁企业总用能量仅增加了 93%，年均增长 6.8%；十年间按照产品节能率计算，节约能源 3440 万吨标准煤，说明我国钢铁企业节能工作取得了重大进展，正沿着可持续发展方向不断迈进。

十年来，重点大中型钢铁企业吨钢综合能耗指标下降了 6.77%，见图 2。

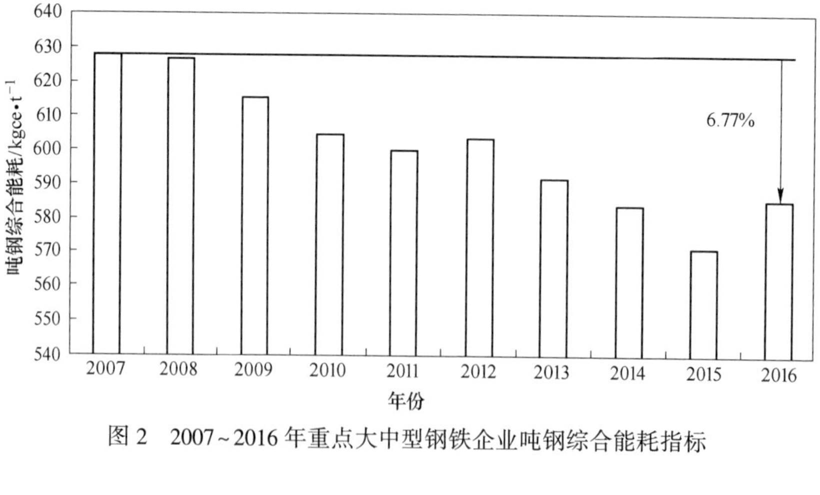

图 2　2007~2016 年重点大中型钢铁企业吨钢综合能耗指标

二、冶金规划院节能降耗方面开展的主要工作

（一）为政府当好参谋

“十一五”时期，冶金规划院为政府部门节能服务内容更加丰富：

一是为国家工业和信息化部完成《“十二五”钢铁工业节能规划研究》，为工业和信息化部制订《“十二五”工业节能规划》提供了有力保障和必要素材。

二是为工业和信息化部编制了《蓄热式燃烧技术专项推广规划》《炼焦煤调湿技术专项推广规划》《干式 TRT 技术专项推广规划》《烧结余热发电技术专项推广规划》《干熄焦技术专项推广规划》5 个重大技术专项规划，为推动上述重点节能技术尽快在行业普及做出一定贡献。

三是完成科技部国家科技支撑项目《钢铁行业节能减排技术筛选与评估》，对目前钢铁行业节能减排技术进行了筛选与评估，并对每项技术普及程度及“十二五”推广比例进行了认真研究。该项目为规划院首度完成科技部科技支撑项目，具有重要意义。

四是完成国家科技部与工业和信息化部《单位 GDP 二氧化碳目标分解与实施方案》重大课题，研究到 2020 年单位 GDP 二氧化碳下降 40%～45%的大背景下，钢铁行业二氧化碳减排目标如何分解，并提出实施措施和方案。

五是完成国家固定资产投资项目节能评估和审查试点工作。受工业和信息化部委托，完成了攀长钢、四川炭素灾后重建项目节能评估报告的审查工作，为国家探索节能评估报告编制和审查工作积累了大量经验。此外，我院专家每年都参与了国家发展和改革委节能奖励资金项目的审查工作。

六是完成国务院部署的去产能五大专项监察之一——节能监察的工作，为工业和信息化部制订钢铁工业节能监察政策提供有关支撑。

21 世纪以来冶金规划院作为政府机关的钢铁参谋部，为国家制定钢铁行业节能降耗政策提供了大量有建设性的意见，为我国钢铁工业节能降耗工作取得的成就做出自己的贡献。

（二）为行业节能指引方向

由于冶金规划院对国家政策比较了解，对企业实际情况比较熟悉，能够为钢铁行业节能工作提供具有建设性的发展思路。在中国钢铁工业协会的委托和指导下，我院先后完成了大量对行业具有开创性的节能工作。如：《钢铁工业能源指标体系完善和节能目标设定研究》《钢铁行业节能目标落实和潜力分析》《钢铁工业节能减排与“十二五”可持续发展战略研究》等课题。这些课题的完成为行业协会制定有关行业节能目标和节能政策、指导行业节能健康发展具有非常重要的意义，也扩大了我院在行业节能方面的影响力。

（三）为企业节能出谋划策

冶金规划院先后为武钢、马钢、沙钢、湘钢、本钢、宣钢等企业编制了“十一五”节能规划，在钢铁行业形成了节能规划编制的范本，并参与了《企业节能规划编制通则》的编写工作。“十一五”期间，国家开展了千家企业节能行动，并要求这些企业进行能源审计，我院编制的《武钢能源审计报告》获得了国家有关部委的高度评价，并获得国家工程咨询成果奖三等奖。“十二五”开局又编制了衡阳钢管“十一五”能源审计报告和南钢“十一五”能源审计报告暨南钢节能规划。

“十二五”伊始，国家非常重视固定资产投资项目的节能评估报告和审查工作。我院抓住机遇，果断投入大量专业力量开展此项工作，先后编制了《安徽霍邱铁矿深加工项目节能评估报告》《五矿营钢铁前改造项目节能评估报告书》和《鞍钢铁矿改扩建项目节能评估报告》等，其中《安徽霍邱铁矿深加工项目节能评估报告》审查时受到国家发展和改革委领导的高度评价，建议作为范本在行业内推广。

冶金规划院利用长期以来在钢铁行业开展节能工作的优势，熟悉国家法律法规、有关政策，是企业节能工作最良好的合作伙伴。我院今后将继续发扬优良传统，以最热情周到的服务为企业节能工作添砖加瓦。

（四）搭建行业节能交流的重要平台

一是我院入选第一批工业节能与绿色评价中心，也是钢铁行业唯一一家入选单位。积极帮助政府开展工业绿色发展和绿色制造体系政策研究，研究制订钢铁企业绿色工厂评价标准，指导企业创建绿色工厂工作。

二是承办中国节能协会冶金工业节能专业委员会。冶金工业节能专业委员会秉承为冶金工业企业服务、为节能减排事业服务的使命，致力于打造成为中国冶金工业节能领域最具公信力和影响力的行业组织，发挥政府与企业之间桥梁与纽带作用，帮助冶金工业企业做好节能降耗，推进节能减排和生态环境保护，主动适应新常态。

三是成立了全国能源基础与管理标准化技术委员会冶金能源基础与管理标准化工作组，一共有 31 家委员单位及副组长单位组成。该工作组旨在组织冶金节能领域国家标准和行业标准的制修订工作，目前已经立项了多项节能相关标准。

三、冶金规划院节能工作面临的形势和发展方向

中国粗钢产量已经到了峰值，钢铁行业能源消耗也会随之达到峰值，钢铁节能工作也要思考从增量调整到减量条件下如何发展。中国节能工作面临的形势也是复杂多变的，冶金规划院的节能工作也要随着形势的变化而发生相应的改变。

（一）面临的形势

当前，我院面临的主要节能形势有：

一是实行能源消费总量和单位 GDP 能耗指标双控。我国政府已经向世界庄重承诺：到 2020 年要在 2005 年的基础上我国单位 GDP 二氧化碳排放降低 40%~45%。单位 GDP 能耗、碳排放强度都已作为约束性指标纳入国民经济和社会发展“十三五”规划纲要当中。

国务院《“十三五”节能减排综合性工作方案》提出，到 2020 年，全国万元国内生产总值能耗下降 15%，并已经将主要节能目标分解到各省市中。各地区为完成节能目标，必然会将指标再分解到各企业中，作为高耗能的钢铁行业，其承受的节能指标压力必然不会轻松。

二是能源消费总量控制受到空前重视。《“十三五”节能减排综合性工作方案》提出要把能源消费总量控制到 50 亿吨标准煤以内，并且将总量控制目标分解到各省。实现能源消费总量和单位 GDP 能耗控制之后，各地的节能完成难度将更大。

三是工业节能的难度将越来越大。先进成熟、适用的钢铁技术已经大面积推广，在工艺流程方面没有大变革的情况下，技术节能潜力有限。而结构调整一直受政策、市场等供应未能调整到位，长期以来长流程生产为主的局面没有得到根本性的改变。

（二）发展思路

我院节能降耗工作有非常优良的传统和历史，在行业内有一定的影响，在服务过的政府和企业都具有深刻的影响，给我们这一代节能工作者留下了

宝贵的财富。我们要继续发挥优良传统，将冶金规划院的精神传承下去，为行业节能做出更大的贡献，为政府和企业提供更好的服务。冶金规划院的节能工作可以从以下几个方面开展：

一是继续为政府机关和行业协会当好参谋。政府机关由于受机构编制限制，非常需要像冶金规划院这样的研究机构提供深入研究，提出建设性的意见。这也正是我院多年的传统优势，今后我们将继续发挥上懂政策、下知企业的优点，为政府机关和行业机会当好参谋。

二是继续为企业做好服务。冶金规划院的发展离不开广大钢铁企业的大力支持。“十三五”企业将面临国家总量和指标双重考核的压力，节能形势不容乐观。冶金规划院要继续发挥为企业排忧解难的特点，帮助企业应对当前复杂的节能形势，想企业之所想，急企业之所急。只有这样，才能保证冶金规划院节能工作在企业中的影响力。

三是做好行业热点、难点研究工作。当前节能形势发生重大变化，节能的热点和难点不断出现，如低碳发展问题、能源总量控制问题、能效提升问题、能源经济问题等，这些问题如何与行业结合，非常需要冶金规划院这样的咨询机构认真去研究，将国家的大政方针和钢铁行业结合起来。

四是培养好一批优秀的节能工作队伍。冶金规划院成立以来，培养了一大批优秀的节能工作队伍，这与我们所处的环境有很大关系，也和这些优秀工作者的努力是分不开的。新的形势对未来一代的节能工作者技能和素质提出了更高要求，面临的竞争和压力更大，这需要冶金规划院的节能工作队伍继续发挥吃苦耐劳、艰苦奋斗的作风，将节能工作取得的优秀结果传承下去。同时，只有在“业务带水平”的条件下，多干、多做才能取得更快的进步。

五是加强与国际节能机构的合作。节能工作越来越走向国际化，国外越来越多的机构也在关注和支持中国节能工作，他们愿意出资帮助我们研究一些节能方面的问题，也乐于将部分国外经验介绍给我们，但也希望把中国的经验带到世界。我院已经和美国能源基金会、英国大使馆等国外机构、组织进行了合作，今后应进一步拓展合作方式，包括我院可以直接与国外的一些机构合作，实施“走出去”的战略。

巴黎协议生效后钢铁行业气候变化应对形势

李　冰

2015 年，《联合国气候变化框架公约》近 200 个缔约方一致同意通过《巴黎协定》。这份共 29 条 31 页的协议主要目标包括：尽快让温室气体排放达到峰值，21 世纪下半叶实现温室气体净零排放；将全球温度较工业化前水平上升的幅度控制在“远低于”2℃以下，并尽量限制在 1.5℃以下等。

2016 年 11 月，《巴黎协定》正式生效。这一协定是第一份让所有国家都承诺减少碳排放的协议，首次使发达国家和发展中国家在统一的制度框架内，以有区别的方式承担各自的义务和贡献。在巴黎气候大会上，中国国家领导人提出了共创“各尽所能、合作共赢”“奉行法治、公平正义”“包容互鉴、共同发展”的未来全球治理模式，建设人类命运共同体的主张。中国对巴黎气候变化大会成功所做的努力，是中国积极、建设性参与国际治理和多边进程的一个成功范例。作为最大的发展中国家和第二大经济体，这些主张不但将是中国推进《巴黎协定》落实和后续制度建设的基本遵循，也将是中国进一步以负责任的态度，积极、建设性参与全球性制度建设的努力方向。

《巴黎协定》的正式生效填补了《京都议定书》到期后的空白，将开启全球气候治理新阶段，各国的国家自主贡献目标最终将层层落实到具体产业。低碳发展将成为世界钢铁产业发展的主线，促使各国钢铁工业积极使用低碳技术提高能效，实现能源结构低碳化及绿色化，构建绿色低碳的循环发展体系和清洁高效的现代能源体系。

作者简介：李冰，冶金工业规划研究院低碳发展研究中心主任，教授级高级工程师。

一、国内外低碳发展形势日趋紧迫

从国际总体形势来看，随着国际社会对气候变化认识的不断深化，气候变化全球影响日益凸显，已成为当前全球面临的最严峻挑战之一。各国对气候变化问题的认识正逐步提高，积极采取措施应对气候变化已成为全球各国的共同意愿和紧迫需求。

中国自 2012 年起已超过美国成为全球第一排放大国。在当前形势下，中国已不可能再沿袭发达国家以高碳排放为特征的现代化模式，迫切需要尽早和尽快向低碳发展转型。

2009 年 11 月，中国政府宣布到 2020 年单位国内生产总值二氧化碳排放比 2005 年下降 40%~45%，并在“十二五”规划中提出国内生产总值二氧化碳排放下降 17%的目标，这是第一次把控制温室气体排放写入我国的经济社会发展规划，也标志着我国已进入碳约束时代。

中国高度重视推动《巴黎协定》的生效和实施，为了实现上述目标，作为全球应对气候变化事业的积极参与者，于 2015 年 6 月底已提交了应对气候变化国家自主贡献文件《强化应对气候变化行动——中国国家自主贡献》，明确了中国强化应对气候变化行动目标、主要行动政策和措施，提出到 2030 年中国单位国内生产总值二氧化碳排放比 2005 年下降 60%~65%。同时计划在 2030 年左右二氧化碳排放达到峰值。为了实现上述目标，中国预计将花费超过 6.6 万亿美元。

从国内形势来看，相关政府部门对于应对气候变化工作也高度重视，制定了一系列包括法律法规、融资和市场机制在内的渐进政策，旨在提高能效，降低碳排放强度。

从国家层面，国家发展改革委、工业和信息化部相继发布《中国应对气候变化国家方案》《中国应对气候变化的政策与行动》《“十二五”控制温室气体排放工作方案》《工业领域应对气候变化行动方案》等一系列文件，并正在加快推动出台《应对气候变化法》。

从省、市层面，从 2010 年始，国家组织开展低碳省区和低碳城市试点工作，目前低碳试点省市总数已达到 42 个。

从行业及企业层面，2013 年起陆续组织开展国家低碳工业园区试点工作，重点加快钢铁、建材、有色、石化和化工等重点用能行业低碳化改造，培育积聚一批低碳型企业。

在规范核算方法方面，从2013年起，相继印发十多个行业企业温室气体排放核算方法与报告指南，包括发电、电网、钢铁、化工、电解铝、水泥等行业。2015年底，国家质量监督检验检疫总局、国家标准化管理委员会批准《工业企业温室气体排放核算和报告通则》等11项国家标准，实现核算方法标准化。同时，从2014年初，国家发展改革委组织全国范围内重点企业温室气体排放报告，为实现全国统一碳市场做准备，要求温室气体排放13000吨二氧化碳，或综合能耗（标准煤）5000吨以上企业全部申报温室气体排放情况。

在碳交易体系建设方面，从2011年起，发布了《关于开展碳排放权交易试点工作的通知》，确定北京市、天津市、上海市、重庆市、湖北省、广东省及深圳市7个省市开展碳排放权交易试点工作。在碳交易试点工作的基础上，2017年将正式启动全国碳排放交易市场，成为全球最大的碳市场，为中国乃至落实碳减排工作做出重要贡献。

二、中国钢铁工业应以更加积极的姿态参与应对气候变化

钢铁工业是能源资源消耗密集型产业，根据国际能源署估计，全球钢铁工业生产过程的二氧化碳排放约占全球温室气体排放总量的4%~5%。应对气候变化已成为钢铁行业在21世纪面临的最大问题。近年来，国外诸多主要钢铁生产国家均在开展相关低碳研究工作，包括：

欧洲15国48家钢铁企业在2002年启动了长期研究开发项目，寻求能显著降低钢铁生产过程中二氧化碳排放量的突破性技术，主要是超低二氧化碳炼钢技术研发项目（ULCOS），目标是到2050年，使吨钢二氧化碳排放量比现在最好水平减少50%。

日本启动了国家项目“环境和谐型炼铁工艺技术开发”（COURSE50），制定了低二氧化碳排放钢铁工业技术路线图，目标是二氧化碳减排30%。

韩国浦项制铁制订长远开发计划，启动驱逐碳的炼铁项目，确定的目标是到2050年开发出核反应堆的炼铁新技术。

美国钢铁业能源效率的提高主要是通过加大电炉炼钢比例，提高生产工艺自动化程度，工艺紧凑等。同时，也在研究突破性技术，包括利用熔融氧化物电解（MOE）方式分离铁以及利用氢炼铁。

中国钢铁工业是国民经济最重要的基础产业部门之一，对社会经济发展起着重要的支撑作用。中国是世界最大的钢铁生产消费国，占全球49.4%粗钢产量和46.2%的钢材消费量，在世界钢铁工业中具有举足轻重的影响力，同时生产结构仍主要以矿石和炼焦煤为主的高炉—转炉长流程工艺，是碳排放的主要行业。据统计，中国钢铁工业碳排放量约占全球钢铁行业碳排放的51%，占中国总碳排放量的15%左右。

中国钢铁工业应对气候变化工作开展时间相对较晚，初期以钢铁企业自主申请CDM项目为主要参与方式，近年来相关技术研究工作重视程度日益提高，包括：工业和信息化部组织实施“高炉炼铁CO_2减排与利用关键技术”，目标是高炉生产效率提高10%~30%，燃料比降低10%~20%，二氧化碳排放减少10%~25%；鞍钢开展高炉喷吹焦炉煤气技术研发；武钢开展焦炉荒煤气余热回收利用技术研发；首钢开展钢渣显热回收利用技术研发；首钢、宝钢在碳捕集及利用方面也进行了有益的尝试等。除此之外，部分钢铁企业也将低碳发展纳入了企业主要战略发展方向，例如：宝钢从低碳发展战略和体系建立、开展全生命周期研究等方面采取积极措施；太钢、山钢等钢铁企业在碳核算、碳足迹、碳排放基础数据统计与管理、低碳工艺技术研发、环境友好产品开发、绿色能源利用、节能减排工艺技术的应用、二氧化碳回收利用等方面做出有益探索。

“十三五”期间是中国全面建成小康社会的关键时期，钢铁工业也进入了生产消费峰值弧顶下行期、市场格局深度调制期、转型升级关键决定期和创新发展历史机遇期。面对国内外日益严峻的节能减碳形势，中国钢铁工业应以更加积极的姿态参与应对气候变化工作。

三、中国钢铁产业低碳发展路径及技术展望

对于中国钢铁工业而言，实现低碳发展是新常态下经济提质增效的重要动力和模式，除了要借鉴国外先进成功经验外，还需要结合我国钢铁工业的特点，有的放矢，建立符合中国国情的低碳发展技术路线。

（一）低碳发展，理念先行

绿色低碳发展是国际大趋势，是世界各国共同面临的重大挑战。资源与环境问题是人类面临的共同挑战，可持续发展日益成为全球共识。特别是在

应对国际金融危机和气候变化背景下，推动绿色增长、实施绿色新政是全球主要经济体的共同选择，发展绿色经济、抢占未来全球竞争的制高点已成为国家重要战略。

低碳发展已不再仅仅是一个政治问题，而是关系到每个行业、企业生存与发展的重要战略问题，低碳经济发展应成为钢铁工业可持续发展的重要价值观之一。因此，应进一步提升全行业低碳发展理念，建立合理有效的政策保障和指导机制，培养建设一批专业性强、理论基础扎实的专业化队伍，为行业实现低碳可持续发展奠定坚实基础。

（二）通过提高能效、化解过剩产能加快推动钢铁行业碳排放达峰目标的实现

近年来，国家积极推行供给侧结构性改革，提出“去产能、去库存、去杠杆、降成本、补短板”五大任务，在钢铁工业结构调整、转型发展过程中发挥了重要作用。2016年2月出台的国发〔2016〕6号文件，提出从2016年开始，用5年时间，再压减粗钢产能1亿~1.5亿吨，进一步加快钢铁化解过剩产能步伐。

同时，钢铁工业积极推进系统性节能降本工作，积极开展提高余热余能自发电率研究、铁前降本增效研究、轧钢产线综合节电研究、能源精细化管理，并不断加快先进能源高效利用技术的研发、创新和工业化进程，例如：高温超高压煤气发电、焦炉荒煤气显热回收、烧结矿竖式冷却、烧结烟气循环利用、ESP无头轧制、钢坯免加热、低温余热发电等技术均是在近年获得了突破性的进展和工业化应用。

去产能、系统性降本不仅是钢铁工业实现扭亏为盈的重要抓手，同时也将加快推动中国钢铁工业碳排量达峰目标的实现。未来一个阶段，提高能源利用效率、化解过剩产能仍应是钢铁工业低碳可持续发展的重要方向。

（三）优化能源结构，提高废钢利用比例

能源变革和低碳发展已成为世界性的潮流。在未来钢铁企业的低碳发展中，调整优化能源结构，降低化石能源的消耗是企业应不断追求的方向。

众所周知，电炉短流程主要使用再生资源——废钢，不仅减少了还原剂碳的消耗，同时减少了化学反应所需能量的消耗，因此在降低能耗和二氧化碳排放方面具有明显优势。一般来说，电炉短流程工艺能耗是高炉—转炉长流程的1/2左右，二氧化碳排放量是高炉—转炉长流程的1/3左右。

我国钢铁工业电炉钢比例不到10%，一直处于较低发展阶段。随着我国废钢资源的积累增加，以废钢为原料的短流程电炉炼钢将面临更大的发展机遇。最近发布的《废钢铁产业“十三五”发展规划》中也提出了以钢铁绿色发展、提高炼钢废钢比为主线的基本原则，明确提出：“十三五”期间炼钢废钢比较“十二五”翻一番，达到20%以上，其中转炉废钢比达到15%以上，电炉钢比获得逐步提高。

另外，在开发利用新能源、可再生能源方面钢铁工业也可以因地制宜开展更多的工作，包括利用太阳能、风能方面开展更多有益的尝试。

（四）积极研发、储备先进低碳冶炼技术，实现科技支撑

从未来发展形势来看，《巴黎协定》提出21世纪下半叶实现温室气体净零排放，意味着能源结构低碳化的钢铁工业转型已成必然趋势。为了实现大幅度降低二氧化碳排放，必须开发应用新的低碳冶炼生产技术，钢铁工业也将因此产生革命性变化。

中国钢铁工业应加强对国内外先进低碳冶炼技术的跟踪、研究及引进，同时也应加快研发、储备、应用符合国内钢铁工业转型发展需求的先进低碳冶炼技术，包括突破性低碳冶炼技术及碳捕获与封存技术的工业化应用等。

四、冶金工业规划研究院在低碳发展中的重要作用

冶金规划院是钢铁行业较早一批开展低碳研究工作的专业化研究机构，依靠一批专业化的专家团队及多年钢铁领域节能减排咨询经历，近年来协助相关政府部门、行业协会、企业，在基础性研究、碳核查方法学制定、低碳发展规划等领域开展了多项工作，在持续推动钢铁工业低碳发展工作中发挥了应有的作用。

在课题研究方面，陆续配合各相关政府部门完成多项基础性课题研究工作，例如：

2008~2009 年，协助中国钢铁工业协会相继完成《500 万吨以上重点大中型钢铁企业 CO_2 排放现状研究核算》及《200 万吨以上重点大中型钢铁企业 CO_2 排放现状研究核算》；

2010 年，协助科技部开展“GDP 二氧化碳排放强度下降 40%~45%”目标下，钢铁行业目标分解与实施方案研究工作；

2011 年，协助环保部（现生态环境部）开展“工业炉窑 CO_2 减排及污染物协同控制潜力研究”；

2012 年，协助环保部开展“钢铁行业 CO_2 排放系数研究”；

2013 年，协助科技部开展“我国主要排放行业减排的支撑技术研究”；

2014 年，协助国家发展改革委开展“中国应对气候变化技术需求评估”；

2016 年，协助质检总局开展“国际背景下我国钢铁行业减排核查关键技术研究示范”研究。

同时，冶金规划院积极参与钢铁行业碳核查方法学制定工作，在国家发展改革委的统一部署下，相继参与完成了《中国钢铁生产企业温室气体排放核算方法与报告指南》《炼焦行业企业温室气体排放核算方法与报告指南》核算方法学的制定工作，并参与了《温室气体排放核算与报告要求　第 5 部分：钢铁生产企业》（GB/T 32151. 5—2015）标准制定工作。

随着钢铁企业自身低碳发展意识的逐步提高，冶金规划院结合企业实际，为钢铁企业开展定制化的低碳发展规划工作，已相继开展了湘钢低碳发展规划、东方特钢节能低碳发展规划等钢铁企业专项低碳规划咨询工作，帮助企业规划谋划低碳发展战略、制定合理高效的低碳发展实施路径。

展望未来，随着《巴黎协定》正式生效，全球气候治理进入新阶段，低碳发展将成为中国钢铁产业发展的主线。冶金规划院将继续秉承为政府、行业、企业服务的宗旨，在钢铁行业践行低碳发展过程中发挥更为重要的作用。

一是开展行业碳排放数据分析。建立钢铁行业碳排放数据库，协助相关政府部门开展钢铁行业碳排放基础数据分析研究、碳配额分配方案研究等工作。

二是开展碳交易能力建设。协助组织召开钢铁行业碳交易、低碳发展等领域相关研讨会、座谈会，开展有关碳交易知识、能力建设培训。

三是继续深入相关研究工作。与各相关机构合作，开展国内外低碳领域专题研究，为国家制定钢铁行业低碳发展战略与政策、应对气候变化策略与技术、温室气体清单编制、碳交易机制和核查等提供技术支撑。

四是深入开展企业低碳发展规划研究。针对钢铁企业低碳发展过程中存在的问题开展规划研究、技术指导等工作。

五是开展国际交流业务。根据钢铁行业低碳发展形势需要，定期组织开展低碳领域国际技术交流活动。

六是推动低碳技术遴选与推广。协助相关部门定期组织钢铁行业低碳技术的遴选工作，并普及推广先进低碳技术在钢铁企业的应用。

勠力同心　共创未来

——冶金规划院铁前专业十年回顾

金　晖　白永强　刘文权　苏步新　贾楠楠

冶金工业规划研究院铁前专业团队（原料准备、烧结球团和炼铁）长期致力于政府课题研究、企业发展规划、项目可行性研究、项目申请及评估、节能环保物流专项研究等工作，拥有扎实的理论基础、专业的技术人才、丰富的实战经验和辉煌的工作业绩，持续为政府、行业、企业以及金融机构等提供高水平、高层次、高质量的咨询服务，为我国炼铁行业乃至钢铁工业的发展做出了积极贡献。值此建院45周年之际，特对铁前专业近十年发展简要回顾，展望未来，与同行共勉。

一、铁前专业十年发展历程

（一）原料准备

近十年，原料准备技术步入快速发展时期，结合钢铁企业提质增效和环境治理需求，原料准备重点开展以物流高效化、质量稳定化、污染减量化为目标的工艺技术和节能环保改造建设，取得较为突出的成效。目前已发展成为以担负物流高效化运作和节能减排为核心内容，以加工生产品质稳定的精料为重要任务，集成先进工艺技术和高效现代化装备的原燃料集散、精料加工和物流管理中心，是厂内运输物流成本的重要组成，是烧结和炼铁降低燃料消耗的重要工序，是控制粉尘污染的重要环节。其技术进步主要表现在以下方面。

作者简介：金晖，冶金工业规划研究院冶炼原料处主任工程师，教授级高级工程师；白永强、刘文权、苏步新、贾楠楠，冶金工业规划研究院。

1. 绿色发展水平大幅提升

2007 年以前，我国普遍采用的控制原料场扬尘技术措施主要是机械除尘、胶带机通廊密闭、料堆表面覆盖及喷淋、挡风抑尘墙等。2008 年我国钢铁企业首座大型封闭原料场投产，开启了原料环保储存技术的应用之路。随后国家相继出台的环保标准、政策等对原料场污染控制技术提出严格要求，使原料环保储存技术在近十年得到迅猛发展，原料环保储存技术在钢铁企业的推广应用，大大提升钢铁企业粉尘污染控制水平，为企业和社会带来经济价值和社会效益。

2. 原料质量进一步趋向稳定

作为原料场最重要的工艺环节——混匀，是决定含铁原料化学成分和物理性能稳定性的关键，对提高炼铁产量和质量，降低烧结固体燃料消耗，降低炼铁焦比和渣量、尘量具有十分重要的意义。随着企业对混匀技术重要性认识的提高，多数企业通过增建混匀设施、完善一次料场功能、提高设备能力等技术改造工程，以及行之有效地控制进厂原料质量、提高原料品种稳定性、合理控制库存、制定混匀操作计划等管理措施，控制混匀矿波动达到国内先进水平，最大限度为烧结和炼铁节能降耗提供条件。

3. 物流系统向高效化发展

钢铁企业原料场因在工序分界、相关技术、生产管理等方面不同程度地存在缺陷和不确定性，致使原料场无法充分发挥其物流中心的功能，在少数企业甚至还没有成为钢铁生产的必要工序。十年来多数企业通过完善料场功能，优化工艺流程，配备连续作业装备，提升操作管理水平，实现信息化控制等措施，对散状物料流量、方向、途径、距离、时间节奏以及料场受卸、堆取料、供料等装备、能力、方式进行有效衔接和合理匹配，保证仓储安全合理，避免物料迂回倒运，减少物流滞留时间，实现物流简捷高效、成本降低。

（二）烧结球团

我国重点统计单位烧结产能由 2007 年 5.36 亿吨增加至 2016 年 10.94 亿吨，年均增长 10.41%，烧结矿产量由 2007 年 5.24 亿吨增至 2016 年 8.68 亿吨，年均增长 6.56%；球团产能由 2007 年 1.31 亿吨增至 1.70 亿吨，年均增长 2.98%，球团矿产量由 2007 年 0.99 亿吨增至 2016 年 1.52 亿吨，年均增长

5.35%。2014 年后供给侧结构性改革及钢铁去产能，烧结球团新增产能较少，总体产能变动不大。

我国重点统计单位大于 130 平方米烧结机数量由 2007 年的 125 台增加至 2016 年的 331 台，生产能力由不到 4 亿吨增长至 8.9 亿吨，小于 90 平方米烧结机数量由 2007 年 215 台减少至 29 台，生产能力由大约 1.3 亿吨降低至 0.19 亿吨。2007~2016 年，首钢京唐 500 平方米烧结机，营口五矿、日照 600 平方米烧结机，太钢、宝钢 660 平方米烧结机和武钢鄂州 500 万吨、宝钢湛江 500 万吨链箅机—回转窑球团、首钢京唐 400 万吨、包钢 500 万吨带式焙烧机等相继建成投产，单机生产能力达到世界领先水平。

十年来，我国钢铁行业烧结球团的产能和产量均表现出快速增长态势。此外，设备大型化和现代化步伐在不断加快，循环经济理念和节能减排技术也受到高度重视。

1. 球团装备基本实现大型化和现代化

新建球团装备基本以大型链箅机—回转窑和带式焙烧机为主。2009 年宝钢湛江建成投产我国自主设计第一条 500 万吨级链箅机—回转窑球团生产线；2010 年首钢京唐公司年产 400 万吨带式焙烧机、2015 年包钢 500 万吨带式焙烧机等也相继投入运行。

2. 注重节能减排技术推广应用

我国新建烧结球团均基本采用燃料分级利用、强力混合和强化制粒、超高料层烧结、环冷机分级利用、预热混合料、主抽风机自适应变频调速、液密封环冷机等先进技术，配套建设余热回收（烧结余热发电）、烟气脱硫和高效静电除尘等装置，能耗和环保指标明显改善。此外，烧结铁酸钙固结等基础理论研究不断深入，基于资源环境及性能的烧结优化配矿技术得到高度重视，难造块铁矿资源利用取得突破，高铝矿应用研究不断深入，厚料层低温均质烧结技术普遍应用，烧结烟气协同减排和竖罐冷却及余热发电等节能减排技术取得显著成绩。

3. 工序能耗指标不断降低

烧结球团设备大型化、自动化水平的提高对烧结球团工序能耗的降低具有明显促进作用，全国重点企业烧结工序能耗（标准煤）由 2007 年 55.21 千克/吨降低至 2016 年 48.39 千克/吨，降低 6.82 千克/吨。球团工序能耗（标准煤）由 2007 年 30.42 千克/吨降至 2016 年 26.3 千克/吨，降低 4.12 千克/吨。

（三）炼铁

2007～2015 年，我国生铁产量经历持续增长并首次触顶下降。2007 年，我国生铁产量 47651 万吨，占全球产量 49.6%，延续了快速增长趋势；2008 年，全球遭遇金融危机，我国生铁产量较前一年仅增加 0.4%，但产量占全球比例首次超过 50%；2014 年，我国生铁产量和全球占比均达到历史最高水平，分别为 71375 万吨和 60.1%；2015 年，我国钢铁产业迎来全行业亏损的困难局面，生铁产量首次出现下降，降幅 3.1%。我国非高炉生铁产量占比仍然非常低，除宝钢 Corex3000 运行的几年外，非高炉生铁年产量均不超过 50 万吨。

我国炼铁装备水平存在很大提升空间。2007 年，我国尚没有 5000 立方米以上高炉，4000 立方米及以上高炉仅有 7 座，截至 2016 年，我国 4000 立方米及以上高炉达到 22 座，产能占比接近 10%。同时，我国高炉装备也存在数量多、平均炉容小、水平参差不齐等问题。以工信部 2012 年《钢铁行业规范条件》公告企业炼铁高炉为基础进行分析，规范企业炼铁产能约 9.5 亿吨/年，而 2000 立方米及以下高炉多达 840 座，产能 66700 万吨，产能占比高达 71.4%；另外，非准入企业高炉也超过 400 座，基本上为 1000 立方米以下高炉。“十二五”以来我国钢铁行业淘汰落后装备和产能工作卓有成效，共淘汰落后和低效炼铁产能约 13600 万吨/年，初步估算，2016 年全国范围内 2000 立方米以下高炉产能占比降低至 66%左右，我国炼铁装备水平整体提升之路任重道远。

十年间，我国生铁产量稳居世界第一，占比超过全球一半，个别年份甚至超过 60%。与此同时，炼铁工艺技术、生产水平和技术经济指标也均大幅提升，我国炼铁竞争力日益增强，已步入全球领先之列。

1. 工艺技术不断创新

一是炉料结构大幅进步。进口优质铁矿石数量从 2007 年的 3.83 亿吨已增加到 2016 年的 12.8 亿吨，在提升原料供应方面起到重要作用。球团矿和块矿生产质量提高，高炉炉料结构改善，我国炼铁原料供应进入 21 世纪后有了明显改进。二是延长高炉一代炉龄。高炉炉衬过度侵蚀一直是高炉长寿短板，为此，新建高炉注重长寿技术的应用，在产高炉注重入炉原燃料有害元素控制。我国长寿高炉代表有：2010 年停炉的首钢 3 号 2536 立方米高炉，创造了17年7个月的一代炉龄；2013年停炉的宝钢3号4350立方米高炉，创造了18年11个月的一代炉龄，单位炉容产铁15700吨/立方米。

2. 主要技经指标进步明显

伴随着炼铁产能的扩张和原料供应的改善，“高效率、低消耗、高质量、长寿与环保”政策被作为我国炼铁的指导原则，高炉指标、炼铁设施的投产与维护等方面都取得了进步。经多方面努力，我国重点钢铁企业主要技术经济指标2016年较2007年有明显提升，主要体现在燃料消耗不断降低，燃料结构不断优化。入炉焦比、综合焦比、燃料比和工序能耗等多项指标显著优化，吨铁消耗分别降低8%、3.8%、5.0%和7.7%，大大减少燃料消耗和废气产生量；喷煤比也有一定提升，多数企业烟煤配比超过40%，节约焦炭和无烟煤资源，燃料结构得以优化。此外，高效顶燃式热风炉的推广，为高风温冶炼提供了基础，炼铁产能的增加促使企业利用系数回归正常水平，延长了高炉寿命并降低了燃料消耗。

3. 低成本炼铁技术发展迅速，高炉操作水平整体提升

我国炼铁企业通过精心操作和精细化管理等手段降低生产成本，采用低品位、廉价原燃料使用技术成为重要的降成本手段，并取得较大的成绩，主要包括：开发在烧结矿生产过程中使用廉价铁矿石技术；开发使用弱黏结煤技术生产的焦炭。高效冶炼、自动化操作技术研发和应用水平提升明显，高风温、高顶压、富氧大喷煤、低硅冶炼、余热余压利用、煤气干法除尘、高炉长寿、一罐到底等技术广泛应用，大大促进我国高炉“高效、优质、低耗、环保、长寿”生产进步。

4. 低品质矿冶炼取得成效

原燃料价格不断攀升，炼铁品位呈下降趋势，而采用精料导致炼铁原料成本大幅度上升。不少企业不得不增加褐铁矿、高Al_2O_3铁矿等配比，采用部分低品位铁矿进行冶炼，导致工序能耗上升，污染物排放上升。炼铁企业采用多环布料、高风温、高富氧等措施，在高渣比条件下寻求最佳燃料比和煤比，追求最大经济效益的同时，减小了高品质铁矿资源供给紧张和价格高等对我国钢铁行业造成的压力。

二、专业严谨的咨询团队

冶金规划院铁前专业团队在政策研究与行业课题、项目前期与企业规

划、区域规划与园区发展、节能减排与循环经济、生产诊断与项目评估以及标准制定等方面参与了大量的工作，同时关注工艺装备发展，追踪最新前沿技术。

（一）做好政府参谋，引领行业发展

（1）有效支撑政府和行业管理部门在淘汰落后设备、装备升级、产能置换、钢铁企业规范管理等方面相关工作。通过统计全国不同级别典型烧结机、高炉生产能力，研究落后产能、产能认定和总量控制等各项标准，为钢铁行业化解过剩、优化存量、脱困发展做出贡献。

（2）参与《钢铁工业调整升级规划（2016—2020年）》《钢铁行业准入条件》《钢铁行业应对气候变化技术需求项目》《产业技术政策课题研究》等国家发展改革委、工信部和金融机构等部委重大课题研究。

（3）参与《2015中国钢铁企业绿色评级分析报告》《中国钢铁工业环境保护白皮书》《钢铁行业中节能技术改造项目现状及趋势分析》等节能环保、绿色发展相关课题研究。

（4）开展高炉炼铁装备竞争力排行，每年度均对国内重点钢铁企业高炉炼铁装备竞争力进行研究排名，并向社会公布，促进企业实施技术创新和装备升级。

（5）完成《烧结烟气脱硫专项规划》《烧结烟气脱硫规划》等行业领域内具有较大影响力的全国性规划编制工作和烧结烟气脱硫后评估工作，为钢铁企业脱硫工艺选择提供了大量翔实、客观的依据。

（6）为我国钢铁工业供给侧结构性改革出谋划策，代表项目有《唐山建龙炼铁产能优化压减方案的评估》《陕西略阳钢铁2号高炉有效容积核定的评估》，为更科学地去产能提供技术支持。

（7）密切跟踪烧结烟气循环和烧结烟气协同治理等低碳绿色发展技术进展，对烧结烟气脱硝工艺进行前瞻性研究，在烧结强力混合机和强化制粒、烧结竖罐冷却及余热回收技术、含镁氧化球团等新技术开发、应用和推广方面做了大量开创性工作。

（二）提供咨询服务，当好企业智囊

（1）为企业提供发展规划与专项咨询服务。为企业提供发展规划、节能环保物流优化、项目申请报告、项目可行性研究以及资产评估、能源评估等铁前专业规划和专项咨询，重点代表项目有《武钢“十三五”规划》《中特集团“十三五”规划》《本钢节能环保规划》《唐钢物流系统优化及发展规划》《首钢京唐钢铁公司二期工程项目申请报告》《包钢新体系钢铁项目可研》《马钢节能评估》等。

（2）为区域规划和园区发展出谋划策。参与地方政府委托的地区冶金工业结构调整、转型升级规划，重点代表项目有《河北省唐山市钢铁工业发展规划》《新疆自治区伊犁州钢铁产业规划》《连云港市钢铁产业中长期发展规划》等。参与区域聚集产业园发展规划、物流园规划，重点代表项目有《张家港玖隆钢铁物流园规划》《燕赵精品板材产业园发展规划》《韩城钢铁配套产业园产业发展规划》等。

（3）积极参与海外钢铁咨询项目。代表项目有《赞比亚国家规划》《几内亚西芒杜铁矿项目 DE 报告评审意见》《东方矿产印尼富海钢铁项目总体规划》《玻利维亚穆通钢铁公司综合钢厂可研评审报告》等。

（4）开展铁前系统绿色评价体系建设相关工作。代表项目为《河钢集团绿色发展行动计划》，从绿色采购、绿色物流、绿色制造等多方面对铁前流程进行评价和优化，引领铁前系统绿色发展，获得了社会各界普遍认可，在业界起到了树模引领作用。

（5）开展铁前降本增效研究工作。代表项目为《水钢铁前工序降本增效研究》，通过对水钢高炉各类原料、燃料、能源介质的品质、价格、物流、耗量、工序匹配等多因素进行统计分析，理清并建立了铁水成本价格模型，为企业铁前降本增效提供了较好的技术支撑。

（6）开展节能工艺、技术的研究和推广工作。将降低烧结球团工序能耗贯穿于企业发展规划中，提升钢铁企业节能降耗水平，尤其是漏风率综合治理、烧结大烟道高温段烟气余热回收、烧结主抽风机和环冷机冷却风机变频调速等节能技术的应用，为企业在提质、降本增效等方面带来巨大的经济效益和社会效益。

（7）积极参与相关标准制定工作。发挥标准引领作用，并取得初步成效。《4000 立方米及以上高炉入炉原燃料技术要求》《烧结烟气循环利用技术规范》《强逆流混合机》等冶金行业标准已正式立项。《钢铁企业绿色原料场评价导则》冶金行业标准已完成立项评审工作。

(三) 致力技术研究，扩大行业影响

铁前专业团队积极参与工艺装备技术和节能环保技术的研究和推广工作，紧密追踪国内外最新前沿技术，推进钢铁企业技术装备、节能减排、绿色发展水平的提升。

在规划咨询服务方面，贯彻低成本制造和低碳绿色发展理念，提出高炉优化配矿、物流系统优化、烟气协同减排、变频调速技术、余热余压发电、除尘灰提取氯化钾等诸多前瞻性和可操作性的咨询建议，为企业提质增效带来巨大的经济效益和社会效益。

在知识储备和业务建设方面，长期在《钢铁规划研究》《烧结球团》《炼铁》《中国钢铁业》《世界金属导报》《中国冶金报》等国内各大期刊、报纸发表观点，据不完全统计，铁前专业团队近年来发表期刊论文60余篇，国内外学术会议论文20余篇，引起业内同行的普遍关注和重视。

三、展望未来开创新局面

展望未来，铁前专业团队将按照我院“五度”思维的要求，贯彻以减量化发展为核心的九化协同战略，落实创新、协调、绿色、开放、共享五大发展理念，继续扎实、高效地开展咨询和研究工作，从技术装备创新、低碳绿色发展、能源节约利用、前沿技术跟踪等方面开创新局面。

1. 原料系统物流优化与降本增效

随着现代物流技术的高速发展以及钢铁企业节能减排、降本增效的不断深入，作为担负全厂物流高效化运作的原料场，将是降低生产物流成本的重要工序。通过采用现代物流管理技术，集成先进、智能技术和大型、连续作业装备，保证原料配送有序运行，减少物料损耗，降低贮运成本，提高企业成本优势。今后，铁前专业团队将全力为钢铁企业提供原料系统物流诊断优化、铁前降本增效等技术咨询服务。

2. 原料环保贮存绿色发展

我国钢铁企业原料场近90%采用传统的露天堆存方式，环境污染和生产成本问题较为突出。原料环保封闭储存技术有效解决传统露天料场在用地面积、生产保障、运行成本和环境保护等方面存在的不足，是适应钢铁企业绿色发展要求，实现源头削减污染，最大限度地减少粉尘排放和物料损失的重

要环节，已成为行业所需和绿色发展重点。今后铁前专业团队将为钢铁企业提供原料系统清洁化生产技术咨询服务，着重开展原料场绿色技术、清洁生产等标准的推广和制定工作。

3. 烧结球团提质增效技术应用

烧结成本的高低和质量的优劣直接影响高炉炼铁成本、冶炼顺行、操作制度和技术经济指标以及钢铁企业的经济效益。今后，铁前专业团队将在优化配矿技术、物流降本增效、低氧化镁烧结生产技术、厚料层均质烧结技术、烧结机头除尘灰资源化利用等方面进一步深入研究。

4. 烧结球团绿色、创新、智能发展

烧结球团将在烧结烟气循环、余热回收和余热发电、烧结混匀矿配比优化、球团配矿优化、烧结球团过程综合控制系统以及竖罐冷却和余热发电、烧结机头除尘灰资源化利用、烧结强力混合和强化制粒、含 MgO 及熔剂性球团、大型带式焙烧机等方面，实现绿色、创新、智能发展，引导行业转型升级，引领行业技术进步。

5. 炼铁技术装备管理由大向强转变

我国炼铁高炉装备、技术、管理水平多层次并存，存在大量 1000 立方米以下中、小高炉，其装备、环保、能耗、管理水平落后于国际先进水平。我国炼铁工艺取得的成绩和未来的发展，靠的是一系列新技术的出现，注重技术创新和新技术的应用，引进国际先进技术与装备，使“技术创新”成为钢铁企业的第一推动力，保障我国炼铁工业赶上世界先进水平。今后，铁前专业团队工作重点是在规划咨询中促进炼铁装备大型化、环保设施先进化、高炉管理精细化、技术创新持续化的发展。

6. 把握直接还原等非高炉技术发展契机

我国高炉炼铁在碳排放、能耗、成本等方面面临巨大压力，且随着煤制气技术的日趋成熟和环保日益重视，研究和开发高效低成本适合我国国情的非高炉炼铁技术迫在眉睫。今后铁前专业团队将积极跟踪非高炉炼铁技术，抓住我国钢铁工业面临转型升级和创新发展的机遇，充分发挥国内煤资源和焦炉煤气等比较丰富的优势，在煤制气或焦炉煤气生产直接还原铁等方面取得突破。

携手并进推动焦化行业实现转型升级

潘登　翁雪鹤

一、我国焦化行业发展回顾

（一）行业发展概况

近十年来，我国焦化行业实现了跨越式发展，在行业规模、技术进步、科技创新、节能减排、产业链建设等方面取得巨大进步。我国焦化行业已形成完整的产业体系，是我国在世界上最有竞争力的行业之一。

1. 产业规模巨大，长期占据世界半壁江山

2005 年我国焦炭产量为 2.39 亿吨，占比首次突破世界焦炭总产量 50%，在随后的十年时间，我国焦化行业以年均两位数的速度快速扩展规模，截至 2015 年底，我国已形成焦炭产能约 6.87 亿吨，当年焦炭产量达 4.48 亿吨，焦炭产能及产量占全球比例均在 68%左右。

2. 技术装备水平明显提升，一批大型先进设备建成投产

目前我国建成国际先进水平的 7 米、7.63 米顶装和 6.25 米捣固焦炉 70 多座，合计产能占比达 9.6%，已建成全球最大的 260 吨/小时干熄焦装置，炼焦装备水平得到大幅提升。

3. 科技创新能力显著增强，工程设计及建造能力迈上新台阶

目前我国具备焦化工程设计及建造能力的机构超过 10 家，已具备自主设计及建造世界领先水平的炭化室高 8 米超大型顶装焦炉和处理能力 300 吨/小时以下干熄焦装置及配套的高温高压锅炉，已建成投产国产 7 米先进水平焦炉 30 座以上，并成功实现技术海外输出。

4. 节能减排取得可喜成绩，新技术得到广泛推广和应用

2016 年重点大中型钢铁联合企业炼焦工序能耗（标准煤）为 98.36 千克/

作者简介：潘登，冶金工业规划研究院冶炼原料处副处长，工程师；翁雪鹤，冶金工业规划研究院。

吨焦，相比十年前降低了30千克标准煤以上。截至2015年底，我国已拥有干熄焦装置约182套，处理能力2.61万吨/小时，每年净回收能源约700万吨标准煤，焦炉烟道气余热回收利用技术已投产运行50套以上，已建成酚氰废水处理能力约2.1万吨/小时，焦化废水深度处理能力约900吨/小时。另外，煤调湿、上升管余热回收技术等节能减排技术正积极推广应用中。

5. 产业链延伸实现新突破，副产品深加工能力进一步提高

山东、山西等地加大“煤—焦—化”产业链和煤焦化工循环经济园区建设力度，一批焦化企业不断加强“煤—焦—钢—化”产业链建设，提升了企业的市场竞争力。同时，焦化副产品深加工能力迈上新台阶，截至2015年底煤焦油加工产能2280万吨/年，苯加氢产能584万吨/年，焦炉煤气制甲醇产能1220万吨/年，焦炉煤气制LNG产能36亿立方米/年，焦炉煤气制合成氨，制二甲醚、乙二醇等技术正积极推进和探索中。

（二）炼焦技术装备进步

炼焦技术在我国有100多年的发展历史，但我国炼焦装备水平加速发展和提升阶段是在国际金融危机发生后的近十年（我国炼焦装备发展历程见图1）。自2006年引进7.63米特大型焦炉开始，我国焦炉大型化发展的步伐加快，配套水平不断提高。2008年我国自主设计的7米焦炉在鞍钢鲅鱼圈投产，2009年第一座6.25米捣固焦炉在唐山佳华投产，标志着我国焦炉大型化及配套装备水平又迈上了一个新台阶。目前，我国已设计出8米顶装超大容积焦炉，其技术水平达国际领先，7米焦炉相关技术装备已成功输出海外，我国炭化室高5.5米及以上（含捣固）国内先进水平焦炉产能占比已占据半壁江山。

二、咨询工作与行业发展互促共进

（一）推进行业政策不断完善

作为政府机构的参谋部，冶金规划院在焦化产业政策制修订方面做了很多基础工作，参与起草或参与讨论提出书面合理建议的政策有《焦化行业准入条件》（2005年制定及2008年、2014年修改）、《焦化行业清洁生产技术指南》《焦炭单位产品能源消耗限额》以及相关节能、环保政策等20余项，这些政策的发布，对指导行业发展，起到了很重要的作用。

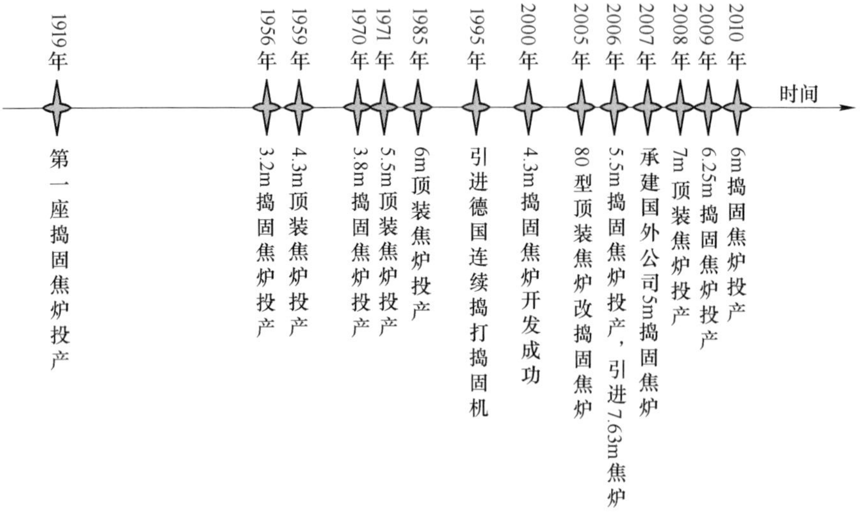

图1　我国炼焦装备发展历程

（二）引导地方产业转型升级

作为行业发展的引领者，冶金规划院站在行业发展高度，为地方焦化产业转型升级提供了大量智力支撑，先后为山西省、河北省、河南省、山东省、云南省等省区或下辖市区制定焦化行业相关产业发展规划10余项，有效促进了地方焦化行业和社会经济发展。

（三）助力焦化企业健康发展

作为企业规划的智囊团，冶金规划院先后承担了武钢、鞍钢、马钢、包钢等联合焦化企业相关咨询工作200余项，为联合焦化企业在装备升级、流程优化、环保提升、节能创效等方面提出了很多前瞻性的建设性意见，很多企业整体水平已经达到国内一流水平。

（四）推广应用新型技术和工艺

作为冶金行业权威咨询机构，冶金规划院一直重视新技术对行业发展的带动作用，先后参与《钢铁产业干熄焦技术专项推广规划》《钢铁产业煤调湿技术专项推广规划》《“十二五”烟气脱硫规划》等新技术推广应用政策的起草工作，在行业、企业全面推广各种先进技术，目前干熄焦技术在钢铁企业已普遍采用，煤调湿技术、上升管余热回收技术、焦炉烟道气脱硫脱硝等先进技术正在企业间广泛推广。

三、行业发展预测

（一）“十三五”行业发展趋势分析

“十三五”期间，我国经济发展将保持中高速发展新常态，国外主要经济体经济增长回暖乏力，在内外双重交困下，焦化行业发展驱动引擎失速，行业发展将进入全面困难时期，具体表现在以下几个方面。

1. 焦炭产销进入峰值弧顶后半区，产能过剩矛盾进一步加剧

进入 21 世纪以来，我国焦化行业在国民经济长期高速发展，特别是钢铁工业的发展拉动下，实现了飞速发展，2014 年我国焦炭产量 4.77 亿吨，是 2000 年的近 4 倍（历年焦炭产量见图 2）。伴随钢铁行业进入峰值拐点下行区，焦化行业也呈现出相同态势，2014 年焦炭产量同比增长仅 0.12%，2015 年焦炭产量同比下降 6.1%，2016 年焦炭产量同比增长仅 0.6%。预计“十三五”期间我国焦炭产量和消费量将缓慢下行，焦炭产能利用率将长期维持在 73%以下，产能过剩矛盾将进一步恶化。

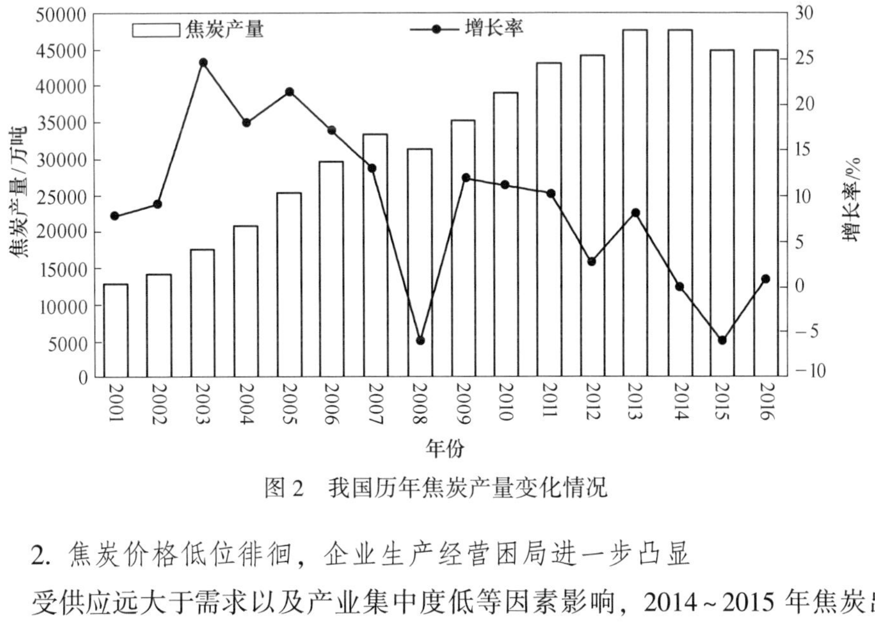

图 2　我国历年焦炭产量变化情况

2. 焦炭价格低位徘徊，企业生产经营困局进一步凸显

受供应远大于需求以及产业集中度低等因素影响，2014~2015 年焦炭出

厂含税价整体呈持续下跌趋势。2011 年国内二级冶金焦炭平均价格约为 1960 元/吨，2014 年平均价格为 1105 元/吨，比 3 年前下降 855 元/吨，下降 43.6%（历年焦炭价格变化见图 3）。2014 年炼焦行业累计亏损 24.8 亿元，299 家亏损企业亏损额合计 171 亿元，行业亏损面 46%，亏损面比 2013 年扩大 6 个百分点，企业负债合计 5720 亿元，同比增长 2.73%，负债率为 77.43%。相比 2014 年，2015 年焦炭价格继续下跌 300~400 元/吨，企业生产经营困难进一步加剧，大部分独立焦化企业经营效益、资金保障和生存状况不容乐观。2016 年底焦炭价格较年初价格上涨幅度超过 150%，焦化企业效益明显改善。虽然 2016 年焦炭价格大幅上涨，但根据当前经济发展环境和行业发展趋势，判断“十三五”期间焦炭价格下行压力较大。

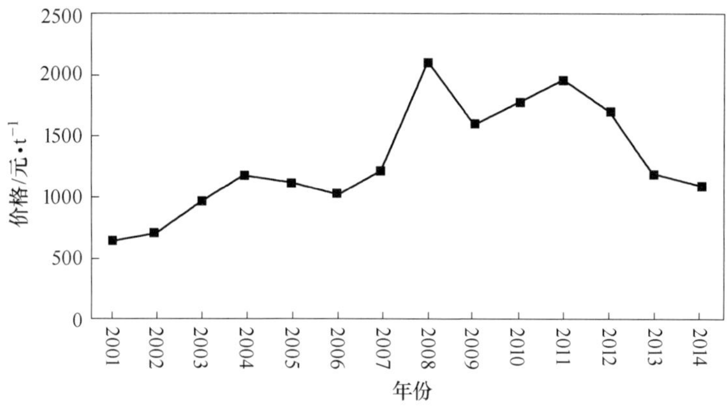

图 3　历年焦炭平均价格变化

（图中数据为国内二级冶金焦市场价格变化）（数据来源于《冶金价格快讯》，根据 4~6 个焦炭产地旬平均价估算年算术平均价）

3. 焦炭出口增长空间有限，仅靠出口消化过剩产能难以为继

2013 年 1 月我国取消了焦炭出口关税，当年焦炭出口量相比 2012 年增加了 357%，2014 年我国出口焦炭 851 万吨，比 2013 年又增加 82.1%（历年焦炭出口情况见图 4），2015 年，我国出口焦炭 985 万吨，同比又增加 15.84%，但与 2014 年同比增幅 82.1%相比，增幅大幅下降，2016 年焦炭出口同比增幅仅为 2.7%。随着国际市场需求增长乏力，我国焦炭出口增长空间有限，预计“十三五”期间焦炭出口量将在 1000 万吨左右徘徊，出口焦炭量占总产量的比例不超过 3%，对化解过剩产能的贡献有限，仅靠出口焦炭缓解市场过剩压力非长久之计。

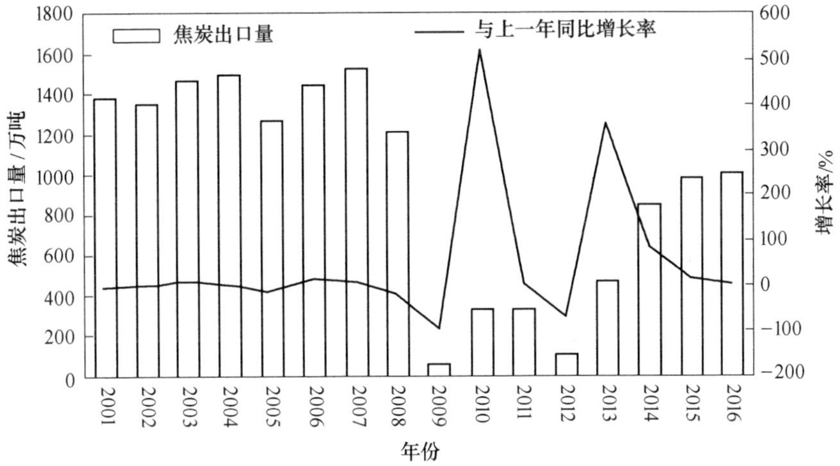

图4　我国历年焦炭出口量变化情况

4. 深加工产品同质化严重，企业增效瓶颈进一步突出

焦化副产品深加工是焦化企业培育新的效益增长点的有效抓手，在焦炭市场持续低迷形势倒逼下，以焦炉煤气、煤焦油、粗苯为原料的3条深加工产业链得到空前发展，深加工产业规模均已达到或超过焦化副产品产出量，但绝大部分焦化企业副产品深加工采取的工艺和生产的产品类似和雷同，在下游市场需求疲弱和原料来源不稳定等因素影响下，焦化深加工产品行情波动大，经济效益下行压力较大。“焦炭保成本、化产增效益”的传统经营模式很难适应“十三五”经济发展新常态。

5. 节能环保约束凸显，企业生存空间进一步收窄

新执行的《炼焦化学工业污染物排放标准》（GB16171—2012）、《焦化废水治理工程技术规范》（HJ2022—2012）等标准文件，全面收严焦化企业环保要求。2014年修订的《环境保护法》于2015年1月1日起实施，被称为“史上最严的环保标准”，大幅提高污染物排放标准。2015年8月中共中央与国务院联合印发了《党政领导干部生态环境损害责任追究办法（试行）》，用以贯彻2015年5月发布的《关于加快推进生态文明建设的意见》，将追究破坏生态行为责任落到实处，实施党政同责和终身追究制原则。可以看到，环境保护已从政策制度层面转向落实执法层面，这必将给焦化企业等高耗能、高污染行业带来不可小觑的冲击。下游需求疲弱、上游资源挤压以及环保约束加剧等三大重创将进一步压缩焦化企业生存空间。

（二）焦炭市场供需预测

1. 焦炭供需分析

我国焦炭主要为钢铁、化工、机械、有色等行业作为还原剂、燃料、填充料等使用，其中钢铁行业为最重要用户，消耗了约85%的焦炭。

2016年全年焦炭产量为4.49亿吨（含兰炭），同比增长0.6%。综合考虑焦炭下游用户发展趋势，预测钢铁行业对焦炭需求下降，化工、有色行业对焦炭需求略有增长、机械行业基本持平等诸多因素，预测2020年我国焦炭产量3.67亿吨，焦炭出口0.13亿吨，焦炭进口数量可忽略不计，焦炭表观消费量约3.54亿吨，其中钢铁行业焦炭消费量约2.9亿吨，占比为82%。

2. 炼焦煤供需分析

炼焦煤属于专属性煤种，在我国基本用于炼制焦炭。由于兰炭采用长焰煤或其他烟煤生产，不需要炼焦烟煤，扣除兰炭后，2016年焦炭产量为4.17亿吨，每吨焦炭按1.316吨消耗炼焦洗精煤计，2016年我国焦化行业消耗炼焦洗精煤约5.49亿吨，折合原煤约9.98亿吨（洗精煤收得率55%）。

预计到2020年中国需要炼焦洗精煤量约5.26亿~5.39亿吨（用于生产焦炭），其中，中国钢铁行业需要炼焦洗精煤量约4.37亿吨，相当于需要原煤7.95亿吨。从今后较长时期看，中国将继续保持进口炼焦煤趋势，总体判断预计到2020年中国进口炼焦洗精煤3000万~5000万吨，数量将维持在现有比例或略低水平。

四、发展建议

（一）加强规划引导推动差异化发展

制定我国焦化行业布局调整规划，促进焦化产能全国合理布局和转移。推进各地区立足区域优势、市场以及环境容量制定区域内焦化副产品深加工发展规划，实现与其他地区错位发展，发展高附加值化工产品。鼓励企业制定“十三五”发展规划，推进企业深化改革，找准定位，实施规模化经营和化工产品细分市场分工，合理开发利用国内外资源和市场，不断提高企业盈利能力。

（二）谋划好供需两侧布局解决焦炭出路

焦化厂80%的销售收入来自焦炭，解决好焦炭出路问题是企业生存的根本。“十三五”期间，焦化行业应调整好生产步伐，适时淘汰部分劣质产能，集中要素资源盘活优质产能，巩固和扩大焦炭销售渠道，扩大出口，通过“一带一路”战略开辟新市场，从需求侧加快去产能，推进产能国际合作，在供给侧消化产能。

（三）加强产业链建设推动行业间耦合发展

焦化企业应积极与上游煤炭企业和下游钢铁企业及化工企业联合，发展“煤—焦—钢”和“煤—焦—化”联合运行模式，提升企业竞争力和效益。焦化行业与钢铁、化工、轻工等基础产业以及建筑、交通运输、装备制造、消费品等行业关系密切，应加强与相关产业间耦合，实现创新发展、协调发展、绿色发展、开放发展、共享发展，提升行业综合竞争力。

（四）实施协同创新推进集群式发展

目前我国拥有大小焦化企业600多家，企业平均规模约110万吨，产业集中度低，市场支配能力差。“十三五”期间应加大企业兼并重组推进力度，大力推行企业间协调发展，加强煤焦化工循环经济园区建设，实施统一采购、销售、配煤、管理，加快建成集群式发展新局面，通过企业间协同创新发展，大幅降低生产成本，改善盈利水平。

（五）利用互联网创新传统生产经营

把握国家推进新一代信息技术与制造业深度融合历史机遇期，利用新一代信息技术优化焦化生产流程，大力发展智能制造与管理，降低生产成本和提升节能环保水平，全面满足新环保法要求。主动探索“互联网+焦化业”内涵，推动焦炭及相关化学品电商做优做强，降低采购和销售成本。利用互联网技术发展供应链金融、云仓储物流等新业态，积极探索焦炭期货等金融衍生品的抗风险作用，打造行业发展新引擎。

五、推动行业实现转型升级

冶金规划院将结合自身优势，为政府、行业、企业重点做好以下几个方面的咨询服务：一是焦化企业并购重组咨询；二是煤炭、焦炭、化工产品等市场分析；三是焦化企业能评、能源诊断、环保诊断等；四是焦化企业发展规划、提升竞争力研究；五是钢铁企业或独立焦化企业可研、申请报告、项目建议书等；六是焦化、化工产业链园区发展规划；七是钢铁、有色、焦化等区域性发展规划及战略研究；八是政府部门有关煤炭、焦炭课题或各种政策研究等。

面对经济发展新常态和行业转型发展窗口期带来的机遇与挑战，冶金规划院愿与焦化行业同仁一起努力，推动焦化行业实现转型升级。

冶金规划院炼钢专业发展回顾与展望

彭锋　李晓　郝阳

冶金工业规划研究院成立四十五年以来，中国钢铁工业取得了瞩目成就，已经连续21年保持世界粗钢产量第一。伴随着中国钢铁工业的由小到大到强转变，冶金规划院炼钢专业也实现了快速发展。秉承全院“政府机构参谋部、行业发展引领者、企业规划智囊团”的发展定位，炼钢专业咨询团队以专业的知识、丰富的经验和高效的执行力，积极服务各级政府、各企事业单位和金融机构，为中国钢铁工业的跨越式发展，也为冶金规划院的发展壮大不断努力奋斗、砥砺前行。现将国内炼钢行业的发展现状和趋势，以及冶金规划院炼钢专业多年来特别是近十年取得的成绩，简要总结如下。

一、中国炼钢行业发展现状

近十年来，中国钢铁工业规模产量、产业布局、品种结构和绿色发展均再上台阶，已经向钢铁强国迈出了坚实的步伐。炼钢技术进步十分显著，在工艺装备、生产操作、节能环保和资源综合利用水平等方面提升明显。

（一）粗钢产量实现大幅增长后步入下降调整通道

2005~2014年中国粗钢产量持续增长，2014年创近年峰值，粗钢产量达到82300万吨，与2005年的35579万吨相比，增幅达131.3%，年均增幅达9.8%。2015年，受全球及中国经济增速放缓影响，中国粗钢产量80383万吨，同比下降2.3%，首次出现同比下滑。2016年我国粗钢产量80837万吨，尽管同比小幅增长，但未能超过2014年的峰值，粗钢产量总体已经进入峰值弧顶下降调整通道。

作者简介：彭锋，冶金工业规划研究院冶炼原料处处长，教授级高级工程师；李晓、郝阳，冶金工业规划研究院。

2005~2016 年中国粗钢产量及变化率如图 1 所示。

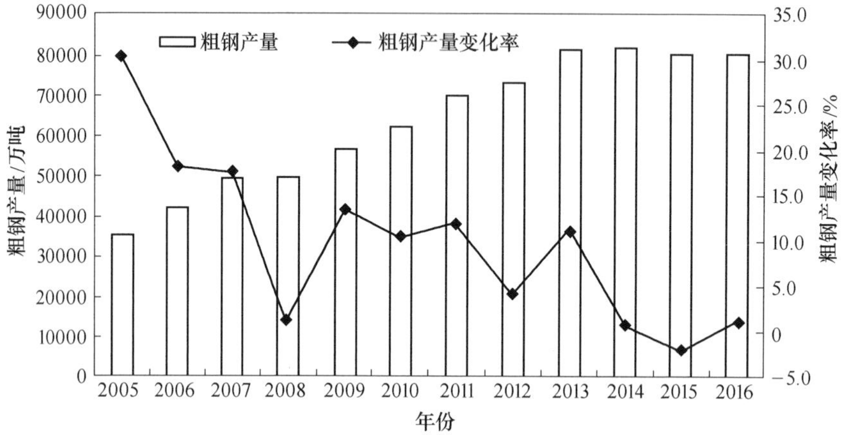

图 1　2005~2016 年中国粗钢产量及变化率

（二）炼钢工艺装备水平和自动化水平提升明显

改革开放以来，尤其是进入 2000 年以后，我国大量兴建 100 吨以上转炉和 70 吨以上电炉炼钢车间，炼钢行业装备水平显著提高，并已成为中国炼钢生产的主体设备。宝钢、首钢、鞍钢、马钢等企业近年新建的炼钢车间均已达到国际领先水平，并且转炉、电炉、精炼炉、连铸机等炼钢工艺装备已基本实现国产化。

截至 2016 年底，全国符合规范条件钢铁企业（简称规范企业）共有炼钢转炉 871 座，生产能力 98410 万吨。其中，200 吨及以上转炉生产能力 11670 万吨，占转炉炼钢总能力的 11.8%；100~199 吨转炉生产能力 49160 万吨，占 50.0%。全国规范企业共有电炉 169 座，生产能力 10240 万吨。其中，100 吨及以上电炉生产能力 2890 万吨，占电炉炼钢总能力的 28.2%；75~99 吨电炉生产能力 2850 万吨，占 27.8%。100 吨以上先进水平转炉和 70 吨以上先进水平电炉已经成为炼钢主力，我国炼钢设备大型化成效显著。

同时，炼钢自动化水平也不断提高。随着转炉大型化全自动吹炼技术在国内迅速推广，100 吨及以上转炉采用副枪为基础的动态控制技术，100 吨以下转炉则采用投掷式测头与烟气分析（或两者相结合）的方式，进行冶炼终点的动态控制，不少企业已经实现“一键式”自动炼钢。随着国内转炉全自动吹炼技术的推广与完善，不倒炉出钢比例和自动化炼钢率大幅度提高，一批先进转炉终点控制精炼度（[C]±0.02%，温度±12℃）的双命中率可达80%~93%。转炉生产效率提高、物料消耗降低的效果十分明显。

（三）高效连铸取得显著进展

2000年以来，随着我国粗钢生产规模和装备水平的提升，高效连铸技术的普及和应用效果日益显著。首先是以高作业率和高拉速为代表的高效化。连铸机的设计作业率通常为80%左右，在国内大力推进高效连铸技术应用的背景下，国内大多数企业连铸机的实际作业率均超过80%，部分甚至已超90%。板坯连铸机浇铸速度一般在1~1.8米/分，150毫米方坯在2.5~3米/分。大型板坯连铸机设计产能一般为单流100万吨，而实际上不少企业单流板坯年产量已达140万吨以上；小方坯连铸机设计产能一般为15万吨/流，而实际上大多企业均能超过18万吨/流，最高甚至达26万吨/流，达到世界先进水平。

其次，恒拉速技术取得显著进步。在武钢、首钢迁钢等先进企业的带动下，恒拉速连铸技术得到迅速发展，有效稳定了连铸生产，提高了连铸生产的整体水平，并成为高效率、低成本洁净钢生产系统技术中具有引领性作用的核心技术。武钢、首钢迁钢的板坯铸机可实现3年不漏钢，铸机设备主要性能指标合格率达90%以上，恒拉速率全年达95%以上，稳定连续生产一周或数周不断浇。

再次，近终型连铸技术获得极大发展。2016年我国已有17条薄板坯连铸连轧生产线。双流连铸薄板坯连铸连轧生产线最高年产量近300万吨；漏钢率大幅下降，每年约0.1%，包钢在4.7~4.8米/分的拉速下，漏钢率仅为0.03%；薄板坯连铸产量、品种、质量处于世界先进水平。近年来，无取向冷轧硅钢、双相高强度钢都已在多条生产线上批量生产；耐火材料、保护渣国产化率逐年提高；与连轧配合，半无头轧制生产超薄带材的技术日益完善。双辊薄带铸轧基本具备50万吨/年的产业化基础，具有完全自主的知识产权研发成果。随着日照ESP生产线以及沙钢超薄带铸轧生产线的建设，我国近终型连铸生产技术获得快速进步。

最后，一批有利于提高生产效率和铸坯质量的连铸生产工艺与装备技术取得良好的研发和应用效果。例如，电动与液压非正弦结晶器振动（尤其是全数字振动）已基本立足国内；铸坯凝固末端判定与动态轻压下技术已在板坯和大矩形坯连铸中推广应用，并且国产技术已逐渐占据主导地位；各类钢种稳定低过热度与全保护浇铸工艺系统技术研发应用有了新成果；连铸电磁搅拌、电磁制动国产化技术的推广应用打破了国外公司的垄断，尤其是大型板坯二冷电磁搅拌和各类断面连铸机结晶器电磁搅拌，已显现出优于引进技术的特点；各类连铸机设计、制造和生产工艺技术均已基本立足国内，而特大圆坯连铸机的设计与应用已居世界领先水平。

（四）低成本、高效率洁净钢平台建设成效显著

2000 年以来，国内钢铁企业以高效长寿的转炉冶炼技术、恒拉速连铸技术、优化有序的流程网络系统、动态有序的信息化技术以及精细严密的过程参数控制技术为重点，积极推进低成本、高效率洁净钢平台的建设，取得良好效果。伴随着 KR 搅拌、复合喷吹、纯镁喷吹等铁水预处理技术和 RH、LF、VD 等精炼措施的不断完善，炉外精炼比例不断提高。2016 年，中钢协会员企业钢水精炼比已达到 74.2%，100 吨以上炼钢炉的钢水精炼比例达 90%以上。KR 脱硫技术、转炉双联法冶炼技术、连铸机恒拉速技术等已处于世界领先水平。

2005 年以来，以宝钢、鞍钢、武钢、太钢、首钢京唐等为代表的企业建成了洁净钢生产平台，满足了高质量汽车板、高级别管线钢、取向硅钢、高质量不锈钢等高附加值产品对钢的洁净度要求，使中国钢铁产品的质量与性能与世界先进水平迅速缩短差距，甚至部分品种已实现反超。

（五）炼钢二次能源回收和利用水平显著提升

2005 年以来，国内转炉炼钢厂高度重视推广“负能炼钢”技术，实现“负能炼钢”的钢厂日益增多。在 2009～2011 年“国家重点大型耗能钢铁生产设备节能降耗对标竞赛”上，国内参赛的 100 吨以上大中型转炉中 95%以上的转炉都实现了转炉工序“负能炼钢”，太钢、武钢和沙钢等已实现炼钢全工序“负能炼钢”。根据中国钢铁工业协会统计年报，2016 年中钢协会员企业转炉炼钢工序单位能耗（标准煤）达到-14.0 千克/吨，较 2005 年的 33.9 千克/吨下降 47.9 千克/吨；其中，转炉煤气回收量（标准状态）由 2005 年的 43 立方米/吨提高到 2016 年 115 立方米/吨。

2008 年以后，我国新建的电炉多采用汽化冷却烟道和余热锅炉串联式的

废气余热回收设施，回收蒸汽可以替代真空精炼用的蒸汽锅炉，或并入厂区蒸汽管网采暖和发电，节能效果明显。此外，随着钢渣热闷法工艺的大面积推广以及大量钢渣综合利用项目的建设，对钢渣的预处理和深加工利用水平显著提升，从而使钢渣资源综合利用率显著提高。同时，高效蓄热燃烧技术、连铸坯热送热装技术、钢包自动加盖技术也得到广泛应用，节能降耗效果显著。

二、冶金规划院炼钢专业工作回顾

四十五年来，冶金规划院炼钢专业不断更新储备专业知识，持续改进工作方法，借助冶金规划院大平台，准确把握炼钢行业发展趋势，通过打造一支高素质、高水平的专家队伍，勇担重责，积极参与或独立承担各类咨询任务，在各个时期均取得显著成绩。在计划经济时代，为国家提高粗钢产量，优化管理行业企业，促进炼钢工艺技术进步建言献策；在市场经济时代，在国家优化产业布局，引导产业转型升级，化解粗钢过剩产能，提高炼钢装备大型化、现代化和智能化水平，促进炼钢技术进步等方面发挥重要作用。

（一）服务好政府，促进行业优化升级

1. 为中央政府编制行业规划和专题研究报告（含政策建议）

炼钢专业先后参与《钢铁产业发展政策》《钢铁产业调整和振兴规划》《产业结构调整指导目录》《钢铁工业“十二五”发展规划》《钢铁工业调整升级规划（2016—2020年）》等众多事关钢铁行业发展的基础性政策工作。对粗钢生产从优化布局、转型升级、行业准入、淘汰落后和发展趋势等方面提供专业意见，为国家有效管理钢铁行业、引导行业健康发展、提高行业竞争力，发挥了重要的作用。这些研究成果获得国家发展改革委、工业和信息化部、环保部等部委的认可和好评。

2. 为各级地方政府编制钢铁行业规划以及提供专项咨询服务

随着钢铁及其关联产业在各地经济中的地位不断增强，各级政府对钢铁行业的发展也愈加重视。2000年以来，炼钢专业先后参与完成河北、山东、河南、陕西、湖北、天津等省市的区域钢铁工业转型发展规划，唐山、承德、保定、迁安、武安、连云港、安阳、伊犁、石嘴山、鞍山、辽阳等数十个市

(县)的钢铁产业或冶金行业专项规划，以及吉林金珠工业园区、山西曲沃工业园区、安徽宿州工业园区、沈阳冶金工业园区、山西左权循环经济工业园区、河北涉县循环经济园区、陕西韩城产业园区等地方工业园区规划。通过设计完善产业体系，确定产业发展路径和配套措施，提炼了一批兼具经济效益、社会效益和环境效益的项目，为当地政府引导企业科学决策、有序发展、提高地方经济实力提供技术支撑。

(二) 服务好企业，帮助用户持续提升竞争力

1. 总体发展和结构调整规划，协助企业制定发展战略

从“七五”到“十三五”规划，炼钢专业先后参与完成国内大量钢铁企业的五年发展规划和结构调整规划。其中，既有宝钢、鞍钢、武钢、河钢、山钢、太钢、马钢、包钢、本钢、柳钢、中信泰富、新兴铸管等大中型国有企业，也有沙钢、永钢、荣程、德龙、达钢、盛阳、巨能等优秀民营企业。随着我国经济从中高速转为中低速增长，钢材消费步入峰值弧顶缓慢下降通道，同时节能减排压力日益加重，钢铁企业更加注重对产品结构的优化提升和节能环保措施的完善配套，瞄准差异化定位和发展。炼钢专业积极引导钢铁企业从规模效益发展路线转型到质量效益发展路线，协助各类企业根据自身优劣势和发展条件，明确发展思路和目标，提出有针对性和可操作性的配套措施。

2. 专项咨询，助力企业精准提升

2000年以来，我院积极发挥政策把握力强的优势，积极为钢铁企业一些重大项目的开展和实施配套咨询报告。炼钢专业先后参与完成首钢京唐钢铁一期申请报告及总体发展规划、鞍山营口鲅鱼圈500万吨钢铁项目总体规划、邯钢新区500万吨钢铁项目规划、山钢日照基地合作模式研究、马钢结构调整规划等，为钢铁企业优化产业布局、提升综合竞争力出谋划策。此外，炼钢专业还参与完成大量专项技改可研、项目申请报告、循环经济规划和能源评价等专项咨询，如鞍钢循环经济规划、攀钢钒钛资源综合利用规划、河钢集团绿色行动计划、宝钢湛江基地能源评价、首钢迁钢能源评价、武钢煤气和蒸汽平衡专题研究等，积极协助企业进行重大投资项目决策和落实相关技改项目。

三、愿景展望

回首往昔，冶金规划院在攻坚克难的创业过程中收获了丰硕成果和耀眼成就，炼钢专业也同步成长进步，业务范围不断拓展，咨询能力不断提升，行业影响力不断扩大。继往开来，冶金规划院将不断把握发展机遇，铸就新的辉煌，炼钢专业也将继续依托冶金规划院这个行业高端平台，按照高度、广度、深度、速度、满意度——“五度”思维要求，不断提高业务能力和咨询水平，加强专家队伍建设，提升行业影响力，为客户提供更有价值的咨询成果，为中国建设“钢铁强国”贡献更多力量。

冶金规划院铁合金专业发展回顾与展望

李晓　彭锋

一、我国铁合金工业发展概况

铁合金是铁和另外一种或两种以上的金属或非金属元素组成的合金，可用作钢铁、机械铸造工业的脱氧剂、合金剂、孕育剂、还原剂以及有色、化工等工业的原料。

我国铁合金工业随着钢铁工业的发展而进步，历经60余年的艰苦奋斗，取得了一系列显著成就。主要表现在：铁合金产量稳定增长，有效满足了我国钢铁工业需求，为国家及地方经济发展做出了积极贡献；铁合金生产工艺技术装备不断革新与进步；铁合金工业布局、产业结构与生产经营机制也不断调整优化。

（一）铁合金工业运行特点

1. 铁合金工业发展主线由数量规模转向质量效益

2006~2014年，我国铁合金产量总体呈上升趋势，年均增幅12.8%，2015年和2016年受钢铁行业不景气影响，铁合金工业总体弱势运行，产量连续两年走低。此外，自2009年以来，我国铁合金由净出口转为净进口，且净进口量呈逐年增加态势（详见表1），说明在我国铁合金产能总体过剩的大环境下，铁合金品种结构与下游行业需求之间的矛盾比较突出。2016年，我国进口铁合金401.1万吨，其中铬铁合金占比约70%，镍铁合金占比26%；出口铁合金35.4万吨，其中硅铁占比约65%。

作者简介：李晓，冶金工业规划研究院总设计师，高级工程师；彭锋，冶金工业规划研究院。

表1　2006~2016 年中国铁合金产量、进出口情况　（万吨）

年份	2006	2007	2008	2009	2010	2011	2012	2013	2014	2015	2016
产量	1438.5	1758.0	1824.9	2251.7	2435.5	2800.5	3156.7	3612.2	3764.4	3661.0	3558.8
进口	61.6	154.9	131.5	256.6	205.1	205.4	189.4	214.1	242.3	336.6	401.1
出口	235.9	321.0	302.6	92.5	125.9	93.5	63.7	57.6	54.1	37.1	35.4
净进口	−174.3	−166.1	−171.1	164.1	79.2	111.9	125.7	156.6	188.2	299.5	365.7

2. 铁合金装备水平取得明显进步，行业规范管理初见成效

近年来，我国矿热炉装备从以 6300 千伏·安矿热炉为主逐步升级到以 12500 千伏·安矿热炉为主，更有 75000 千伏·安的高碳铬铁炉、60000 千伏·安镍铁炉、45000 千伏·安的锰硅合金炉以及 33000 千伏·安的工业硅炉等大型矿热炉投产运行，铁合金工业装备水平大幅提高，企业节能环保意识不断增强，冶炼电耗逐步降低，相当一批企业配备了煤气和余热回收利用装置。同时，自铁合金工业实行准入公告制度以来，先后公告七批符合准入条件的企业名单，涉及企业（集团）830 家，行业规范管理初见成效。

3. 铁合金工业集中度较低，矿产资源对外依存度高

我国铁合金企业 1700 多家，规模 10 万吨以上的企业约 100 户，产能约 2300 万吨，约占全国总产能的 40%；前 10 位大企业产能占全国总产能的比例仅 10%左右，产业集中度较低。此外，我国铬矿和优质锰矿主要依赖进口，2016 年我国进口锰矿 1705 万吨，同比增长 8.2%，锰矿的对外依存度仍超 50%；2016 年我国进口铬矿 1057.9 万吨，同比增长 1.8%，铬矿的对外依存度超过 90%；随着我国镍铁生产快速发展，红土镍矿需求量大幅增长，近年来红土镍矿几乎全部依靠进口。

4. 先进工艺技术需进一步推广

高碳锰铁、锰硅合金和高碳铬铁采用全封闭炉型生产的企业逐步增多，但仍存在大量半封闭矿热炉。做到原料干燥、预热、烧结、球团预还原处理等精料入炉的仅少数企业。精炼锰铁和精炼铬铁全热装热兑工艺、转炉冶炼工艺普及程度不高。硅钙合金仍有企业采用间歇式生产工艺，炉容小、装备简陋。电解金属锰生产仍有采用 3000 千伏·安整流变压器、80 平方米板框压滤机等落后生产装备。铬矿粉矿和低品位锰矿高效利用、粉煤灰生产硅铝铁、镍铁除尘灰造球、铁合金渣无害化处理及综合利用等工艺技术需进一步推广。

（二）铁合金工业发展趋势

1. 存量产能持续优化，进一步提高集中度和装备水平

按照《国务院关于化解产能严重过剩矛盾的指导意见》（国发〔2013〕41号）和《国务院关于钢铁行业化解过剩产能实现脱困发展的意见》（国发〔2016〕6号）要求，铁合金工业也面临减量发展和结构调整压力，未来产业布局将向具有资源优势的地区甚至国外转移，产业集中度也将进一步提高。此外，工信部发布《铁合金、电解金属锰行业规范条件》，鼓励现有企业对照本规范条件有关要求积极进行技术改造，努力提升工艺技术、节能环保、安全生产等水平。因此，随着国家和地方相关配套政策的逐步落实，铁合金工艺设备将继续向大型化、密闭化、智能化方向发展，装备水平进一步提高。

2. 产品结构精品化，加快企业由生产型转变为服务型

随着我国钢铁、有色工业对铁合金产品多样性和质量稳定性要求的提高，铁合金产品将向精品化、纯净化、多样化方向发展，特别是更加严格控制磷、硫、铝、砷、锌、铅等有害杂质元素和氮、氧、氢等气体含量。此外，为满足下游用户的个性化需求，铁合金企业将逐步树立以用户为中心的理念，加强对国内外市场变化和客户多元化需求分析，不断优化营销模式、扩大营销渠道，强化快速响应和服务增值效果，通过实施技术营销和建立共利共赢合作模式，持续巩固并不断扩大客户群体，不断提升用户满意度和忠诚度。

3. 生产制造绿色化，大力发展循环经济

新《环境保护法》的实施和《生态文明体制改革总体方案》的出台，不仅大幅提高环保违法成本，而且通过强化环境信息公开和环保执法权限、加强对政府部门行政问责等一系列措施，为推进生态文明建设提供了有力保障。铁合金作为高能耗、高污染产业，未来将重点推广应用精料入炉、炉外精炼、炉渣贫化、低压补偿、烟尘净化处理、煤气和余热回收发电、贫杂矿和固废综合利用以及炭电极代替电极糊等先进技术，发展循环经济，从而推动铁合金企业实现资源节约型、环境友好型的绿色发展模式。

4. 产业上下游协同化，共享资源互助共赢

为解决铁合金矿对外依存度较高问题，铁合金工业需持续加强与上游产业的沟通与协调，确保进口锰矿、铬矿、镍矿等原燃料的供应稳定，争取国际市场主动权，密切关注、研究国际矿产品和合金市场以及海运行情的变化，

选择原料最佳进口时机，降低采购成本，提高铁合金工业的盈利能力。同时，铁合金企业应加强与当地供电、供水、供热等市政部门的合作，通过扩大社会责任承担力度，实现铁合金生产与社会资源循环的协同合作，实现双赢。

二、冶金规划院铁合金专业发展回顾

（一）20世纪开基立业，奠定深厚基础

建院之初，为确保铁合金业务的顺利开展，冶金规划院专门从兄弟单位选调人员，并要求既要有铁合金工厂的选址、设计、生产技术及设备等专业经验，又能把握铁合金全行业整体情况和发展趋势。在原冶金部主管司局的大力支持下，我院专业人员借助业务能力强和有人脉资源的优势，结合工作中各种规划研究、审查、咨询等实践，铁合金专业人员很快全面深入了解、掌握了铁合金工业与企业情况，并持续收集整理铁合金以及铬、锰等矿石原料历年产供销与进出口量统计，滚动编制全国大中小铁合金厂生产设备表册及企业改扩建项目档案，从无到有，逐步充实建立专业资料库，奠定了铁合金专业的工作基础。主要工作成果如下。

1. 深入开展调查研究，编制行业性、专题性研究报告

先后研究编制冶金工业“五五”~“九五”铁合金五年发展规划及改扩新建项目，并上报原冶金部纳入钢铁工业总体五年发展规划。接受国务院领导、国家部委的委托，研究编写专项课题或专项报告，如《关于吉林铁合金厂三车间危房改造工程炉型选择争议的调查》《关于发挥西北铁合金厂的优势，改善铁合金工业布局》《关于硅铁的市场供需和在山西发展的分析》《关于承德钒钛资源综合利用报告》《钒的市场分析》《世界钢铁工业八十年代回顾和九十年代展望——铁合金篇》《我国铁合金生产注重品种质量的同时要解决好重要原材料》《关于我国铬铁生产发展中的问题与对策》等。

2. 结合地方资源开发和产业配套，开展区域性铁合金规划

参与部分省区的矿石、能源资源开发规划，开展为钢铁生产配套的铁合金工业规划调研和研究。例如，湖南省“实现工业省”规划中铁合金部分的改扩建规划、山西煤电资源利用开发铁合金生产规划调研、广西锰产业结构调整研究、西藏铬矿资源开发与冶炼加工规划研究、云南省锰矿和水电资源开发利用扩改铁合金生产规划研究、天津市钢铁产业发展配套铁合金规划等。

3. 审查评估铁合金技改项目，为钢铁行业建设项目提供项目前期技术服务

20世纪80年代以来，陆续开展众多项目评估和审查工作，如湖南铁合金厂技术改造项目、攀钢新建五氧化二钒项目、湘潭锰矿扩建锰铁高炉项目、信阳铁合金厂扩建高炉项目、遵义铁合金厂扩建“新八万”工程、阳泉钢铁（锰铁）厂扩建铁合金项目，以及为“七五”新建铁合金厂选点组织（贵州、山西、宜昌、宁夏等）可研方案的审查比选等。此外，陆续为一些钢铁企业和铁合金企业提供技术支持，如武钢“一米七”工程和宝钢所需特定铁合金的研制和生产选点规划、重庆铁合金厂搬迁规划等。

（二）新世纪继往开来，拓展崭新局面

随着21世纪初冶金部（局）的撤销和社会主义市场经济的快速发展，冶金规划院的专业工作更多地走向市场，为各级政府和企业提供咨询服务。近十几年来，铁合金一直是冶金规划院的常规业务，为进一步规范管理，冶金规划院于2013年成立铁合金产业发展研究中心。中心秉承规划院老一辈行业技术人员严谨求实的工作作风，以各级政府、行业协会、各类企事业单位和金融机构等为服务对象，长期从事铁合金市场和政策、工艺和装备、节能减排等方面研究，以及铁合金新工艺、新技术推广工作。同时与乌克兰国立冶金学院、乌克兰国家钛设计研究院等国外知名院校和学术机构保持紧密合作，近年在组织引进RKEF镍铁生产工艺和GOR转炉冶炼不锈钢技术方面，成效卓著。近年来，中心主要研究方向和典型案例如下。

1. 铁合金工业宏观政策和环境研究

参与国家行业政策制修订和发展对策研究，跟踪市场变化情况，提供行业分析报告和项目评估报告。例如，铁合金、电解金属锰行业规范条件制修订，铁合金工业节能对策研究，关于钒钛、稀土、镍资源综合利用调研报告，为金融机构提供铁合金工业市场分析报告等。

2. 区域铁合金工业发展战略研究

受地方政府委托，完成省、市、县级铁合金工业发展规划和工业园区发展规划。例如，云南黑色冶金产业规划，吉林市吉铁、吉炭公司环保搬迁暨冶金产业创新转型发展示范园区规划，江苏省连云港市钢铁产业“十三五”发展规划，宁夏回族自治区石嘴山市冶金产业“十三五”发展规划，中国

（阳江）高端不锈钢产业基地发展规划方案，大连市冶金产业规划，鄂托克旗工业发展规划等。

3. 铁合金企业发展战略研究

受铁合金企业委托，完成产业发展规划、园区规划、搬迁改造规划、节能环保专项诊断报告和可行性研究报告。例如，中国五矿集团公司铁合金工业发展规划，吉林铁合金电炉煤气、余热利用项目可行性研究，嘉峪关宏电铁合金项目可行性研究，贵州遵义汇兴铁合金退城入园产业升级循环经济发展规划，新疆红星中非铝硅合金产业示范基地规划等。

4. 铁合金品种专题咨询服务

完成镍铁、铬铁、电解金属锰等品种市场调研报告、投资机会和可行性研究报告。例如，我国镍铁市场分析报告，我国高碳铬铁产品市场分析报告，我国电解金属锰产业发展现状与趋势预测，SK 商事株式会社胶南镍铁项目可行性研究，菲律宾 Hallmark 镍富集项目机会研究，上海中河镍铁项目可行性研究，宁夏天麒冶金镍铁项目可行性研究和资金申请报告，福清市江阴港优质镍铁项目建议书与可行性研究等。

5. 铁合金工业链延伸咨询服务

编制铁合金矿产资源分析报告和投资机会研究报告，并开展镍铁、铬铁热兑生产不锈钢以及 GOR 转炉冶炼不锈钢等专题咨询、工艺设计与施工服务。例如，红土镍矿资源分析报告，锰矿、铬矿投资机会研究报告，中钢滨海 RKEF 镍铁项目工艺设计与施工服务，泰钢 GOR 转炉冶炼不锈钢项目工艺设计与施工服务，西南不锈钢 GOR 转炉冶炼项目工艺设计与施工服务，宝钢德盛 RKEF 镍铁和 GOR 转炉项目工艺设计与施工服务等。

6. 铁合金工业标准化研究

从事铁合金工业产品、节能、环保、循环经济、物流等相关的标准研究、标准制修订与技术咨询工作，以及积极推进标准的国际化等工作。

三、愿景展望

转眼间，冶金工业规划研究院已经历四十五个春秋，在老一辈行业专家的传承和无私帮助下，铁合金工业发展研究中心随着冶金规划院的辉煌而迅速成长，近十年来先后参与完成百余项课题、项目及市场研究报告，持续跟踪关注铁合金工业和企业的发展。回顾历史，冶金规划院铁合金专业的发展壮大有着我院厚重的历史积淀，更是几代“铁合金人”孜孜不倦、努力奋斗的结果。在冶金规划院的大平台上，专业人员的能力实现了跨越与提升，也锻炼和培育了几代行业专家。

展望未来，铁合金产业发展研究中心将继续依托冶金规划院这个行业高端平台，秉承高度、广度、深度、速度、满意度的“五度”思维，以客观、公正、高效、热情的服务态度，努力提高专业水平和业务能力，加强专家队伍建设，积极拓展行业影响力，为政府、行业、企业提供更多角度、更高价值的咨询服务，为中国铁合金工业的科学发展贡献更多的力量。

致谢

本文请胡长泰同志提供了部分素材，在此表示诚挚感谢。

沉淀历史继往开来　紧抓机遇争创辉煌

——冶金规划院有色咨询工作回顾

缪骏　周园园

有色金属工业是我国国民经济重要的基础原材料产业，也是制造业的重要基础产业之一，更是实现制造强国的重要支撑。其产品种类多、应用领域广、产业关联度高，在经济社会发展以及国防科技工业建设等方面发挥着重要作用。进入21世纪以来，伴随着我国有色金属工业迅速发展，冶金工业规划研究院有色金属规划咨询业务从无到有迅速发展，为中国有色金属工业的不断强大贡献着自己的力量；同时在冶金规划院规划咨询业务日益壮大的过程中扮演了重要角色。在我国经济发展的新时期，冶金规划院有色金属专业将在总结历史经验的基础上，紧抓机遇、迎接挑战、开拓创新，努力将有色金属规划咨询业务做大做强，力争在有色金属规划咨询领域形成自身的差异化竞争力。现将我国有色金属行业十年发展概况、近年来冶金规划院有色专业开展的主要工作及对有色领域咨询工作未来发展的思考建议总结如下。

一、我国有色金属行业十年发展概况

2005~2015年，我国有色金属工业首先经历快速发展的五年，逐步进入稳增长、转方式、调结构、促转型阶段，在生产技术水平、工艺技术装备、品种质量、科技创新驱动转型升级、循环经济绿色发展等方面均取得显著成绩，基本满足了国民经济和社会发展需要；近几年，国内外经济形势发生深刻变革，有色金属行业积极应对复杂多变的国内外宏观经济形势和发展环境，积极推进转方式、调结构、促转型，行业总体平稳发展，为实现由大到强进

作者简介：缪骏，冶金工业规划研究院冶炼原料处，工程师；周园园，冶金工业规划研究院。

一步奠定了坚实基础。

（一）有色金属产消量保持增长

近十年我国有色金属产量及消费量总体保持增长态势，见表1。近五年，随着产业规模扩大和市场需求增速放缓，产量及消费增速明显回落。据统计，2015年十种有色金属产量达到5156万吨，表观消费量约5560万吨，“十二五”期间年均分别增长10.4%和10%。其中精炼铜、电解铝、铅、锌等主要金属产量分别为796万吨、3141万吨、440万吨、615万吨，年均分别增长11.9%、14.1%、1.1%、3.4%，分别占全球总产量的35%、55%、43%、44%。

表1　2005年、2010年、2015年主要有色金属生产及消费量表

品种		产量/万吨						表观消费量/万吨					
		2005年	2010年	2015年	年均增长率/%			2005年	2010年	2015年	年均增长率/%		
					“十五”	“十一五”	“十二五”				“十五”	“十一五”	“十二五”
十种有色金属		1639	3136	5156	15.9	13.7	10.4	1670	3449	5560	16.2	15.5	10
其中	精炼铜	260	454	796	13.7	12	11.9	374	748	1147	14	15	8.9
	原铝	780	1624	3141	21.1	15.1	14.1	712	1585	3107	14	17.5	14.4
	铅	239	416	440	16.6	12.2	1.1	198	420	437	25	16.5	0.8
	锌	278	521	615	7.1	13.7	3.4	325	565	671	16.9	11.5	3.5
	镍	9.5	15.9	23.2	13.2	12.5	7.8	19.7	52	102	27.9	21.4	14.4
	镁	45.1	65.1	85.3	17.4	7.7	5.6	10.7	37.5	53.2	33.2	16.5	7.2

注：2015年产量为国家统计局公报数据，铅产量数据包括未统计的部分再生铅产量；镍消费数据包括镍铁中含镍量。

2010年十种有色金属产量为3136万吨，表观消费量约为3449万吨，“十一五”期间年均分别增长13.7%和15.5%。其中，精炼铜、电解铝、铅、锌等主要金属分别为454万吨、1624万吨、416万吨和521万吨，年均分别增长12%、15.1%、12.2%和13.7%，分别占全球总产量的24%、40%、45%和40%。

（二）工艺技术装备水平持续提升

过去的十年里，国内自主开发的液态高铅渣直接还原、底吹炼铜、海绵钛大型还蒸炉等技术实现了产业化，新型阴极结构铝电解、大直径深孔采矿、复杂矿床安全高效开采、海底大型黄金矿床高效开采与安全保障、粗铜连续吹炼、废铅酸蓄电池铅膏连续熔池熔炼、600千安超大容量铝电解槽、单线百万吨级氧化铝生产装备、难处理资源可控加压浸出、废杂铜高效利用等技术居世界领先水平。目前技术装备具有国际先进水平的铜、镍冶炼产能占95%，大型预焙槽电解铝产能占90%以上，先进铅熔炼及锌冶炼产能分别占50%和80%。高性能电子铜带及箔材、航空铝锂合金、高强高韧铝合金预拉伸板、大断面复杂截面铝合金型材等精深加工技术取得突破，为我国制造业迈向中高端提供了重要支撑。

（三）产品结构和质量逐步改善

通过引进技术及装备并经过消化吸收与再创新，铝板带箔、大型工业铝型材、精密铜管箔、钛棒、镁压铸件等产品实物质量接近或达到了国际先进水平，基本满足了电子信息、航空航天及国防科技工业等重点领域对高精尖产品的需要。

（四）绿色发展取得长足进步

近十年时间，规模以上单位工业增加值能耗大幅降低；有色金属行业铜、铝、铅、锌等落后冶炼能力逐步淘汰，主要品种落后产能基本全部淘汰；氧化铝、铜、铅、锌、镁和精锡的综合能耗进一步减低；铝锭综合交流电耗保持下降；再生铜、铝、铅产量持续增长；二氧化硫排放率升高，全行业污染物排放总量不断下降。

（五）两化融合不断深化

计算机模拟仿真、智能控制、大数据、云平台等技术逐步应用于有色金属企业生产、管理及服务等领域，国内大型露天矿和地下矿数字化和智能化建设取得重要进展，铜、铝等冶炼生产智能控制系统，铜、铝加工数字控制成型技术，基于“互联网+”的电子商务平台等逐步推广，行业两化融合水平不断提高。

（六）产业集中度明显提高

中铝公司重组云南铜业、焦作万方、包头铝厂、兰州铝厂、连城铝厂、抚顺铝厂等，成为全球第二大氧化铝和第一大电解铝生产企业；中冶集团重组葫芦岛有色集团，中信集团重组白银有色金属集团，中电投集团重组青铜峡铝厂以及鲁能晋北铝业等，企业实力得到显著增强。通过兼并重组，资源得到合理配置，生产流程进一步优化，企业优势集中释放。

二、我院有色金属领域咨询业务十年回顾

自1972年冶金规划院建院以来，有色金属领域咨询业务伴随我国有色金属工业的发展经历了从无到有的过程，目前咨询业务内容及模式也正在不断完善优化中。近十年来，我院已经能够承担各部委委托的有色金属产业重大课题研究以及各级政府委托的区域有色金属产业规划，在为国家有色金属工业的发展出谋划策的同时，也在行业发展的各个时期，为有色金属领域企业的战略发展贡献智慧，始终在有色金属领域扮演“政府机构参谋部，行业发展引领者，企业规划智囊团”的角色。

（一）区域有色金属产业规划

近十年来我院完成的区域产业规划包括西藏、黑龙江、湖南、云南等省（自治区）有色金属产业规划，内蒙古巴林左旗有色金属产业规划，甘肃庆阳高载能产业规划，承德钒钛产业基地规划等。区域规划始终按照“总体规划、分步实施”的原则，在上述省市地区的有色金属产业选择、产业布局、发展方向等方面，我院均提出了专业的、前瞻性的咨询意见，为指导和推动相应地区的有色金属产业持续健康发展发挥了重要作用。

（二）工业园区有色金属产业规划

近十年来我院完成的园区规划主要包括：藏青工业园有色产业总体规划，中原冶金装备制造产业园发展规划，湖北竹山多金属矿循环经济园区规划，沈阳多金属冶金工业园总体规划，山西永济铝深加工产业园规划等。我院通过对政策环境、市场环境和区域优劣势等进行系统分析，在上述园区内科学合理地确定了一批有发展潜力，有经济效益、社会效益、环境效益的项目，引导政府和企业科学决策，有序发展，对园区所在地区的经济发展起到了重要的促进作用。

（三）有色金属企业咨询服务

近十年来我院完成的有色金属企业咨询包括陕西华泽镍钴金属有限公司新材料项目总体规划、新疆红星循环经济产业规划、包钢有色金属和稀土产业规划、广西百矿电解铝项目申请报告、广西泰吉电解铝项目申请报告、美国波音公司镁合金市场及工艺成本分析、东方矿产印尼资源开发项目可行性研究等。在企业规划方面，通过对行业趋势、市场前景和政策方向等方面进行多维度系统分析，并结合企业的优劣势，坚持“问题导向”和“目标导向”相结合的原则，明确企业发展目标、路径和重点项目，为企业转型升级、提升竞争力提供了有力支撑。在企业项目申请和专项可研方面，我院为企业一些重大项目的开展和实施起到了积极的推动作用。

（四）政策规划解读及发表专业文章

近十年来我院在有色金属领域积极发声，对重大政策和热点及时解读，在《钢铁规划研究》等刊物上发表了《有色金属工业发展规划（2016—2020年）要点解读》《关于营造良好市场环境促进有色金属工业调结构促转型增效益的指导意见解读》等专业解读类文章，发表了《我国铝产业“十二五”总结暨“十三五”展望》《中国镁产业“十二五”总结暨“十三五”展望》《中国钛产业“十二五”总结暨“十三五”展望》《中国铜产业“十二五”总结暨“十三五”展望》《我国铅锌产业现状及“十二五”展望》等系列总结类文章。我院紧扣行业动态，把握发展方向，正确引导舆论，相关文章逐渐成为金融机构投资的重要参考，并引起新闻媒体的广泛关注。

三、展望与愿景

目前世界有色金属工业进入一轮深度调整阶段，我国有色金属行业也面临供需失衡、市场无序、结构不合理的严峻挑战。加快供应侧结构性改革，是有色金属行业实现稳增长、促转型、降本增效的根本途径。而行业发展步入深度调整期，企业将会积极寻求转型升级、降本增效路径，这也正是我院有色专业规划咨询业务的战略机遇期。

十年来我院在有色金属领域咨询经验得到不断积累，未来拓展有色金属相关业务的基础将更加牢靠。但鉴于有色金属具有品种繁多，工艺复杂，应用范围广等特点，很难做到行行精通、面面俱到。随着我院有色业务范围的不断扩大，咨询业务模式将转变为以“本院专家+聘请外脑”的合作模式为主，并重点开展以下三类。

（1）铜铝铅锌等项目。铜铝铅锌属于常规有色品种，关注度高，市场空间大。在近几年的规划咨询工作中，我院已建立铜铝铅锌的生产、消费、进出口数据库，并与国内大型有色金属企业建立了良好的合作关系，未来可通过“本院专家+聘请外脑”的合作模式，承接区域规划、企业规划、市场分析等咨询服务。

（2）钒钛项目。钒钛项目咨询具有很强的业务基础，近年来通过承担由承钢、攀钢、建龙、川威、德胜等企业委托的五年规划项目和钒钛板块专项咨询项目，我院在钒钛领域积累了丰富的实践经验，与相关企业、研究院、设计单位建立了良好的、广泛的合作关系，对国内钒钛产业发展，钒钛企业改造升级、产业链延伸等方面提供了宝贵的咨询建议。未来钒钛板块咨询业务将成为我院有色业务的拳头产品，我院可为相关地区和企业提供区域规划、企业规划、项目可研、市场分析、技术中介等咨询服务。

（3）其他战略小金属（稀土、钨、锡、镍、钼等）项目。战略小金属是国家关注的七大新兴产业（节能环保、新一代信息技术、生物、高端装备制造、新能源、新材料、新能源汽车）的关键原材料，且行业集中度相对较高。此前，我院与五矿、包钢等稀土企业已建立战略合作伙伴关系，并在十年来的相关业务咨询中积累了丰富的实践经验，但鉴于部分战略小金属专业性较强的特点，未来将通过“本院专家+聘请外脑”的合作模式，重点开展园区和企业规划、市场分析等咨询服务。

展望未来，在有色金属领域我院将充分总结历史经验，紧扣时代脉搏，以“高度、深度、广度、速度、满意度”五度思维引领，坚持共享共赢的理念，不断完善提升自身实力，优化创新咨询服务模式，更好地把握机遇、迎接挑战，力争将我院有色金属领域咨询业务做大做强，将我院建设成为国内有色金属领域的权威咨询机构，为我国有色金属行业和企业发展贡献更多力量，书写我院有色金属业务领域的辉煌篇章！

推进循环经济规划研究
引领钢铁绿色可持续发展

王 强 李晋岩

钢铁工业是国家打造循环经济产业的重点行业，也是实现循环型社会的重要组成；同时，循环经济是打造资源节约型和环境友好型钢铁企业的重要手段，是钢铁工业实现绿色可持续发展的必由之路。

冶金工业规划研究院自2003年开展国内首个钢铁企业循环经济规划研究以来，长期从事冶金企业、产业园区及政府课题等循环经济规划研究，为我国钢铁工业绿色可持续发展的理论和实践做出了突出的贡献。

一、循环经济与钢铁工业绿色可持续发展现状

（一）国家大力推动发展工业循环经济

循环经济是以资源的高效利用和循环利用为核心，以“减量化、再利用、资源化、再制造”为原则，以“低消耗、低排放、高效率”为基本特征，是对传统粗放式发展模式的根本变革，是符合可持续发展理念的新经济发展模式。自2005年以来，我国相继出台了多项有关发展循环经济的法规和政策文件，对工业发展循环经济起到了良好促进作用。

2005年7月国务院发布《关于加快发展循环经济的若干意见》，提出大力推进节能降耗、全面推行清洁生产、大力开展资源综合利用、大力发展环保产业四方面重点工作，加强对资源开采环节、资源消耗环节、废物产生环节、再生资源产生环节和消费环节五个重点环节的管理。

2008年8月国务院发布《循环经济促进法》，提出国务院和各省级人民

作者简介：王强，冶金工业规划研究院冶炼原料处，高级工程师；李晋岩，冶金工业规划研究院。

政府设立专项资金发展循环经济，推进废物回收体系建设。对使用或者生产列入国家清洁生产、资源综合利用等鼓励名录的技术、工艺、设备或者产品的企业，按照国家有关规定给予税收优惠。对发展循环经济工作突出的集体和个人给予表彰和奖励，对违反本法规的追究法律责任。

2010 年 4 月国家发展改革委与中国人民银行联合发布《关于支持循环经济发展的投融资政策措施意见的通知》，要求充分发挥政府规划、投资、产业和价格政策的引导作用，指导地方制定循环经济发展规划，研究促进循环经济发展的相关价格和收费政策，引导社会资金加大对循环经济项目的投入。

2013 年 1 月国务院发布《循环经济发展战略及近期行动计划》，指出在钢铁、有色、石化等 10 个行业以及产业园区全面推行循环型生产方式，实施清洁生产，促进源头减量；推进企业间、行业间、产业间共生耦合。2015 年 4 月国家发展改革委印发《2015 年循环经济推进计划》，对加快构建循环型产业体系、大力推进园区和区域循环发展、推动社会层面循环经济发展三个方面工作进行了细化，并对每项具体工作分配落实到各部门。同年 9 月《关于开展循环经济示范城市（县）建设的通知》（发改环资〔2015〕2154 号），提出在循环经济示范城市（县），实施构建循环型生产方式、形成循环型流通方式、推广普及绿色消费模式、推进城市建设的绿色化循环化、健全社会层面资源循环利用体系、创新发展循环经济的体制机制六项工作任务。

2016 年 1 月，国家发展改革委发布《关于将天津静海县等 61 个地区确定为国家循环经济示范城市（县）建设地区的通知》（发改办环资〔2016〕36 号），确定天津静海县、内蒙古包头市、云南曲靖市等 61 个地区为国家循环经济示范城市（县），要求各地将循环经济示范城市（县）建设纳入“十三五”循环经济发展总体规划，作为实现转型发展、建设生态文明的重要途径。要以提高资源产出率为核心，在生产、流通、消费各环节，推行循环型生产方式和绿色生活方式，构建覆盖全社会的资源循环利用体系，通过开展建设工作推动本地区超额完成节能减排约束性目标，推动建立绿色低碳循环产业体系。

（二）钢铁工业循环经济模式实现社会、经济与环境三重效益

钢铁工业为典型的流程制造业，囊括了众多生产工序和工作部门，如采矿、选矿、焦化、烧结、炼铁、炼钢、轧钢等。钢铁生产过程消耗大量资源

和能源，并排出大量废弃物，给环境带来一定的影响。通过坚定不移地实施清洁生产，可大幅降低资源和能源消耗，减少污染物排放，实现社会效益、经济效益与环境效益的良性互动、协调发展。

据统计，长流程钢铁企业每生产 1 吨钢需要消耗 1.5~1.55 吨铁矿石、0.6~0.8 吨标准煤、3~6 吨新水，并将产生大量的废水、废气、固废和余热余能等二次资源。以钢铁固废资源为例，每生产 1 吨钢将产生 600 千克左右的固废资源，按 2016 年我国钢产量 8.1 亿吨计算，钢铁固废产生量可达 4.9 亿吨，其固废利用市场可达千亿元。同时，钢铁生产具有高温、还原等特性，可消纳处理企业及社会固体废弃物。如回收处理社会废钢、废塑料、废轮胎等废旧资源，还原处理含铬废渣等。钢铁企业循环经济发展模式如图 1 所示。

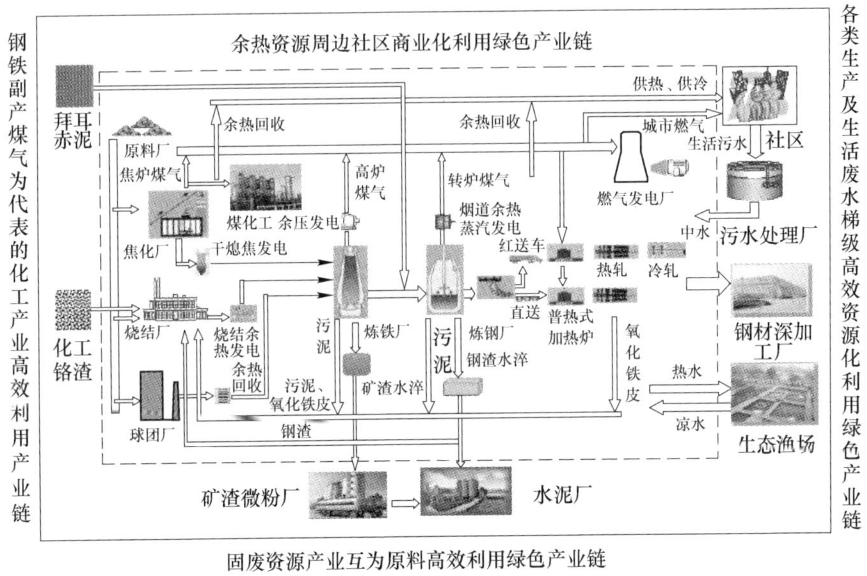

图 1　典型钢铁企业循环经济模式

（三）钢铁工业循环经济取得多方成效

按照国家发展循环经济，推进资源综合利用的总体要求，我国钢铁工业大力发展循环经济，在节能、节水、固体废弃物综合利用、减少污染物排放等方面已取得很大成绩。

固体废弃物减量化和综合利用水平不断提高。钢铁行业固体废弃物主要有废渣、废钢、尾矿、各类回收的烟尘（泥）等。与 2005 年相比，2016 年由于粗钢、生铁产量大幅增加，造成钢渣产生量和高炉渣产生量大幅增加。但吨铁高炉渣产生量和吨钢钢渣产生量总体呈下降趋势，减量化生产取得进步。冶金渣利用率大幅提高，其中钢渣利用率提高了7.2个百分点，达到97.6%；高炉渣利用率提高5.7个百分点，达到98.3%。

能源、环保绩效指标得到明显改善。2005~2016年期间，吨钢综合能耗和新水消耗分别下降15.6%和63.1%；重点统计钢铁企业污染物排放均呈显著下降趋势，吨钢SO_2排放量由2.89kg下降至0.69kg，吨钢烟粉尘排放量由2.22kg下降至0.75kg，分别下降了76.1%和66.2%。吨钢外排废水量从4.89m^3下降到0.83m^3，下降了83.0%；吨钢COD排放量从0.25kg下降到0.021kg，下降了91.6%；吨钢氨氮排放量从0.025kg下降到0.002kg，下降了92%。

重点大中型钢铁企业循环经济发展指标如表1所示。

表1　重点大中型钢铁企业循环经济发展指标统计

类别	序号	指　标	单　位	2005年	2016年	增减/%
一、资源消耗指标	1	吨钢综合能耗（标准煤）	kg	694	585.7	-15.6
	2	吨钢取水量	m^3	8.6	3.17	-63.1
	3	废钢综合平均单耗	kg	160	82	-48.8
二、资源综合利用指标	4	自发电比例	%	27.4	40	12.6个百分点
	5	高炉渣综合利用率	%	92.6	98.3	5.7个百分点
	6	钢渣综合利用率	%	90.4	97.6	7.2个百分点
	7	水重复利用率	%	94.2	97.7	3.5个百分点
	8	铁尾矿综合利用率	%	6.24	12.7	6.46个百分点
	9	吨钢废水排放量	m^3	4.89	0.83	-83.0
三、废物排放指标	10	吨钢二氧化硫排放量	kg	2.89	0.69	-76.1
	11	吨钢烟尘排放量	kg	2.22	0.75	-66.2
	12	吨钢COD排放量	kg	0.25	0.021	-91.6
	13	吨钢氨氮排放量	kg	0.025	0.002	-92

二、冶金规划院循环经济业务具备突出优势并取得显著成绩

冶金规划院自2003年开展推进循环经济发展工作开始至今，累计完成国家各级政府部门、行业组织和钢铁企业委托的资源综合利用、循环经济、“两

型企业”等专题研究、规划咨询项目150余项。通过大量专题研究和规划编制，形成鲜明专业优势和特点，为我国冶金工业可持续发展的理论和实践做出突出贡献。冶金规划院循环经济业务的优势及主要工作业绩如下。

（一）循环经济业务起步早、业绩好

2003年，冶金规划院编制的第一个循环经济专项规划——《鞍钢建设循环经济型示范企业规划》，既是循环经济业务迈出的第一步，也是全国钢铁企业凝聚循环经济发展理念的起始。冶金规划院率先在国内提出钢铁企业创建循环经济型企业规划思路和系统措施。该规划获得了2004年中国工程咨询协会钢铁行业咨询项目成果一等奖。

继《鞍钢建设循环经济型示范企业规划》后，《攀钢集团有限公司钒钛资源综合利用及产业结构调整规划》是以建设西昌钒钛资源综合利用项目为主要内容的，该项目是《汶川地震灾后重建生产力布局和产业调整专项规划》中提出的攀西钒钛基地建设的冶金类项目，属灾后重建重点项目之一。这项规划于2012年同样获得了中国工程咨询协会钢铁行业咨询项目成果一等奖。这两项咨询成果均获得了全国工程咨询行业的最高奖项。

（二）循环经济业务水平高，引领行业政策导向

受国家发展改革委、工业和信息化部、中国钢铁工业协会等政府和行业协会组织委托，先后开展了《“十二五”钢铁行业循环经济发展研究》《钢铁行业循环经济评价指标体系研究》《中国循环经济年鉴（钢铁行业）》《钢铁行业清洁生产推行方案及重点技术推广目录》《钢铁工业循环经济课题》等政府与行业循环经济课题20余项循环经济课题研究。

（三）循环经济业务服务对象多，推进行业发展进程

受钢铁、铁合金等各类冶金企业委托编制各位循环经济专项咨询报告，如《鞍钢建设循环经济型示范企业规划》《沙钢循环经济总体规划》《首钢京唐循环经济总体规划》《湛江东海岛钢铁石化产业聚集区循环经济发展规划》《首钢集团水钢煤电钢一体化总体发展规划》《武钢防城港基地循环经济总体规划》《攀钢循环经济总体规划》《湖南华菱集团公司循环经济规划》《贵州钢绳（集团）有限责任公司新址循环经济建设基地规划》《贵州遵义汇兴铁

合金有限责任公司退城进园产业升级循环经济发展规划》等。已完成40余项工业企业循环经济规划。

（四）循环经济业务领域广，为区域发展提供解决方案

受各级地方政府委托开展园区循环经济产业规划，如《邯郸钢铁国家级循环经济示范区规划》《甘肃肃北县马鬃山循环经济工业园规划》《西藏自治区国家级重要有色基地规划》《藏青工业园总体规划及产业发展规划》《冀津（涉县天铁）循环经济产业示范区规划》《陕西韩城钢铁配套产业园产业发展规划》《酒泉市资源综合利用发展规划》《青海柴达木循环经济试验区格尔木工业园（昆仑经济技术开发区）200万t/a钢铁一体化项目评估报告》等。已完成30余项园区循环经济产业规划课题研究。同时，受地方政府与矿山企业委托编制了《湖北竹山矿业开发循环经济规划》《山东苍山矿业循环经济产业园规划》《沈阳金属深加工产业园循环经济规划》《陕西柞水小岭循环经济集中区规划》《大型低品位难采选矿产资源开发综合利用示范项目资金申请报告——福建马坑矿业》等矿业开发及金属深加工循环经济产业规划等。已完成20余项矿业与深加工循环经济规划。

此外，还编制了《首钢集团水钢资源综合利用规划》《东北特钢集团公司：大连基地再生资源综合利用规划》《承德钒钛资源综合利用产业基地项目可行性研究报告》《广西百色百矿集团有限公司：新山铝产业示范园煤电铝一体化项目申请报告》《华菱湘钢创建国家资源节约型、环境友好型试点企业申请报告》《河北钢铁集团唐钢公司：创建“两型”示范企业规划》《中国钢铁烟尘及有色冶炼渣回收利用研究报告》等资源综合利用和两型企业等专项循环经济规划。已完成40余项企业资源综合利用专项规划。

三、展望未来再创辉煌

“十三五”时期，钢铁行业全面推进资源综合利用产业规范化、规模化发展，加快发展循环经济。冶金规划院将继续保持自身优势，不断加强钢铁工业循环经济特性和政策研究，迎接挑战、开拓创新，大力开展循环经济业务咨询工作。

（一）总体工作思路

（1）继续开展冶金企业和产业园区资源综合利用和循环经济规划，深入

研究和了解冶金行业资源综合利用和循环经济发展现状、存在问题及发展趋势。

(2) 切实加强与下游节能、环保和资源综合利用企业合作，围绕冶金废水、废气、固废及余热余能等二次资源综合利用，开展技术评估、市场分析等专题研究报告，以及技术推广和项目推介等合作。

(3) 大力推动冶金资源综合利用与循环经济标准化工作，加快推进冶金二次资源回收利用的规范化管理和先进节能、环保、资源综合利用技术的推广应用，以实现企业的绿色转型和循环经济发展。

(二) 今后工作任务

1. 冶金企业和产业园区循环经济规划

政府与行业：加强与政府和行业协会交流，积极参与冶金行业资源综合利用和循环经济产业政策的制修订，以及相关课题研究；加强资源综合利用数据统计和新技术整理，分析研究冶金行业资源综合利用和循环经济发展存在问题及解决措施等。

冶金企业：矿山、钢铁、铁合金、有色等冶金企业节能、环保及资源综合利用、产业链延伸等循环经济专项规划；矿山、钢铁、铁合金、有色等企业节能环保诊断、产业发展规划、项目申请报告等资源综合利用和循环经济工作。

产业园区：钢铁配套产业园区，新建以铁合金、铸造等冶金产业为龙头的循环经济示范园区，以及园区循环化改造等专项规划；铁矿石、有色矿产和非金属矿产资源开发及金属深加工产业园区资源综合利用和循环经济产业链延伸建设。

2. 与专业化资源综合利用企业合作项目

咨询报告：技术评价、市场分析和项目评估报告等，包括三个方面：一是尾矿、废石、冶炼废渣、含铁尘泥、脱硫石膏、粉煤灰等工业固废资源综合利用企业；二是废钢、废旧耐材、废油、废酸、镀锌渣，以及废旧塑料、废旧轮胎等废旧物资回收及再生利用企业；三是针对废水、废气、余热资源综合利用技术企业。

技术推介：资源综合利用新技术、产品、装备及项目推介，包括三方面：一是尾矿、废石、冶炼废渣、含铁尘泥、脱硫石膏、粉煤灰等工业固废资源综合利用技术；二是废钢、废旧耐材、废油、废酸、镀锌渣，以及废旧塑料、废旧轮胎等废旧物资回收及再生利用技术；三是针对废水、废气、余热资源综合利用技术。

3. 冶金资源综合利用与循环经济标准

技术产品标准：冶金尾矿、废石、冶炼废渣、尘泥、废旧物资和社会废物等固废综合利用技术、产品和装备标准；围绕冶金废水、废液、废气、余热余能等二次资源综合利用技术、产品和装备等标准。

冶金产业园区标准：园区空间布局与产业结构标准、园区产业链建设和循环运行标准、园区资源利用标准、园区污染防治及信息化建设与管理等方面的标准。

关键共性标准：冶金废水、废气、固废，以及余热余能等二次资源的统计、检测、回收、储存、运输等基础管理和减量化措施标准；现有资源综合利用技术评价标准，钢铁企业循环经济指标体系评价标准等。

风雨兼程谱华章　十载砥砺铸辉煌

——轧钢处咨询业务十年跨越发展成就

陈　程　赵　佳　付新彤　卢宇迪　管志杰

四十五载风雨路，铸就几代轧钢情。自 1972 年冶金工业规划研究院成立四十五年以来，尤其是近十年来，一代代轧钢处的职工在院领导的指导和帮助下，不断开拓进取，努力奋进拼搏，为中国钢铁工业的不断发展壮大，也为冶金规划院的又快又好发展贡献了自己的力量。轧钢处在规划咨询工作中，积极发挥一专多能优势，不断创新咨询服务理念，主动开拓技术创新、营销贸易、品牌评价、标准体系、新材料规划等一系列特色专项咨询业务，为政府、行业和企业献计献策，切实做好政府参谋部、行业引领者、企业智囊团。现就近十年以来，轧钢处为政府、行业和企业开展的咨询服务，所发挥的影响和作用简述如下。

一、承载使命，推动发展

（一）发挥高端智库作用，当好政府参谋

冶金规划院始终将当好政府部门参谋部作为首要任务，轧钢处义不容辞肩负起政策研究排头兵职责。近十年来先后参与“十一五”至“十三五”钢铁工业发展规划的基础研究和编制工作，对国内钢材消费现状及需求预测、钢材品种现状及发展方向、产业布局优化、节能高效轧制工艺技术政策等方面提出建设性意见，得到国家发展改革委、工业和信息化部等政府部门的充分肯定。近期轧钢处牵头完成《“一带一路”战略下钢铁工业“走出去”思路》《2020 年我国钢铁工业重大问题研究——品种专题》等一系列课题研究，

作者简介：陈程，冶金工业规划研究院轧钢处副处长，高级工程师；赵佳、付新彤、卢宇迪、管志杰，冶金工业规划研究院。

为政府决策提供了有益参考。与此同时，轧钢处还参与了一批钢铁大省和区域产业发展规划研究，如河北省、山东省、天津市、湖北省、河南省、云南省、陕西省、新疆维吾尔自治区等省、自治区、直辖市的钢铁产业规划研究，以及唐山市、邯郸市、聊城市、阳江市、连云港市、重庆梁平县、江苏戴南镇、天津大邱庄镇等地区钢铁产业发展规划，切实发挥好冶金规划院作为冶金行业高端智库对政府部门参谋部的作用。

（二）发挥创新变革作用，引领行业发展

建院以来，轧钢处一直关注着国内高品质特殊钢保障能力问题，积极开展关键钢铁品种和新工艺技术的研究。特别是近期通过承担工业和信息化部《〈中国制造2025〉钢铁工业投资方向研究》和《工业强基和技术改造方向研究报告》，中国工程院《关键钢铁材料发展研究》等一系列重大课题研究，对我国钢铁关键品种与装备制造业产业链体系的现状与发展进行分析，提出要重点推进高技术船舶、海洋工程装备、先进轨道交通、核电工程、航空航天、智能装备机械等领域重大技术装备所需高端钢材品种的研发和产业化，强化高品质特殊钢创新驱动作用，加快钢铁产业转型升级，用特殊钢技术进步引领制造业发展，不断培育特殊钢产业新的经济增长点，为保障《中国制造2025》等国家战略实施打下坚实的基础。

（三）发挥规划引领作用，做好企业智囊

轧钢处在紧跟轧钢工艺技术发展的同时，还积极发挥钢材市场研究中心职能，对我国建筑、机械、汽车、家电、造船等下游行业需求进行长期跟踪研究，连续多年发布《我国钢铁需求预测》和《全球钢材消费预测成果》，在行业内得到普遍认可，也被社会各界广泛关注。在工作中，轧钢处着实把做好企业智囊当作第一要务，特别是在为企业做发展规划咨询中，通过采用模型法、消费系数法、最终用途法等科学预测方法，对当前和未来全国钢材消费总量、分品种消费量、分行业消费量以及区域市场内钢材消费量、分品种消费量等方面进行详细预测分析，对企业产品定位和未来重点发展钢材品种提供了有益参考。如武钢、河钢、山钢、马钢、本钢、包钢、柳钢、新兴铸管、中信泰富、敬业钢铁、永钢等多家大中型钢铁企业“十三五”发展规划。此外，轧钢处针对性地为企业提供市场调查、预测及产品分析研究，如

为青钢、新兴铸管、安钢、石钢、承钢、湘钢、国丰钢铁、荣程钢铁等多家钢铁企业开展了市场研究和产品调整规划，在规划中提出了“产品贡献比”“细分品种市场话语权”等先进理念，对企业产品升级和新建重大项目起到了战略指导意义。

二、开拓进取，“一主多元”

近年来，轧钢处全面树立了以用户为中心的咨询理念和服务意识，围绕企业实际需求，结合国家政策鼓励方向和行业未来发展趋势，努力打造“一主多元”咨询业务发展模式。即以常规的钢材产品市场研究与轧钢工艺规划咨询服务为主体，创新规划咨询理念，大力开拓产业链延伸、钢铁物流园、技术创新、营销贸易、品牌评价、标准体系、新材料规划等一系列多元业务的专项咨询服务。主要包括以下内容。

（一）钢材产品市场研究与轧钢工艺规划咨询

钢材市场研究是钢铁企业新建、改扩建项目的前提，是企业进行项目产品定位的依据，对项目决策的成败起决定性作用；也是钢铁企业进行品种结构调整、提高产品附加值和经济效益的必经之路。通过钢材市场研究，钢铁企业可以了解自身和竞争对手情况，有利于企业扬长避短，寻找产品差异化发展之路，增强市场竞争力。

自建院以来，冶金规划院一直高度重视钢材需求量预测及下游用钢行业对钢材品种需求的研究工作，对钢材市场进行了四十多年的持续研究跟踪；拥有齐全的钢材品种和市场研究方向，共涉及22个钢材大品种及细分品种；与下游行业的协会和企业广泛联系，掌握大量的一手信息资源；拥有成熟的经验和大量的工作积累，先后为国家各部委、地方政府、行业协会、钢铁企业、金融企业完成市场研究项目数百项。

与此同时，轧钢工艺作为钢铁企业主要生产工序，在工艺规划咨询中占有举足轻重的地位。轧钢处按照棒材、线材、钢管、板带材、钢筋等细分品种分工，围绕品种结构、生产装备、工艺技术、运行消耗、产品质量等方面，对各个钢材品种的轧钢工艺进行专门跟踪研究，并与企业共同推进品种结构优化、装备水平提高、产品质量提升，以及节能高效轧制及后续处理技术、超快速冷却技术、先进板型控制技术等新工艺新技术的推广应用，不断推动我国轧钢行业的发展和进步。

（二）多元业务专项规划咨询

1. 产业链延伸

延伸钢铁产业链，实现了以钢材产品为主向钢材产品与下游深加工结合发展、以钢铁业为主向钢铁产业带动多元化产业发展、钢铁企业由生产商向钢材服务商转变。钢材深加工作为钢铁业服务用户、调整结构、实施相关多元化战略、转变增长方式、寻求新增长空间的重要突破口，已逐渐被众多钢铁企业所认同。

轧钢处充分发挥长期、定期与下游行业协会和企业保持密切沟通，了解下游产业一手需求信息的优势，先后为广西壮族自治区、吉林省、黑龙江省、沈阳市、唐山市、淄博市、新源县、富蕴县、霍邱县等各级地方政府，以及武钢、河钢、山钢、本钢、包钢、邢钢、河北敬业、永钢等多个钢铁企业编制了钢材深加工产业发展规划，积累了丰富的实践经验，取得了丰硕的成果。

今后围绕各级政府和各个钢企的实际需求，轧钢处将加大研究力度，进一步为用户提供增值产品服务，努力将产业链延伸咨询服务作为地方政府做大做强区域产业集群的增值链，更作为钢铁企业应对未来激烈市场竞争，保持市场领先的必然选择。

2. 钢铁物流园

近年来，在钢铁行业产能严重过剩、企业盈利十分困难的情况下，钢铁企业纷纷采取各种措施降本增效。一些钢铁企业把目光转向对传统物流模式的改革上，进一步挖掘物流领域的利润空间，向流通环节要效益。以沙钢为代表的钢铁企业愈发意识到发展现代钢铁物流园的重要性，逐步向服务化转型。

轧钢处深入研究国内各个重点钢材交易市场和物流发展现状及发展趋势，站在客户的立场，全面进行钢铁物流园项目竞争力分析，合理确定项目功能定位和方案设计；并先后为沙钢、唐钢、马钢、五矿、迁安市等多个用户编制了现代钢铁物流园的战略调整、提升方案以及总体规划。

轧钢处还将结合现代钢铁物流园的发展趋势，紧紧围绕优化提升企业物流配送体系这一重点，不断丰富完善系统化、规范化的现代钢铁物流园规划体系，为物流园区进行合理的战略定位与功能划分，实现园区科学化、规范化与集约化发展。

3. 技术创新

我国钢铁行业自主创新投入长期不足，企业研发投入占主营业务收入比重仅有1%左右，远低于发达国家2.5%以上的水平，创新引领发展能力不强，尚未跨越消化吸收、模仿创新老模式。目前国内绝大多数钢铁企业的装备水平、产品定位、研发平台都很相近，产品的生产能力也十分相近，这就造成了一方面不论是低端产品还是高端产品，在产品方面都会存在同质化竞争问题；另一方面产学研用协同创新不足，部分关键高端钢材品种还需依赖进口。

轧钢处紧跟钢铁行业创新发展能力不足这一短板，在为多家钢铁企业编制“十三五”发展规划时，充分考虑企业研发水平与创新能力，为其量身定制技术创新发展规划，立足全局谋划技术创新发展新路径。

轧钢处在今后规划咨询服务中将坚决贯彻落实创新驱动发展战略，围绕低能耗冶炼技术、节能高效轧制技术、产品质量一贯制、智能制造关键技术、高端装备用钢等升级需求，为企业构建科学、系统和规范的技术创新体系，提高原始创新、自主集成创新能力，推动钢铁企业逐步走向依靠科技创新引导产品结构升级的高端产品创效时代。

4. 营销贸易

近年来，在我国钢铁行业经营效益持续下滑的背景下，钢铁企业在注重降本增效的同时，更加注重立足国际国内两个市场，优化销售布局，扩大和优化营销渠道，提高营销和服务水平。

轧钢处不断强化对市场变化和客户多元化需求分析，围绕产品销售、产销管理、渠道建设、用户服务等重点，为武钢、河钢、山钢、中信泰富、青钢等多个大中型钢铁企业，针对性提出营销贸易职能规划，为企业构建与市场化运作相适应的、国内国外一体化的大营销体系。

结合未来行业发展趋势和用户转型升级需求，轧钢处将加强市场研究，充分调研和分析钢材市场需求及需求变化，继续为企业在加强产品聚焦、优化营销模式、推进电子商务、深化“产销研运”、加强海外布局等方面提供战略咨询服务，助力钢铁企业由制造商向服务商转变。

5. 品牌评价

受发展阶段、发展理念等多种因素的影响，多数钢铁企业发展方式粗放，品牌建设较为薄弱，缺少国际国内知名品牌，没有形成自主知识产权和品牌优势。在世界品牌实验室发布的2016年《中国500最具价值品牌》中，品牌价值排名前50的企业中仅有宝钢一家钢铁企业。

2016年6月，国务院办公厅印发《关于发挥品牌引领作用推动供需结构升级的意见》明确指出，发挥品牌引领作用，加快推动供给结构优化升级，大力实施品牌基础建设工程、供给结构升级工程、需求结构升级工程。为此，冶金规划院由轧钢处牵头制定了钢材品牌评价体系，分别从质量、市场、服务、创新、品牌建设五个方面对国内钢铁企业116个钢材品牌进行评价分析。

下一步，轧钢处将以钢材品牌评价体系为契机，推动品牌评价成为冶金规划院新的规划咨询业务，并围绕品牌战略、品牌识别、品牌传播、品牌危机、品牌资产、品牌应用等方面，帮助钢铁企业培育品牌，扩大品牌影响力，提升内在素质。

6. 标准体系

国内钢铁行业标准化建设近年来处于起步阶段，有些行业现行标准与用户使用标准、规范衔接不够，标准化引领钢铁行业转型升级亟待突破。同时，多数钢铁企业尚未开展标准体系建设，在标准化建设、区域主导、区域引领上还有很大提升空间。目前，国内钢铁企业中仅宝钢、武钢、鞍钢、中特集团等少数先进钢铁企业高度重视标准化工作，在产品与服务项目中将企业标准作为很重要的一部分进行推行，在执行国际标准、国家标准和行业标准的同时，围绕市场和用户需求，严格制定出独具特色的企业标准。

2015年，国务院印发《中国制造2025》《深化标准化工作改革方案》等文件提出，以标准引领中国制造质量的提升，建立企业产品和服务标准自我声明公开和监督制度，落实企业标准化主体责任。2015年12月，国务院办公厅印发的《国家标准化体系建设发展规划（2016—2020年）》明确了我国标准化提升计划。

为积极响应我国标准化改革，激发市场主体活力的政策，牢牢把握市场需求，冶金规划院于2016年成立标准化工作委员会，下设1个标准化研究中心、10个分技术委员会和相关团体标准秘书处。截至2016年4月，已组建了6个国家标准工作组和4个团体标准秘书处。其中，产品分技术委员会和团体标准秘书处挂靠于轧钢处。目前，我院已与中国特钢企业协会、中国钢结构协会合作，并将中国特钢企业协会团体标准化工作委员会和中国钢结构协会钢材标准化技术委员会秘书处设置在我院。目前，已有10项团体标准通过中国特钢企业协会团体标准化工作委员会立项，进入标准制定阶段。

下一步，我们将抓紧我国标准化工作推向深入发展的机遇，开展标准化体系建设专项咨询服务，努力为用户建立促进技术进步和适应市场竞争需要的企业标准体系，实现企业标准的主导和引领地位；将先进的标准作为制造高质量产品的有力支撑，促进企业技术创新、品牌引领、标准研制和产业化协同发展。

7. 新材料规划

目前，我国新材料关键品种的质量、性能、绿色化总体水平还不高，一些高端关键产品仍无法满足需求，与国际先进水平仍有较大差距，导致了我国新材料对先进装备制造业在数量上保障力不足。然而作为我国七大战略新兴产业和《中国制造2025》重点发展的十大领域之一，新材料是整个制造业转型升级的产业基础；发展新材料产业对我国经济发展有着全面促进作用，对工业转型升级有着重大意义。

轧钢处抢抓国家提出培育和发展新材料战略性新兴产业这一机遇，不断跟踪和深入研究以高品质特殊钢为代表的新材料发展现状及趋势，先后为工业和信息化部、河北省、吉林省、中国工程院、中国钢铁工业协会、波音公司、山钢、华泽镍钴公司等政府部门、科研院所、行业协会和企业编制完成了多项新材料咨询规划。

未来轧钢处将根据《新材料产业发展指南》等政策文件的要求，结合市场需求、人才条件、资源优势和环境承载能力，为各级地方政府和企业针对性提出解决制约用户转型升级的关键新材料问题，建立和完善产业链条，以及建立健全"产学研用"体系等一系列咨询服务，推动新材料产业抢占未来科技和产业发展的制高点。

三、明确方向，砥砺前行

2016年以来，我国钢铁行业深入推进供给侧结构性改革，大力化解过剩产能，各项政策措施陆续出台，效果开始显现，市场出现积极变化，钢铁行业运行走势稳中趋好。然而国内钢铁产能过剩基本面没有改变，价格上涨、效益回升的基础仍不牢固，行业还没有完全走出困境。今后一段时期，坚定不移化解过剩产能，提高有效供给能力仍将是钢铁行业的重中之重。为此，轧钢处将坚持以“五度”思维为指引，充分发挥自身贴近市场、了解企业、服务行业的优势，紧抓钢铁行业供给侧结构性改革机遇，创新规划咨询理念，提高服务质量水平，切实做到做好“三个加强”，即“加强大政方针研究、加强品种市场研究、加强品牌标准研究”，全方位满足政府、行业、企业的各项要求，为把冶金规划院打造成为最受人尊敬、最有影响、最具竞争力的顶级智库贡献自身的力量。

由增至减　从大到强

——市场研究的不断拓展奠定咨询业务发展基础

曲家庆　肖邦国　刘 琦　鹿 宁　张玮玮　王泽群

冶金工业规划研究院建院四十五年来，特别是近十多年来，作为国家级的冶金咨询机构市场研究的主要依托部门，轧钢处加强对国内外宏观经济形势和钢材市场发展规律的研究，对各地区、各行业的市场需求进行了长期研究和积累，为政府和企业决策提供有力支撑，奠定了我院咨询业务的发展基础，进一步提升了我院的知名度和影响力，为全行业的健康有序发展做出了自己的贡献。

一、市场研究奠定规划咨询发展基础

市场研究大致分为市场调查、市场分析、市场预测三个阶段。

市场研究应做到“知己知彼，百战不殆”。通过了解企业内部的优劣势和外部的机遇挑战，就能够扬长避短，发挥自身优势，合理利用机遇，规避外来风险，在激烈市场竞争中占据优势。

市场研究首先要调查分析全国、各地区以及各行业的市场发展趋势和特点，分析钢材进出口走势。同时，进一步分析研究国内、国外历年钢铁市场的发展态势，尤其是研究欧美日等钢铁工业大国和地区的发展历程，分析借鉴其钢材消费与经济发展的关系和特点，并结合我国的国情，分析未来市场走势。

进入21世纪尤其是近十多年以来，在钢材消费市场从快速增量发展逐步过渡到减量发展的大背景下，轧钢处不断拓展市场研究的领域和深度，对国

作者简介：曲家庆，冶金工业规划研究院轧钢处，教授级高级工程师；肖邦国、刘琦、鹿宁、张玮玮、王泽群，冶金工业规划研究院。

内各地区、各行业钢材需求趋势进行了较为深入的研究。同时，随着我国钢材出口激增，国际市场反倾销摩擦加剧，轧钢处也对世界各大洲、各主要钢材生产国和消费国进行了重点研究。

二、近十年全国钢材生产、消费变化趋势研究

（一）生产

2007~2016年，我国钢材总产量（含重复材，下同）由5.6亿吨增长至11.4亿吨，对我国国民经济各行业的快速发展起到了重要支撑作用。从钢材产量变化趋势来看，2007~2013年，钢材产量延续了2000年以来的快速增长趋势，年均增长率达到11.2%；从2014年开始，全国钢材产量进入缓慢调整期，年均增长率不到2.2%。

从分地区钢材产量变化情况来看，华北、华东一直是我国钢材主要产地。近十年，华北地区钢材产量年均增速达到10.1%，华东地区年均增速也达到7.2%。2016年，华北地区钢材产量超过4亿吨，华东地区达到3.8亿吨，都达到历史最高水平；中南地区钢材产量较大，年均增速高于全国平均增速。相比之下，东北、西北、西南地区钢材产量较少，增速较慢，低于全国平均增速。从各地区钢材产量占全国比例方面分析，东北地区在全国钢材总产量所占比重下降最大，下降3.2个百分点；华北钢材产量占比上升5.6个百分点；其他地区产量占比变化幅度不大。

（二）进出口

2007~2016年，随着我国钢铁工业产能的迅速扩大，以及工艺装备水平的快速提升，我国钢材进口量呈缓慢下行态势，进口量从1600万吨左右减少到1300万吨左右，年平均下降2.7%；钢材出口量大幅增长，从5000万吨左右增长到1亿吨以上，年平均增幅为6.3%。

2007~2016年，我国仍然以进口板材为主，板材进口量占进口总量的80%以上，但板材进口量总体呈下降趋势，其他钢材品种进口量较小，均小于200万吨。

受2008年国际金融危机影响，2009年我国出口钢材大幅下降58.5%，达到十年最大降幅。自2009年起，板材和棒线材出口量增加明显。

（三）消费

近十年，我国钢材消费由快速增长逐步转为波动调整状态。2007～2014年我国钢材实际消费量（扣除重复材统计，不考虑库存变化，下同）持续增长，2014年钢材实际消费量为7.02亿吨，达到历史峰值；2015年钢材消费量同比下降5.4%，为6.64亿吨；2016年，受汽车和建筑行业拉动影响，我国钢材消费量同比上升1.3%，回升至6.73亿吨。

（四）生产消费的热点地区及品种

近十年，我国分地区钢材消费占比结构没有多大变化，华东、中南仍然是钢材消费的主要地区，2016年占比分别为35.6%、25.0%；华北地区钢材消费比例也较高，2016年占比为13.5%；而东北、西南、西北地区钢材消费占比均在10%以下，2016年占比分别为9.3%、10%和6.6%。

近十年，随着我国基础设施投资加大以及房地产行业的迅猛发展，建筑用钢的消费量快速上升，对我国钢材消费结构产生了重要影响，长材消费比例一直保持在60%左右，板材消费比例在36%左右，无缝管消费比例在3%左右。近几年，钢材消费呈长材占比小幅下降、板带材占比小幅上升、无缝钢管占比基本平稳的趋势。

在长材产品中，钢筋消费比例涨幅最大，2016年钢筋消费比2008年增加2个百分点。其中，东北、西北钢筋消费量占比增速较快，华东地区钢筋消费量占比增长最慢，由此可见，经济发展速度较慢的东北、西北地区的钢筋消费量明显高于东部沿海经济发达地区。

板材产品中，受造船行业萎靡影响，2016年中厚板消费比2008年下降明显，消费占比下降4.4个百分点。热轧薄板、冷轧板、镀层板、涂层板、电工钢板消费量占比变化不大。

三、近十年主要行业钢材消费的变化趋势研究

近十年，随着我国国民经济产业结构调整和下游行业发展，整个钢材消费结构和特点变化趋势明显，特别是我国GDP单位耗钢量持续下降以及用钢产品升级，下游行业用钢呈现出轻量化、绿色化发展趋势，对高强、高韧、耐蚀钢材的需求增加，单位产品用钢强度下降。建筑、机械、汽车、家电、

铁路等下游主要钢材消费行业的钢材消费呈现出不同的变化趋势。

（一）建筑行业

城镇化进程以及保障性住房建设带动我国建筑行业规模不断扩大，以高品质钢筋混凝土建筑为主导的同时，钢结构建筑也得到了发展。钢筋混凝土建筑用钢方面，高强钢筋、抗震钢筋生产比例大幅提高；钢结构方面，近年一直在推广钢结构绿色建筑，钢结构用钢品种质量性能指标不断提高。

随着建筑行业标准逐步提升、建筑安全性提高、建筑行业绿色化普及，建筑用钢产品结构优化向低成本、高强度化、功能化（抗震、耐候）、规格系列化发展。如钢筋产品中，逐步淘汰Ⅱ级螺纹钢筋，高强钢筋的产量占螺纹钢筋总产量超过80%；绝大部分地区建筑结构都需要抗震设防，抗震钢筋大量采用；耐蚀钢筋这种具有绿色环保、性能优异的钢材也逐渐大量使用。

近年，钢结构建筑等新型建筑的发展，建筑行业钢材消费品种结构调整明显，钢筋占建筑用钢量的比例呈下降趋势，冷热轧板材品种比例上升。未来，随着钢结构绿色建筑的发展，高性能建筑板材需求将进一步提升。

（二）机械行业

机械工业是除建筑行业外钢材消费量最大的行业。机械行业用钢具有强度高、性能优、品种多、规格范围大的特点。近十年，我国机械工业快速发展，从机械行业工业总产值来看，我国机械行业总产值年均增长率达到11.4%，带动我国机械行业用钢消费量的快速上升，根据测算，2016年我国机械行业钢材消费量达到1.26亿吨。

在国家转变经济发展方式的大背景下，机械行业加快产品结构优化调整。为了应对总产值增速放缓的不利局面，2012年以来，机械工业进入提质增效的发展阶段，向着自动化、高速化、高精度化、高效率化方向发展，钢材单耗呈下降趋势。在钢材品种结构上，对高强度、高纯净度、高精度钢材的消费比例上升，其中，优质棒线材向高纯净度、高组织均匀度、高表面质量、高尺寸精度、抗疲劳、耐腐蚀、长寿命方向发展，以满足机械装备的可靠性、耐久性、高精度、节能环保等发展需求。中厚板、热轧板、冷轧板等向高强度、高耐磨性、耐冲击、耐疲劳等方向发展，以满足机械装备大型化、轻量化的发展需求。

（三）汽车行业

近十年，我国汽车工业快速发展，已经成为我国经济的支柱产业之一。从汽车产量来看，我国汽车年产量由2007年的899万辆迅速上升至2016年的2812万辆，年均增长率达到13.9%。汽车行业的快速发展，带动我国汽车用钢消费量的快速增加，根据测算，2016年我国汽车行业钢材消费量达到5600万吨，其中，板材3400万吨，优质棒材及线材1800万吨，管材及其他钢材400万吨。

轻量化是我国汽车行业近十年主要发展趋势，因此，高强钢在汽车领域的应用比例不断提高。目前，用于制造超高强度汽车零件的热冲压成型钢的成型后强度可达1500兆帕；国内冷轧及镀锌汽车板强度级别已由普通HSS发展到AHSS、UHSS；DP980、TRIP780，并且最高强度等级1470兆帕冷轧马氏体汽车板已实现批量生产。

（四）家电行业

进入21世纪，我国已成为全球最大的家电生产国，电冰箱、洗衣机、空调器、微波炉等主要产品产量连续多年稳居世界第一，我国正从家电“制造大国”向“品牌大国”转变。

家电用钢随着家电行业及其用钢产品需求变化而变化。近几年，家电行业进入结构调整、产品升级时期，对钢材品种需求变化日益明显。家电产品及部件用材向轻、薄化趋势发展，包括各种家电的箱体壳采用减薄板；家电市场消费升级，更注重产品的时尚化、高性能、高能效、精细化；新技术革新加速家电产品升级，更节能、更环保以及多功能化、人性化的新型家电涌向市场。

（五）铁路行业

近十年，我国铁路通车里程由2006年的7.7万千米增加到2016年的12.4万千米，同比增长61.0%。其中，高铁营运里程由2006年的404千米，跃升至2016年底的2.2万千米。随着我国铁路向高速化、重载化方向发展，带动了铁道用材消费品种结构发生了很大变化。

一是高速重轨用量增加。随着我国高速铁路的快速建设，带动了高速铁路用百米重轨（U71MnG、U75VG）用量的增加，2016 年的消费量达到 70 万吨左右。在性能方面，高速重轨的要求更为严格。

二是高强度贝氏体钢轨被大量应用。为提高铁路钢轨寿命，近几年，我国铁路用重轨生产企业加大研发力度，成功研发并批量生产贝氏体钢轨，其中攀钢研发的贝氏体道岔钢轨专利获美国授权，包钢研发的 75N 贝氏体钢轨也成功应用于大秦铁路。

四、近年国际市场钢材生产、消费变化趋势

据世界钢协最新统计，2016 年全球粗钢产量达到 16.3 亿吨，同比增长 0.8%。其中，欧洲、北美洲及非洲地区粗钢产量同比下降，而独联体、中东、亚洲和大洋洲地区粗钢产量同比增长。

世界钢协数据显示，2005 年，世界钢材总消费量为 10.46 亿吨，2010～2014 年全球成品钢材表观消费量连续五年实现正增长，2014 年达到 15.4 亿吨，创历史新高；2015 年，受中国钢材消费下降影响，世界钢材总消费量为 15 亿吨，为近年来首次下降，其中，中国占 44.8%、欧盟 28 国占 10.2%、北美自由贸易区占 9%、日本占 4.2%、独联体占 3.3%、其他亚洲国家占 16.2%。

十年来，世界钢材消费总量增长近 50%，亚洲国家尤其是我国钢材消费量增长显著，但欧盟、北美等发达国家和地区消费量占比逐渐下降，世界钢材消费格局已经改变。

五、市场竞争力分析

市场竞争力分析是市场研究的重要内容之一。我们进行市场竞争力分析通常采用 SWOT 分析法、优劣势对比法和产品贡献率法等分析方法。

根据企业各自产品特点，以及在行业内的不同地位，企业所在区域市场不同需求特点，企业面临的不同竞争对手等因素，通过竞争力分析，给出相应的企业发展定位和产品竞争策略。钢铁企业的发展战略有很多种，如规模效益型发展战略，典型企业有宝武集团、沙钢等；高端化、特色化发展战略，如东北特钢、兴澄特钢等；专业化、系列化发展战略，如方大

特钢、邢钢等。

六、市场研究业务成果显著

在激烈的市场竞争中，冶金规划院以市场研究结论为依据，为企业发展、走出困境，提供很多切实可行的建议，收到了良好的效果。

（一）A 公司

A 公司受城市发展限制，需要实施搬迁改造。在实施搬迁改造之前，该公司委托我院做了《热轧中宽带产品定位和工艺选择专题研究》《棒材产品定位和工艺选择专题研究》《冷轧窄带钢项目市场分析》《冷轧及涂镀板产品市场分析和产品定位研究》《建设型钢生产线市场分析》等一系列市场分析报告。我院通过详细的市场调研、竞争力分析，以及不同工艺装备的选型对比分析，为 A 公司沿海基地的发展定位和轧钢产线选型给出了明确的方向和建议，为将其沿海基地的建设成为精品钢铁基地提供了有力支撑。

（二）B 公司

B 公司企业生产规模较大，以优质棒线和板材产品为主。在 2008 年国际金融危机爆发以后，在我国大规模投资的拉动下，以建筑用长材为主的企业盈利能力大幅提升，而以板材和工业用优特钢长材为主的企业盈利能力却不升反降，迫切需要进行结构调整升级。在此背景下，B 公司委托我院做了《产品结构调整市场分析报告》。我们针对该公司的重点产品如优特钢棒材、线材、中厚板等的下游主要用钢行业，以及销售区域内的几十家重点用户进行了详细调研，深入了解不同用户对钢材品种、规格、质量的需求，企业未来发展规划以及对钢材品种的需求趋势，未来还需要钢铁企业提供哪些方面改进或延伸服务。最终为该公司的钢材产品质量提升、品种结构调整提出了明确的优化方向。

七、未来市场研究展望

我们预测，中国钢铁进入“减量发展”时代，钢材消费已处于峰值弧顶下行区，从中长期来看，已经呈现“弧顶”+“下降通道”的走势，随着消费拉动经济增长的作用不断强化，单位经济总量的钢材消费强度进一步下降。

从进出口来看，我国钢材进口总量将逐步减少，钢材出口也将发生从量到质的根本转变，钢材出口总量减少但钢材出口均价提高。

未来一段时间，市场研究不仅要研究国内外钢材市场的生产消费以及进出口的发展趋势，也要关注企业之间的兼并重组带来的区域市场竞争的变化，还要关注下游行业需求热点以便把握品种研发的发展方向。此外，随着需求总量的逐步减少，部分企业面临产业优化升级及产品结构调整。而且，客户的市场需求正在不断变化，市场研究也要与时俱进。在未来的市场研究中，我们将继续秉持“政府参谋部、行业引领者、企业智囊团”的服务理念，为我院咨询业务的发展奠定扎实基础。

继往开来　开创冶金规划院矿业板块新局面

张松波

冶金工业规划研究院矿山处（矿产资源研究中心）负责的矿业板块以“政府机构的参谋部、行业发展的引领者、企业规划的智囊团”为使命，紧跟矿业形势变化，不断调整，开拓创新，不断完善和加强业务、团队建设，不断提高个人专业素养，努力向“一专多能”的国际化技术咨询专家方向努力，取得了可喜的进步。值此冶金规划院成立45周年之际，本文回顾和梳理矿山处及矿业板块业务发展情况，总结过往，谋划未来。

一、矿业形势回顾与展望

（一）跌宕起伏的十年发展

2007~2016年，矿业形势的发展可分为两个阶段，呈现“过山车”态势：第一阶段（2007~2011年），我国经济仍然高速发展，对矿产品需求持续快速增长，虽然有2008年经济危机影响，但在国家“4万亿”经济刺激政策下，经济快速回升，矿产品价格持续攀升；第二阶段（2012~2016年），我国经济发展逐步进入“新常态”，经济增速由高速增长进入中高速增长，经济结构不断优化升级，经济发展动力由要素驱动、投资驱动转向创新驱动。经济增速放缓也导致基础原材料需求放缓，同步对大宗矿产品需求增速也逐步放缓，矿产品价格大幅下跌，导致矿业固定资产投入大幅减少，矿业企业尤其是黑色金属采选业利润严重亏损，大量高成本矿业企业停产或退出，矿业形势急转直下，进入发展“冰冻期”。详见图1~图4。

作者简介：张松波，冶金工业规划研究院矿山处副处长，高级工程师。

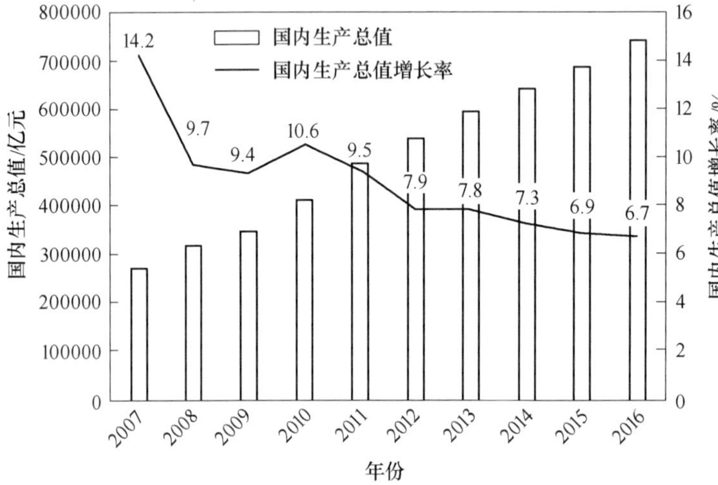

图 1　2007~2016 年我国国内生产总值及增长率变化

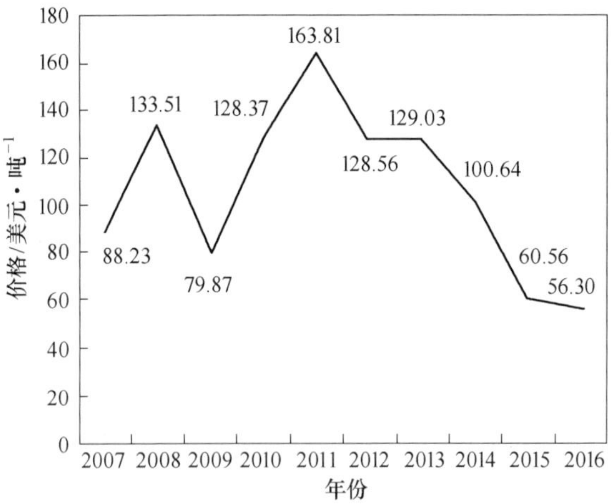

图 2　2007~2016 年我国进口铁矿石平均价格变化

下面以铁矿行业为例，略窥矿业发展变化趋势。

1. 第一阶段（2007~2011 年）

2007~2011 年，我国经济高速发展，钢铁工业粗钢产量持续增长，尤其是 2008 年金融危机后，我国出台《钢铁工业调整振兴规划》等经济刺激政策，粗钢产量大幅增加，铁矿石等原燃料需求也随之大幅增加，我国铁矿石对外依存度持续上升。在国内铁矿石原矿产量快速增加的同时，国内企业响

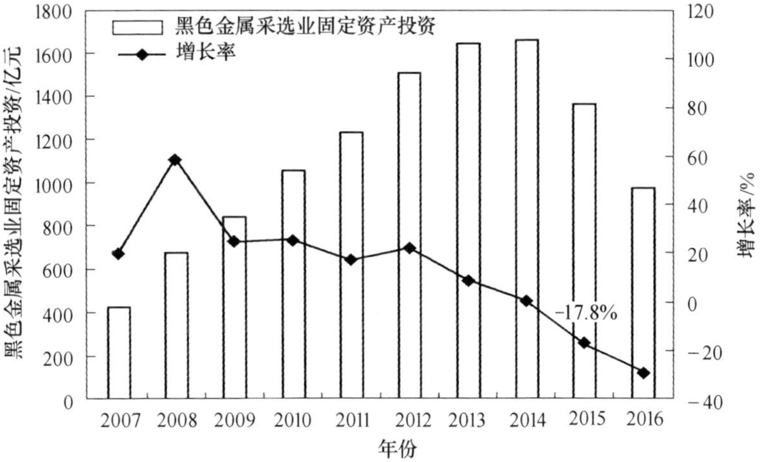

图 3　2007~2016 年我国黑色金属矿固定资产投资变化

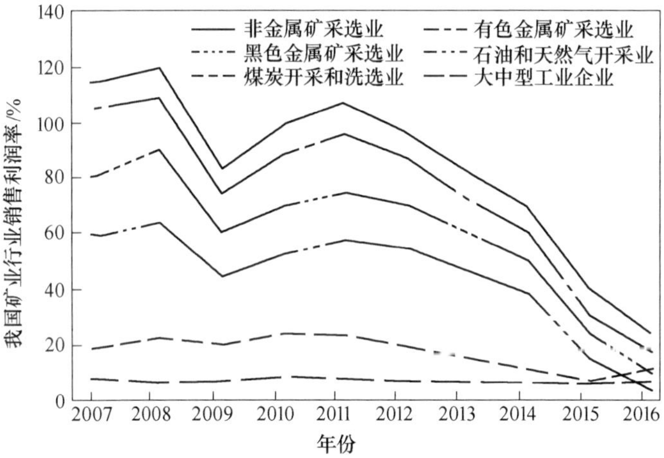

图 4　2007~2016 年我国矿业行业销售利润率变化

应国家“两个市场、两种资源”号召，积极“走出去”开拓国外市场，掌控资源，取得了一定成绩，但由于国际化经验少、不熟悉国外市场环境、盲目投资、恶性竞争等原因，也交付了不少的“学费”。

铁矿石消费量大幅增加，依存度攀升。2007~2011 年我国生铁产量由 4. 7 亿吨增加到 6. 3 亿吨；国产矿原矿产量由 7. 07 亿吨增长到 13. 27 亿吨（见图 5），进口铁矿石量从 3. 83 亿吨增加到 6. 86 亿吨（见图 6）。我国钢铁工业铁矿石对外依存度由 50. 1%增长到了 64. 6%。

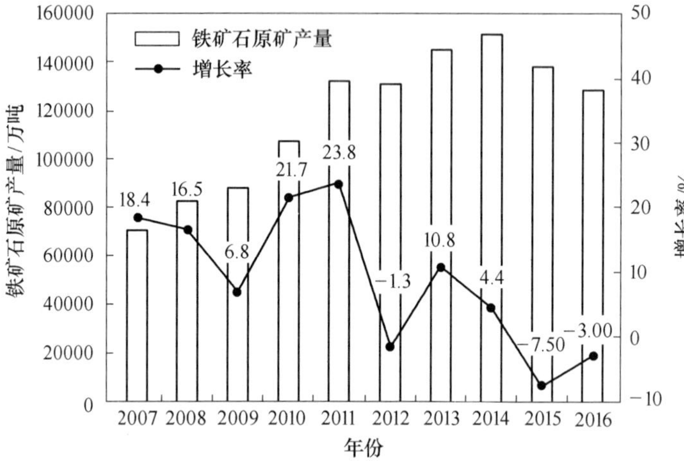

图 5　2007~2016 年我国铁矿石原矿产量变化

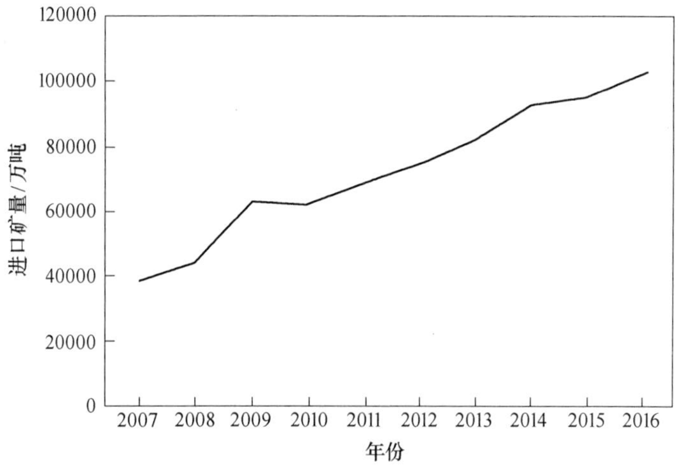

图 6　2007~2016 年我国进口铁矿石量变化

海外铁矿投资集中，成效不大。由于铁矿石进口量和价格均大幅增长，部分企业积极“走出去”，寻找海外铁矿石供应基地，通过控股、参股等形式掌控多个铁矿项目，合计规模超过 2 亿吨/年（见表 1）。但由于项目多为贫铁矿资源、选矿成本高，或外部配套基础设施不完善，或产品杂质元素含量高、市场接受度差等导致开发进展缓慢，投产达效项目更是寥寥无几。

表 1　2007 年以来中国企业“走出去”投资的部分矿业项目

序号	年份	企业	投资国	项目名称	中方持股比例/%
1	2007	通钢集团	澳大利亚	凯恩斯山铁矿	8
2		鞍钢集团	澳大利亚	卡拉拉铁矿	52.16
3		中冶集团	阿根廷	布拉格兰德铁矿	70
4	2008	中冶集团	澳大利亚	兰博特角铁矿	25
5		首钢集团	澳大利亚	吉布森矿业公司	40
6		沙钢集团	澳大利亚	萨维奇河铁矿	90
7		中钢集团	澳大利亚	Midwest 矿业公司	100
8		中钢集团	喀麦隆	洛比铁矿	97.5
9		包钢集团	澳大利亚	邦戈露铁矿	50
10	2009	宝钢集团	澳大利亚	Aquila 矿业公司	15
11		武钢集团	澳大利亚	CXM 矿业公司	60
12		华菱钢铁	澳大利亚	FMG	17.4
13		重钢集团	澳大利亚	伊斯坦鑫山铁矿	60
14		武钢集团	加拿大	Bloom Lake 铁矿	25
15		淄博宏达	秘鲁	金兆秘鲁矿业有限公司	100
16		武钢集团等	马达加斯加	Bekisopa 铁矿	100
17	2010	武钢集团	巴西	MMX 矿业金属公司	21.52
18		山钢集团	塞拉利昂	唐克里里铁矿	25
19		武钢集团等	利比里亚	邦矿	100
20		中铝等	几内亚	西芒杜铁矿	44.65
21	2011	武钢集团	加拿大	世纪铁矿	40
22		武钢集团	加拿大	ADI	60

2. 第二阶段（2012~2016 年）

2012~2016 年，随着我国经济进入“新常态”，我国钢铁工业也逐步进入“减量化”发展阶段，铁矿石需求增速也同步放缓，尤其是 2014 年以来，铁矿石价格一度大幅下跌至 40 美元/吨以下（见图 7），黑色金属采选业固定资产投资大幅下滑，特别是民营投资，2016 年我国黑色金属采选业民间投资 763 亿元，同比下降 35.4%。国产矿产量大幅萎缩，大量高成本矿山停产或退出市场（见图 5）。进口铁矿石量大幅增加，替代国内矿，2016 年进口量达到 10.24 亿吨，对外依存度进一步提升至 87.3%（见图 8）。铁矿海外投资萎缩，几乎停滞，仅有河钢集团收购加拿大 Kami 铁矿和南非 PMC 两宗，前期投资铁矿项目大部分进展不大，截至目前我国已投产海外权益矿量不足进口铁矿石总量 10%，我国铁矿资源保障体系建设仍任重而道远。

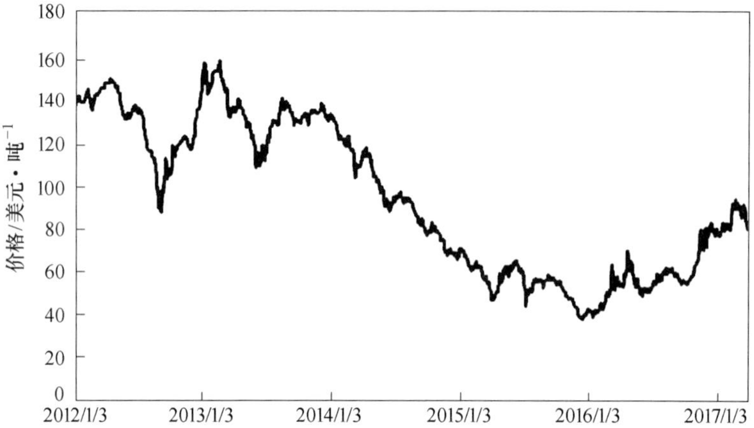

图 7　2012~2016 年铁矿石价格变化趋势

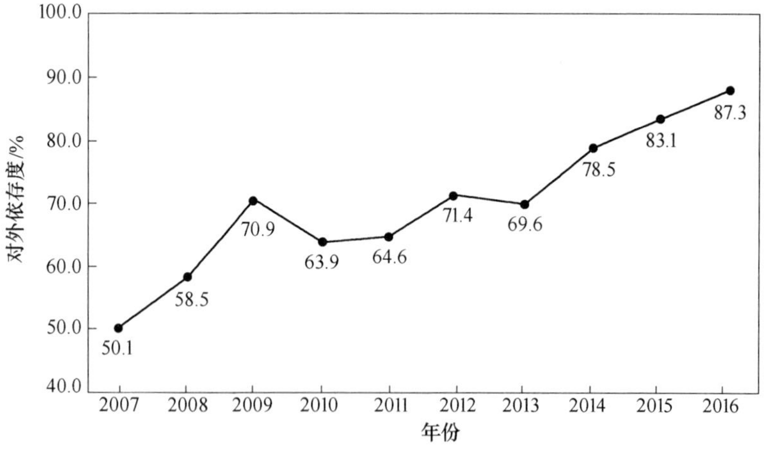

图 8　我国进口铁矿石对外依存度变化

（二）展望未来，矿业形势低位波动向好

1. 矿业市场展望

2016 年下半年以来，大宗商品价格大幅回升，铁矿石价格最高超过 90 美

元/吨，目前维持在 65 美元/吨左右。但从整体铁矿石供需基本面分析，由于 S11D、Roy Hill 等矿山仍在产能释放期，供大于求的态势仍然没有根本改变，“十三五”期间铁矿石市场将呈以下趋势：

全球铁矿石市场供大于求在一定时期内长期存在。从供应看，2017 年四大矿铁矿石供应基本维持稳定，增产 3000 万吨左右，加之 Roy Hill 等新增产能持续释放，预计 2017 年全球铁矿石供应量增加 5000 万吨左右。从需求看，中国钢铁产业已进入减量化发展，铁矿需求量步入下降通道将是不争的趋势，而短期内其他国家或地区无法弥补中国需求的减缓，全球铁矿供大于求的格局依然存在。

中国高度依赖进口铁矿将长期存在。国内重点统计铁矿平均生产成本在 80 美元/吨左右，是国际铁矿巨头生产成本的近 2~3 倍，市场竞争力较弱。同时，尽管中国钢铁步入减量发展，但仍将保持在高位运行，对铁矿的需求量仍然巨大。预计 2030 年，中国铁矿石对外依存度仍将保持在 85% 以上。

铁矿石价格在低位波动运行将长期存在。在铁矿石供大于求的长期存在背景下，在钢铁生产呈现减量发展的趋势下，以及在钢铁生产集中度不断提升的未来，铁矿价格必将维持在合理范围，即低位震荡运行。短期来看，供应过剩局面难有实质改变，铁矿石价格将在 55~85 美元/吨波动；中长期来看，铁矿石价格有上升可能，但难以重回往年高位水平。

电炉短流程产钢比例将逐步增加。我国废钢资源产出量已达到相当规模，未来 5~15 年，随着我国废钢积蓄量的增加，废钢资源产出将逐步进入快车道，加之粗钢产量进入下行通道，未来利用废钢资源的短流程钢比例将逐步增加。因此，废钢替代铁矿份额总体上将呈现增长的趋势。

2. 矿业行业发展趋势展望

中长期来看，矿业行业形势仍处于低位波动期，但矿业行业经过这一轮价格大幅下跌的洗礼，新的发展趋势和发展路径渐趋呈现。

（1）国内矿业企业将由规模型向效益型转变。由于国内资源禀赋差，生产成本高，抵御高品位、低成本进口矿冲击能力弱，发展空间受到限制。但国内矿业企业也在通过压缩投资、强化采购、综合利用等各种措施降低生产成本，由规模型向效益型转变。

（2）矿业发展由粗放管理向精益管理转变。我国矿业行业经过十多年快速发展，矿产品产量大幅增加，但在高价格背景下，管理粗放，生产成本虚高，在价格低位运行态势下，矿业行业正在通过信息化、智能化等手段摒弃过去的粗放管理，向精益管理转变。

（3）智慧矿山发展迅猛。我国矿业企业信息化普遍偏低，生产效率较低，智慧矿山将是矿业企业脱困发展的重要举措之一。

（4）国际化进程加快。虽然从国家层面上鼓励矿业企业“走出去”，并取得了一定成绩，但由于种种原因，我国矿业企业国际化步伐仍然进展缓慢，未来我国矿业企业必须总结经验，重装上阵，走出一条符合我国特色的国际化道路。

二、冶金规划院矿业板块发展回顾

矿山处（矿产资源研究开发中心）是冶金规划院下属的常设机构之一，拥有专业的矿产资源研究开发专家团队，包括地质、采矿、选矿三个专业，以矿产资源（冶金、有色、黄金）为研究对象。冶金规划院矿山处自恢复成立以来，矿业板块已逐步形成了“一二三四”的业务架构：

“一”个平台：中国钢铁原材料发展高端论坛；

“二”个基础：业务建设、团队建设；

“三”个支撑：矿业政策及专项课题研究、矿业标准及标准化研究、矿产品市场分析研究；

“四”个产品：矿业政策与行业规划、国内外矿产开发规划与项目评估、矿山企业降本增效研究、钢铁企业原燃料采购成本优化。

回顾矿山处近十年业务发展历程，与矿业形势发展息息相关。矿山处紧跟矿业形势变化，以政策为基础，跟踪市场，研究热点，推动改革，“集百家之长、为一家服务”，为中外政府机构、金融机构、钢铁企业及矿业企业提供了百余项高质量的咨询服务。

（一）平台搭建

自2012年，冶金规划院筹划搭建铁矿石发展高端论坛，至今已成功举办五届，受到各界好评。从2016年起，对铁矿石发展高端论坛进行改革，由单一铁矿石延伸到钢铁原材料，改名为中国钢铁原材料发展高端论坛，成为行业钢铁原材料交流的重要平台之一。

（二）基础建设

专业团队是为政府、行业、企业提供优质服务的基础之一，借助我院专业设置齐全的优势，矿业板块也逐步形成了一支经验丰富、专业齐全的专家团队。同时，业务建设也是提供优质咨询服务的基础，经过45年的积累，矿业板块已逐步形成了黑色、有色两大数据库、专业技术资料库等业务基础。

（三）支撑研究

矿业政策与专项研究。紧跟我国矿业政策，制定专项研究，为政府制定政策和战略布局做基础研究，先后参与了境外钢铁产能布局下的铁矿资源开发及利用研究、关于西非铁矿资源开发战略及实施方案研究、利用沿边资源发展钢铁工业研究、我国铁矿资源保障体系研究等多项课题研究。

矿业标准及标准化研究。先后参与铁矿露天开采、地下开采、选矿单位产品能耗限额标准等多项国家、行业标准制定工作；与中国冶金矿山企业协会合作开展矿业团体标准制修订；研究矿业企业标准体系建设与标准化工作。

矿产品市场跟踪分析研究。跟踪分析黑色（铁、锰、铬）、有色（铜、铝、铅锌等）、黄金、焦煤等矿产品市场变化，研究和预测市场变化趋势。定期出版相应的月度、季度和年度报告，并接受定制报告服务。

（四）产品开发

矿业政策与行业规划。先后参与钢铁工业调整升级规划、铁矿行业中长期发展规划等行业规划，以及委内瑞拉、巴西马托格罗索州、玻利维亚、澳大利亚西澳洲/北领地、瑞典、莫桑比克、赞比亚、坦桑尼亚、几内亚、塔吉克斯坦、柬埔寨等多个国家和地区的矿业规划咨询。

国内外矿产开发规划与项目评估：主要包括矿业企业发展规划与研究、区域矿产资源开发规划与研究、绿色矿山建设规划、矿业项目投资机会研究、可行性研究报告、申请报告等，先后完成了哈密地区黑色及有色金属产业规划、河钢集团矿业公司“十二五”规划、武钢矿业公司“十一五”“十二五”发展规划、本钢集团铁矿资源中长期发展规划、鞍钢集团矿业公司绿色矿山建设规划、西藏自治区国家级有色金属产业基地发展规划、内蒙古巴林左旗有色金属产业规划等项目；积极为企业实施走出去出谋划策，编制海外矿产资源开发规划、矿业项目评估、可行性研究、项目申请报告等，为武钢、鞍钢、沙钢、中钢、五矿、德龙、中铝等企业走出去提供了大量信息咨询、技术咨询等专家顾问服务，先后承担了武钢海外矿产资源规划，武钢委内瑞拉CVG公司铁矿资源合作开发项目规划，西芒杜铁矿项目PEA、DE、BFS评估分析及西芒杜铁矿项目申请报告等。

矿山企业降本增效研究：在新的矿业发展形势下，深入研究为矿业企业降本增效提供服务，先后完成武钢资源集团公司“十三五”发展规划（降本增效、战略转型）、通钢矿业公司“十三五”规划、铁矿企业技术改造和装备升级研究、节能减排与矿区环境恢复治理研究、铁矿企业深化改革和管理创新研究、密云冶金矿山公司运营诊断分析等多个项目。

钢铁企业原燃料优化：结合矿产品市场分析与研究，研究降低钢铁企业原燃料成本，先后为唐钢、陕钢、柳钢、本钢等多家企业服务。

三、矿业板块发展方向

站在新的矿业形势下，冶金规划院矿业板块将继承和发扬老同志的艰苦奋斗精神和深厚底蕴，继往开来，在以下几个方面为政府、行业、企业提供更加优质的咨询服务。

立足政策，助推行业可持续发展。深入研究我国及世界主要矿业国家矿业政策，多角度对比，为政府制定矿业政策、战略布局提供更深入的基础研究，引领行业发展方向，为企业发展战略、发展方向、政策合规性等方面提供有价值的咨询服务。

标准引领，引领行业规范健康发展。通过国家标准、行业标准、团体标准、地方标准、企业标准以及标准化体系建设，规范行业管理和运营，引导矿业行业规范健康发展。

苦练内功，帮助企业提高竞争力。加强热点、难点研究，结合对矿产品市场的宏观把握，为企业提供有价值、具有可操作性的建议和降本增效措施，为矿业企业提高竞争力和抗风险能力提供更高效、优质服务。

积极外拓，争做企业走出去后盾。我国矿业企业国际化将是未来企业重要的发展路径，矿山处将加强研究、积极联系，加强自身业务能力建设和国际化能力提高，争做企业走出去的坚强后盾。

展望未来，矿业形势变化莫测，冶金规划院矿山处将以“五度”思维为引领，秉承冶金规划院“政府参谋部、行业引领者、企业智囊团”的服务宗旨，将始终以客观、公正、高效、热情的服务态度，积极进取，以高质量的产品，为各级政府部门、金融机构、企业提供更加优质的服务。

忆往昔风雨兼程　望未来心怀梦想

——矿山处国内业务回顾及展望

吕振华

一、国内铁矿行业回顾

近十多年来，我国钢铁行业快速发展，带动铁矿行业也取得了很大进步。铁矿行业坚持实施找矿突破、集约高效开发、强化资源保障，同时加强资源综合利用、节能减排、综合治理，工艺技术、装备和绿色发展水平不断提高，铁矿开发对我国钢铁工业和区域经济的发展起到了重要作用。

（一）取得的主要成绩

1. 铁矿查明资源储量持续增长

随着中国找矿突破战略行动整装勘查的深入，查明铁矿资源量逐年稳步增长。2006~2015年，全国地质勘查累计投入9390.5亿元，铁矿新增矿区数1812处，新增查明资源储量243.51亿吨，主要集中在山东苍山县古林-兰陵矿区、四川西昌市太和钒钛磁铁矿区、攀西地区攀钢兰尖-朱家包包钒钛磁铁矿区、米易县白马钒钛磁铁矿区和辽宁本溪市大台沟矿区外围等。

截至2015年底，中国铁矿石查明资源储量约850.77亿吨，比2005年净增256.92亿吨，增长了43.3%，其中资源量643.14亿吨，基础储量207.63亿吨（包括储量50.38亿吨）。具体见图1。

2. 铁矿石产量总体保持增长

近10多年来，我国黑色金属矿采选业固定资产投资大幅增长，新建和扩建了一批大中型铁矿山，有鞍钢齐大山铁矿二期工程、太钢袁家村铁矿、峨口铁矿露天转地下工程等，部分项目已竣工，部分正在建设中。2005年我国

作者简介：吕振华，冶金工业规划研究院矿山处，工程师。

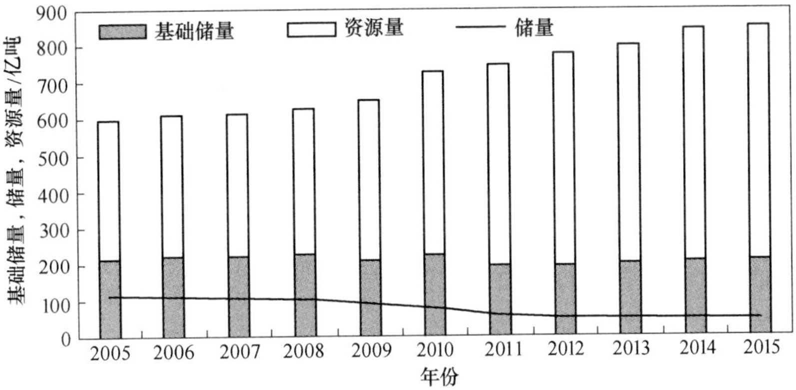

图 1　2005~2015 年中国铁矿查明资源储量统计图

铁矿石原矿产量 42050 万吨，2014 年原矿产量 149633 万吨，增长了 2.6 倍，2015 年和 2016 年有所下降，分别为 138129 万吨和 128089 万吨。具体见图 2。

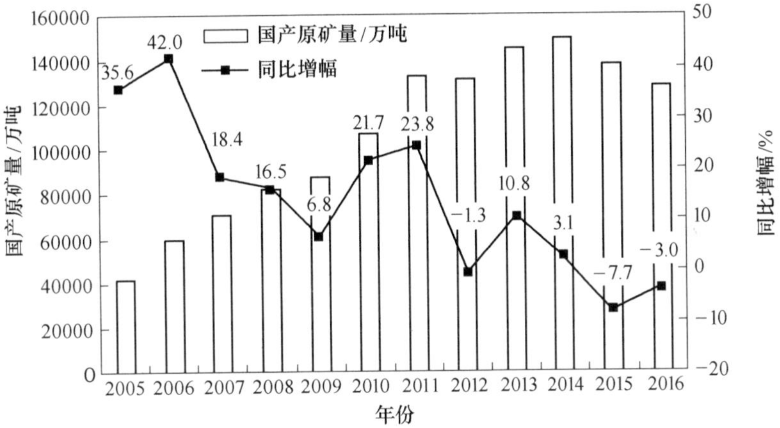

图 2　2005~2016 年中国原矿产量走势图

从分省市产量看，全国共有 26 个省、自治区、直辖市生产铁矿石，2016 年全国分省市地区原矿产量列居前五的省份分别是河北省、四川省、辽宁省、内蒙古自治区和山西省，五省铁矿产量共计 96370.8 万吨，占全国总产量的 75.2%。

3. 矿产资源节约与综合利用取得进展

国土资源部制定了《矿产资源综合利用技术指标及其计算方法》，规范统一了以矿产资源“三率”作为行业评价指标，发布了包括铁矿在内的 27 种

（类）矿产的“三率”指标要求，初步形成主要矿产节约与综合利用评价指标体系，实现了矿产资源节约与综合利用的客观评价和规范管理。根据相关统计，从2005年到2015年，我国露天铁矿开采回采率提高了0.5个百分点，地下铁矿回采率提高了7个百分点。

4. 采选技术装备取得明显进步

近10多年来，随着铁矿产能规模的快速扩大，我国矿山的采选技术不断发展，采选装备水平也大幅提高。采矿方面，高台阶开采、半连续运输等技术在露天矿山应用更加广泛，大结构参数的无底柱崩落法等开采工艺更加成熟高效，采矿设备也更加大型化和现代化；选矿方面，“阶段磨矿、弱磁选-反浮选工艺”“全磁选选别工艺”“超细碎-湿式磁选抛尾工艺”的应用更加普遍，针对赤铁矿的具体特征也研制出新型选矿药剂、工艺及设备，使我国赤铁矿选矿技术取得了重大突破，工艺技术指标达到国际先进水平。

（二）存在的突出问题

在我国铁矿产业取得较大成绩的同时，也存在一些必须高度重视和着力解决的突出问题。

1. 铁矿资源安全保障问题突出

国产矿大幅增长的同时，自给率逐年下降，由2005年的50%下降到2016年的12.7%。全球优质低成本铁矿资源高度集中于四大国际矿业公司，国际铁矿石市场基本为其所控制，受其严重挤压，国内铁矿企业面临严峻挑战。中资企业由于对市场误判而收购时机不对、运用的方式方法不当、对资源开发的内外部条件考虑不周等，以及受其他不利因素影响，“走出去”难度增大，成本提高，变数增多，收效甚微，有效权益矿占进口矿总量比重不足10%。铁矿石价格暴涨暴跌，波动风险加大。上述问题交织叠加，使得我国铁矿资源安全保障仍面临重大挑战。

2. 产业整体竞争能力较弱

“贫、杂、细、散”是我国铁矿资源的基本特点。保有查明资源储量中，可开发利用的不足50%，经济可采的只有6%。中小型矿床占96%，贫矿占97%，剥采比大，选矿比高，复杂难选，生产成本同口径比，高出世界平均水平近20%，高出四大矿业公司50%以上，仅与少数细磨选矿加工矿山相当。资源配置成本高，税费种类多，负担重，销售税费负担率平均达到20%以上。

创新能力、装备水平、管理效率等方面还存在较大差距。资源、资本、资产一体化运作能力弱，勘查开发资金筹措方式单一，财务成本高，企业生存和发展面临的压力大。

3. 开发利用方式依然粗放

过去10多年，一些铁矿开发不重视资源基础、环境承载能力和钢铁产业布局等因素，发展方式粗放，导致部分区域矿山建设占用空间多，生态恶化、水土流失，固体废弃物堆存占压大量土地。受资源因素制约和"一矿多开"影响，矿山企业数量多，规模小，集约化程度低，稳定和调节市场能力差。综合利用水平不高，深加工能力不强，单位面积产出较低，资源浪费现象仍然存在，中小矿山普遍存在短期行为，开发技术落后。建设可持续发展的两型矿山面临诸多挑战。

4. 体制机制不适应发展要求

铁矿等资源资产管理体制机制尚未建立，矿产与土地市场化高效配置和流转机制、废弃物资源化利用的激励机制、绿色发展和生态补偿的鼓励和约束机制、差别化财税金融和产业政策配套调节机制、中小企业的退出机制等不健全、不完善，监管机制缺失，事前行政低效、事中事后监管不力。国有矿山企业改革严重滞后，尤其是钢铁联合企业矿山，市场主体地位尚未真正确立，现代企业制度、法人治理结构尚未基本建立，经营机制存在内在缺陷，运行效率低下，企业办社会和历史遗留问题还未完全解决。

二、矿山处国内业务回顾

2011年，冶金工业规划研究院矿山处（矿产资源研究中心）恢复成立，成立以来，紧紧把握冶金规划院"政府机构的参谋部、行业发展的引领者、企业规划的智囊团"的定位，以六大板块为主要业务，结合自身实际特点，积极为政府、行业、企业提供相关服务与支持。

（一）主要工作业绩

1. 行业政策研究和区域发展规划

（1）钢铁产业调整政策（资源开发部分）；

（2）铁矿行业中长期发展规划；

（3）铁矿产品能耗限额标准制定；

（4）钢铁工业“十二五”“十三五”规划前期研究（资源开发部分）；

（5）西藏国家级有色金属产业基地发展规划；

（6）内蒙古巴林左旗有色金属产业规划。

2. 企业发展规划

（1）河北钢铁集团矿业公司“十二五”发展规划；

（2）武钢资源集团“十一五”“十二五”“十三五”发展规划；

（3）通钢矿业公司“十三五”发展规划；

（4）马钢集团矿业公司“十二五”发展规划；

（5）本钢集团铁矿资源中长期发展规划；

（6）新疆宏泰矿产资源开发及深加工规划；

（7）安徽霍邱铁矿开发及深加工规划；

（8）鞍钢集团矿业公司绿色矿山建设规划；

（9）内蒙古大中矿业公司绿色矿山建设规划。

3. 项目开发报告

（1）程潮铁矿扩能改造预可行性研究；

（2）金山店铁矿扩能改造预可行性研究；

（3）山西豪洋资金申请报告；

（4）鞍钢集团矿业公司弓长岭井下矿资金申请报告；

（5）鞍钢集团矿业公司关宝山铁矿资金申请报告；

（6）鞍钢集团矿业后续项目申请报告。

4. 企业生产降本增效

（1）铁矿企业技术改造和装备升级研究；

（2）节能减排与矿区环境恢复治理研究；

（3）铁矿资源深化改革与管理创建研究；

（4）密云冶金矿山公司运营诊断分析。

5. 市场研究与预测

（1）中国铁矿、锰矿、铬矿、镍矿市场分析报告（MPI蓝皮书系列报告之一）；

（2）铁矿石期货对我国钢铁产业发展影响研究；

（3）国际贸易铁矿石价格体系与机制研究；

（4）大宗矿产品来源和应对策略研究；

（5）中国钢铁需求分析预测；
（6）中国铜、铝、铅锌产业市场分析；
（7）钢铁原料及有色矿产资源市场分析及中长期预测。

（二）主要变化

1. 业务类型更加多元

在多年的发展过程中，矿山处根据行业的变化趋势和自己的实际情况，不断扩大业务类型，开拓新的业务领域。除了继续保持传统的行业研究和企业规划外，结合国内矿山企业生产成本相对较高，受市场价格下跌冲击，生存空间压缩的问题，积极调研走访企业，将降本增效作为切入点，开展专项规划，助力企业更好地应对发展困境。此外，积极响应国家发展绿色矿业、建设绿色矿山的要求，为企业提供相应的咨询服务，协助企业开展绿色矿山建设的同时，也使矿山处的业务类型更加多元。

2. 服务对象更加丰富

由于单位性质和历史传承等原因，我院的服务对象传统上以国有钢铁或矿山企业为主，矿山处也不例外。但近年来这一现象有所改变，除了继续保持同鞍钢矿业、武钢资源集团等国有企业的业务关系，矿山处不断开拓，扩大服务对象范围，先后同大连商品交易所、国家开发银行、进出口银行、大中矿业等非传统行业单位建立了联系、开展了合作，取得了不错的效果。

3. 咨询方式更加灵活

矿山处的传统咨询方式主要是提供各种类型的咨询报告，形式相对比较单一，对部分客户缺乏新意和吸引力。根据这种情况，矿山处积极探索，不断创新，主动求变，先后同海通期货等公司以共同调研、走访企业、了解市场等方式进行合作，既满足了客户需求，也丰富了矿山处的工作方式。此外，也尝试利用微信等新媒体的方式积极进行业务宣传、项目推介，扩大矿山处的行业影响力。

三、未来展望

（一）行业发展趋势

展望未来，新常态下经济发展速度由高速到中高速，发展方式从规模速度型粗放增长转向质量效益型集约增长，经济结构从增量扩能为主转向调整存量、做优增量并存的深度调整，经济发展动力正从传统增长点转向新的增长点。这些转变导致对钢铁需求呈现稳中下降的趋势，对铁矿行业的影响也随之而来，再加上废钢利用率的逐步提高，国内对铁矿石的需求进入峰值平台区。同时，国内铁矿企业也面临着更为严峻的挑战，包括资源开采条件更加恶化、生态环保要求更加严苛、生产成本压力加大等。

因此，在四大矿继续扩产、中国需求减弱的整体态势下，预计全球铁矿石市场供大于求的基本格局仍将持续，中国对铁矿资源的需求增速放缓，铁矿石价格预计仍将维持低位。尽管国家相继出台了资源税改革等一系列政策，但对企业的提振作用有限，国内铁矿行业整体将仍然处于下行通道。国内矿山规模小、数量多、分布散、成本高，对铁矿石市场的影响有限，更无法决定铁矿石价格的走势，唯有致力于持续改善管理，提升效率，降低成本，才能赢得生存空间，实现可持续发展。

（二）矿山处机遇与挑战并存

在矿业形势总体低迷、国内铁矿企业需要转变发展模式的大背景下，矿山处更需要结合自身特点，发挥自身特长，积极抓住机遇，应对新的挑战，做出更大成绩。

1. 加强基础研究，把握市场形势

做好基础研究是更好提供行业咨询服务的前提，铁矿行业目前正处于价格波动频繁、市场形势混沌的观望时期，矿山处可以结合近年来积累的数据和经验，进一步加强基础研究，完善理论模型，把握市场变化，分析未来走势，提高在行业的影响力。

2. 积极开拓市场，了解客户需求

越是行业低迷的时候，越需要具有敏锐的市场观察能力，通过走访企业、参加行业会议等形式，积极深耕市场，努力开拓创新，了解和调研企业实际生产情况和行业关注的热点问题，在调研与交流的过程中，了解客户需求，寻求合作机会。

3. 梳理现有资源，创新工作方式

经过几年的发展，矿山处积累了一些行业信息和工作数据，同时也具有一些自身的特点和优势，比如接触国外项目相对较多。今后可以进一步梳理

已有的项目信息和资源，借助微信等新媒体的平台，进一步宣传推介掌握的项目，在工作方式上力争有所突破和创新，开创新的局面。

4. 加大外部协作，实现合作共赢

面对目前的困境，矿山处需要积极“走出去”，加强同兄弟单位、行业协会、矿山企业的交流和协作，借助外部力量，寻找更多的切入点，加大开放合作力度，深化合作关系，统筹多方资源，力争更快地突破行业市场，实现多方共赢。

勇往直前　争做企业“走出去”坚强后盾

——矿山处海外业务回顾及展望

王晓波

一、资源价格快速攀升，带动行业投资热情

（一）主要矿产品价格走势

近年，大宗矿产品价格一路高涨，我国进口铁矿石年均价从 2002 年的 24.8 美元/吨，最高升至 2011 年的 163.8 美元/吨，9 年内上涨近 7 倍。铜金属价格（铜冶炼费用基本固定，铜矿石价格直接由铜金属价格决定）也在 2002 年后快速攀升，并在 2011 年达到高峰。铁矿石和铜近年价格走势如图 1、图 2 所示。

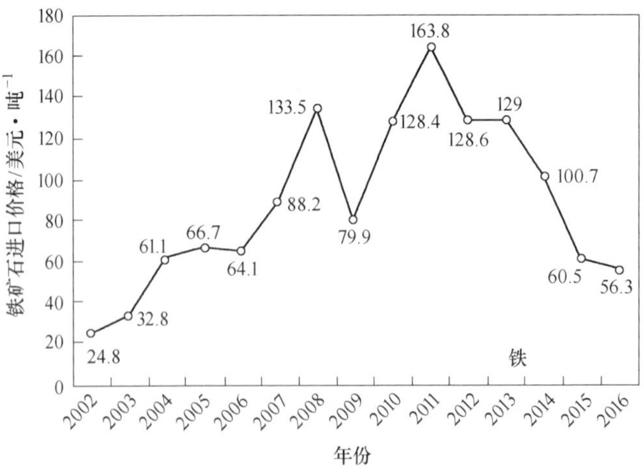

图 1　近年我国铁矿石进口年均价格走势

作者简介：王晓波，冶金工业规划研究院矿山处，工程师。

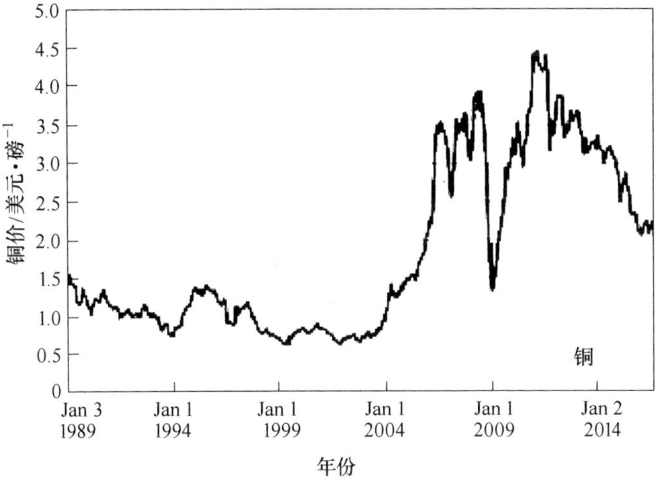

图 2　近年铜价格走势

（二）全球资源投资情况

随着矿产品价格飙升，行业投资热情也日益高涨，2002~2013 年间，矿业勘查和开发投资逐年上升。近几年，由于矿产品价格下跌，矿业公司经营效益下滑甚至严重亏损，行业投资有所下降。具体如图 3、图 4 所示。

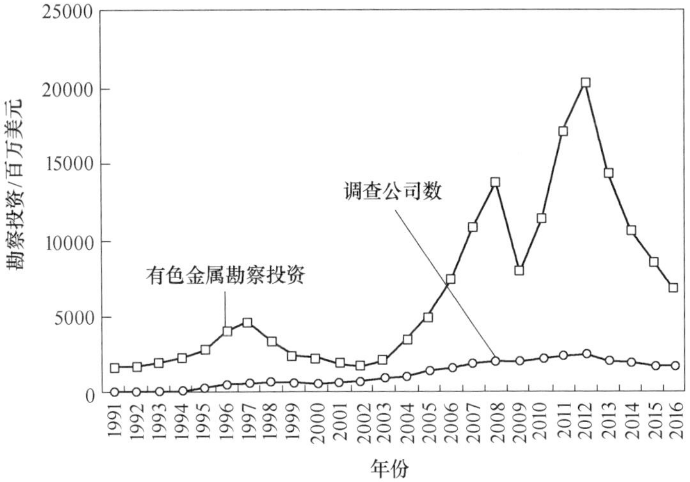

图 3　近年全球有色金属勘察投资情况

另据商务部统计数据，2003~2013 年，中国采矿业境外投资规模总体呈

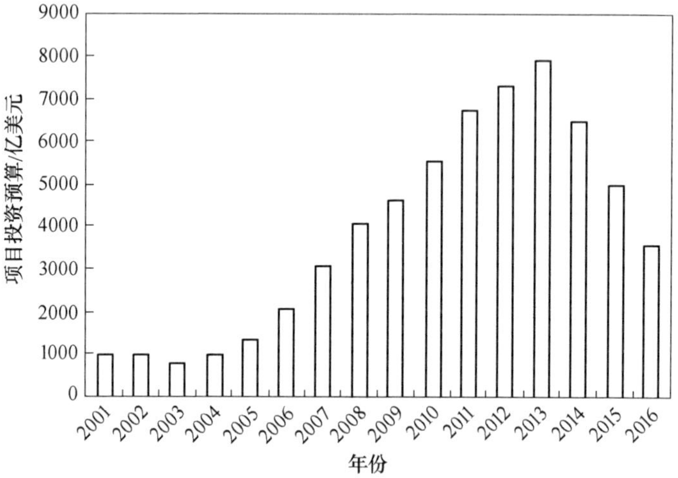

图 4　近年全球矿业开发项目投资预算情况

现波动上升趋势。2003 年，我国采矿业的对外投资额仅为 13.8 亿美元，到 2013 年最高达 248.1 亿美元，增长近 18 倍。2013 年以后采矿业的对外投资额迅速下降，到 2016 年仅为 86.7 亿美元。

二、国内资源禀赋、需求，导致对外依存高企

（一）资源禀赋

我国铁矿石查明资源储量约 850.77 亿吨，其中可经济开发的量（基础储量）仅 207.63 亿吨，同时，我国铁矿石含铁品位平均只有 31%，贫矿石占全部矿石资源储量 98.8%。2016 年，我国生产铁矿石原矿 12.8 亿吨，折合成品矿不足 3 亿吨。

我国铜矿查明资源储量（含铜量，下同）约 9910 万吨，其中可经济开发的量（基础储量）2721.8 万吨，铜品位大于 1%的富铜矿查明资源储量 1972 万吨，占比 19.9%。我国铜矿产量（含铜量）约 180 万吨/年。

（二）需求情况

铁矿石主要用于炼铁，2016 年，我国生铁产量 7.01 亿吨，推算需铁矿石成品矿（TFe 62%）11.08 亿吨。据相关统计数据，2016 年，我国铜需求量约 1000 万吨。

（三）对外依存度

我国铁矿石对外依存度基本呈逐年上升态势，从 2011 年的 64.6%，升至 2016 年的 87.3%，增长了 22.7 个百分点。近年，我国铁矿石对外依存度走势如图 5 所示。

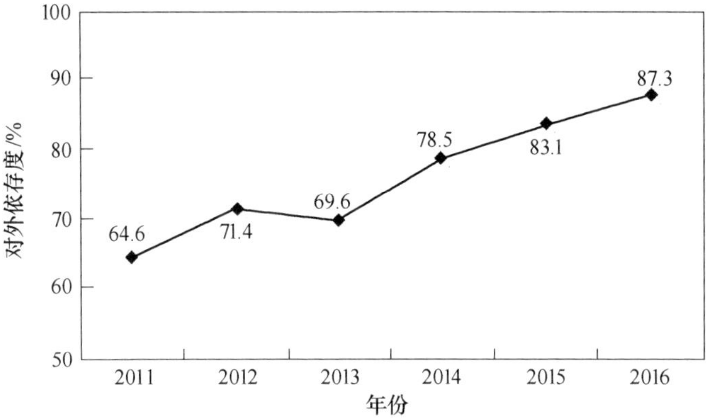

图 5　近年我国铁矿石对外依存度变化情况

近年，我国铜对外依存度一直在 70%左右，2016 年，铜对外依存度为 70.2%，较 2015 年小幅下降 0.9 个百分点。

三、国家鼓励、企业积极，海外投资一批项目

（一）近年国家出台的“走出去”相关支持政策

（1）国外矿产资源风险勘察专项资金管理办法（财建〔2010〕173 号）。

（2）关于做好我国企业境外投资税收服务与管理工作的意见（国税发〔2007〕32 号）。

（3）中国企业境外投资投诉服务暂行办法（商务部令 2006 年第 16 号）。

（4）对外经济技术合作专项资金管理办法（财企〔2005〕255 号）。

（5）关于建立境外投资重点项目风险保障机制有关问题的通知（发改外资〔2005〕113 号）。

（6）关于实行出口信用保险专项优惠措施支持个体私营等非公有制企业开拓国际市场的通知（商规发〔2005〕389 号）。

（7）关于对国家鼓励的境外投资重点项目给予信贷支持的通知（发改外资〔2004〕2345号）。

（8）钢铁工业调整升级规划（2016~2020）。

（二）中国企业主要“走出去”投资项目

近10年间，伴随着矿产品价格上涨和国家鼓励，中国企业“走出去”投资了大量矿业项目，主要情况见表1。

表1　2007年以来中国企业“走出去”投资的部分矿业项目

序号	年份	企业	投资国	项目名称	中方持股比例/%
1	2007	通钢集团	澳大利亚	凯恩斯山铁矿	8
2		鞍钢集团	澳大利亚	卡拉拉铁矿	52.16
3		中冶集团	阿根廷	布拉格兰德铁矿	70
4		江西铜业公司等	阿富汗	艾娜克铜矿	100
5		紫金矿业等	秘鲁	里奥布兰卡铜矿	100
6		中国铝业	秘鲁	托罗莫乔（Toromocho）铜矿	91
7	2008	中冶集团	澳大利亚	兰博特角铁矿	25
8		首钢集团	澳大利亚	吉布森矿业公司（铁矿）	40
9		沙钢集团	澳大利亚	萨维奇河铁矿	90
10		中钢集团	澳大利亚	Midwest矿业公司（铁矿）	100
11		中钢集团	喀麦隆	洛比铁矿	97.5
12		湖南华菱钢铁集团	澳大利亚	Golden West矿业公司（铁矿）	11.39
13		包钢集团	澳大利亚	邦戈露铁矿	50
14		天津荣程钢铁集团	澳大利亚	Balla Balla铁矿	10
15		五矿等	秘鲁	加拿大北秘鲁铜业公司（铜矿）	
16	2009	宝钢集团	澳大利亚	Aquila矿业公司（铁矿）	15
17		武钢集团	澳大利亚	CXM矿业公司（铁矿）	60
18		武钢集团	澳大利亚	WPG矿业公司（铁矿）	50
19		湖南华菱钢铁集团	澳大利亚	FMG（铁矿）	17.4
20		重钢集团	澳大利亚	伊斯坦鑫山铁矿	60
21		武钢集团	加拿大	Bloom Lake铁矿	25
22		淄博宏达	秘鲁	金兆秘鲁矿业有限公司（铁矿）	100
23		武钢集团等	马达加斯加	Bekisopa铁矿	100

续表1

序号	年份	企业	投资国	项目名称	中方持股比例/%
24	2010	武钢集团	巴西	MMX矿业金属公司（铁矿）	21.52
25		山钢集团	塞拉利昂	唐克里里铁矿	25
26		武钢集团等	利比里亚	邦矿（铁矿）	100
27		中铝集团	几内亚	西芒杜铁矿	44.65
28	2011	武钢集团	加拿大	世纪铁矿	40
29		武钢集团	加拿大	ADI（铁矿）	60
30		洪桥集团	巴西	SAM铁矿	70
31	2012	河北钢铁集团	加拿大	Kami铁矿	25
32		宝钢	澳大利亚	North Star，Gacier Valley（铁矿）	12
33	2013	河钢集团等	南非	PMC（铜、铁）	74.5
34	2014	五矿等	秘鲁	拉斯邦巴斯铜矿	100
35	2015	紫金矿业	刚果（金）	卡莫阿铜矿	49.5
36	2016	洛阳钼业	刚果（金）	Tenke Fungurume铜钴矿	56

注：表中企业名称及中方持股均为当年交易时信息，非项目最新信息。

四、政府“参谋”、企业“智囊”，开展大量服务工作

冶金规划院的定位为“政府机构的参谋部、行业发展的引领者、企业规划的智囊团”，矿山处（矿产资源研究中心）作为冶金规划院常设专业机构，在矿业领域为政府、行业、企业提供相关服务与支持。伴随着近年中国企业“走出去”步伐，开展了大量工作，主要有：

（一）政府部门相关研究报告

（1）钢铁行业实施海外资源勘察开发的政策建议（国土资源部）。

（2）钢铁行业实施“走出去”战略基本情况及建议（工业和信息化部）。

（3）我国铁矿石资源战略保障体系报告（工业和信息化部）。

（4）钢铁工业矿产资源保障战略研究报告（国家发展改革委）。

（二）企业项目申请报告

（1）西芒杜铁矿项目申请报告（中国铝业）。

（2）老挝万荣矿业有限公司铁矿开发利用项目申请报告（昆钢）。

（3）加拿大 Bloom Lake 铁矿项目申请报告（武钢）。

（三）企业项目投资决策、发展规划

（1）西芒杜铁矿项目初步工程评估报告（中国铝业）。

（2）蒙古国某铁矿项目投资决策分析（中铁建）。

（3）印度尼西亚展玉钒钛磁铁海滨砂矿项目可行性研究（寰宇矿业有限公司）。

（4）赞比亚铜矿资源研究报告（新兴铸管）。

（5）马达加斯加 Ambatondrazaka 钒钛磁铁矿项目研究报告（保利集团）。

（6）南澳铁矿项目规划设计方案（武钢）。

（7）武钢“十二五”海外矿产资源开发规划（武钢）。

（四）与金融机构合作开展相关研究工作

近年，与国家开发银行开展了一系列合作，从境外钢铁产能布局到国别规划咨询，再到境外重点铁矿资源开发项目评估等，具体如下：

（1）境外钢铁产能布局研究。

（2）境外主要金属矿产资源开发及风险研究。

（3）非洲、拉美钢铁产业链战略布局研究。

（4）南美洲钢铁冶金国际合作发展规划。

（5）委内瑞拉、莫桑比克、瑞典、玻利维亚、几内亚、坦桑尼亚、柬埔寨、塔吉克斯坦等国家的矿业领域规划咨询。

（6）巴西马托格罗索州、澳大利亚西澳州和北领地等地区的矿业领域规划咨询。

（7）境外重点铁矿资源开发项目评估。

五、展望未来投资机会，期待携手再创辉煌

（一）未来海外矿业投资机会展望

1. 未来中国大量资源仍需进口，国家仍将支持矿业“走出去”

中国人口数量大，经济总量也已位居世界第二，经济发展对矿产资源需

求巨大。以钢铁为例，中国钢铁产量占到了世界产量的50%以上，铁矿需求占全球60%左右，铁矿石进口量占全球铁矿贸易量的67%，对铁矿石的价格形成巨大的影响。未来，在实现中央提出的“中国梦”目标过程中，必然需要大量资源作为保障，在国内已知的资源禀赋条件下，国家必将继续支持企业“走出去”投资矿业。

2. 目前资源价格处于较低水平，是矿业投资的机遇期

近几年，主要由于中国经济发展放缓，导致全球矿产品需求增长低于供应增长，资源价格处于历史周期性低位，矿产企业资产价值大幅缩水，大多数矿业企业进入困难状态后必须出让资产，是矿业投资的机遇期。从长远来看，随着中国乃至全球经济的复苏，以及东南亚、南美、非洲等地区的发展，将会导致制造业格局重大调整和新一轮基础设施的建设需求，未来资源价格有望再次走高。

3. “一带一路”建设给矿业海外投资带来了新的机遇

“一带一路”沿线国家中，许多具有丰富的矿产资源，我国为“一带一路”建设提供了融资、交通、通信等便利，有利于企业在这些国家开发矿产资源。

（二）未来投资相关建议

1. 提升自身能力

在海外矿产投资机会来临的时候，矿业企业也需要提升自己的资本运作能力、市场经营能力等，适应市场规律，这样才能把握机会，实现投资目标。如一些地勘企业要熟悉市场公认的项目退出操作方式，或继续推进的工作手段等；同时，矿业投资企业还要熟悉市场融资的基本规则和主要手段等。此外，企业还应学习跨国公司经营理念，熟悉当地人文风俗等。

2. 善于借助“外力”

目前许多“走出去”企业习惯于自己内部运作，决策靠自己、投资靠自己、融资靠自己，运营也按照国内熟悉的模式进行。而西方成熟的经验是在初始阶段就规划好针对投入、运营、产出、退出整个矿产勘探开采全生命周期的策略和经济方案。在境外投资领域，企业面临着完全不同的政治、经济、法律、税务、财务环境，矿产勘探和开发本质上是经济行为，需要从宏观到微观各方面的深入理解和判断，才能保证投入得到合理的预期回报，这就需

要“专业人员干专业事”，企业应借助相关咨询机构力量，针对投资活动不同时期及涉及的不同领域给出相应专业建议。一个企业与咨询机构的合作程度，标志着该企业国际化、市场化、现代化运营能力和规范经营的水平，也是其赢得市场信誉的重要途径。

3. 重视交流、合作

矿业市场变化大，矿业投资，特别是海外投资经营风险大，需要及时可靠、丰富的信息来掌握动向、发现机会、规避风险、减少失误。因此，各种方式的动态交流便显得至关重要。如行业内的一些会议、论坛，为投资者、融资者和咨询与技术服务机构之间搭建了沟通交流平台。

（三）矿山处可提供服务与支持

1. 制定海外发展战略

首先要把企业发展战略定位好，根据企业的核心竞争力确定是否适应海外发展，如果决定“走出去”，则要通过分析未来矿产品市场和企业自身优劣势等因素，制订好战略发展方向和目标，分析存在风险和机遇，决不可盲目投资。

2. 投资项目决策咨询

企业在确定投资项目后，应就项目工艺、技术、成本、外部条件、综合竞争力等方面进行分析，确保项目的效益和风险可控。

3. 搭建多方交流平台

冶金规划院每年12月初举办一次钢铁原材料市场高端论坛，致力于矿产资源开发行业发展分析，为矿石供需双方以及相关服务机构搭建一个高端交流平台，促进互识与合作，并对优秀矿山项目进行推介，使优质资源能够为行业共享。目前该论坛已成功召开六届，均得到业内人士一致好评。

人才兴院　基业长青

——十年人才队伍建设发展

曲京涛　陈妍涵

人才是一个团队最宝贵的资源，人才是单位的核心竞争力。在人才队伍建设中，人才素质直接影响单位当前及今后的发展和进步，直接关系到单位能否发展成功。在人才队伍建设过程中需要适应新常态，紧跟时代步伐，采用科学的措施和方法，促进单位人才队伍建设，切实发挥人才在单位可持续发展中的积极作用。

对于一个单位来说，在发展过程中是否具备市场竞争力，从根本上说主要依赖于单位的人才队伍是否优秀以及在市场中是否能够占据优势。人才队伍建设在单位发展过程中起着十分重要的基础性、战略性和决定性作用，因此，人才队伍建设是关乎单位健康发展的第一要务，是单位长远发展的根本性保障，是整体竞争能力的第一要素。

冶金工业规划研究院，是一个走过了45年光辉历程、行业知名的专门从事冶金工业发展规划、战略研究和工程技术咨询的甲级工程咨询单位。经过近十年的努力，我院人才结构更加趋于合理，在职人员中具有博士学历的比例提高到18%、硕士学历的比例为72%以上，具有高级专业技术职务（含注册咨询师）的比例占到近70%，已基本形成了一支政策理论水平高、规划实践经验丰富，既懂得技术又熟悉国家政策、工程咨询能力强、综合素质高的复合型专家人才队伍。

一、冶金规划院十年人才队伍建设发展总结

（一）将培育企业文化放在首位

先进的企业文化是企业核心竞争的重要组成部分。加强企业文化建设有

作者简介：曲京涛，冶金工业规划研究院综合办公室主任，工程师；陈妍涵，冶金工业规划研究院。

利于造就一个顾全大局、团结和谐、作风正派、开拓进取的领导班子和培育一支艰苦奋斗、积极向上、无私奉献的员工队伍。优秀的企业文化有助于提高员工全面素质，最大限度地调动员工的激情与智慧，增强员工对企业的归属感和认同感。

1. 培育适合规划院发展的单位文化

在多年发展经验的高度总结与提炼下，冶金规划院培育形成了一系列适合自身发展的单位文化。在“五度”思维（高度、深度、速度、广度、满意度）的引领下，我院秉承“政府机构的参谋部，行业发展的引领者，企业规划的智囊团”的历史定位，逐渐形成了“五心”（责任心、上进心、事业心、赏识心、感恩心）为代表的职工准则，共同努力打造“最受人尊敬、最有影响、最具竞争力的国际顶级智库”。

随着行业形势的不断变化以及冶金规划院自身的高速发展，通过对我院文化的总结和提炼，能够使员工不断增强自身的使命感、责任感和荣誉感，从而充分调动员工的工作积极性，提高单位的凝聚力和向心力，促进我院在激烈的市场竞争中持续保持快速健康发展。

2. 开展员工之间的学习与活动

积极营造具有我院特色的单位文化，加强员工之间的交流活动，帮助形成良好的学习氛围，带动员工树立正确的价值取向。我院定期组织开展各类风格多样的活动，如主题党日活动、青年拓展活动、青年演讲比赛活动等。通过活动的开展，员工的归属感和幸福感逐步提升，起到了舒缓工作压力的作用，培养阳光向上的职业心态，激发全员奋发进取和创先争优的动力，帮助职工创建一个良好的工作环境和氛围。

（二）树立正确的人才观理念

随着人们对科学人才观的逐步确立，这十年间我院在对待人才的发展观念上有了更深刻的变化，逐步形成我院“三大人才观理念”。

1. 人才是第一资源理念

在科学技术对生产力的推动作用日益强大的今天，人才在经济社会发展中的重要价值和关键作用日显突出，特别是我院的历史定位是“政府机构的参谋部，行业发展的引领者，企业规划的智囊团”。在这样的定位下，我院就更应该将人力队伍建设作为发展的重要支撑，做到超前谋划，布局未来。

2. 人性化管理理念

我院秉持以人为本的原则，坚持以“让职工更幸福，为社会做更大贡献”作为科学价值观，全面树立为人才服务思想，切实抓好教育、培养、使用、关心、激励人才的各项人才管理工作，努力营造鼓励人才干事业、支持人才干事业、帮助人才干事业的良好环境和氛围，做到理解员工、重视员工、培训员工、激励员工，充分尊重员工的主人翁地位。

3. 人人都可以成才的理念

营造公平竞争的人才发展平台，激发人人成才的积极性，满足每名员工的成才愿望，使得人才活力得以充分释放，为冶金规划院的发展集聚更多有作为的人才。在“一体两翼大平台”（以规划咨询为主体，标准化引领和工业智能制造为两翼，充分利用我院各种平台优势）的战略方向下，充分发挥人才专业特点，全力激发人才潜能。

（三）开阔选人视野，多渠道引进优秀人才

近十年来，我院结合实际情况并着眼布局未来，制定并完成了适应我院的人才引进计划。通过不断拓宽招聘渠道，采取多渠道多方位多层次的招聘选拔人才，人才引进分为校园招聘（应届毕业生招聘）和社会招聘（人才调动）等形式。在根据国家政策的指导下，逐渐形成了一整套体系化的招聘管理程序；同时，为保障院内高素质人才的多元化发展需求，也逐渐形成了“不同学校、不同专业、不同性别、不同年龄、不同地区”的“招聘五不同”原则，引进和吸收多元化的各类人才；并通过招聘面试流程的不断优化，最大程度上保证了我院引进人才的质量，为我院人才建设建立起第一道保护“屏障”。

（四）创新人才培养方式

1. 建立适合我院发展的人才培养体系

十年来，我院逐步总结建立适合我院发展的人才培养体系。首先，对于新入职员工，院内将根据员工专业背景不同，采取“一对一”的师父带徒弟培养模式，这种不仅是一种高效的人才培养方式，更可彰显团结协作精神的企业文化。首先，一个毫无工作经验的新人能够在陌生环境中得到师父的传授，于新人而言，可以在最短的时间内找到自信，感受到单位关怀育人的良

好氛围；于师父而言，在带给其新思维的同时，也激发其自身进一步钻研专业的动力。其次，通过前期培养，再将“新员工”继续送到一些政府机关进行借调，锻炼综合能力，培养严谨的工作程序和习惯。回到单位后，再在具体的咨询项目中不断学习、磨炼和成长。员工通过一系列完整的培养体系，最终明确每位员工的未来专业发展方向，并使其逐渐成为一名合格乃至优秀的咨询专业人员。

2. 开展多种形式人才技能培训活动

我院提供让各类人才脱颖而出的机会和平台，所有员工无论在任何工作岗位，均具有能够不断提升自身水平的机会，以便让每名员工能够明确各自的职业发展方向。院人事部门定期组织各类教育培训活动，如职前培训、专业技能业务培训等，通过不断优化，培训活动无论从数量还是质量上都得到了较为明显的提高。新入职员工通过职前培训，帮助新员工快速了解院内基本情况及各项制度，增强了对组织的认同感和凝聚力；针对当前发展需要以及行业形势变化情况，人事部门及时开展有针对性的内部业务培训课程，帮助专业处室人员不断更新知识结构，并提升自身专业素养。

3. 多层次制定员工职业生涯发展规划

其一，人事部门帮助员工结合自身的优势、知识技能、工作经验、职业目标等各方面系统地进行自我评估，并选择相适应的发展方向和制定个人职业生涯规划。在实现目标的过程中，及时进行调整补充以适应新的发展需要。其二，针对知识、技能、能力具有多样性和专业性的要求，以及不同岗位的不同要求，也决定了需要针对不同的人才进行差别化和个性化的培养，设立多元化的成才道路，鼓励全院职工根据自身特点、发挥自身优势，在不同岗位上皆可创造一流的业绩和展现自我价值，从而最终实现我院人才价值观目标。

（五）加强培养中青年干部

我院不断优化领导干部年龄结构，按照干部选拔组织程序，“以德才兼备，以德为先”的原则考核充实中层干部队伍，近年来，我院共计聘任近20名中青年中层领导干部，目前中青年骨干人才已全面走上中层领导岗位，逐渐在我院发挥越来越大的积极作用；通过深入挖掘中青年员工的潜力，加快培养青年员工成长的步伐，同时也使更多的青年员工看到了各自发展的前景和希望，并按照自身发展职业规划健康成长。

（六）加强注册执业资格管理

根据工程咨询单位资质管理的相关规定，要求拥有一定数量比例的具有职称和执业资格的人员。我院鼓励员工通过各种途径学习获取注册执业资格证书，院内采取一系列的激励措施，鼓励大家不断进修学习。例如，对于参加注册执业资格证书报名、继续教育所产生的费用由院内统一报销；对于已经完成注册执业资格证书的员工按制度规定给予增长一级岗位工资等。目前，我院获得注册执业资格证书的员工已近40人。

二、冶金规划院未来人才发展方向

人才是规划院生存和发展最关键的因素，要把发挥人才的主观能动性作为规划院改革创新的核心，就必须充分尊重人才、保障人才权益、最大限度激发人才的创造力；我院要继续加大人才培养力度，加快培养和引进适应冶金规划院发展的各类人才，并使每个人都能发挥更多作用；充分信任中青年骨干，“大胆培养、放手锻炼，严格要求”逐渐形成人才培养使用的共识，促进我院创建更好的人才成长环境。

在当前经济社会发展新的理念和行业形势的大背景下，冶金规划院必须要有使命感，坚持“一体两翼大平台”的战略发展方向，为钢铁行业的转型升级做出应有的贡献。作为国家甲级规划咨询机构，就必须要从内部抓起，规划好人才队伍建设，打造一支政策理论水平高、规划实践经验丰富，既懂得技术又熟悉国家政策、工程咨询能力强、综合素质高的复合型专家人才队伍，才能做到更好地为政府、行业和企业服务，并最终实现冶金规划院的愿景：“建成最受人尊敬、最有影响、最具竞争力的国际顶级智库”。

开放　合作　共赢

——冶金规划院品牌论坛综述

张　明

时光荏苒，岁月如梭。成立于1972年的冶金工业规划研究院已经走过了四十五个春秋。四十五年来，特别是近十年来，冶金规划院的事业蒸蒸日上，发展战略日渐清晰，确立“政府机构参谋部、行业发展引领者、企业规划智囊团”的总体定位，并在此基础上形成“一体两翼大平台”最新发展战略，正朝着建成最受人尊敬、最有影响、最具竞争力顶级智库的愿景加速前进。作为大平台的重要内容之一，组织举办会议是冶金规划院的一大特色业务。早在2008年，冶金规划院就尝试搭建各类会议平台、引入会议经济。经过十年的发展，并不断根据市场的新需求调整完善，目前已经形成五大品牌高端论坛。论坛始终坚持开放平台、国际视野、高端站位、合作共赢的理念，迅速在政府、钢铁行业和企业形成较高关注度和巨大的影响力。

一、商业会议受追捧

相关统计数据显示，目前我国每年举办各种会议多达数千万个，参会人数达上亿之多，年均增长20%。会议类型涵盖企业会议、政府会议、事业单位会议和社团会议四大类，会议经济产值高达万亿元规模。《2016中国会议蓝皮书》显示，2015年，我国会议市场中，企业会议市场份额高达72%，占据绝对主力地位；事业单位会议市场份额为10.4%，排名第二；社团会议以10%的份额排名第三；政府会议市场份额为7.5%，排名第四，且呈现逐年减少的趋势。

随着社会分工不断细化和市场需求逐步细分，会议的定位和形式已经不

作者简介：张明，冶金工业规划研究院事业发展处副处长，工程师。

仅仅局限于传统的工作会议，而是衍生出丰富多彩、五花八门的会议形态，例如论坛、峰会、展会、研讨会、沙龙、推介会等。会议的定位有非盈利会议，也有以盈利为目的的纯商业会议，还有虽然不以盈利为目的，但是基本能实现以会养会的准商业会议。

工作会议一般属于非盈利会议，目的在于单向的工作布置、统一思想、政策宣贯；纯商业会议和准商业会议的目的则是通过主题议题设置搭建沟通交流平台，通过邀请重量级嘉宾吸引高端参会人群，然后把会议的平台影响力和参会人群资源销售给宣传推广商，实现宣传推广商的品牌宣传、产品推广、业务拓展等目的，同时也达到宣传主办方的目的。纯商业会议和准商业会议具备真正意义上的经济性质，作为产业经济范畴内的一个经济形态，纯商业会议和准商业会议日渐成为市场竞相挖掘的潜力市场。

二、平台价值更重要

冶金规划院“政府机构参谋部、行业发展引领者、企业规划智囊团”总体定位以及“一体两翼大平台”最新发展战略，要求其除了服务好政府、行业和企业，发表能影响行业政策、引领行业和企业健康发展的观点、文章、建议外，组织主办核心品牌会议不可或缺。作为一家有影响力的智库，必须拥有在政府、行业与企业的巨大影响力和号召力，以及对市场资源强大的聚集能力。拥有相对成熟的会议品牌，是顶级智库的重要标志之一。

基于以上考虑，从2008年开始，冶金规划院就尝试引入会议经济，会议形态选择为论坛。作为会议的一种形态，论坛是指一种高规格、长期主办组织、多次召开的研讨会议。所以，组织举办论坛符合冶金规划院自身的定位与特色。

冶金规划院的五大高端论坛从举办之初就不是以盈利为唯一目的，其性质并不是纯商业会议，将其定位为准商业会议更为准确。因为冶金规划院更为看重的是论坛的平台价值，而非论坛本身带来的货币化的直接收益。随着会议成本的增加，组织这种性质的会议是很难盈利的。与此同时，因为不是纯商业会议，所以对于会议的赞助商有严格的准入要求。冶金规划院的会议只为高端优质的大客户提供接口。这样做一方面可以适当增加会议收入，达到以会养会的目的；另一方面高端客户的参与本身也能提升会议的品牌影响力。迄今为止，先后有中国工程院、首钢、河钢、沙钢、上期所、大商所等有影响力的机构与企业参与赞助冶金规划院相关论坛。未来，谁拥有客户谁才能更好地生存发展。冶金规划院通过搭建会议平台，为新老客户提供更多增值服务，有效挖掘并满足客户新的需求，这才是我们举办论坛的根本目的所在。

截至目前，冶金规划院已经形成五大不同主题、各具特色的高端论坛，分别是中国钢铁发展论坛、中国钢铁节能减排论坛、中国钢铁技术经济高端论坛、钢铁行业多元产业发展大会、中国钢铁原材料市场高端论坛。经过十年的辛勤耕耘与培育，五大高端论坛获得了政府、行业与企业的高度认可与好评，在国内外的影响力也在不断提升。

三、五大论坛各具特色

（一）中国钢铁发展论坛

2017 年，已经连续成功举办七届的中国钢铁规划论坛推出升级版，正式更名为中国钢铁发展论坛。在工业和信息化部等国家部委的支持下，中国钢铁规划论坛 2010 年起航于后危机时代，于行业发展困难时期成功举办第一届，为政府机构、钢铁企业、钢铁上下游行业、企业搭建了一个有价值、有深度、有影响的信息交流平台，发挥了冶金规划院的优势，广受业界好评。

作为冶金规划院每年举办的第一个，同时也是最具影响力的品牌论坛，每届论坛都会吸引众多国内骨干钢铁企业、钢铁上下游行业企业领导参会，围绕每年行业发展出现的新的难点、热点、焦点问题，汇集政府、行业和企业智慧，共探行业转型发展之路。同时，论坛也为政府与企业、企业与企业的信息交流提供了有效的沟通交流平台，既传递了政策信息，又反映了企业诉求。从 2016 年起，该论坛开始与中国工程院联合主办，大大提高了论坛的水平和档次。

（二）中国钢铁节能减排论坛

中国钢铁节能减排论坛肇始于 2008 年的烧结脱硫论坛，2012 年正式更名为中国钢铁节能减排论坛。随着公众对环保的呼声越来越高，国家环保法律和相关政策也日趋严格。钢铁工业属于大进大出型的传统产业，其能源资源消耗量大、“三废”排放量大。近年来，随着环保技术水平的提高，中国钢铁工业的节能环保水平得到了很大提升，很多钢铁企业建成了具有国际先进水平的花园式工厂。绿色发展已经成为钢铁企业自觉的战略选择。

同时必须承认，中国钢铁行业集中度较低，不同企业环保水平参差不齐。中国钢铁节能减排论坛为行业和企业搭建了一个权威的政策解读、先进技术交流的平台，并且通过实践案例分析使企业真正了解技术发展趋势及自身节能减排工作方向，旨在推动中国钢铁环保技术水平上一个新台阶。此外，中国钢铁节能减排论坛还为广大优秀的节能环保企业提供了展台，为其宣传推广节能环保技术与设备、与钢铁企业客户深入交流提供了平台。

（三）中国钢铁技术经济高端论坛

中国钢铁技术经济高端论坛是由中国金属学会、冶金规划院主办，中国金属学会冶金技术经济分会承办的一个重要论坛。2012 年首届论坛成功举办，截至 2016 年已经连续举办五届。论坛着重从技术经济视角，就国内宏观经济发展、钢铁工业转型升级、行业经济运行、提升企业核心竞争力和冶金技术经济学科发展等方面，开展高端研讨与成果交流，为企业贡献有价值的建议。

该论坛连续三年邀请到第十届全国政协副主席、中国工程院院士、中国金属学会原理事长徐匡迪亲自到会并作主题报告。论坛还邀请到全国政协经济委员会原副主任李德水，中国工程院院士、原冶金部副部长殷瑞钰，原冶金部副部长吴溪淳等老领导莅临会议作专题报告。中国工程院原副院长、中国工程院院士、中国金属学会理事长干勇 2016 年参会并作主题报告。通过分享这些专家领导的智慧与思想，给予参会者以启迪，助推企业发展。

（四）钢铁行业多元产业发展大会

2013 年，由中国钢铁工业协会多种经营工作委员会主办，冶金规划院承办的首届钢铁行业非钢产业大会举办。2014 年，该论坛更名为钢铁行业多元产业发展大会，中国钢铁工业协会多种经营工作委员会、冶金规划院共同主办。截至 2016 年，该论坛已经成功举办了三届。

钢铁企业围绕主业，发展多元产业，实现适度多元化，已经不是局部问题、战术问题，而是事关企业可持续发展的全局问题、战略问题。这一观念已经在越来越多的钢铁企业中取得共识。中国钢铁企业从长远战略的高度出发，在做强做精主业的同时，谋划优势多元产业的发展，是实现钢铁企业转型升级的重要途径。该论坛举办的目的就是通过沟通交流，为中国钢铁企业发展多元产业寻找一条可资借鉴的现实操作路径，推动钢铁行业的转型升级。

（五）中国钢铁原材料市场高端论坛

2016 年，已经连续成功举办四届的铁矿石发展高端论坛更名为中国钢铁原材料市场高端论坛。首届铁矿石发展高端论坛起始于 2012 年。该论坛围绕钢铁企业与矿山企业共赢发展的机遇与挑战，结合宏观经济形势发生的新变化，邀请政府部门领导对铁矿石市场健康发展和矿产资源投资给予政策层面的指导，并围绕新经济形势下钢铁行业发展、铁矿石市场需求变化、国内矿产开发、境外矿山投资的机遇与风险以及长远战略规划等热点议题，组织业界专家和企业高管共同探讨和剖析，汇集行业智慧解决铁矿石发展难题，帮助企业制定恰当的发展和经营策略。

该论坛致力于为铁矿石供需双方搭建一个高端的信息交流平台，促进钢铁企业和矿山企业合作，并藉此平台对优秀矿山项目进行推介，使优质资源能够为行业共享，助力企业境外矿山投资真正转化为其发展的动力。该论坛举办以来不仅仅吸引了大量国内矿山企业的参与，而且吸引了力拓、必和必拓、淡水河谷、FMG 等国际铁矿石巨头的广泛参与。除了铁矿石，论坛还关注焦煤、废钢等重要原燃料行业的发展和市场情况，以及优化产业链建设的问题。

四、没有最好　只有更好

当前，冶金规划院提出了“一体两翼大平台”最新发展战略。所谓一体两翼，即规划咨询是主体，标准化体系和智能制造是两翼；大平台，即我们的发展不是孤立的、单赢的，而是合作的、共赢的，更多地发挥冶金规划院在政府、行业、企业方面的资源优势，将资源高效配置到搭建的各类平台之上，为平台上的各方参与者创造更大价值。

（一）专业化分工

近几年，已经有越来越多的会议，甚至一些高规格的政府主办的国际会议，开始委托给第三方专业会议服务机构承办。据相关数据统计，2015 年交给会议服务机构承办的会议占会议总数的 20.8%。未来，冶金规划院也将进一步提高专业化分工水平。作为会议主办方，冶金规划院主要负责会议主题议题确定、嘉宾邀请、重要嘉宾接待，把繁琐的会务工作交给专业会务公司，可以把更多精力放在与客户交流、服务等更有价值的工作上。

（二）互联网+会议

“互联网+”已经上升为国家战略，各行各业都在主动对接拥抱互联网技术以推动自身转型升级。当前，“互联网+会议”已成为很多专业会务公司提供的服务方向，并且在相关会议上实现成功应用。如，会议的宣传推广、报名、缴费、登记、领资料、现场提问等都可以利用现代网络技术手段和社交平台，既大大提高会议组织的效率，也提升了参会人员体验。“互联网+会议”是未来会议经济发展的必然趋势，也是冶金规划院需要积极探索的方向。

（三）从运营会议到运营品牌

经过十年的耕耘与开拓，五大高端论坛已经成为冶金规划院的闪亮名片和对外窗口。未来，应该考虑的不仅仅是会议内容和组织方式的转型升级，而是对会议品牌的运营。通过品牌运营可以挖掘出会议潜藏的更大价值。例如，2017 年中国钢铁规划论坛升级为中国钢铁发展论坛，这不仅仅是会议名称、内容的变化，而是对会议运营方式的变革。中国钢铁发展论坛是对会议品牌进行运营的有益探索，这将为冶金规划院带来进一步的价值提升。此外，作为品牌运营的尝试，还可以考虑对目前五大高端论坛进行优化重组和结构调整，每年集中精力打造一个或两个精品高端品牌会议。例如，每年打造中国钢铁发展论坛、中国钢铁节能减排论坛两大品牌，将钢铁行业多元产业发展大会、中国钢铁技术经济高端论坛和中国钢铁原材料市场高端论坛作为分论坛或者重要议题纳入其中。也可以考虑保证每年核心论坛的基础上，其他论坛隔年举办。

（四）引进来、走出去相结合

冶金规划院是一个大平台，这个大平台不是封闭的、静止的、孤立的，而是开放的、运动的、联系的。在未来组织办会方面，要不断强化开放平台的思维，不仅仅要走出去办会，也要引进来办会。在这方面已经有了一些有益的尝试。例如，在走出去办会方面，冶金规划院先后与邯郸发展改革委、联办财经研究院、知为先管理咨询公司、中钢网合办各类专题会议；在引进来办会方面，冶金规划院先后与中国钢铁工业协会、中国金属学会、中国工程院等联合主办论坛。未来，在这两个方面要进一步加大力度，例如，走出去办会方面，可以与钢铁重点区域政府或部门合办会议，也可以与钢铁企业合作办会；在引进来办会方面，可以引进一些著名研究机构或者智库，例如国务院发展研究中心、中国社科院等展开相关细分领域合作。总之，通过开放办会，借助各自优势、各种平台加强合作，提升共同的价值。

（五）配合一体两翼战略

标准化研究和智能制造作为两翼，是冶金规划院未来发展的两大重要业务板块。为了实现这两个领域优势资源集中，为客户提供更优质的服务，未来考虑举办专门的钢铁智能制造高端论坛、钢铁标准化论坛，或者将这两个方面的内容作为重点议题放到中国钢铁发展论坛、技术经济高端论坛里面。通过会议的举办，引领行业在标准化和智能制造方面实现健康有序发展。

展望未来，会议要继续按照“高度、广度、深度、速度、满意度”五度思维的要求，从主题、议题、嘉宾、形式方面全面优化提高，实现更高质量发展，真正将会议打造成冶金规划院的一个响亮品牌。

构建高端交流平台　襄助钢铁转型升级

——冶金规划院宣传工作回顾与展望

李梅　周翔

2017年4月29日，喜迎冶金工业规划研究院建院四十五周年华诞。冶金规划院秉持“一体两翼大平台”的发展战略，以规划咨询为主体，以“智能制造”和“标准引领”为两翼，搭建会议、宣传、培训、技术推广等国内外交流平台，延伸产业链、提升价值链，特别开展绿色发展、“一带一路”和钢铁企业“走出去”、多元产业、标准化研究、智能制造、管理咨询等专业咨询，为政府、行业和企业提供更加丰富的服务，共同助推钢铁行业转型升级。

宣传工作是发展战略大平台的重要组成部分。宣传工作是一个组织长期进行社会交往、沟通信息、广结良缘、树立自身良好形象的过程；主要任务在于传播，从而提高知名度、信誉度与美誉度，协调组织与公众的关系，以促进组织不断发展和完善，最终达到促进产品销售或塑造组织品牌的目的。我院宣传工作深入贯彻李新创院长高度、广度、深度、速度、满意度“五度”思维，构建了期刊、图书、网站、微信、媒体宣传等全方位、立体式、中英双语网络式渠道，取得了丰硕成绩。特别是近十年以来，更是大踏步前进，通过长期优质信息服务、有效营销活动、广泛新闻报道，对外充分展示我院作为冶金权威咨询机构所具有的雄厚技术实力、高素质专家队伍、大量出色业绩，成为紧密联系广大兄弟单位和客户之间的桥梁和纽带，也成为中国冶金行业与国际交流合作的窗口，逐步在国内外树立起冶金规划院的优秀品牌。

一、信息公关互动，打造权威品牌

根据传播内容的特点，我院宣传工作主要分为两类：一类是信息服务；

作者简介：李梅，冶金工业规划研究院编辑部主任，编审；周翔，冶金工业规划研究院。

一类是公共关系。

（一）信息荟萃，助科学决策

我院信息服务目前主要载体包括：印刷类信息，如《钢铁规划研究》《MPI中国钢铁蓝皮书系列报告》、业务论文和图书等；电子类信息，如中国冶金规划网和微信公众号等。

《钢铁规划研究》于1989年创办，至2017年已28年，是我国冶金行业唯一一份关于规划与咨询研究的内部参考资料，刊载文章约1200篇，总计约570万字，每期发行3000册以上；包括冶金产业政策研究、发展战略、规划咨询研究成果、技术进展、国际交流等，旨在通过深入研究产业政策、技术进步和生产实践，提高科学决策水平，为更好实现钢铁工业科学发展、可持续发展和包容性发展服务。

期刊创办之初，原冶金工业部领导给予了重视和关心支持，原冶金工业部戚元靖部长亲自题写刊名。由于具有鲜明的综合性、系统性研究特色，期刊受到政府、行业和企业有关领导较高关注。国家发展改革委委刊《宏观经济管理》、中国钢铁工业协会主办的《中国钢铁业》等期刊曾多次转载本刊文章，部分文章曾被新华社等内参刊载送中央领导参阅；国家发展改革委、工业和信息化部、商务部、国开行有关领导主动要求参阅；原冶金工业部吴溪淳副部长每期必看；地方政府和有关企业领导经常出差也带在身边翻阅。通过多年优质文章交流，不仅逐步提高我院的综合影响力，还进一步密切了与政府部门和企事业单位的联系，有利于营造和谐发展的外部环境。

《MPI中国钢铁蓝皮书系列报告——中国钢铁市场分析与预测》（以下简称“蓝皮书”），是冶金规划院精心打造的行业咨询报告。蓝皮书是基于长期市场调研和需求预测积累的丰富经验，结合企业实际需求专业定制；致力于把握市场环境变化下的趋势线索，以权威数据为支撑、以专业分析为手段，探究形势变化对企业生存发展的影响，能够帮助企业应对市场挑战。蓝皮书分为年度、季度、月度及专项报告，2009年首次问世以来，由于市场分析全面客观深入，对客户市场决策形成有效支撑，得到政府机构、钢铁相关企业、科研和金融机构等有关专家和领导的高度评价，

业务论文在一定程度上体现了我院整体研究实力和与时俱进的创新精神。我院为做好战略规划工作，多年持续组织专家进行战略专题研究，为撰写论

文提供有利条件。近年来专业人员在正式期刊发表的论文数量不断增加，2016 年累计 50 多篇，内容涵盖冶金全产业链，编辑部协助部分文章编校，分别发表在《人民日报》《求是》《钢铁》《中国钢铁业》《冶金设备》等多家媒体，受到业内高度好评。例如，李新创院长在《求是》杂志发表文章《闯出化解钢铁业产能过剩的新路》，为企业去产能提供了思路；在《钢铁》发表文章《“工业 4.0”与中国钢铁工业》，因引用量大被评为优秀论文。其他专家撰写的《2016 年中国经济走势及 2017 年展望》，展现了我院在宏观经济发展的研究成果；《烧结烟气循环技术现状及效果分析》有益于促进节能减排技术推广。

近十年来，我院更加注重信息积累和文化传承，定期总结研究成果，汇集成图书正式出版。2012 年以来，出版了《钢铁工业规划的回顾与展望》《论钢铁工业的可持续发展》《中国钢铁转型升级之路》等综合性图书，针对钢铁工业转型发展关键时期的重大课题和热点问题，进行深入研究；《钢铁行业用水节水技术》等专业性图书，翔实记录我院专业工作进展和研究成果。2015 年年底，国务院立项的国家级大型出版项目《中国大百科全书》（第三版）启动，这是数字化时代的新型百科全书，其中矿冶工程学科由第十届全国政协副主席、中国工程院主席团名誉主席、中国工程院院士徐匡迪担任主编，冶金学与冶金工业分支由殷瑞钰院士任主编，李新创院长任副主编。从 2015 年底至今，李新创院长带队，多次参加主编会议，以高度的政治责任感、历史使命感和严谨优良作风，组织多位专家编写大量条目，协助殷瑞钰院士承担分支重要条目的编审，精心撰写“中国现代钢铁工业”“世界钢铁工业”等重要条目，已基本完成分支编审主要任务。

冶金规划院中文网站——中国冶金规划网（www.mpi1972.com）自 2012 年运营以来，成为全面展示我院工作动态和研究成果的网络平台。网站始终以用户为本，不断适应市场需求调整升级。首页设置了六个一级分类，分别是本院概况、业务范围、新闻中心、高端会议、信息服务、党的建设。每天及时更新新闻，定期推送会议、报告、期刊、专业咨询研究成果等内容。同时创建了英文网站，与中文网站既相互呼应，又体现国际化特色，及时报道国内外冶金动态，旨在搭建一个国际信息沟通交流平台，促进我院对外交流与合作。

微信公众号由于信息获取便捷、更新及时、内容丰富，是人们碎片化阅读的主流平台。我院在2014年及时推出“冶金工业规划研究院”微信公众号，包括院内新闻、专家观点、会议消息、专项活动、行业动态、国际冶金信息等，目前关注用户已经超过1万人，成为宣传组织文化和品牌形象、传播业务动态和信息服务的直接窗口。

（二）良好公关，塑美好形象

公共关系是社会组织通过双向信息传播，树立自身良好形象，赢得公众支持合作，最大限度地获得事业成功的一种管理功能和经营艺术。我院领导非常重视树立良好的形象，建立良好的公共关系。我院公关活动涉及新闻报道、热点述评、专业报告、新闻发布、广告等多种形式。

注重加强与媒体的合作。我院与中央电视台、新华社、人民日报、经济日报、中国日报、彭博新闻社等四十多家国内外知名媒体，保持着良好的关系，通过报纸、期刊、电视、电台、网络等各种媒体，对我院各种活动和研究成果进行大量新闻报道，利用媒体的巨大传播力，持续扩大影响。

公关活动形式多样。我院每年举办“中国钢铁发展论坛”等五大高端论坛，标准化会议、课题研讨论证等专项会议活动，国内外钢材市场预测、企业竞争力排名、有关产品新闻发布会等多种有关活动；我院多位专家经常受邀参加国内外各大会议做报告，就行业形势等进行权威论述；一些知名媒体也会就一些阶段性的焦点问题、重大事件，如去产能、钢材价格等，对我院专家进行专访。

广告是可以直接展示我院业务范围、业绩、专业团队力量的良好渠道，我院充分利用各种渠道进行展示，例如，在院内展板进行企业文化的形象宣传，日常业务交流时提供业务宣传册，利用各种会展进行展台、易拉宝等展示各种业务和信息产品；同时，选择合适纸媒做广告强化宣传，如两会期间，曾在《经济日报》做整版彩色广告，宣传我院的全新战略和形象。

二、创新系统工程，合力提升影响

宣传工作是一项系统工程，各板块既不断创新，又相互配合，形成合力，在内容上与时俱进，形式上更加丰富，不断满足市场需求。综合而言，我院宣传工作具有科学权威、广泛多样、及时高效和持续长效的特点。

（一）科学权威

我院宣传工作无论是信息服务，还是公共关系，都尊重科学发展规律，具有高度的前瞻性、专业性和责任感。例如，宣传工作涉及大量研究报告、论文等，每位专家在撰写时都会精选构思，参考国内外大量资料，认真细致研究市场需求，力求提出自己的观点和行之有效的建议；建立长期跟踪机制，采用国际最先进的科学研究方法，所有数据和事实都具有权威出处；选择高水平写作、内部讨论、外审和专业编审等多种方式严格把关，以确保质量。

科学权威的分析，严谨扎实的作风，使我院宣传工作在业内享有良好口碑，这也使很多重要事件发生时，媒体第一时间会想到采访我院专家。例如，关于宝武重组，我院在长期合作和持续跟踪研究基础上，撰写了文章《加快宝武战略重组　打造世界钢铁旗舰》，在《财经国家周刊》发表后，由于资料翔实，观点很有建设性，引起热烈反响，武钢将此文作为领导必读资料，中央电视台“新闻联播”和“对话”栏目先后播出有关采访报道。

（二）及时高效

在信息时代，在保持正确方向的前期下，速度往往是第一决胜法宝。在重要事件节点及时发声，是提高宣传工作水平的重要一环，有助于营造企业高效形象。

微信在各种宣传方式中最具有速度优势，我院公众号按日更新，新闻主流内容来源均为原创，中英文网站当天同步更新。优质及时的高效传播，使微信关注度持续增加。

新闻报道兼具时效性和影响力，对于热点焦点，媒体会在当天采访，当天播出，非常高效，如中央电视台关于国际贸易摩擦对李新创院长进行采访，当晚即在财经频道播出；我院专家具有高度的新闻敏感性，时刻关注钢铁业重大事件，会及时撰写相关述评，发表在有影响力的媒体上，如针对人民高度关注的雾霾，我院文章《钢铁治霾：生存的选择》及时发表在新华社主办的媒体上，深入阐述了雾霾与钢铁生产的关系、钢铁雾霾来源、治霾关键等，内容关乎民生，论述精辟深入，被大量转载。

（三）广泛多样

宣传工作坚持内容上多角度开拓进取，尽力贴近钢铁工业生产实际，注重行业宏观指导性，突出规划与咨询特色。例如，《钢铁规划研究》设置产业政策解读、发展论坛、专题研究、企业动态、国际视点、热点解读等栏目，每期重点关注一个专题，内容广泛并有机联系；论文和图书注重全产业链的系统总结和全面阐述；微信既包括院内动态、行业信息、会议消息等新闻，也有专家观点、冶金史话等资料性内容；各大媒体的新闻报道涉及会议消息，也有热点评论，还有深度解读和系列报道。

宣传工作在形式上也需不断变化。例如，微信公众号充分利用平台自带功能，如图片、视频、音乐、投票等，提升用户体验；实现院刊和蓝皮书的在线订阅；制作节日场景微信；实现会议在线报名；英文媒体报道采用中英文双语形式发布。我们注意根据不同媒体特点，选择合适的宣传方式和内容，不断优化，使纸质媒介和电子媒介之间能够形成合力，互相补充和促进，通过全方位、多角度、多频次反复宣传，能够满足多层次、不同类型读者和市场需求。

（四）持续长效

宣传工作不能一蹴而就，塑造良好形象需要长期稳定连续，通过全方位的宣传，不断增强客户信任度，形成软性营销手段，促进咨询业务的发展。我院 1972 年建院之初开办的《钢铁规划研究》（1989 年用现名），至今已出版了 28 年，积累了一批忠实的读者；2009 年开始出版蓝皮书，2012 年创建网站，2014 年发布微信公众号，中国钢铁发展论坛至今已连续举办 8 届，新闻媒体合作逐步扩展到四十多家……通过不断总结，持续改进宣传工作方法；顺应时代特点，积极开拓新的宣传领域；建立长效机制，改善客户体验，以逐步提高客户忠诚度，能够起到促进咨询业务的积极作用。

三、构建高端平台，助力钢铁发展

（一）不断创新

在新的经济形势下，我们要适应新常态，引领新常态，按照新的发展理念，加强供给侧结构性改革。宣传工作同样要把创新放在首位，创新是引领发展的第一动力，只有不断在宣传产品的内容、形式、模式等各方面不断创新，才能够有助于增强我院的核心竞争力。

在宣传方面要努力做到差异化。在内容上，根据优势和发展战略，将信息产品分类管理，重点拓展优势产品，如专项咨询、标准化研究、智能制造等，形成深入、独到的信息服务。根据不同客户需求，提供不同的信息服务，如一般信息、定制信息。在形式上，要充分利用新媒体，注重新的网络思维模式，优化网站功能、不断开发微信公众号新功能，如增加音视频、动画等内容，增加客服回复速度和质量，增强良性客户体验，提供多样全面细致的信息服务。

（二）合作共赢

宣传工作要摒弃零和游戏、你输我赢的旧思维，树立双赢、共赢的理念，在追求自身利益时兼顾他方利益，在寻求自身发展时促进共同发展。

内部合作方面，院内部门之间应建立更紧密的联系，寻求更深入系统的合作方式，如与专业部门一起策划选题，为期刊提供系列文章，定期为网站提供专业研究成果；在图书选题上，加强交流讨论，形成横向和纵向系列图书；与专业部门及时沟通，配合业务发展，多策划和组织具有新闻价值的宣传活动，加强重点专业板块的市场营销力度，如对标准化建设、绿色发展等进行阶段性集中宣传。

在对外合作方面，一方面加强与政府和行业、企业的联系，掌握政策走向，行业发展现状和企业需求，加强期刊和蓝皮书回访，与行业协会学会加强业务合作，为信息服务和公关活动提供思路和方向；另一方面，充分利用正式媒体平台，展开多种形式合作，如选择合适媒体开辟专栏；优化媒体范围，利用好网络媒体、自媒体力量，如微博、微信、博客、论坛等，进一步强化宣传。

（三）人才建设

宣传队伍需要强有力的人才支撑，需要既懂业务、又懂传播学，综合素质强的人才，这需要不断挖掘、锻炼和培养。我院提供了丰富的内部培训课程，设置了冶金专业基础、写作演讲、市场营销等方面课程；同时，宣传人员也要加强在工作中不断积累总结，增强对外交流。宣传工作琐碎复杂，对外交往较多，要增强服务意识和责任感，多站在对方的角度考虑问题，尽力与客户建立良好关系，持续提供增值服务，提高合作机会。

长风破浪会有时，直挂云帆济沧海！通过纪念冶金规划院建院45周年之际，回顾和总结宣传工作历程，能够深刻感受到政府部门、协会、各企事业单位领导对我院宣传工作的关注支持和倾力帮助，在此深表感谢。回顾过去，我们更加珍惜今天成果的来之不易；面对竞争与挑战，我们将按照总体发展战略，秉承“五度”思维，不断总结和创新宣传工作，提高信息服务质量，努力构建一个国际化信息交流高端平台，努力打造最受人尊敬、最有影响、最具竞争力的顶级智库，为助力钢铁工业顺利转型升级、健康发展做出贡献！

随　　笔

SUIBI

值得信赖的领路人

顾　琳

上满发条的一天

2017 年 2 月 23 日早上 11 点，首都机场 T3 国际到达出口，一个高大的身影从远处快步走来，他就是李新创，中国钢铁工业协会副会长，冶金工业规划研究院院长。他刚刚结束在德国柏林的“G20 钢铁产能过剩全球论坛”第二次会议，作为中方与会唯一的钢铁行业专家，他为中国钢铁行业据理力争，捍卫中国钢铁行业在国际上的合法权益。

他没有走向停车场，径直走向机场 2 楼的一家咖啡厅，一个比利时的客人在这里等他。这次会面本来被安排在 4 天前，但因柏林会议出发前时间调整，不得不临时取消。“敬天爱人，利他之心”，这是李院长一直以来奉行的座右铭，对在异国他乡等他 4 天的这位比利时客人，他深表歉意，所以不顾 12 个小时的旅途疲惫，一下飞机就赶来与客人赴约见面。见面大约持续了 1 个小时，两人带着彼此的真诚与尊重，相谈甚欢，对合作达成初步协议，随后就此告别。

离开咖啡厅，坐进车里，李院长开始不停地接收信息、接听电话、处理这几天积攒的工作。一分钟都没休息，马不停蹄地回到办公室，离开了 4 天，单位有太多的事情等着他来处理。他就像一只上满发条的时钟，滴滴答答一刻不停地忙碌着。处理完部分紧急事件，下午 2 点，会见来访的客人，会议进行了两个小时。4 点会见另一拨儿客人。6 点吃晚饭，吃完后马上又赶往中央电视台，7 点录制宝武合并专题的《对话》节目。晚上 11 点半，李院长终于结束了一天的工作可以回家了，疲惫的他刚坐进车里就睡着了。半个小时的路程，是他奢侈的休息时间。这就是李院长最寻常的一天。

作者简介：顾琳，新华社瞭望智库，研究员。

一年 365 天，李院长大约有 3/4 的时间是在外地的基层调研、会议交流、参观访问中度过的。只要不出差，工作日每天早上 8 点他都会准时出现在办公室。2016 年，他应邀共做了 150 多场报告，平均每次演讲 1 个多小时，而且每次演讲的主题都不同。如此高强度的工作，还能每天精神饱满，效率极高，实在是令人惊叹，难道是钢铁打造的身体?

本文缘起

我在新华社瞭望智库大宗商品研究中心工作，分管钢铁行业，所以经常需要搜寻钢铁产业发展方面的相关文章。这方面，李院长是国内权威专家，已经多次向他约稿，每次约稿经历都很奇妙，也很感动。起初，我对李院长不熟悉，天天担心他的约稿不能按时完成，经常找各种借口软磨硬泡地催稿。在我的穷追不舍下，李院长曾经一下子给我发来了他后两个星期的日程安排，告诉我，他实在是太忙了，最近抽不出时间写，但是保证文章一定会按时提交。然而，看了他如此紧凑的行程后，不但没有打消我对他按时交稿的顾虑，反而让我更焦急，更担心他不能按时交稿!

事实上，如此繁忙的李院长，每次都能按时交出高品质的稿件。作为约稿人，我很感动，同时也很好奇，很想探寻一下他是如何履约的。因此，有了这篇文章。

铁骨铮铮

我国钢铁行业 20 年来取得了举世瞩目的辉煌成就，连续 20 多年钢产量位居全球第一。近年来，产能过剩、集中度低、利润率差等问题一直困扰着中国钢铁庞大的身躯。钢铁产业结构优化调整，国企加快兼并重组等产业调整动向不绝于耳，宝钢集团与武钢集团重组的消息由来已久，但一直未被证实。直到 2016 年 9 月 22 日，国务院国资委终于宣布宝钢集团与武钢集团实施联合重组，中央电视台新闻联播报道了此重要消息。一时间，关于宝钢、武钢联合重组的话题成为业内讨论的热点，大家围绕债务问题、人员安置问题、产业调整方向等一系列问题展开激烈讨论。

在此背景下，新华社瞭望智库在宝武集团正式重组之前就决定约写一篇关于前瞻宝钢、武钢实施联合重组的权威文章，我负责执行。于是我登门拜访李院长，说明来意后，他很爽快地答应了我的约稿请求，交稿日期定在 8

月 18 日。李院长的繁忙我是早有耳闻的，由于担心他不能按时交稿，所以我就时不时地微信提醒他，询问稿件进度。

由于工作强度太大，抵抗力下降，我得知在写稿期间李院长病了，得了很严重的带状疱疹。带状疱疹，民间俗称转腰龙，我的姥姥得过这种疾病，所以我知道这个病的痛苦。带状疱疹除了皮肤溃烂以外，最要命的是疼痛，这种疼痛是间歇性神经痛，每次痛就像是从骨头缝里发出来的一样，拉着筋疼。

在医学上，疼痛一般被分为 10 个级别，分娩疼痛，一般在 7~8 级之间。而带状疱疹引发的神经痛被称为天下第一痛，疼痛级别可达到 10 级，发作起来，让人痛不欲生。因为目睹过我姥姥的痛苦病程，我非常理解李院长此刻的处境，因此，我不敢再继续催稿，已经做好了放弃的思想准备。

然而在他生病期间，冶金规划院的公众号里仍然可以天天看到他进行公务活动的报道，我甚至怀疑他是否真的病了，是否生病只是一个搪塞我不写文章的借口。我悄悄询问了冶金规划院的朋友，他们也说李院长天天上班，没有发现他有什么异样。此刻，我更确定了我的判断，什么带状疱疹，明明就是推诿借口，不想给我文章！这是我第一次向李院长约稿，我感到不可靠，决定放弃，不再追问文章的进展。

不久我去深圳出差 10 天，由于每天采访结束都要整理当天采访的相关资料，所以睡得比较晚。有一天，夜已深，我在整理采访资料的时候，突然手机和电脑同时显示我收到新邮件，发件人是李新创。我心想，这么晚了，给我发邮件干什么，是不是发错了？打开邮件，看到邮件主题的时候，我惊呆了，竟然是那篇约稿，文章名为《加快宝武战略重组，打造世界钢铁旗舰》。迅速打开附件，通读全文，好一篇远见卓识的文章！思路清晰、有理有据，不但阐述宝武合并重组的重要现实意义，同时还前瞻了宝武合并后企业切实面对的问题，并给出了中肯的建议。我下意识地看了一眼发件时间，0 时 45 分！再一看发稿日期，天啊，8 月 18 日，今天正是当初约定的交稿日期啊！那一刻我百感交集，感动得想哭。

看完文章，我心绪特别复杂，有对自己误解李院长的自责，但也有怀疑，不是病了吗？这么严重的病，怎么还能写出这么精彩的文章？若没病为什么要骗我？是因为我催稿催的过于频繁，他烦了吗？

出差回京，我再次登门拜访李院长，当面感谢，但还是忍不住问了他，

"您是真的生病了吗？还是您体质特殊，您的带状疱疹不太疼？"李院长看了我一眼，沉默片刻，笑着对我说："傻孩子，当然是真的病了，怎么能不疼呢？非常疼，但是冶金规划院100多名在职职工，还有100多名退休职工每天都要吃饭啊！疼也得忍着，病了也得坚持工作。"我对自己曾经的心胸狭隘备感自责，对眼前的这位钢铁专家肃然起敬。我想，至今，如果我不说，怕是冶金规划院的同事们都还不知道，那时李院长得了这么严重的病还在坚持工作吧！

信守承诺

近几年，全国多次多地爆发大范围的重度雾霾天气，雾霾已经成为威胁国民健康生存的焦点问题。雾霾阴影笼罩在民众心里挥之不去，一次又一次地挑战政府治霾容忍底线。2017年两会召开在即，雾霾治理成为全社会关注的热点，新华社瞭望智库两会特刊系列今年特别推出《大国治霾》专辑，我参与了此专辑的部分制作。本专辑需要呈现一篇雾霾治理与钢铁生产之间关系的重磅文章。策划组讨论后决定再次约稿李院长。

年关将至，各个单位都有很多年度任务要处理，李院长平时忙，现在就更忙。可是，写这篇文章非他莫属，所以我只能硬着头皮又去磨他。我告诉他最晚2月10日交稿，他思考片刻还是答应了我的约稿。因为有了前几次的约稿经历，所以我坚信这次李院长一定会信守承诺，按时交稿。

时间过得很快，春节假期结束，恢复上班的第一天早上7点钟，我果然收到了李院长的约稿《钢铁治霾：生存的选择》，而且比计划时间早5天。文章厘清了钢铁与雾霾的关系，并给出了切实可行的解决参考办法，是整本特刊约稿中难得的高质量文章。当天上午我致电李院长表示感谢，并打探这篇文章的生产过程。

写过文章的人都会有同感，其实每一篇文章都是"难产"，这篇文章也绝不例外。春节假期前，李院长与冶金规划院的有关专家多次讨论，确定文章立意、结构，并形成初稿。之后，李院长利用假期时间对文章进行系统提升和全局优化，并不断补充新的素材，因为休假后工作早已安排满满，所以他只能在假期中把文章完成。休假期间一直在思考、修改，在回北京的航班上3个多小时还在不停地修改。当天飞机落地已经午夜12点，到家接近两点，睡觉休息，准备明天一早上班。可能对文章还是不够满意，心有所思梦有所想，凌晨4点钟夜梦因修改此文而惊醒，于是，当机立断，起床继续修改文章，直到早上7点修改完毕，发送给我。这篇文章的孕育过程，我一个字也没有参与，但是有半年多来与冶金规划院、与李院长建立的信任关系，我没有半点担心。事实证明，我是对的，冶金规划院是我们值得信赖的合作伙伴。

与时间赛跑　用生命铸就诚信

李院长作为冶金规划院的掌舵人已有十年历史。刚刚接管的时候，冶金规划院面临着前所未有的挑战，如何使冶金规划院再迈上一个更高的台阶、努力实现打造顶级智库的强院目标，是摆在一把手面前的不可回避的课题。面对机关作风严重的全院各处室，李院长进行了大刀阔斧的改革，深入挖掘现有资源价值，强化冶金规划院的特殊优势，带领团队在充分竞争的市场经济中趟出了一条咨询规划的高速路。据了解，冶金规划院的创收能力在十年间实现了“翻两番”，从曾经的鸡肋机关到众人争抢的香饽饽，从先前的一直被忽视到如今有口皆碑的尊敬，冶金规划院前行中的每一步，都雕铸着李新创院长带领的团队艰辛的汗水和用生命践行的承诺。

我曾听到过这样一个真实的故事。前几年冬日某天下午，李院长搭乘的航班刚刚降落，北京就飘起了鹅毛大雪。第二天，在石家庄，中国工程院与河北省政府联合举办的一个重要会议即将召开，李院长作为特邀嘉宾要做重要发言，此次会议意义重大，不能缺席，必须参加。雪越下越大，所有进出港航班全部取消，高铁尚未开通，火车买不到票，高速全线封路，怎么办？窗外的大雪没有半点停息的迹象，李院长深知这次会议对于成长中的冶金规划院的分量，没有选择，去，必须去！开车，走辅路，必须在约定的时间抵达。

漫天飞雪，路上的积雪还在变厚，为了冶金规划院的品牌和发展，李院长和司机师傅执着地坚定前行，以平均十几公里的速度，历经十几个小时的艰苦卓绝跋涉，最终在约定的时间抵达了会议现场。努力到无能为力，拼搏到感动自己。两人布满血丝的双眼呈现了冶金规划院的真诚与信誉，在场的所有与会人员无不为之感动。演讲很成功，大家很满意。多年来，李院长与各位同事用太多次这样的拼搏，铸就了今天冶金规划院的辉煌。

笃定前行　鹏程万里

所有的努力都不会白费，所有的成功都并非偶然。

当很多国有企事业单位抱怨效益差、没有增长点的时候，冶金规划院却用他的业绩证明“有创新就能创造增长，有诚信就能赢得市场”。

在产业界赢得尊重，对发展中国家是一件非常奢侈的事情，但正因为有一些像李院长这样的冶金专家在国际舞台摆事实、讲道理，为中国钢铁据理力争，维护我国利益，才能不断提高中国钢铁行业在国际钢铁行业的地位。

中国未来100年都将是最大的钢铁生产国，这点世界深信不疑。同时，在壁垒森严的国际环境下，中国钢铁行业能否在高附加值领域攻破核心技术，开创出一片蓝海？李新创院长和他的团队给出的答案是：“中国钢铁基础坚实，用创新颠覆传统打法，又大又强定会实现！”

我与冶金规划院的不解之缘

罗　晔

作为一名钢铁企业的基层研究人员，从未想过会与高大上的冶金工业规划研究院结下一份深厚的情谊。

记得那是 2015 年 9 月的一个下午，碰巧走进了单位阅览室。平时工作繁忙，很难得有时间和精力去潜心翻阅每一本期刊和报纸，经常以浏览为主。这次不经意地一瞥，就在一个不起眼的角落，一本名为《钢铁规划研究》的小册子映入了眼帘。我轻轻掸去封面的浮尘，细细品读起来。尽管它没有华丽的包装，但作为国内钢铁行业唯一一本规划与咨询研究技术期刊，书中的每篇文章都堪称精品佳作，极具分量。读罢令人茅塞顿开，醍醐灌顶，更让我对中国钢铁行业和企业的整体现状，以及发展态势有了更为清晰、明确的认识。就这样，通过一本并不厚重的内部刊物，我机缘巧合地知道了冶金工业规划研究院这个业内研究机构。

抱着忐忑不安的心情，我向投稿邮箱递交了个人的几篇文章，并留下了联系方式。很快就接到了来自北京的电话，与责任编辑李梅老师进行了简短的沟通，她首先肯定了文章的水平和价值，然后提出了相应的修改意见，主要是补充一些对国内钢铁企业的启示和建议。我作为一名研究韩国钢铁情报的工作者，一直以来的惯性思维就是直接将国外的信息进行搜集整合，行文也大多就事论事，却很少提出自己的观点，更没有总结经验以供参考。因此，在立意高度上始终欠缺一些。在意识到这一短板之后，我在引言和结语部分都补充了相应的背景资料，经过润色和修改的文章显得更为接地气，贴人心。另外，在修改的过程中，大到段落布局，小到文字表述和标点符号，李老师都会与我进行及时的沟通，必要的核实，不轻易放过任何一个细枝末节的疑惑之处。她细致的工作态度，严谨的工作作风，丰富的工作经验给我留下了

作者简介：罗晔，宝钢股份中央研究院武钢分院（武钢有限技术中心），助理研究员。

深刻的印象，着实令人钦佩，受益匪浅。这在人心浮躁的社会，无异于一股涓涓清流。

经过多次精心修改，《韩国浦项制铁集团非钢业务新进展》《浦项制铁在海外新兴市场的战略投资》《韩国东国制钢公司的可持续发展战略》《浦项制铁船舶及海工用钢的研制方向》等多篇拙作在《钢铁规划研究》上刊载，有幸与冶金规划院的多位业内知名专家和学者一道在这个平台上展示个人的研究成果和观点。文章发表后，我经常能接到来自中国钢铁工业协会、中国金属学会以及相关兄弟单位的问询电话，结识了不少业内同仁。

2016 年 6 月，我赴京专程走访了冶金规划院，与李老师进行了面对面交流，对她表示由衷的感谢，并了解到了院内组织架构和业务范围，深刻地认识到，冶金规划院在 45 年的发展历程中，始终发挥着国家政府机构参谋部、行业发展引领者，企业规划智囊团的作用。随后，通过深层次交流，我向院方相关负责人介绍了在韩国钢铁情报研究方面的心得体会，并达成初步的合作意向；另外，我还了解到，冶金规划院作为国内钢铁行业最具权威的规划咨询机构，为促进政企交流和企业间的沟通合作，每年还会针对行业热点定期举办“中国钢铁发展论坛”“中国钢铁节能减排论坛”“中国钢铁技术经济高端论坛”“钢铁行业多元产业发展大会”“中国钢铁原材料市场高端论坛”五大高端会议，为解决行业发展的热点难点问题搭建了高效的沟通交流平台，也为企业间的贸易和商务往来提供了良好的商业渠道，促进了行业的转型发展。不过，这些活动在当时武钢集团内部，了解的人并不多，因此，我索取了相关的会议资料，返回武汉之后向有关部门进行了宣介，引起了科研人员和管理人员的广泛关注，调动了他们的参会热情。

尽管与冶金规划院的相识仅仅是一年多的时间，但现在我每天都会关注院内的官方微信，及时了解院内的动向，是一名忠实的粉丝。看到国际钢铁资讯上时而会刊发我的文章，也会感到十分欣慰。2017 年，冶金规划院将迎来 45 周年华诞。峥嵘岁月弦歌不辍，寒暑春秋薪火相传。一路走来，砥砺沧桑，风雨兼程，春华秋实，桃李芬芳，45 年的发展历程是一部创业史，更是一部创新史。值此之际，我特向冶金规划院表示最为诚挚的祝贺，衷心祝愿冶金规划院与时俱进，开拓创新，抓住难得的发展机遇，不断提升自身实力。在中国钢铁行业结构调整、转型升级这一特殊时期出谋划策，助力中国钢铁行业实现可持续发展，继往开来，再创辉煌！

有你，真好

周成新

若不是沾着企业的光，我想，我这辈子恐怕也难以与冶金工业规划研究院结缘，更甭提熟识了。

2015 年 8 月，永钢集团与冶金规划院就“十三五”规划编制及战略合作进行签约。作为集团的一份子，我间接与她产生了关系，尽管这种关系比较松散。

当然，正因为此，我对这个单位毫无任何概念。我只知道是一个冶金行业的规划研究机构，是搞冶金行业规划和设计的，是来帮助集团进行远景规划的。

之后，通过集团内部我陆续听到了许多关于她的消息。集团的“十三五”规划正在进行，规模很大，涉及很多板块。对企业的未来发展十分关键。

直到有一次，在集团组织的一次专题培训会上。我见到了冶金规划院的一位副院长。当时，他是被集团邀请，来为我们作冶金行业形势发展及政策解读的。快结束时，副院长还特地抽出十分钟，为我们介绍了冶金规划院的发展、业务范围等。

这是我第一次面对面地与冶金规划院专家接触。虽然当时听课的人很多，我未能够与这位副院长交流。但通过一两小时的培训，我深深感觉到他是一位博学多识、才华横溢，而且比较谦逊、随和的专家。在这之前，我听过很多的专家讲座，但能像他一样既谦逊、随和，又能活跃现场，让听众津津有味的却不多，所以，他令人印象深刻。

我对副院长的讲课水平有了认识，继而对冶金规划院产生兴趣。虽然我只是集团的万分之一，但我知道倘若有缘，我们还会继续会面的。

终于，在 2016 年，为了全国钢铁行业发展，经工业和信息化部批准，冶

作者简介：周成新，江苏永钢集团宏泰物流公司办公室行政主管，物流师。

金规划院开始筹备全国物流标准化技术委员会钢铁物流标准化工作组相关工作。作为集团下属物流板块的一名办公室人员，我有幸参与，负责集团物流公司与冶金规划院之间的沟通联络。

当时冶金规划院方面的联系人员是高金，是一位同为80后的年轻工程师。也许是年纪相仿、志同道合的缘故，我们之间的沟通十分顺畅。

他是一位比较认真、负责的工程师。任何事情无论做与不做，做大还是做小，他都会耐心、细致地跟你沟通，讲解清楚。而且语气委婉、柔和、谦逊，丝毫不带半点情绪和私利。每一个点、面都是完全站在为企业着想的角度上去说明。

这让我十分敬佩，也值得学习。一个人只有把企业当作家，把工作当作事业，把客户当作上帝，认真细致、不折不扣地去做好每一件事情，企业才会发展，个人才会有进步。这不仅是做事的一种方式，也是为人的一个优秀准则。

2016年11月，因单位领导公务繁忙，我受委派赶往北京，参加冶金规划院举办的全国物流标准化技术委员会钢铁物流标准化工作组成立大会。11月15日上午，我提前到达会场。高金作为此次活动筹备的主要负责人，我知道他会很忙。因此，我并没有电话打扰他。

签到时，一个戴眼镜、着黑色西装的年轻男子在会议室门前不断地来回进出。一会儿跟人握手招呼，一会儿嘱托工作人员如何注意各项事务，一派繁忙景象。

他，该不会就是高金高工吧？我心里一个劲儿地直嘀咕。

虽然联络不是太久，但如此细心、认真的做事风格，在会前就能像他这样提前细致进行准备的不多。而且，联络的顺畅早已让我们之间形成一种默契，我心里基本认定。

“您，就是高金高工吧？”我伸出右手，大胆上前。

“是的，你好！是周主任吧？”他握住我的手，满脸微笑。

就这样，两双位于南北的手终于紧握在了一起。

人与人之间的交往有时就是这样。处得久的未必很深，处得浅的未必陌生。相反，只要以诚待人，一拍即合、一见如故的并不少见。我们虽然见面不多，却似老朋友，相谈甚欢，颇有共鸣。而且，因为有了这位认真严谨、待人热情的朋友，北京的冬天令人倍感温暖。

人的成长和素质不仅与个人的先天有关，很大程度上取决于后天的培养。环境塑造人，一个企业、一个家庭、一个团队，势必会影响到每个人的成长。而冶金规划院正是这样一个非常注重员工素质的重要单位。它与我们集团一样，有着浓郁、深厚的企业文化底蕴。四十五年来，培养出了一大批爱岗敬业、乐于奉献、团结友爱、勤奋实干、开拓争先、服务社会的员工。

做事先做人。虽然我们之间的合作才刚开始，但我知道，有冶金规划院这样的单位在，有高金这样高素质的员工在，无论走到哪，我们之间的合作都会融洽，我们之间的沟通都会顺畅，今后合作的道路也将会越来越辽阔、宽广，企业和个人的发展也会越来越顺利。

冶金规划院，有你，真好！

未来，让彼此的笑声更多

——写在冶金规划院建院45周年之际

张　明

2014年8月我加入冶金工业规划研究院，至今连“皮儿”已有四年。四年，1460天，着实不短。人这一辈子满打满算能有几个四年？四年不短，但是很快，白驹过隙，弹指一挥间。一不留神四年就成了过往，就像坐车上低头看手机，再一抬头车窗外已夜幕降临。

36岁，于过去已经划过人生的九个四年，于未来正踏上第十个四年的征程。很喜欢王朔的话：“婚姻是一场修行。”岂止婚姻，生活、工作哪一样儿又不是呢？参透人生、快乐活着，修行的目的大致如此。想要参透人生，必然不能缺少时光的磨砺。您想想，从四十岁不惑到五十岁知天命，即对自己不惑到对周围事物的不惑，需要十年光阴。时间不到、岁数不够，这种质变是断然不可能发生的。人生修行，就是一个七天接着一个七天，一个四年接着一个四年，都对。不强求、不超越，踏踏实实、顺其自然，走好每一天、过好每一年。当四年成为过往，当你回望，你已然不是曾经的你。

四年，足以让一个人更加懂得感恩。至今我犹能清晰地记得，刚来冶金规划院的时候，李新创院长就跟我说：“一定要有感恩心，感恩你原来的单位、你原来的领导。”李院长的话语重心长，我一直铭记在心。帮助过你的人，阻挠过你的人，顺境也好，逆境也罢，他们都让你成长，让你的内心变得越来越强大。曼德拉曾说过：“当我走出囚室迈向通往自由的监狱大门时，我已清楚，自己若不能把痛苦与怨恨留在身后，那么其实我仍在狱中。”所以，感恩你生命中出现的一切。

四年，足以让一个人更加懂得谦逊。冶金规划院是冶金行业的智库，高

作者简介：张明，冶金工业规划研究院事业发展处副处长，工程师。

手如云。我发现高人都有一个共同的美德——为人极其谦逊。李院长是冶金行业的顶级专家，但是李院长总是谦逊有加。他经常说说话做事要让别人舒服，要多为别人考虑，要有利他之心。刚开始我不理解，后来接触到了很多高层次的人，发现与他们接触让人感觉特别舒服。微笑、谦卑、心平气和，永远充满正能量。能加入冶金规划院，让我有机会与高人为伍、向高人学习，荣幸、庆幸。

四年，足以让一个人的心态更加平和。心态平和才能快乐工作、开心生活。现而今，开心快乐对于一个人是多么地重要，又是多么地不容易得到。许巍的歌儿唱得好，生活不止眼前的苟且，还有诗和远方的田野。佛说“放下，就会自在”。放下是最重要的，放下就是一种平和的心态。放下了，心静了，不以物喜，不以己悲，是谓快乐。

四年，足以让一个人更加懂得团队的意义。单打独斗不是冶金规划院的文化，冶金规划院始终强调团队作战。既然是团队作战，就会有激烈的讨论甚至面红耳赤的争论，就存在如何团结他人、与他人相处的问题。毛主席说：凡是有人的地方，就有左中右。我们不要试图改变别人，我们要做的是调整自己。当你更加懂得感恩、懂得谦逊、心态更加平和，团队不断达到和谐、协同的状态，自己获得成长，便已逐步具备了最重要的几个要素。

马卡姆说：“有时候我们会放声大笑，因为我们成长了很多，有时候我们还会很在意，因为我们还年轻。”新的四年，祝愿同行的路上，彼此的笑声更多。

贺建院45周年

曲家庆

一九七二始建年，
四十五载非平凡。
政府行企规划师，
参谋引领智囊团。
五度思维新创举，
九化协同再克难。
咨询标准智能策，
一体两翼更无前。

作者简介：曲家庆，冶金工业规划研究院轧钢处，教授级高级工程师。